# PENSION FINANCE IN PRACTICE
# 养老金融实务

主　编　李成林

副主编　周　岭　帅青红　石建昌

东北财经大学出版社
Dongbei University of Finance & Economics Press

大连

**图书在版编目（CIP）数据**

养老金融实务 / 李成林主编. —大连：东北财经大学出版社，
2025.1. —ISBN 978-7-5654-5576-6

Ⅰ. F832

中国国家版本馆 CIP 数据核字第 2025N2C863 号

东北财经大学出版社出版

（大连市黑石礁尖山街 217 号　邮政编码　116025）

网　　　址：http://www.dufep.cn

读者信箱：dufep@dufe.edu.cn

大连图腾彩色印刷有限公司印刷　　东北财经大学出版社发行

幅面尺寸：185mm×260mm　字数：340 千字　印张：15.75　插页：1
2025 年 1 月第 1 版　　　　　　　　2025 年 1 月第 1 次印刷

责任编辑：时　博　龚小晖　宋雪凌　　责任校对：刘贤恩
　　　　　王　丽　赵　楠
封面设计：潘　凯　　　　　　　　　　版式设计：原　皓

定价：48.00 元

# 编委会

宋威薇　四川省养老服务中心
刘　鸣　四川省养老服务业协会
张伟新　江苏华瑞老龄服务产业发展研究院
王占德　江苏华瑞老龄服务产业发展研究院
刘　睿　云南创新金融研究院
蒋　铭　滇池学院商学院
杨发翔　成都健康服务业商会
雷霜霜　四川省成都市青羊区苏坡街道清波社区
邓婉秋　西南财经大学
黄培德　成都多谱测探科技有限公司
曾一侹　成都金融服务业商会

　　在当今时代，人口老龄化已成为全球性的重大社会现象，我国也深陷老龄化浪潮之中。在习近平新时代中国特色社会主义思想的指引下，党的二十大报告以及党的二十届三中全会对积极应对人口老龄化、完善发展养老事业和养老产业政策机制等作出了系统部署。我们深刻认识到，随着权威统计数据的不断更新，我国老龄人口规模持续扩大，其增长速度之快令人瞩目，并且呈现出诸多独有的特征。"未富先老"现象凸显，在经济尚未达到高度发达阶段时，老龄化问题已汹涌而至；"未备先老"问题严峻，在养老相关的基础设施、服务体系以及制度建设等尚未充分完备之时，老龄化便已来临。这些复杂的情况使得养老问题成为社会各界瞩目的焦点，亟待解决。

　　养老金融在应对老龄化挑战中扮演着举足轻重的角色。它犹如一座桥梁，连接着老年人的经济保障与社会的稳定发展。一方面，养老金融能够为老年人提供多元化的资金来源，确保他们在退休后拥有足够的经济支持，以维持生活品质，满足医疗保健、休闲娱乐等多方面的需求；另一方面，养老金融的发展可以有效引导社会资源向养老领域合理配置，推动养老产业蓬勃兴起，进而带动相关产业协同发展，形成新的经济增长点，为社会经济的可持续发展注入强大动力。在此关键背景下，《养老金融实务》这本教材的诞生具有深远的意义。

　　作为全国第一本聚焦职业院校金融学教学的基础教材，《养老金融实务》具有不可忽视的开创性价值。在职业教育领域，此前针对养老金融这一特定领域的专业教材相对匮乏。本书的出现填补了这一空白，为职业院校金融专业的教学提供了具有针对性和实用性的教材资源。它紧密贴合职业院校学生的学习特点和就业需求，致力于为学生打造一个全面、系统且深入的养老金融知识体系。本教材不仅为学生们提供了宝贵的学习资源，更为他们未来在养老金融领域的职业生涯奠定了坚实的基础。通过对养老金融各个领域的细致剖析，帮助学生奠定坚实的专业基础，培养其在养老金融领域所需的专业素养和实践能力，使学生在毕业后能够迅速适应社会需求，投身于养老金融行业，为行业发展贡献力量，同时也为自身职业发展开辟广阔的道路。更重要的是，本教材不仅专注于金融学教学，其丰富的内容和深入的剖析也使其适合作为养老专业相关学科不可或缺的基础类课程教材，助力培养跨学科的综合型人才。

　　本教材精心编排了七个项目，各项目内容丰富、逻辑严谨，相互关联又自成体系，共同构建了养老金融知识的大厦：

"人口老龄化与银发经济"项目作为开篇之章，犹如基石般重要。它深入且系统地剖析了人口老龄化的概念，从人口学的专业角度详细阐述了老龄化的构成要素，包括生育与死亡率变化、人口流动与政策导向、社会经济与文化因素以及健康、性别与地域差异等多个方面。同时，通过引入国内外翔实的数据和案例，清晰地呈现了人口老龄化的衡量指标、阶段划分及其主要特征。在我国人口老龄化发展趋势的分析中，不仅探讨了当前的现状，还对未来的发展态势进行了科学预测，使读者深刻认识到我国老龄化问题的严峻性与复杂性。项目一还全面介绍了银发经济的内涵，深入分析其消费特征和产业特征，从求实性、习惯性、方便性、补偿性、服务性等多个维度揭示了老年群体的消费特点，以及银发经济覆盖面广、产业链长，需求多元化和差异化，科技驱动与服务适老化，政策扶持与市场机制并存等产业特征。通过深入阐述人口老龄化与银发经济之间的内在联系，如消费需求的转变、产业结构的调整、经济增长的新引擎以及政策环境的支撑等，让读者清晰地理解人口老龄化如何催生了银发经济，而银发经济又如何反哺社会，为后续章节对养老金融各领域的深入探讨奠定了坚实的理论基础和宏观背景。

"养老金融的整体知识架构"项目在教材中起着承上启下的关键作用。它首先明确了养老金融的内涵，精准界定了其构成要素，包括养老金金融、养老服务金融和养老产业金融三大核心部分。在详细阐述养老金融的主要特征时，深入分析了普惠性、长期性、多元化、跨界合作性等特点，使读者对养老金融有了更为全面和深入的认识。对于养老金金融，本项目梳理了其发展历程，详细介绍了从孕育期到成长期的各个阶段的政策背景和发展特点，同时深入分析了当前的发展现状，包括养老金体系的覆盖面、市场化程度、投资运营情况以及面临的挑战等。对于养老服务金融，本项目聚焦于养老金融产品创新和适老化金融服务两大方面，详细介绍了各类养老金融产品的创新实践，如银行类、保险类、基金类和信托类产品的特点、种类和市场表现，同时深入探讨了适老化金融服务的内涵、分类以及提升服务质量的重要性。对于养老产业金融，本项目阐述了其内涵、构成要素以及在养老产业发展中的重要作用，包括为养老产业提供资金支持、优化资源配置等。通过对项目二的学习，学生能够构建起养老金融的整体框架，明确各部分之间的关系，为深入学习后续的养老金金融、养老金融产品创新等具体内容提供了清晰的指引。

"养老金金融"项目是养老金融体系的核心支柱部分。该项目深入细致地讲解了我国养老金体系的概况，对养老金三支柱体系进行了全面剖析，包括第一支柱的基本养老保险和社保基金、第二支柱的企业年金和职业年金、第三支柱的个人养老金。在介绍各支柱养老金时，详细阐述了其构成情况、资金来源、运营模式、领取条件等关键要素。例如，在城镇职工基本养老保险部分，深入讲解了参保对象、缴费模式、缴费基数与比例、养老金领取条件及金额测算等内容，同时通过实际案例分析，使学生清晰理解养老金替代率的概念及其重要性，以及影响养老金替代率的因素。企业年金和职业年金部分则详细对比了两者在建立原则、适用对象、缴费规定、管理方式和领取条件等方面的差异，使学生能够准确把握不同类型企业年金和职业年金的特点。个人养老金部分介绍了其基本内容、制度特征、操作流程以及试点实施的成效与展望，包括开户情况、缴费情况、产品清单、存在的问题及未来发展方向等。通过本项目的学习，学生能够深入理解养老金金融在养老保障体系中的核心地位和运作机制，掌握不同类型养老金的相关知识，为今后从事养老金相关工作或规划个人养老提供坚实的理论基础。

"养老金融产品创新"项目聚焦于养老金融领域的创新实践，为养老金融服务的多元化和个性化发展提供了丰富的产品支持。该项目分别对银行类、保险类、基金类和信托类养老金融产品进行了深入探讨。在银行类养老金融产品中，详细介绍了养老理财和特定养老储蓄的相关知识。养老理财部分涵盖了其概念、构成、发展现状、产品特征以及未来发展趋势，同时通过具体产品案例分析，使学生深入了解不同类型养老理财产品的特点和投资策略。特定养老储蓄部分则介绍了其定义、特征、试点情况以及与普通定期存款的区别，使学生明白特定养老储蓄在满足居民养老储蓄需求方面的独特优势。保险类养老金融产品部分详细阐述了商业性养老保险的概念、特点、主要类别以及其他商业养老保险产品，如住房反向抵押养老保险和商业养老金等，通过实际案例分析不同类型商业养老保险产品的特点和适用场景，帮助学生理解保险在养老规划中的重要作用。基金类养老金融产品部分重点介绍了养老目标基金，包括其基本概念、特征、类别以及投资注意事项，通过对比不同类型养老目标基金的特点，使学生掌握如何根据自身需求选择合适的养老目标基金。信托类养老金融产品部分则介绍了养老信托的概念、分类、商业模式以及未来发展方向，通过案例分析养老信托在养老服务和资产配置方面的创新模式和优势。通过本项目的学习，学生能够全面了解养老金融产品的创新成果和市场表现，掌握不同类型养老金融产品的特点和投资策略，培养学生为客户提供个性化养老金融产品组合的能力。

"适老化金融服务"项目体现了养老金融服务的人性化和专业化发展方向。该项目首先明确了适老化金融服务的内涵，从老龄化背景下金融需求的转变出发，深入分析了老年群体金融需求的特点，包括风险偏好、流动性需求、收益期望、服务需求和其他需求等方面，使学生深刻理解适老化金融服务的必要性和特殊性。在适老化金融服务的分类方面，详细阐述了金融产品适老化、服务渠道适老化、服务模式适老化和金融素养适老化等四个方面的内容，通过具体案例和实践经验，介绍了如何通过产品创新、渠道优化、服务提升和金融教育等方式满足老年人的金融需求。同时，该项目还介绍了适老化金融服务的实践经验，包括欧美发达国家在适老化服务理念、金融创新、消费者保护和 ESG 投资应用等方面的成熟模式，为我国适老化金融服务的发展提供了有益借鉴。此外，本项目深入探讨了老年金融消费者权益保护问题，分析了老年金融消费者面临的主要风险特征，如金融诈骗、信息、技术和法律风险等，以及权益受损的主要表现，包括财产安全权、知情权与自主选择权、受教育权与受尊重权、依法求偿权与信息安全权等方面受损的情况。通过对权益保护现状的分析，提出了完善法律法规、创新金融产品与服务、加强金融知识普及和构建多元化纠纷处理机制等优化策略。通过本项目的学习，学生能够树立以客户为中心的服务理念，掌握适老化金融服务的核心要点和实践方法，提高为老年客户提供优质金融服务的能力，同时增强保护老年金融消费者合法权益的意识。

"养老产业金融"项目关注养老产业与金融的深度融合，为养老产业的可持续发展提供了金融视角的解决方案。该项目首先深入解读了养老产业的内涵，依据国家统计局发布的《养老产业统计分类（2020）》，详细阐述了养老产业的概念界定、产业分类以及各产业类别间的内在联系，使学生全面了解养老产业的范围和结构。在养老产业发展的机遇和挑战方面，通过翔实的数据和案例分析，展示了养老产业市场规模的增长趋势、竞争格局的多元化、服务模式的多样化、智能化信息化趋势以及政策扶持力度加大等机遇，同时也指出了政策与市场需求匹配性不足、智能化养老便捷性不够、养老服务质量有待提升、产业链整合协同效应有待开发等挑战。养老产业发展的主要模式部分详细介绍了居家养老、社区养老、机构养老和康养旅居养老等模式的特点、优势和发展趋势，通过案例分析不同模式在实际运营中的情况，帮助学生理解各种养老模式的适用场景和发展方向。在解析养老产业运营模式时，分别探讨了轻资产运营模式和重资产运营模式。轻资产运营模式以美国和日本为例，介绍了生活照料型居家养老服务、医疗保健型居家养老服务以及日本的社区综合照护服务体系等模式的运营和盈利模式。重资产运营模式则聚焦于养老地产的投资与开发，包括美国模式下的运营和盈利模式，以及辅助性运营模式如提供综合养老服务、养老设施运营管理、资产证券化和产业融合发展等方面的内容，同时详细介绍了泰康模式下持续照料退休社区（CCRC）的项目开发、运营、盈利模式和业务特点。通过本项目的学习，学生能够深入理解养老产业的运作规律和金融需求，掌握养老产业金融的分析方法和实践策略，培养学生为养老产业提供金融支持和创新服务的能力。

"养老金融的风险管理"项目围绕人口老龄化背景下养老金融活动面临的各种风险展开，重点阐述养老金融风险的定义、类型及应对策略，对保障老年人养老资金安全、促进养老金融稳健发展的重要意义。养老金融风险概述部分，明确了养老金融风险是指在应对人口老龄化挑战中，围绕多元化养老需求开展的经济金融活动中可能遭受的损失或无法达成预期收益的风险。同时，分析了人口老龄化背景与多元化养老需求对养老金融风险的影响，以及市场环境的不确定性、经营管理的复杂性和参与主体的多样性等主要风险因素。养老金融风险的类别与应对策略部分，详细阐述了市场风险、信用风险、操作风险和政策风险等养老金融风险的具体表现，并针对各类风险提出了相应的应对策略，如资产类别多元化、风险管理专业化等，以有效管理和降低养老金融风险。在加强风险管理意识和知识学习部分，强调了提升养老金参与者风险管理能力的重要性，提出了构建全方位教育普及体系、联动实践深化与案例教学、借助技术赋能等具体措施，以提高投资者和金融机构的风险管理意识和能力。整体来讲，项目内容翔实，逻辑清晰，层次分明。通过本项目的学习，学生能够全面系统地了解养老金融风险管理的相关知识，掌握应对各类风险的策略，为在养老金融领域稳健前行提供有力支持。

在本教材中，我们不仅仅局限于传统的纸质内容，而是精心融入了一系列丰富的数字资源，旨在为学生提供更为立体、深入的学习体验。其中，每个项目的关键知识点旁边都设有"启智增慧"二维码，学生只需轻松一扫，即可解锁更多拓展阅读资料、生动案例分析，极大地拓宽了学习视野。不仅如此，我们还特别设计了"模块练习"，这些练习题紧密围绕教材内容，即测即评，学生可以随时随地进行自我检测，了解自己的学习进度和薄弱环节，为备考提供有力支持。这些练习题既有理论知识的回顾，也有实践操作的模拟，使学生能够在学中练、在练中学，在帮助学生巩固所学知识的同时，提升其解决实际问题的能力，真正做到学以致用。展望未来，我们还将进一步丰富数字资源，陆续提供模拟试卷、历年真题及详细解析、专业视频讲解等优质内容，任课教师可登录东北财经大学出版社网站（www.dufep.cn）免费下载。这些资源将定期更新，确保学生始终能够接触到最前沿的养老金融知识和行业动态。通过这些数字资源的融入，我们力求打造一个线上线下融合、科教融汇的学习平台。

本教材由四川财经职业学院李成林担任主编，负责教材的整体规划、框架搭建、进度协调、质量把控和总纂定稿；副主编周岭负责资料收集整理与初稿初审、帅青红教授重点负责部分核心章节编写及专业审核、石建昌协助整体规划和参与宣传推广。具体撰写过程中，王欣、萧涵月和王蕊主要参与模块文稿撰写及教材数字资源建设，高霞、许静、王秋蕴和周红梅主要参与各模块的政策、数据及任务练习题整理，郑婷和谢沂芹全程参与各项目模块的校对工作，温暖、李昕、曹禹、雷蓉繁、侯国锋、罗劼、王祖勇、宋威薇、刘鸣、张伟新、王占德、刘睿、蒋铭、杨发翔、雷霜霜、邓婉秋、黄培德和曾一佺对教材内容的实用性、教材的逻辑与层次、教材的形式以及教材的实践部分等方面进行了严格审核和鉴定。

同时，中国老年学和老年医学学会老龄金融分会、成都金融服务业商会、成都大健康产业发展研究院、江苏华瑞老龄服务产业发展研究院、云南创新金融研究院为教材的编写提供了不可或缺的支持。中国老年学和老年医学学会老龄金融分会、成都金融服务业商会、云南创新金融研究院凭借其在金融行业的广泛资源和丰富经验，为教材提供了大量的行业动态信息和实践案例，使教材内容更具时效性和实用性。成都大健康产业发展研究院在养老健康产业研究方面的深厚造诣，为养老产业相关项目的编写提供了专业的理论指导和数据支持，确保了教材在养老产业领域的专业性和准确性。江苏华瑞老龄服务产业发展研究院则从老龄服务的角度出发，为教材提供了关于老年人需求特点、服务模式创新等方面的宝贵建议和实践经验，使教材更加贴合老年人的实际需求和服务体验。他们的大力支持使得教材能够融合理论与实践，兼具专业性和实用性，实现产教融合。

本教材由四川财经职业学院资助出版。在教材编写过程中，我们得到了多方力量的大力支持，在此深表感激。我要向我的学生们致以诚挚的感谢，尤其是牟至政、刘宛瞳、黄云洁、张婉妮、陈莲、土比此力、卢雨、王玲华、唐丽虹、巴登占玛、张娜、蔡晴、陈益伟，他们在学习过程中展现出的积极态度和求知欲，为教材编写提供了源源不断的动力。他们积极参与课堂讨论，提出了许多独到的见解和问题，这些反馈促使我们不断优化教材内容，使其更贴近学生的学习需求。他们的努力和热情也让我们看到了养老金融领域未来的希望，激励着我们更加用心地编写教材。

然而，由于编写时间较为仓促，教材可能存在一些不足之处。例如，在某些新兴养老金融产品和服务的介绍上，可能无法涵盖最新的市场动态；在案例分析方面，可能还需要更多元化的案例来满足不同读者的需求。我们诚恳地希望各位专家、学者和读者能够不吝赐教，您的宝贵意见将是我们不断完善教材的重要动力。我们将以开放的心态接受各方建议，持续改进教材内容，使其能够更好地服务于职业院校金融专业的教学，为养老金融领域培养更多优秀的专业人才，为行业发展贡献更大的力量。

李成林　博士

中国老年学和老年医学学会老龄金融分会

四川财经职业学院银发经济与养老金融研究中心

2025年1月

# 目 录

# 项目一
# 人口老龄化与银发经济

## ▌学习目标

### 【知识目标】

✓掌握人口老龄化的概念及构成要素

✓熟悉人口老龄化的衡量指标、阶段划分及主要特征

✓了解全球和国内的人口老龄化现状及趋势

✓了解应对人口老龄化的主要策略

✓掌握银发经济的概念及内涵

✓熟悉银发经济的消费特征和产业特征

✓了解银发经济产生的背景、现状及未来趋势

✓理解银发经济高质量发展的金融支持

### 【技能目标】

✓能正确辨析人口老龄化的发展阶段

✓能根据不同区域、不同时期的人口老龄化特征提出应对策略

✓能对银发经济的消费和产业特征进行比较和分析

### 【素养目标】

✓通过对人口老龄化概念、内涵和特征的学习，使学生理解我国积极应对人口老龄化的重要意义，增强学生的学习荣誉感和自主学习意识

✓通过对银发经济的概况进行学习，让学生感知人口老龄化与银发经济之间的内在联系，激发学生主动关注银发经济及其相关产业的发展动向，为下一阶段学生的就业选择创造更多的有利条件

### 【思政目标】

✓培养社会责任感与敬老情怀。通过学习人口老龄化的现状及趋势，使学生认识到老龄化社会面临的挑战，激发他们对老年群体的关注与尊重，培养敬老爱老的社会责任感

✓树立职业规划与行业发展意识。结合银发经济的消费特征和产业特征，引导学生思考个人职业规划与银发经济发展的结合点，鼓励他们关注并投身于养老、健康、金融等相关行业，为银发经济的发展贡献力量

✓提升数字技能与适应新技术。针对职业学院学生实操能力强的特点，结合银发经济智能化、数字化转型的趋势，强调提升数字技能的重要性，鼓励学生掌握智能穿戴设备、远程医疗咨询、智能家居系统等相关技术，以适应银发经济的新需求

■ 知识结构

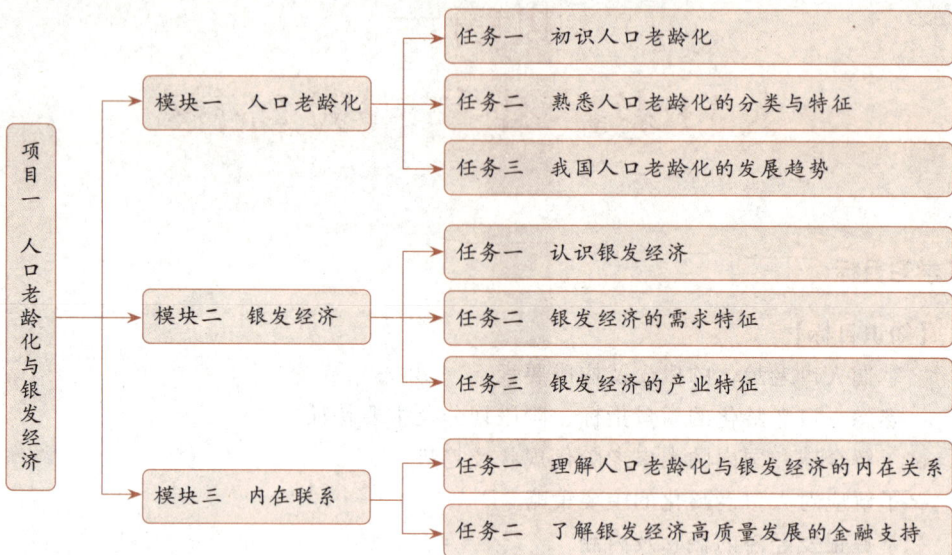

■ 案例导读

人口老龄化作为全球人口结构变迁的显著特征，其影响已跨越国界，成为各国政府及国际社会共同关注的焦点。联合国最新发布的《2024年世界人口展望：结果摘要》报告，为我们勾勒了一幅清晰的全球老龄化图景：预计到21世纪70年代末，全球范围内65岁及以上老年人口的数量将历史性地超过18岁以下青少年人口，这一预测数据背后是老年人口比例在全球范围内持续攀升的严峻现实。具体而言，据估计，届时全球老年人口比例将从当前的约9%上升至近1/4，这一变化不仅反映了人口结构的深刻调整，也预示着社会经济、医疗保障、养老体系等多个领域将面临前所未有的挑战。

这一全球性趋势并非孤立现象，而是普遍存在于发达国家和发展中国家之中。在欧洲，如德国、法国、意大利等国，老年人口占比早已超过20%，部分国家甚至接近或超过了30%，成为"超老龄化"社会。在北美，美国与加拿大人口虽相对年轻一些，但老年人口的增长速度同样不容忽视，预计未来几十年内将显著加剧老龄化程度。亚洲地区，日本作为世界上老龄化程度最高的国家之一，其老龄化问题尤为突出，同时，韩国、新加坡等发达经济体也正加速步入老龄化社会。此外，澳大利亚、新西兰等大洋洲国家以及部分拉丁美洲和加勒比海地区的发达国家同样未能幸免于这一全球趋势。

■ 项目概述

人口老龄化是社会发展的重要趋势，是人类文明进步的体现，也是今后较长一段时期我国的基本国情。人口老龄化趋势加速，催生了庞大的市场需求，将使银发经济成为经济发展的新蓝海，而这正逐渐成为推动社会经济发展的新动力。学习人口老龄化，首先要知晓其概念、内涵、特征和阶段划分，在此基础上研究人口老龄化趋势对银发经济的影响，从而找寻积极应对人口老龄化挑战的策略和方法。本项目从学习人口老龄化、银发经济着手，进而较全面地介绍了两者的概念、要素、内涵、特征，以及两者之间的内在联系。

# 模块一　人口老龄化

## 任务一　初识人口老龄化

**【任务情景】**

日本案例：日本作为全球老龄化程度最深的国家，其65岁以上人口占比超过了30%，高龄化显著。这一现象源于人均寿命延长、医疗水平进步及出生率下降。

德国案例：德国老龄化程度较高，65岁及以上人口占比约22%，且老龄化进程在加速。第二次世界大战后婴儿潮出生的人口步入老年及低出生率是产生这一问题的主要原因。

中国案例：中国老龄化规模大、速度快，60岁及以上人口超3亿，占比达22%，且农村老龄化快于城镇。这主要受计划生育政策、人均寿命延长及城镇化进程中农村青年外流影响。

知晓人口老龄化的概念和构成要素，是深化对人口老龄化认识的重要前提，请尝试分析上述案例中人口老龄化的构成要素。

**【知识平台】**

人口老龄化现象是银发经济产生的基础，如果没有人口老龄化也就没有银发经济，因此，学习银发经济要先从认识人口老龄化开始。

### 一、人口老龄化的概念

《人口学词典》中对人口老龄化的定义是：人口老龄化是指人口中老年人比重日益上升的现象，尤其是指在已经达到老年状态的人口中，老年人口比重继续提高的过程，其本质体现为人口生育率降低和人均寿命延长导致的总人口中因年轻人口数量减少、年长人口数量增加而产生的老年人口比例相应增长的动态现象。定义有两层含义：①人口老龄化是一个老年人口比重不断提高的动态过程，即老年人口相对增多，在总人口中所占比例不断上升的过程；②特指人口年龄结构已经进入老年型人口状态。

老年型人口状态和人口老龄化是既有区别又有联系的两个概念，老年型人口状态是人口老龄化发展的结果，是人口中老年人口比重超过一定界限的状态。而人口老龄化是人口总体在向老年型人口演变或者在老年型人口基础上进一步发展的过程。国际上通常用老年人口比重作为衡量人口老龄化的标准，老年人口比重越高人口老龄化程度也越高。一般把60岁及以上的人口占总人口比重达到10%，或65岁

启智增慧1-1

人口老龄化：全球面临的共同挑战

及以上的人口占总人口的比重达到 7% 作为一个国家或地区进入老龄化社会（或老年型人口状态）的标准。

## 二、人口老龄化的构成要素

人口老龄化由生育与死亡率变化、人口流动与政策导向、社会经济与文化因素和健康、性别与地域差异四个要素构成。

### （一）生育率与死亡率变化

生育率下降与死亡率降低作为人口老龄化的两大核心驱动力，其背后蕴含着深刻的社会变迁。生育率低于更替水平，意味着每对儿夫妇平均生育的子女数不足以替代自身，这直接导致新生人口数量的减少，为老年人口比例的增加提供了基础条件。而死亡率的降低，则是医疗科技进步和公共卫生体系完善的直接成果。随着医疗条件的不断改善，曾经致命的疾病得到了有效控制，人们的平均预期寿命显著延长，老年人口在总人口中的占比自然上升，进而加速了老龄化社会的形成。这种变化不仅改变了人口结构，还对社会经济、医疗保健、养老服务等领域提出了新的挑战和机遇。

### （二）人口流动与政策导向

人口迁移模式作为社会动态变化的重要体现，对老龄化进程产生了深远的影响。年轻劳动力的外流，特别是从农村向城市的迁移，往往导致迁出地区劳动力短缺，老年人口比例相对上升，从而加剧了这些地区的老龄化问题。与此同时，政策环境作为调节人口结构的重要手段，其导向作用不容忽视。生育控制政策的实施，曾在一定程度上限制了人口增长，但长远来看也加速了老龄化进程。而退休年龄的调整、移民政策的放宽或收紧，则直接影响了劳动力市场的供需关系，进而对老龄化社会的经济支撑能力产生影响。因此，合理引导人口流动，科学制定人口政策，是应对老龄化挑战的关键。

### （三）社会经济与文化因素

社会经济与文化因素是影响生育决策与老龄化趋势的深层次原因。随着经济发展水平的提高，人们的生活水平、受教育程度和就业机会都得到了显著改善。高教育水平使得人们更加注重个人发展和生活质量，经济压力也促使家庭在生育决策上更加谨慎。这些因素共同作用，使得传统的"多子多福"观念逐渐淡化，生育意愿普遍下降。同时，个人主义价值观的盛行进一步削弱了家庭作为生育决策单位的地位，个人自由和追求幸福成为更多人的选择。这种文化和社会价值观的转变，不仅改变了生育行为，也塑造了老龄化社会的独特背景。

### （四）健康、性别与地域差异

老年人口的健康状况、性别比例及城乡分布差异是老龄化构成中不可忽视的重要方面。随着医疗技术的进步和生活条件的改善，老年人的健康状况普遍提高，这使得他们能够享有更长的寿命和更高的生活质量。然而，性别比例失衡问题在某些地区仍然存在，这可能会对老年人口的性别结构产生影响，进而对养老服务、医疗保障等方面提出新的要求。

此外，城乡间的生育率、医疗条件差异也加剧了老龄化的地域不均衡性。城市地区由于经济发达、医疗资源丰富，往往拥有更高的老年人口比例和更好的养老服务设施；而农村地区则可能面临更为严峻的老龄化挑战。因此，在制定老龄化应对策略时，必须充分考虑这些差异因素，实现区域间的协调发展。同时，国际因素如全球化带来的劳动力流动和跨国婚姻等也对老龄化格局产生了间接影响，需要引起足够的关注和重视。人口老龄化构成要素之间的关系如图1-1所示。

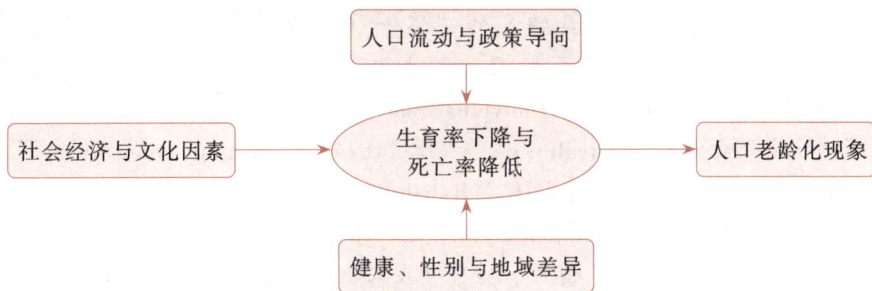

图1-1　人口老龄化构成要素之间的关系

**【拓展阅读】 日本老龄化社会的挑战与应对：从深度到超级老龄化之路**

日本的人口老龄化问题自20世纪60年代起逐渐显现，并逐渐成为国家面临的重大挑战。1968年，日本60岁及以上人口占比首次超过10%，标志着其正式进入老龄化社会。此后，老龄化进程加速，1993年65岁及以上人口占比达到14%，进入深度老龄化社会，至2003年，这一比例突破20%，日本进入超级老龄化社会。截至2022年，日本65岁及以上人口占比已达到30%，居民预期寿命超过80岁，老龄化形势极为严峻。当前，日本的人口老龄化现状表现为总人口持续减少，自然增长率长期为负，且老年人口占比居高不下。东京成为唯一人口正增长的都道府县，而全国范围内的人口老龄化趋势仍在加剧。这种人口结构的变化对日本的经济社会产生了深远影响。

首先，劳动力短缺成为制约经济发展的重要因素。随着老年人口比例的增加，劳动年龄人口占比下降，导致劳动力供给不足，劳动生产率增速放缓，进而降低了经济的潜在增长率。这种趋势在20世纪90年代日本泡沫经济破灭后尤为明显，经济陷入"失去的三十年"。

其次，老龄化对日本的社会保障体系提出了严峻挑战。老年人口的增加导致养老、医疗等社会保障支出持续走高，高龄者相关费用占比超过60%，给政府财政部门带来巨大压力。为应对这一挑战，日本政府建立了包括养老、医疗、介护在内的三层社会保障体系，并推动介护保险制度的实施，以缓解老年人的经济负担。同时，政府还通过提高退休年龄、放宽移民政策等措施，努力缓解劳动力短缺问题。

最后，老龄化还深刻影响了日本的社会结构和消费模式。随着老年人口比例的增加，消费结构发生变化，医疗保健等老年相关消费占比上升，而汽车等耐用品消费则出现下滑。此外，老龄化还加剧了社会的孤独感和创新力的衰退，许多年轻人面临就业难、社交少等问题，导致社会活力下降。为应对这些挑战，日本政府和社会各界正在积极探索新的发展模式，如推动银发经济的发展，鼓励老年人参与社会活动等，以构建一个更加包容、和谐的老龄化社会。

资料来源：作者自行整理。

## 任务二 熟悉人口老龄化的分类与特征

### 【任务情景】

当前老年教育的主流内容大多聚焦于器乐、声乐、舞蹈、书法、绘画等领域。我们希望打破常规，办一个独具特色的"不一样的老年大学"。东软教育提出了"LIFECARES"特色化老年教育新理念，九个英文字母分别代表了"愉悦学习（Learning joyful）""重塑自我（Individual renewal）""健身运动（Fitness and well-being）""健康饮食（Eating healthily）""社区连接（Community connection）""艺术工坊（Arts workshop）""康复护理（Rehabilitation）""娱乐活动（Entertainment activities）""旅行采风（Scenic journey）"九个维度，围绕具备东软独特竞争能力的三大平台（AI写作与数字艺术创作、健康管理与康复、康旅与社交活动），精心构建东软老年教育的特色内容，打造线上线下老年教育新模式。我们希望通过探索和实践，为老年学员们提供更加多元化、个性化、专业化的学习体验，打造更具鲜明时代特征和人文关怀的老年康养新模式。

综合上述内容，主要是聚焦哪些产业？除了上述产业以外，请问你认为养老产业还包括哪些细分领域？

### 【知识平台】

人口老龄化是一个复杂而深远的社会现象，我国的人口老龄化趋势具有规模大、速度快、未富先老等特征。学习任务二，深刻认识人口老龄化对社会结构、经济、文化等多方面的重大影响，了解人口老龄化的分类、阶段划分及中国老龄化的主要特征，对于制定科学合理的养老政策、优化资源配置、促进社会和谐具有重要意义。这不仅关乎老年人的福祉，更关系到整个社会的可持续发展与稳定。因此，深入研究人口老龄化特征，是应对老龄化挑战、构建养老服务体系的基础。

### 一、人口老龄化的分类

（一）基于老龄化率的分类

1.老龄化社会

当一个国家或地区65岁及以上老年人口占总人口的比例在7%至14%时，即被认为是进入了老龄化社会。老龄化社会不仅反映了老年人口比例的增加，还意味着社会结构、经济结构、家庭结构等多方面将发生深刻变化，对社会保障、医疗卫生、养老服务等领域提出更高要求。同时，进入老龄化社会后，劳动力市场可能面临劳动力供给减少的问题，同时消费需求结构也将发生转变，养老产品和服务的需求将显著增加。

2.老龄社会

当65岁及以上老年人口占总人口的比例超过14%时，即被认为是进入了老龄社会。这一阶段意味着老年人口在总人口中的比重更高，老龄化程度更为严重。不同国家和地区由于经济、文化、政策等差异，其老龄化的速度和程度各不相同。一些发达国家早已进入老龄社会，而许多发展中国家则正快速步入这一阶段。实践中，面对老龄社会的挑战，各国政府需要制定长远规划，包括完善养老保障体系、提高

启智增慧1-2

全球老龄化最
严重的十国

医疗服务水平、促进老年人的社会参与等，以确保老年人的生活质量和社会的可持续发展。

（二）基于老龄化特征的分类

1.人口绝对老龄化

人口绝对老龄化一方面体现在长寿化趋势特征。随着科技的进步和医疗条件的改善，人类寿命不断延长，这既是社会进步的体现，也对养老服务体系提出了更高要求。另一方面体现在新增人口老龄化特征。当前，出生高峰期的后续效应，如同一股潜在的潮流，正悄然推动着全球及各地区老龄化趋势的加速。这一现象不仅在当前造成了老年人口数量的显著增加，更预示着未来几十年内老龄化程度的持续加深和老龄化问题的日益凸显。

2.人口相对老龄化

人口相对老龄化一方面来自政策影响。在政策层面上，计划生育等政策作为国家宏观调控的重要手段，在有效控制人口过快增长、缓解资源环境压力方面，无疑取得了举世瞩目的成效。然而，这一政策的长期实施，也不可避免地引发了人口结构失衡的连锁反应。老年人口比例相对上升，而年轻劳动力人口占比下降，形成了所谓的"倒金字塔"型人口结构，给社会经济发展带来了深远影响。另一方面，来自社会适应。面对人口相对老龄化的社会现实，社会各领域必须积极适应这一变化，寻求新的发展路径。首先，在劳动力市场方面，提高劳动力素质成为关键。其次，优化产业结构是应对老龄化挑战的重要途径。最后，还应关注社会文化的适应性问题。

（三）基于老年人年龄跨度和健康状况的分类

1.按照年龄跨度分类

对老年人群进行细致化的年龄分段，是构建全面、精准养老服务体系的首要步骤。这种分类不仅深化了对老年人各年龄段生理、心理及社会特征的理解，还为实现服务设计的针对性和有效性提供了重要依据。实践中，可以根据老年人的具体年龄进行进一步细分，如低龄老年人（60~69岁）、中龄老年人（70~79岁）等，以便更精准地满足他们的需求和提供服务。基于年龄分类的客群需求特征见表1-1。

启智增慧1-3

中国老年健康状况和变化趋势——中国老年健康报告（2024）

表1-1　　　　　　　　　　　　基于年龄分类的客群需求特征

| | | |
|---|---|---|
| 生理特点 | 低龄老年人（60~70） | 身体机能相对较好，但仍需注意视力、听力及反应速度等细微变化 |
| | 中龄老年人（70~79） | 身体机能明显衰退，骨质疏松、慢性疾病等问题增多，需加强日常照护 |
| 心理需求 | 低龄老年人（60~70） | 追求活跃的生活方式，渴望社交、学习及社会的认可与尊重 |
| | 中龄老年人（70~79） | 注重情感交流、家庭关怀，面临退休后的角色转变和社会地位变化的心理适应挑战 |

续表

| | 低龄老年人（60~70） | 注重健康监测与养生指导，文旅、康养、游学以及老年教育学习兴趣 |
|---|---|---|
| 服务需求 | 中龄老年人（70~79） | 强化生活照护和健康管理（上门医疗、康复护理、紧急救援），提供心理健康支持（心理咨询、情感支持），并组织文化娱乐活动以丰富精神生活 |

2.按健康状况分类

健康老年人：这类老年人身体状况整体良好，没有重大或慢性疾病影响日常生活。他们不仅生活能够完全自理，包括饮食、起居、个人卫生等，还积极参与社交活动、锻炼身体，保持着良好的心态和活力。轻度失能老年人：尽管这类老年人在大多数日常活动中仍然能够自理，但在某些特定方面，如复杂的家务劳动、长时间行走、使用高科技产品等，可能会感到力不从心，需要家人、朋友或专业人员的适度帮助。重度失能老年人：这类老年人的生活自理能力受到严重限制，几乎无法独立完成日常生活的基本活动，如穿衣、吃饭、洗澡、移动等，需要全天候的照料和护理。

## 二、人口老龄化程度的阶段划分

（一）以60岁及以上人口占比为划分依据

关于人口老龄化的划分依据，特别是在使用60岁及以上人口比例作为标准的情况下，可以追溯到1982年在维也纳举行的老龄问题世界大会。国际上，60岁以上人口占总人口的比例常被用作衡量一个国家或地区是否进入老龄化社会的重要指标。具体而言，当60岁以上老年人口占人口总数的比例达到10%时，通常认为这个国家或地区已经进入了老龄化社会，这一标准在国际上被广泛接受和应用，是评估人口老龄化程度的重要依据；如果60岁及以上人口比重在10%~20%之间，属于轻度老龄化阶段；20%~30%的占比为中度老龄化阶段；超过30%是重度老龄化阶段。

需要明确的是，这些标准被用来描述一个国家或地区是否进入了老龄化社会以及老龄化的程度。值得注意的是，这些标准并不是法律性的规定，而是基于国际共识的参考值，用于帮助各国政府和社会各界了解和评估人口老龄化的影响，并据此制定相应的政策。

（二）以65岁及以上人口占比为划分依据

根据1956年联合国《人口老龄化及其社会经济后果》确定的划分标准，当一个国家或地区65岁及以上老年人口数量占总人口数量比例超过7%时，则意味着这个国家或地区进入了老龄化阶段，人口学界一般也沿用这一标准。

1.老龄化阶段

当65岁及以上人口占比超过7%且小于14%时，即为老龄化社会。这一阶段的显著特征是人口结构发生了显著变化，老年群体在社会中的地位和作用日益凸显。

2.深度老龄化阶段

当65岁及以上人口占比在14%至20%之间时，即为深度老龄化社会。在这一阶段，社会面临的养老、医疗、服务等多方面的压力与挑战将更加严峻和复杂。

3.超级老龄化阶段

当65岁及以上人口占比达到或超过20%时，即为超级老龄化社会。在这一阶段，老年人口成为绝对多数，社会的方方面面都将受到前所未有的深刻影响，包括劳动力市场的结构性变化、家庭结构的重塑、社会保障体系的可持续性挑战等。

（三）以老年抚养比为划分依据

老年抚养比是指某一人口中老年人口数与劳动年龄人口数之比，通常用百分比表示，用以表明每100名劳动年龄人口要负担多少名老年人。虽然具体的划分标准可能因不同研究或机构而有所差异，但可以从以下角度进行理解：

较低抚养比阶段：当65岁及以上老年人口抚养比较低时（低于15%），表明劳动年龄人口负担相对较轻，社会养老压力较小。

中等抚养比阶段：随着老年人口比例的增加，老年抚养比也逐渐上升。当达到一定程度（15%~30%）时，表明社会养老压力逐渐增大，进入中等抚养比阶段。

高抚养比阶段（重度抚养阶段）：当65岁及以上老年人口抚养比超过一定阈值（30%或更高）时，表明劳动年龄人口负担极重，社会养老压力巨大，进入高抚养比阶段或称为重度抚养阶段。

启智增慧1-4

我国"中度老龄化"加速，老年抚养比升至22.5%，养老出路何在？

### 三、我国人口老龄化的主要特征

（一）规模大

中国作为世界上曾经人口最多的国家，其老龄化的规模之巨令人瞩目。根据2023年的数据，中国65岁及以上的老年人口约2.2亿，约占全球老年人口的约1/4，相当于全球每4个老年人中就有1个中国人。预计到2030年和2040年，中国65岁及以上的老年人口将分别达到2.6亿和3.5亿，占全球老年人口的比重将分别为25.6%和26.5%。

（二）速度快

中国老龄化的速度之快，堪称全球罕见。中国老龄化速度不断加快，从7%的老龄化到14%的深度老龄化，中国仅用了21年，而法国用了126年、英国用了46年、德国用了40年、日本用了24年。预计从14%到20%的超级老龄化，中国仅用10年左右。

（三）未富先老

中国在经济上未达到高收入国家水平时已经面临老龄化问题。2000年，中国65岁及以上老年人口占比超过7%时，人均GDP约959美元，而日本、韩国在老龄化水平达到7%时，人均GDP分别为1 685美元、12 257美元。2021年，中国65岁及以上老年人口占比超过14%，当时人均GDP约12 618美元，而美、日、韩在进入14%时人均GDP分别为5.5万美元、4万美元和3.3万美元。2023年中国人均GDP约1.3万美元，接近高收入国家下限，但中国65岁及以上人口占比为15.4%，高于中高收入经济体12.2%的水平。

**（四）未备先老**

从社会发展的角度来看，人口老龄化超前于经济社会发展出现，养老、医疗等问题在城乡社会经济二元结构的背景下同步爆发，导致解决这些问题时不仅没有足够的时间，而且这些问题相互交错、相互影响，对经济社会发展造成的压力有一个放大效应。从实践来看，社会保障体系的完善是一个长期而复杂的过程，而中国却在这一体系尚未完全建立健全的情况下，就不得不面对老龄化社会的挑战。这种"未备先老"的状况，对社会治理、社会保障和养老服务等多个领域造成了巨大的压力。如何快速有效地构建起适应老龄化社会需求的服务体系，成了摆在中国政府和社会各界面前的一道难题。

**（五）未康先老**

对老年人而言，"活得长了"并不代表"活得更好了"。健康老龄化的目标就在于保障老年人生命质量的同时延长其生命长度。然而，面对人口多、底子薄、资源少以及发展不平衡、不充分等基本国情，健康老龄化在中国还需要突破一系列的瓶颈和障碍。随着老年人口的持续增长，健康问题日益成为老龄化社会关注的焦点。老年群体的医疗和护理需求不断增加，对现有的健康服务体系提出了更高的要求。如何保障老年人的健康权益，提供高质量的医疗和护理服务，成了社会亟待解决的问题之一。

**（六）城乡倒置**

启智增慧1-5

老龄化城乡倒置，如何积极应对

中国乡村地区人口老龄化程度高于城镇，这一现象被称为老龄化城乡倒置。相较于城市地区，乡村地区的人口老龄化程度更为严重。这一现象不仅加剧了乡村地区的社会治理和养老服务压力，也反映了城乡发展不平衡的问题。如何在推进城镇化的同时，关注并改善乡村地区老年人的生活状况，成了中国政府和社会各界需要共同面对的重要课题。数据显示，2010—2022年间，城市、镇和乡村65岁及以上老年人口占比分别由7.7%、8.9%和10.1%增至12.0%、13.3%和19.3%。

**（七）区域不平衡**

中国老龄化程度的区域差异同样显著。东部地区由于经济发展较早、较快，老龄化程度也相对较高；而西部地区则相对滞后。这种区域不平衡不仅影响了国家整体的老龄化政策制定和实施效果，也要求各地在应对老龄化问题时因地制宜、因时制宜地采取差异化措施。例如，在老龄化程度较高的地区应加大养老服务投入力度和设施建设速度；而在老龄化程度较低的地区则应注重预防和延缓老龄化。

**【拓展阅读】 日本人口老龄化进程中的城乡倒置基本状况与对策**

日本在1970年进入老龄化社会，比中国早30年，是亚洲地区人口老龄化速度最快，最早进入老年型社会的国家。由于婴儿潮时期人口全部进入老龄阶段，同时生育率长期保持在低水平，因此其也是世界上人口老龄化程度最高的国家。中国与日本的老龄化在不同的时期内表现出了类似的阶段特征。

20世纪50年代至70年代，日本经济高速增长，大量农村人口流动到城镇，造成了城镇劳动人口密集化和农村人口的稀疏化。在整体劳动人口占比下降的背景下，农村的劳动力短缺会更加严重；另一个主要方面则是大大增加了社会抚养负担和政府财政负担。日本的老龄化已经到了75岁以上高龄老年人口比重逐渐增大的阶段，这意味着年事已高、身患疾病、生活不能自理的老年人口比重增加。这就需要投入大量的人力资源到养老机构中，在农村老龄化程度更高、劳动人口比重更低的情况下，政府就需要对农村的养老保障等方面加大投入力度，这也将对经济发展产生负面的影响。但迅速而深刻的老龄化以及城乡倒置问题，没有给日本的经济社会带来过大的影响，相反日本以规划和法律、制度先行，根据形势及时变化，建立并不断完善养老、医疗、介护等社会保障制度，出台老年人就业、育儿、老年住宅、支持企业参与养老事业等相关政策，形成了较为完整的政策体系。

对于整体老龄化带来的问题，日本从20世纪60年代至今，出台了十几部关于养老的法律，包括《老人福祉法》《老人保健法》等；在社会保障方面，日本建立了包括"养老保险、劳动保险、医疗保险、介护保险"在内的社会保险，形成了较为完善的保障体系，日本也是世界上少数几个建立了独立的长期护理保险制度的国家。对于劳动力短缺问题，日本鼓励老年人延长劳动年限，并制定了一系列法律保障老年劳动力的权益。对于老龄化城乡倒置可能会带来的问题，研究发现日本在倒置发生之前作出的许多努力有效地缓解了城乡倒置使得老龄化带来的问题更加突出的趋势。其具体措施如下：

首先，农村老龄人口比重大、劳动力缺乏确实使得日本城乡差距有过扩大的阶段，但日本随之采取了有效的措施，目前是世界上城乡收入差距较小的国家之一。针对城乡收入差距问题，日本采取的措施主要有：一是人口流动完全自由，日本《户籍法》规定实行"户口随人走"的制度，居民领取退休金十分方便。日本还建立了较为完善的农业耕地和农村住宅流转体制，鼓励城市居民到农村或城市远郊居住或投资，城乡之间双向流动频繁，城乡之间的界限较为模糊。二是农民依据《农业协同组合法》建立了自我管理的互助性组织，即农协。农协的存在极大地维护了农民的合法权益，也为政府承担了部分公共服务功能；日本政府也十分重视农村经济发展，政府制定政策鼓励工业企业向农村地区转移，并对农村地区提供大量的财政与技术支持，促进城乡一体化的发展。

其次，对于农村人口老龄化程度更高，养老模式由家庭养老向社会养老模式转变且最初养老保障只覆盖了大企业职工和公务员的问题，日本制定了一系列措施以扩大养老保险覆盖面。1959年4月日本就颁布了《国民年金法案》，将农民依法强制纳入了社会养老保险体系之中。在医疗保险方面，日本于1959年颁布了《国民健康保险法》，实现了全民参保医疗保险。到1961年，日本就基本建立了以养老保险和国民公共医疗为主要内容的农村社会保障体系，从而形成了城乡一体化的养老保险和医疗保险体系。

未来30年，中国将会面临日本已经经历过的老龄化与倒置过程，但中国老龄化速度更快、人口基数更大，任务就更加艰巨。中国目前城乡二元结构问题仍然十分严峻，城乡收入差距较大、户籍制度对人口流动限制较大，流动人口的社会保障难以完全实现，农村社会保障覆盖率与城镇相比仍然有着较大差距。对于这些问题，应该借鉴日本在城乡一体化方面的相关措施和政策，重视农村经济发展，逐渐缩小城乡之间在经济发展水平、居民社会保障覆盖率等之间的差距，积极应对老龄化及城乡倒置给经济社会发展带来的不利影响。

资料来源：AB财经社. 借鉴与分析国际案例，为我国人口老龄化城乡倒置问题政策提供经验[EB/OL].［2022-12-27］. https://baijiahao.baidu.com/s？id=1753336987610236939&wfr=spider&for=pc. 内容有删改。

## 任务三　我国人口老龄化的发展趋势

### 【任务情景】

"灰犀牛"这个概念是由米歇尔·渥克（Michel Waldock）在2013年提出的，并在她的书《灰犀牛：如何应对明显的危机》中进行了详细阐述。它用来描述一种既明显又迫近的危险或危机，但是人们往往因为忽视或者否认它而未能及时应对。与"黑天鹅"事件（难以预测且不寻常的事件）不同，"灰犀牛"是指那些显而易见的风险，它们逐渐累积并且有很高的概率会发生，但由于其发生的缓慢性和必然性，人们往往对其视而不见或者低估其影响。说到人口老龄化被称为"最大的灰犀牛"，这是因为全球范围内的人口结构正在发生变化，生育率下降和平均寿命延长导致老年人口比例上升。这一趋势对经济和社会的影响是显而易见的，包括但不限于劳动力市场的变化、养老金体系压力增大以及医疗保健需求增加等。

尽管这些问题及其潜在后果已经被广泛讨论，但很多国家和地区并没有做好充分准备来应对这些挑战。因此，人口老龄化就像一只"灰犀牛"，它的到来是可预见的，但许多人却忽视了其可能带来的巨大冲击，直到问题变得非常严重才开始采取行动。人口老龄化是我国当前及未来较长一段时间的基本国情。

请问，立足我国国情，如何理解人口老龄化趋势是最大的"灰犀牛"之一。

### 【知识平台】

2001年，全球正式进入老龄化社会。各国老龄化进程并不同步，但总体正加速发展。积极应对人口老龄化是我国国家战略，同时也是我国经济金融高质量发展的题中应有之义。了解我国人口老龄化趋势，有助于精准定位市场需求、准确把握银发经济的发展方向，从而推动经济的高质量发展。

#### 一、全球老龄化正加速发展

历史学家估计，自公元前1万年至工业革命前的漫长岁月中，全球人口长期处于低增长模式，年均增长率不足万分之五。17—18世纪现代化进程开启后，人类社会才出现有意义的人口增长。数据显示，1700—2021年间，全球人口从5.9亿升至79亿，年均增长率达8‰。20世纪50至70年代，全球人口年均增长率一度达到20‰的峰值，之后逐步放缓。人口增速起落的背后，是经济社会发展与科学技术进步下人口再生产模式的演变。先是死亡率下降，人口增速开始上升；而后出生率下降，人口增速随之放缓。在此过程中，人口的年龄结构也相应演化，年轻人口先升后降，老龄人口逐步增加，年龄分布逐渐由金字塔形演变为纺锤形。

2001年，全球正式进入老龄化社会（Aging Society，老龄化率即65岁以上人口占比超过7%）。各国老龄化进程并不同步，现代化进程领先全球的欧洲国家老龄化发展也最早，法国于1860年左右就步入了老龄化社会，之后老龄化在全球持续演进。例如，日本已分别于1969年、1994年、2006年步入了老龄化社会、深度老龄化社会和超级老龄化社会，2022年老龄化率高达29.5%。

全球老龄化正加速发展，中国亦如此，并呈现独有特征。

### 二、我国老龄化趋势

（一）老龄化趋势特征："长寿型"转向"少子型"

我国人口老龄化有两个主要驱动因素：预期寿命延长以及总和生育率（Total Fertility Rate，TFR）下降。

预期寿命延长对老龄化趋势的影响相对有限。人口预期寿命延长使得老龄人口数量增加，老龄化率的分子和分母等幅增长，推动老龄化率上升。我国人均寿命已趋近国际前沿，对老龄化率的影响也趋于稳定。数据显示，受益于经济社会发展和医疗卫生条件改善，中国人均预期寿命已从1960年的33岁升至2021年的78.2岁（男75.5岁、女81.2岁），接近OECD国家均值（80岁），显著高于全球均值（71.3岁）。这意味着不考虑生命科技的跨越式发展，未来预期寿命延长对我国老龄化率的推升或相对有限。

总和生育率下降是老龄化趋势的"加速器"。总和生育率下降将导致当期和未来年轻人数量下行，使得老龄化率的分母增长慢于分子，进而加速老龄化进程。总和生育率是一个人口统计指标，测度的是一名妇女在其一生中生育孩子的数量。一般认为，总和生育率为2.1时，可实现总人口的代际平衡（由于自然孕育的新生儿男女性别比在105上下，且有小部分儿童病亡），该水平被称为世代更替率（Replacement Rate）。考虑到我国人口出生男女性别比更高（2021年为108.3），儿童成年前死亡率也略高于发达国家，世代更替率应高于2.1。联合国数据显示，我国总和生育率自1963年7.5的高点开始陡峭回落，1991年跌破2至1.93，2019年后再度陡峭下行，跌破1.5的国际警戒线。可见，当前我国老龄化主要受低生育驱动，人口发展已由"长寿型老龄化"演化为"少子型老龄化"。

（二）2030年左右，我国将步入超级老龄化阶段

1949年以后，中国出现了三轮婴儿潮，分别是1950—1958年、1962—1975年、1981—1991年，2015年第一批婴儿潮人口陆续进入65岁。未来第二、三轮婴儿潮人口将在2027、2046年陆续进入65岁，老年人口数量将呈阶梯式上行趋势，并且由于第四轮婴儿潮未出现，少子化会加速老龄化趋势。2020年第七次全国人口普查数据显示，我国65岁及以上人口占比为13.5%，2023年这一指标升至15.4%，三年间的平均增幅超6个百分点，按照这一趋势预计7年左右，我国65岁及以上人口占比将达到20%，即步入超级老龄化阶段。中华人民共和国成立至今出生人口变动趋势如图1-2所示。

单位：万人

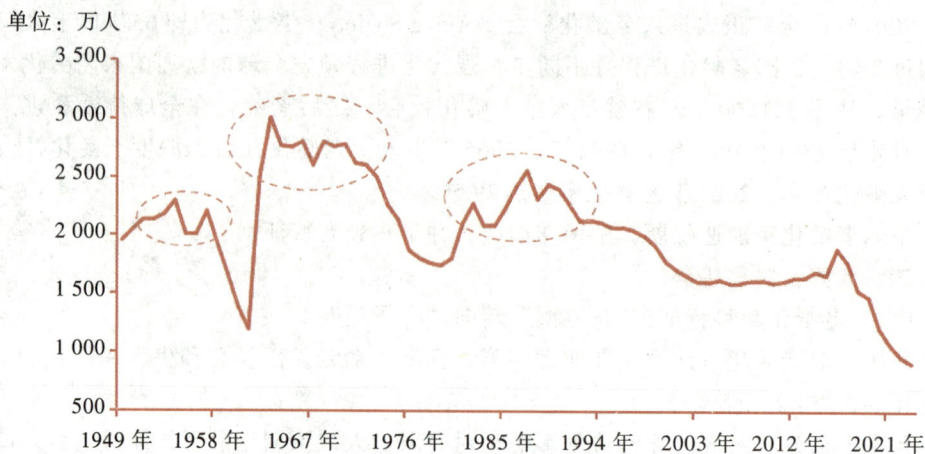

图1-2　中华人民共和国成立至今出生人口变动趋势

模块练习1-1

# 模块二　银发经济

## 任务一　认识银发经济

【任务情景】

中国银发经济的规模在2024年前后达到了约7万亿元人民币，根据相关测算，预计到2035年，随着人口老龄化程度的加深，这一数字可能增长至大约30万亿元人民币，占GDP的比重也将进一步提升。从发展趋势看，银发经济正朝着规模化、品牌化、多元化与个性化的方向发展。随着老年人需求的多样化，银发经济将提供更加个性化的产品和服务。同时，随着科技的进步，银发经济越来越注重智能化和信息化的发展，利用大数据、人工智能等现代技术手段来提升服务质量与效率。政府对银发经济的支持也在不断加强，出台了多项政策鼓励银发经济的发展，为相关产业的创新发展提供了政策保障和支持。

那么，银发经济是什么？其与传统经济有何区别？

【知识平台】

银发经济聚焦老年人群，涵盖"备老"与"适老"两大方面，强调全生命周期规划与老年阶段需求满足。其差异化特征显著：特定消费群体、多样化需求、高品质服务追求、广泛覆盖领域及智能化转型加速。学习银发经济，有助于把握老龄化社会趋势，促进产业升级，满足老年人多元化需求，推动社会和谐与可持续发展。

### 一、银发经济的内涵

（一）银发经济的概念

银发经济是向老年人提供产品或服务，以及为老龄阶段做准备等一系列经济活动的总和，涉及面广、产业链长、业态多元、潜力巨大。具体来看，银发经济包含"老年阶段的老龄经济"和"未老阶段的备老经济"两个方面。其主要考虑有以下三点：

从国家的规划引领看，发展银发经济充分呼应并落实积极应对人口老龄化国家战略。将"预备于老"的相关产业纳入银发经济范畴，是在积极应对人口老龄化国家战略框架下的总体考虑。

从个体的生命周期看，老年阶段和未老阶段并不是割裂开的，应作为有机整体统筹谋划。在未老阶段进行物质和财富储备、健康管理，在老年阶段才能更好实现老有所养、老有所为、老有所乐。

从社会的代际传递看，银发经济发展离不开各年龄人群的共同参与。家家都有老人，人人都会变老，老年人的当下需求，将是年轻人的未来需要。社会共识的凝聚，更多人群的响应，为银发经济发展奠定了良好的基础。

（二）银发经济的"备老"与"适老"

"备老"，体现的是要从全生命周期的分析视角来找准发展银发经济的着力点。一是养老储备，这个涉及养老金融中的养老金储蓄和养老金融产品配置问题，核心凸显在养老金替代率要提升，养老储备要保值、增值。二是健康管理。健康的身体是享受养老生活的重要前提，如何在年轻阶段或者说低龄老年阶段拥有健康的身体，这涉及康养产业的发展问题，本质上这与银发经济的市场化运作、康养产品的多元化供给相关。三是能力培养。进入老年阶段可以享受生活，当然也可以持续发挥余热，如果选择后者，在"备老"阶段还需要进行适当的能力培养，比如数字化应用能力、专业技术能力等。

"适老"，体现的是老年阶段的各类需求，比如养老的需求、护理的需求、照护需求等等，相对来讲这类需求具有刚性特征，具体的年龄段也主要集中在生命周期中的最后十年。按照当前的平均寿命78岁来看，基本上在70岁左右这类需求的刚性特征将逐渐显现。

## 二、银发经济的差异化特征

相较于传统经济，银发经济具有以下几个差异化特征：

**特定的消费群体**。银发经济面向的是老年人群，根据国家统计局的数据，截至2023年年底，中国60岁及以上老年人口已超过2.6亿人，占总人口的18%以上。与年轻人相比，老年人群的消费习惯和需求偏好存在显著差异。他们更注重健康维护、生活便利性和社交活动的质量，而不是追求速度和新颖性。例如，在食品消费方面，老年人倾向于选择营养均衡、易于消化的食物；在服装消费方面，则更偏好舒适度高、款式简洁大方的衣物。

**多样化的消费需求**。近年来，随着老年人生活水平的提高和自我实现意识的增强，他们的消费需求已经从基础的生活保障转变为追求高品质生活、健康管理以及精神文化享受等多个方面。调查显示，越来越多的老年人愿意投资于个人兴趣爱好、旅行体验、继续教育等方面。为了迎合这种变化，市场上出现了更多针对老年人的兴趣班、旅游产品、老年大学等。

**高品质和高价值的服务需求**。在银发经济中，消费者对服务品质和产品可靠性的重视程度远超价格因素。随着健康意识的增强，老年人愿意为高品质的医疗保健、健身休闲和个人照护支付更高的费用。一项调查表明，超过80%的老年人愿意花费更多资金购买优质保健品和服务。

**覆盖领域广泛**。银发经济不仅限于传统的医疗保健和养老服务，它已经渗透到了几乎所有传统经济领域，如金融理财、旅游娱乐、教育培训等。例如，在金融领域，针对老年人推出的养老保险、健康保险产品日渐增多；在旅游行业，专为老年人设计的养生游、文化游成为新宠；在教育培训方面，还有专门为老年人开设的电脑操作、外语学习等课程。

**智能化和数字化转型加速**。随着信息技术的发展，银发经济正在经历从传统服务模式向智能化、数字化的转变。智能穿戴设备用于监测老年人的身体状况，远程医疗咨询服务帮助解决就医不便的问题，智能家居系统则让老年人的生活更加安全便捷。据预测，到2025年，中国智能健康养老服务市场规模将达到数千亿元人民币，成为银发经济中的重要组成部分。

## 任务二　银发经济的需求特征

### 【任务情景】

王大爷是社区里的老居民，他有一个多年的习惯，那就是每天早上都要去附近的茶馆喝早茶、看报纸。但随着年岁增长，王大爷的出行变得不太方便。幸运的是，社区里的一家老字号茶馆注意到了这一需求，开始提供"送茶上门"服务。每天清晨，茶馆的工作人员会准时将王大爷常点的那份热腾腾的豆浆和几样精致的小点心送到他家中，同时还附上了当天最新的报纸，王大爷只需在家中等候，就能享受到和去茶馆一样的惬意时光。

这个案例体现了老年人群的哪些消费特征呢？

### 【知识平台】

银发经济展现出多元化消费趋势，康养旅居、健康管理、医养结合及照护关爱等服务备受青睐。老年人群追求高品质生活，推动相关产业快速发展。学习银发经济消费趋势，不仅有助于把握老龄化社会下的市场机遇，还能促进产业升级，满足老年人多样化需求。同时，理解银发经济对经济增长的贡献，对于制定老龄化应对策略、推动社会和谐具有重要意义。企业需紧跟趋势，创新服务，以满足老年人群的美好生活向往。

### 一、银发经济的消费类型

人口老龄化现象，助推老年市场成为诸多市场中一个巨大的极具魅力和潜力的细分市场。老年社会群体的消费是一种以年龄为基础的结构性消费，可以划分为如下几类：

（一）求实性消费

老年消费者普遍具有较为理性的消费观念，倾向于选择实用性强、性价比高的产品和服务。他们更加注重产品的实际效用和耐用性，而非单纯的品牌或外观。在购物时，会仔细比较不同产品的功能、价格、质量等信息，力求买到物有所值甚至物超所值的商品。这种求实性的消费特征，反映了老年人群在消费过程中的谨慎与精明。总体来看，求实性消费体现为三点：商品的实用性、服务的可靠性和价格的合理性。

（二）习惯性消费

随着年龄的增长，老年人群往往形成了较为固定的消费习惯和偏好，他们可能长期购买某个品牌的商品，或习惯于在特定的时间、地点进行消费。这种习惯性消费不仅源于对产品的信任和依赖，也反映了老年人群对于稳定生活方式的追求。老年人群通常是谨慎的消费者，他们不会为了迅速行动而去冒出错的风险。商家在拓展银发市场时，需要尊重并适应老年人的消费习惯，通过提供持续稳定的产品和服务来赢得他们的信任。

（三）方便性消费

老年人生理变化促成消费生活变化的自然走向，方便性消费是生理变化的必然结果。因此，老年人群在消费过程中，对于便捷性的需求日益增加。由于身体机能的下降，他们可能不再适合长途跋涉或频繁操作复杂的购物流程。因此，提供送货上门、一键支付、简化操作等便捷服务，对于吸引老年消费者至关重要。同时，适老化设计的产品和服务，如大字体的手机界面、简单易用的遥控器等，也能显著提升老年人群的消费体验感。

（四）补偿性消费

在银发经济中，补偿性消费是一个显著的特点，这是一种纯粹的心理性消费，可视为一种心理不平衡的自我修饰。老年人群在退休或空闲时间增多后，可能会通过消费来弥补过去因忙碌工作而无法享受的生活乐趣。他们可能会投身于旅游、养生等领域，以丰富晚年生活、提升生活质量。这种补偿性消费不仅体现了老年人群对于美好生活的向往和追求，也为相关产业带来了巨大的市场机遇。

（五）服务性消费

随着生活水平的提高和消费观念的转变，老年人群对服务性消费的需求也在不断增加。这种服务性消费，通常是指通过服务形式弥补老年人生活能力和心理上的不足，比如他们可能需要专业的医疗保健服务、家政服务、旅游陪伴服务等。这些服务不仅能够满足老年人群的基本生活需求，还能提供情感上的慰藉和陪伴。因此，在银发经济中，提供高质量、个性化的服务性产品将成为吸引老年消费者的重要手段。商家需要深入了解老年人群的需求和偏好，为他们量身定制合适的服务方案，以赢得他们的青睐和信赖。

## 二、银发经济的消费特点

（一）消费群体庞大且增长迅速

随着全球人口老龄化的不断加剧，老年人口规模持续扩大，形成了一个庞大的消费市场。这一市场不仅规模巨大，而且增长速度较快，为银发经济提供了持续的发展动力。老年人口的增长不仅推动了银发经济产业的快速发展，也促进了相关产业链的不断完善和升级。

（二）消费需求多样化和个性化

老年人在消费过程中展现出了极高的多样化和个性化需求。他们不仅关注基础的生活照料需求，还追求更高品质的生活、医疗和精神层面的服务。从健康养生、旅游休闲到文化娱乐、社交互动等方面，老年人都有着自己独特的消费需求和偏好。因此，银发经济产业必须紧跟老年人的消费趋势和变化，提供更加丰富多样、个性化的产品和服务以满足其需求。

（三）高品质和高价值的产品与服务需求增长

随着物质水平的提升和健康意识的增强，老年人对高品质的医疗保健、健身休闲和个性化服务的需求不断增长。他们愿意为这些高品质、高价值的产品和服务支付更多的费用，以提升自己的生活品质和幸福感。这种消费观念的转变推动了银发经济产业的升级和发展，促使企业不断提升产品和服务的质量和水平以满足老年人的需求。

（四）孝心经济与自我消费并存

在中国等国家和地区，银发经济的消费特征还体现在孝心经济与自我消费的并存上。子女等家庭成员为了表达对父母的关爱和孝心会积极为老年人购买产品和服务；同时老年人自身也具有较强的消费能力和消费意愿，形成了独特的自我消费现象。这两种消费模式相互促进共同推动了银发经济市场的发展。企业可以充分利用这一特点，通过开发适合老年人和其子女共同使用的产品和服务来拓展市场份额和提升品牌影响力。

### 三、银发经济的消费趋势

（一）康养旅居消费

当前，随着 20 世纪 60 年代出生高峰人群步入退休阶段，其经济积累为追求高质量退休生活奠定了基础，康养旅居成为热门选择。这一群体消费习惯转变，偏好体验式消费，如健康、休闲及旅游，康养旅居恰好契合此趋势。文化意识的提升促使退休人群追求身心和谐，康养旅居不仅提供健康环境，还融合文化活动和社交，满足其精神需求。市场需求方面，老年人口增长带动康养服务多样化，市场细分以满足个性化需求。同时，国家政策支持为康养旅居市场的蓬勃发展提供了坚强后盾。

（二）健康管理消费

在银发经济浪潮中，健康管理需求激增，形成巨大市场潜力。线上健康消费依托"互联网+医疗健康"蓬勃发展，老年人线上购药等习惯渐成主流，市场规模迅速扩大。据统计，2023 年中国老年人网购药品的市场规模达到数百亿元，年增长率超过20%，显示出线上健康消费市场的快速增长。同时，健康意识觉醒促使老年人主动参与健康管理，通过线上平台学习及购买保健产品。需求精细化趋势明显，从基础医疗延伸至预防、保健、康复等全方位服务，推动健康管理服务市场快速增长。科技赋能是关键，智能穿戴、远程医疗、大数据分析等技术革新便捷高效管理老年人健康，个性化服务方案应运而生。高科技企业纷纷入局，打造专属老年健康管理平台，共同塑造健康管理新生态。

（三）医养结合服务消费

在银发经济浪潮下，医养结合养老模式凭借其独特优势，成为满足老年人多元化需求的热点，该模式通过提供全方位、连续性服务，涵盖预防、治疗至康复全程，显著提升老年人生活品质与幸福感。在这种背景下，医养结合模式通过提供全方位、连续性服务，涵盖从预防、治疗到康复的全过程，显著提升了老年人的生活品质与幸福感。

一方面，政府层面的高度重视与政策支持，为医养结合模式构建了坚实的制度基础与市场环境。国家卫生健康委员会联合多部门发布的《关于推进医疗卫生与养老服务相结合的指导意见》明确提出，要加快医养结合服务体系建设，到2025年，每千名老年人拥有床位数达到40张以上。这些政策举措有力地推动了医养结合产业的快速发展。

启智增慧1-6

养老消费调查："医养结合"更受欢迎，适老化消费环境需提升

另一方面，随着老龄化社会的到来，老年人群对高品质医疗与养老服务的需求激增，且日趋个性化、多样化。《中国老年人健康服务市场研究报告》显示，近七成的老年人对医疗和养老服务有着明确的需求，其中个性化服务需求占比超过40%，这为医养结合市场开辟了广阔的增长空间。同时，服务模式不断创新，融合互联网技术、人工智能等前沿科技，实现了服务的高效化、智能化与便捷化。例如，远程医疗服务平台可以让老年人在家中就能享受到专家级的医疗服务，智能穿戴设备能够实时监测老年人的身体状况，并在出现异常时自动报警。这些技术创新进一步提升了医养结合服务的品质与覆盖面，使老年人能够享受到更加便捷、高效的专业服务。

（四）照护关爱消费

随着老年人口数量的增加，他们在照护关爱方面的需求也呈现出多样性。这些需求不仅包括基本的生活照料（如饮食起居）、医疗护理（如慢性病管理），还包括情感慰藉（如陪伴聊天）等非医疗性服务。据《中国老龄事业发展报告》称，约有30%的老年人表示需要不同程度的生活照顾服务，而其中又有相当一部分人表达了对情感交流的需求。

普惠性照护服务方面，国家和地方政府积极推动普惠性照护服务的发展，旨在提供全面、便捷、经济的照护服务，减轻家庭和社会负担。政府出台了多项政策措施，如支持建设认知障碍照护床位，增加专业照护人员培训，以及推广居家社区养老服务等。据统计，截至2023年年底，全国共有各类养老服务机构和设施超过30万个，床位总数达800万张以上，初步形成了以居家为基础、社区为依托、机构为补充、医养相结合的养老服务体系。

智能化照护设备方面，智能化照护设备在老年人照护中发挥了重要作用，不仅提高了照护效率，还提升了照护质量。智能穿戴设备能够实时监测老人的健康状况，及时预警异常情况；而智能呼叫系统可以在紧急情况下快速响应，提供救援服务。行业报告显示，2023年中国智能养老设备市场规模已经超过500亿元，预计未来几年将以每年20%以上的速度增长。

人文关怀方面，随着社会对老年人心理健康重视程度的提高，越来越多的服务机构开始注重老年人的情感和心理需求，提供如心理咨询、社交活动组织等人文关怀服务。例如，一些社区中心定期举办书画、舞蹈等兴趣小组活动，既丰富了老年人的精神文化生活，又促进了他们的身心健康发展。

## 任务三　银发经济的产业特征

【任务情景】

在宁静的夕阳小镇上，张大爷的故事成了银发经济政策扶持的生动写照。张大爷年逾七旬，独居多年，日常起居渐感不便。得益于国家推行的"智慧养老"政策，小镇引入了智能居家养老系统，政府不仅补贴了安装费用，还定期组织培训，教会张大爷使用智能手环监测健康、一键呼叫紧急服务。春节期间，张大爷不慎摔倒，手环立即发出警报，社区医护人员迅速响应，及时救助。张大爷康复后，感慨地说："这智能设备真管用，更感谢政府的好政策，让我们老年人也能享受科技带来的安心与便利。"这一案例，不仅展现了银发经济中智能科技的应用，更凸显了政策扶持在推动养老服务升级、提升老年人生活质量方面的强大力量。

这个案例体现了银发经济的哪些产业特征？除此之外，还有哪些产业特征？

【知识平台】

银发经济产业链长、覆盖面广，需要满足老年人多元化、差异化需求，依靠科技驱动提升服务效率，推动政策扶持与市场机制共促发展。但当前面临制度设计细化不足、产业政策力度需强化、人力资源政策待优化等突出问题。学习银发经济产业特征，认识其问题，对精准施策、推动银发经济健康发展具有重要意义。

**一、银发经济的产业类别**

银发经济是一种经济形态，即与银发相关的所有的经济活动和行为的总和，因此银发经济涉及产业领域较广，包括养老设施和机构、老年房地产、老年护理服务业、老年服饰、老年食品、老年医疗等等。从产业的角度，既包括健康农产品、老年健康食品等第一产业，也包括康复辅具、适老化家居建材等第二产业，还包括社区居家养老服务、机构养老服务、长期照顾服务、老年人力资源开发、老年教育、养老科技、养老金融等第三产业。

基于产业之间的关联性和功能定位，银发经济的产业类别可以分为：本位产业、相关产业和衍生产业。三者之间相互补充，可以形成经济和社会效益的良性循环，共同促进银发经济的健康发展。

本位产业，直接关系到老年人的基本生活质量和健康水平，是银发经济中最为核心的部分，直接服务于老年人的基本生活需求，因此是银发经济的基础和支柱。养老服务（如养老院、居家护理）、医疗健康服务（如门诊、住院治疗、康复治疗）、老年房地产、养老设施与机构、老年食品等相关产业，属于本位产业。

相关产业，是指那些与本位产业紧密相连，但又相对独立的产业，它们为本位产业提供支持和服务，同时也是银发经济的重要组成部分。相关产业通过提供配套服务，满足老年人在不同方面的多样化需求，增强了银发经济的整体服务能力。养老设施和机构供应链上的专业家具、专业设施、专业易耗品，老年护理服务业供应链上的护理人员培训、劳务派遣、老年护理专业治疗和康复器械等相关产业，属于相关产业。

衍生产业，是指从本位产业或相关产业中延伸出来的新兴产业形态，它们通常利用新技术、新模式，为老年人提供更加个性化、智能化的服务。衍生产业通过创新，填补了市场空白，满足了老年人更高层次的需求，并反过来促进了本位产业和相关产业的升级。

总体来讲，我国的银发经济发展已经具备了比较好的基础。老龄人口规模大、增速快，国家在政策上已经做了很多布局，在事业发展、基础设施建设等方面打下了良好的基础，我国养老保障制度、医疗保险制度已经基本实现了城乡全覆盖，机构、社区、居家的养老服务设施建设也取得了很大的进展，银发经济将从"以政府为主导的事业发展"阶段，转向"事业和产业协同发展"的新阶段。

## 二、银发经济的产业特征

### （一）覆盖面广，产业链长

银发经济作为一个综合性经济体，其触角延伸至老年人生活的方方面面。从基本的衣食住行，到深层次的健康养老、精神文化需求，银发经济都提供了全面而细致的解决方案。这一产业链不仅深度挖掘了传统医疗、保健、食品、家居等领域的潜力，还积极探索旅游、金融、教育等新兴领域，形成了多元化、多层次的产业结构。随着老龄化社会的深入发展，银发经济的产业链还将继续延伸，为老年人创造更加丰富、便捷的生活体验。

启智增慧 1-7

银发经济元年，企业如何"掘金"万亿机遇？

### （二）需求多元化和差异化

老年群体的多样性决定了其需求的多元化和差异化。不同年龄段、健康状况、经济条件的老年人对产品和服务有着不同的偏好和需求。因此，银发经济产业必须紧跟时代步伐，深入了解老年人的实际需求，提供定制化、个性化的产品和服务。这包括但不限于定制化的健康管理方案、适老化的家居设计、特色化的旅游线路等，以满足老年人对美好生活的向往和追求。

### （三）科技驱动与服务适老化

在银发经济中，科技的力量不容忽视。随着物联网、大数据、人工智能等高新技术的不断发展，银发经济产业正迎来前所未有的变革。智能家居设备、远程医疗平台、智能穿戴设备等新兴科技产品不断涌现，为老年人提供了更加便捷、高效的生活方式。同时，这些科技产品也帮助银发经济产业实现了智能化升级，提高了服务效率和质量，为老年人带来了更多的福祉和便利。

### （四）政策扶持与市场机制并存

银发经济的健康发展离不开政府的支持和市场的推动。政府通过出台一系列政策措施，如税收优惠、财政补贴、市场准入放宽等，为银发经济产业提供了良好的发展环境。同时，市场机制也在银发经济中发挥着重要作用。通过市场竞争和资源配置优化，银发经济产业得以不断发展壮大，为老年人提供更加优质、高效的产品和服务。这种政策扶持与市场机制并存的局面，为银发经济的长远发展奠定了坚实基础。

## 三、我国银发产业发展中的突出问题

从国家经验来看，在老龄化不同阶段、经济发展不同时期，银发经济的内涵不断演变，必须根据其阶段性特征精准加以政策引导。当前，我国银发产业发展中的突出问题有以下三方面：

一是制度设计还有待细化。比如，现行的医保报销制度是在年轻型的人口结构下建立的，目前的报销费用结构、目录还没有很好地与老龄化社会的需求相匹配。再比如，长期护理保险制度还只是在 49 个地区试点。医保制度、长期护理保险制度的改革，对于激发社会的需求、提高老年群体的支付能力是有非常重要的意义的。

二是产业政策力度有待强化。比如，如何发挥财政资金的撬动作用，带动社会资本的投入，让更多的产业资本能够在银发经济中盈利、可持续经营？为此，必须针对不同的产业分类精准制定扶持政策。

三是人力资源政策还有待优化。这是个全球性的难题，年轻人不愿意参与养老服务行业、留不住人，一方面发展机器替代、互联网技术可以减少对人力资本的需求，但另一方面有很多情感交流的工作是机器不可替代的，所以人力资源的短缺，特别是护理人员的短缺是各国共同的难题，还需要更大的政策支持，也要有更多的市场实践共同去推动解决。

【拓展阅读】　　　让银发经济成为确定且稳定的大产业

随着人口老龄化进程的加快，老年产业迅猛发展，越来越多的产业需要为老龄社会作出相应的转型和细分，银发经济随之出现。复旦大学老龄研究院银发经济课题组预测，在人均消费水平中等增速的背景下，2035年我国银发经济规模将达到19.1万亿元，占总消费比重的27.8%，占GDP的9.6%；到2050年，这一数字将分别增加到49.9万亿元、35.1%和12.5%。银发经济展现的巨大潜能使其受到社会各界的高度关注。2024年1月，国务院办公厅印发《关于发展银发经济增进老年人福祉的意见》，标志着我国已正式进入银发经济时代，银发经济发展呈现出趋势更加确定、道路更加清晰、产业规模更为庞大的显著特征。

一、银发经济发展具有确定性

随着技术进步、商业迭代，全球进入不确定时代，而人口老龄化成为不确定时代的确定特征。根据联合国数据，全球从2005年开始进入人口老龄化阶段，2015年后老龄化进程加速，老年人口占比增速由每年不到0.1个百分点增至0.2个百分点，2022年全球65岁及以上老年人口规模已达7.8亿人。我国人口老龄化呈上升趋势，国家统计局数据显示，2023年，我国60岁及以上人口已达2.97亿人，占全国人口的21.1%。

人口老龄化是社会发展的必然结果，也是多种因素共同作用的结果。首先，医疗技术飞速发展极大地提升了疾病的治疗效率，这不仅降低了死亡率，更显著延长了人类的平均寿命。其次，生活水平的整体提高，包括营养状况的改善、生活环境的优化以及公共卫生设施的完善，极大地提高了个体健康程度，使得老年人口数量持续上升。与此同时，人口出生率下降，年轻人口的比例逐年减少。这些趋势表明，人口老龄化是一个长期且稳定的情况，不会因为短期的经济波动或政策调整而发生根本改变。

在这一背景下，人口老龄化不仅是社会和人文关注的焦点，也逐渐转化为经济领域的一个重要议题。其具体表现为老年服务和产品的需求增长推动相关产业的发展，无论是基础生活产品、康复护理，还是老年教育、文化娱乐，都将成为银发经济的重要组成部分，形成新的经济增长点，发展前景十分确定。

二、银发经济发展具有稳定性

人口老龄化结构势能转换为内需消费动能具有长期性和渐进性。传统老年人的消费行为相对稳健，尤其是在健康和生活质量方面的投入，是长期持续的。而随着社会经济的发展和生活方式的改变，新一代老年人特别是受教育程度和家庭收入水平更高的60后逐渐步入老年阶段，他们的消费需求、消费意愿和消费水平也发生较大变化。

他们不仅关注基本的健康和生活保障，还追求精神慰藉、适老化家居等更高层次的产品和服务，注重消费的品质和体验，有意愿也有能力为这些产品和服务支付更高的价格。这些特征为银发经济渐进式地开拓市场、挖掘新的产业领域和创新产品研发带来了阶梯式的需求拉动效应，促进银发经济的稳定发展。

银发经济作为政策驱动型经济，其稳定性还依赖于政策支持。当前，我国银发经济领域正在形成更长效、更全面的政策体系，不仅考虑到了即时需求，也在规划长远发展策略，如国务院办公厅印发的《关于发展银发经济增进老年人福祉的意见》和人力资源社会保障部印发的《关于强化支持举措助力银发经济发展壮大的通知》等政策的提出将进一步促进银发经济的成熟和完善，提高其实体经济质效。这些政策不仅为发展银发经济提供了常态化的宏观保障，还为市场参与者创造了一个更为稳定和可预测的营商环境。

综合来看，银发经济的稳定发展不仅是对老年人口增长的自然反应，更是社会整体经济发展策略的产物。不管是从政策制定到市场操作，还是从消费观念的转变到服务模式的创新，所有环节都在执行精细化管理和科学规划，以确保银发经济能够在为老年人提供更好服务的同时，成为推动社会经济高质量发展的"朝阳产业"。

### 三、银发经济产业体系具有规模性

展望未来，填补经济增长缺口要靠大产业，而银发经济既关乎民生需求，更饱含发展潜力，必将成为重要的产业抓手。

细观银发经济大产业体系结构，不难发现其业态布局由多个领域组成，包含银发健康业、银发居家养老服务业、银发适老环境业、银发产品制造业、银发精神文化业等，领域间相互交织、互为补充，形成了一个庞大且复杂的产业链条，如《关于发展银发经济增进老年人福祉的意见》提出的七大产业发展方向有三项涉及健康产业，说明银发健康业除了医疗事业外，产业的空间更大。又如银发居家养老服务业和银发适老环境业结合，解决了家居环境适老化程度低与居家养老需求高之间的矛盾。无论是"9073模式"，还是"9064模式"，居家养老都占据了不小的比例，与适老化改造的互联互通，能够有效遵循以社区为基础和以家庭为中心的原则，推动中国式养老服务体系高质量发展。

当然，银发经济领域所有产业的发展都离不开资金，需要融合金融之力。2023年中央金融工作会议明确指出要做好养老金融等"五篇大文章"，养老金融成为实施积极应对人口老龄化国家战略的重要举措之一。因此，要着力促进银发金融体系的完善和成熟，扩大银发资金储备规模，助力银发产业高效运行。

银发经济因其独有的确定性、稳定性和规模性，成为当前经济社会发展的重要领域。在人口老龄化大背景下，银发经济不仅踏上了时代节点，也成为最稳定的产业之一，其覆盖领域的多元化和规模化更使其逐步成为经济发展新动能。在政策支持、需求拉动、转型升级和科技创新的四轮驱动下，有关部门应努力抓住银发经济发展的新机遇，强化各项支持举措，增进老年人福祉，推动银发经济健康可持续发展。

资料来源：吴玉韶. 让银发经济成为确定且稳定的大产业［EB/OL］.［2024-07-19］. https：//mp.weixin.qq.com/s？__biz=MzkwNDE3MzkwMw==&mid=2247523016&idx=6&sn=e0b1194ca7c7c249035117f10d23bf82&chksm=c17e2e2175f5abdaee57a4cf206d726f3fc635086d2df8f023a0ddba1fd392a1d8731582eb4e&scene=27.

模块练习1-2

# 模块三　内在联系

## 任务一　理解人口老龄化与银发经济的内在关系

### 【任务情景】

人口老龄化与银发经济紧密相连，既构成挑战也蕴含机遇。中国已步入深度老龄化社会，老年人口激增且增速快于多数发达国家，规模超巨、速度超快、水平超高、形态超稳和差异超大，均凸显出全球最大老年人口国的地位。在此背景下，银发经济应运而生，涵盖老龄文化、健康、制造、宜居、服务及金融等多个领域，展现出多元化、高增长的潜力。政府政策持续加码，如《关于发展银发经济增进老年人福祉的意见》的出台，为银发经济提供了坚实支撑。市场需求随老年群体消费能力提升而扩大，聚焦品质生活、健康保健及精神文化。人口老龄化驱动银发经济蓬勃发展，而银发经济又有效应对老龄化挑战，通过丰富供给提升老年人生活质量，两者相互促进，共同推动社会经济可持续发展。因此，把握银发经济机遇，对于积极应对人口老龄化、促进社会和谐具有重要意义。

请问，如何理解人口老龄化与银发经济的内在联系？

### 【知识平台】

在探讨人口老龄化与银发经济之间的内在联系时，我们不得不深入剖析这一动态过程如何深刻影响社会经济结构，并催生出一系列新的经济增长点。以下是对这一关系四个主要方面的详细论述，旨在展现其复杂性、深刻性及专业性。

#### 一、深刻理解人口老龄化与银发经济之间的内在联系

（一）消费需求的深刻转变

1.老年消费群体的崛起

随着全球范围内人口老龄化趋势的加速，老年人口已成为不可忽视的重要消费群体。这一群体的扩大不仅意味着消费基数的增加，更关键的是其独特的消费需求和消费模式正逐步重塑市场格局。老年群体的消费决策往往更加理性、注重品质与健康，这为银发经济提供了广阔的发展空间。

2.消费结构的多元化与升级

老年人口的消费需求呈现出多元化、精细化的特点。从基本的衣食住行到更高层次的医疗、保健、娱乐、旅游乃至精神文化需求，老年消费市场的边界不断拓展。同时，随着老年人消费观念的转变和消费能力的提升，他们对于个性化、定制化服务的需求也日益增长。这种消费结构的升级不仅推动了相关产业的快速发展，也为银发经济注入了新的活力。

（二）产业结构的适应性调整

1.新兴产业的蓬勃兴起

人口老龄化催生了一系列针对老年群体的新兴产业，如老年用品制造业（如助听器、轮椅、智能穿戴设备等）、健康服务业（包括健康管理、康复护理、心理咨

询等）、养老设施建设与运营等。这些新兴产业不仅满足了老年人的实际需求，也带动了相关产业链条的延伸和拓展，为经济增长提供了新的增长点。

2.传统产业的转型升级

面对人口老龄化的挑战，传统产业也积极寻求转型升级之路。例如，房地产行业开始注重适老化住宅的设计与开发，以满足老年人对居住环境的特殊需求；医疗行业则加强了对老年医学、康复医学的研究与应用，提高了对老年疾病的诊疗水平和服务质量。这些转型升级举措不仅提升了传统产业的竞争力，也为其在银发经济领域的发展奠定了坚实基础。

（三）经济增长的新引擎

1.扩大内需的潜力释放

老年人口的增加为经济增长提供了巨大的内需潜力。通过发展银发经济，可以深入挖掘老年人的消费潜力，激发其消费热情，从而有效扩大内需，促进经济的稳定增长。这种基于内需的增长模式不仅有助于缓解外部经济环境的不确定性影响，也为经济的可持续发展提供了有力支撑。

2.推动经济高质量发展

银发经济的发展不仅仅局限于满足老年人的物质需求，更在于提升老年人的生活品质和精神文化需求。这要求银发经济在发展过程中注重创新驱动、绿色发展、共享发展等理念的落实，推动经济向高质量发展转变。通过提供高品质、高效率、高附加值的产品和服务，银发经济有助于实现经济社会的全面进步和可持续发展。

（四）政策环境的强力支撑

1.政策引导与规划

国家层面对银发经济的重视和支持体现在一系列政策文件的出台和实施上。这些政策文件不仅明确了银发经济的发展方向和目标任务，还为其提供了必要的政策保障和支持措施。例如，通过优化生育政策、加强老龄工作、发展健康老龄化等措施的推进，为银发经济的健康发展创造了良好的政策环境和社会氛围。

2.制度保障与技术创新

随着养老保障体系的不断完善和数字技术的广泛应用，银发经济的发展环境得到了持续优化。一方面，健全的养老保障体系为老年人提供了更加稳定可靠的生活保障；另一方面，数字技术的应用则极大地提升了养老服务的效率和质量。例如，远程医疗服务的普及使得老年人能够享受到更加便捷高效的医疗服务；智能技术的应用则使得养老设施更加智能化、人性化，提高了老年人的生活品质和幸福感。

综上所述，人口老龄化与银发经济之间存在着密切而深刻的内在联系。人口老龄化为银发经济的发展提供了庞大的消费群体和广阔的市场空间；而银发经济的发展则通过调整产业结构、扩大内需、推动高质量发展等方式为经济增长注入了新的动力。同时，政策环境的支持和制度保障也为银发经济的持续健康发展提供了有力保障。因此，我们应充分认识和把握这一关系的重要性，积极应对人口老龄化的挑战，推动银发经济实现更加繁荣和可持续的发展。

启智增慧 1-8

银发时代，大健康机会从哪儿来？慢病管理就是核心机会！

## 二、银发经济的发展现状

当前，我国银发经济的发展在供需两端面临着一系列的挑战和困难。

### （一）供给端视角

**1.产品和服务供给不足**

当前，我国老年产品和服务市场规模虽逐年增长，但相比庞大的老年人口基数，市场供给仍显不足。特别是针对特定健康需求、心理需求的产品，如定制化辅助器具、心理健康咨询服务等，市场供给明显滞后。以老年服装为例，市场上大多数品牌仍沿用传统设计，缺乏针对老年人身体特征（如关节灵活性下降、体温调节能力减弱）的专门设计。而少数专注于老年服装的品牌，通过改良剪裁、选用舒适面料，赢得了良好的市场口碑，证明了定制化、人性化设计的巨大潜力。

**2.质量参差不齐**

老年用品和服务的质量标准不一，市场上存在质量不一的产品，这不仅影响了老年人的使用体验，也影响了他们对市场的信任度。国家市场监督管理总局发布的报告显示，老年用品质量抽检合格率虽有所提升，但仍未达到令人满意的水平。特别是在保健品、医疗器械等领域，假冒伪劣产品时有出现，严重损害了老年人的健康权益。为提升老年用品质量，政府加大了监管力度，出台了一系列质量标准和认证体系，鼓励企业提升产品质量，增强市场竞争力。

**3.价格偏高**

部分适老化产品因为研发成本高、市场需求小等原因，导致价格偏高，这限制了老年人的购买意愿和购买力。比如，根据市场调研，部分高端智能养老设备（如智能轮椅、陪伴机器人）的售价远高于普通老年人的支付能力，即便是中等收入家庭也感到负担较重。为此，政府相继出台多项政策措施来引导企业降低老年人购买适老产品的成本，比如通过政府补贴、税收优惠等政策手段降低企业的综合经营成本，同时鼓励企业研发性价比高的产品，满足不同层次老年人的需求（如图1-3所示）。

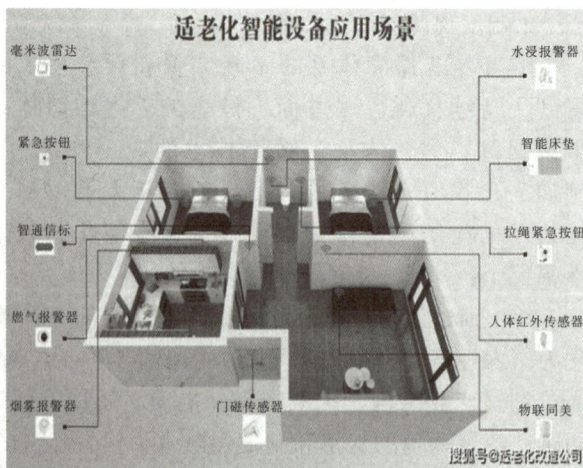

图1-3　适老化服务示例

### 4.技术与创新能力不足

我国智能养老设备领域虽发展迅速，但核心技术的自主创新能力仍有待提升，特别是在智能养老设备、康复护理服务等领域，企业的产品开发和自主创新能力相对较弱，这限制了银发经济的发展潜力。从实践来看，一些国内企业开始探索"产学研"合作模式，与高校、科研机构联合攻关，在智能养老设备、康复护理服务等领域取得了突破性进展，提升了行业整体技术水平。

### 5.数字化转型挑战

虽然数字化、智能化是银发经济发展的趋势，但许多产品和服务在设计上未能充分考虑老年人的使用习惯，导致老年人难以适应数字化转型。一项针对老年人的数字素养调查显示，超过60%的老年人表示在使用智能手机、APP等数字化产品时遇到困难。企业需深入了解老年人的使用习惯和需求，开发更加简洁易用、符合老年人操作习惯的数字化产品和服务。同时，加强社区教育，提高老年人的数字素养。

（二）需求端视角

### 1.消费观念和习惯难以改变

老年人长期形成的消费观念和习惯不易改变，对新产品和服务的接受度相对较低，这影响了银发经济的市场需求。根据问卷调查的结果，近半数老年人表示更倾向于传统养老方式，对新兴养老服务的认知度和接受度较低。因此，需要通过媒体宣传、社区讲座等多种方式，普及智能养老、居家养老等新兴养老模式的优势，逐步引导老年人转变消费观念。

### 2.信息不对称

老年人获取信息的渠道相对有限，对互联网、社交媒体等新兴渠道的使用率较低，对市场上的新产品和新服务了解不足，这导致他们在了解新产品、新服务时存在明显的信息滞后和不对称。为此，依托政府主导、社会治理、企业参与的合作模式，建立对老年人友好的信息服务平台、整合各类养老资源和服务信息，为老年人提供权威、便捷的查询渠道，具有重要的社会价值和经济价值。

### 3.支付能力有限

国家统计局数据显示，我国老年群体的整体收入水平相对较低，特别是农村老年人和低收入城市老年人，支付能力有限。具体而言，农村老年人的经济状况尤为严峻，受限于土地资源有限、农业收入波动大以及缺乏稳定的非农就业机会，他们的收入来源单一且不稳定，直接导致支付能力受限。而在城市，虽然部分老年人享有退休金，但低收入群体仍占相当大比例，这些老年人可能面临退休金水平不高、医疗费用增加、生活成本上升等多重压力，使得其支付情况同样捉襟见肘。

### 4.对数字化产品的适应性问题

许多老年人对数字化产品的操作不熟悉，存在适应性问题，这影响了他们对数字化养老服务的接受和使用。因此，需要加强老年人数字技能培训，如开设老年大学数字课程、在社区设立数字体验中心等，帮助老年人跨越"数字鸿沟"。全国网民年龄结构如图1-4所示。

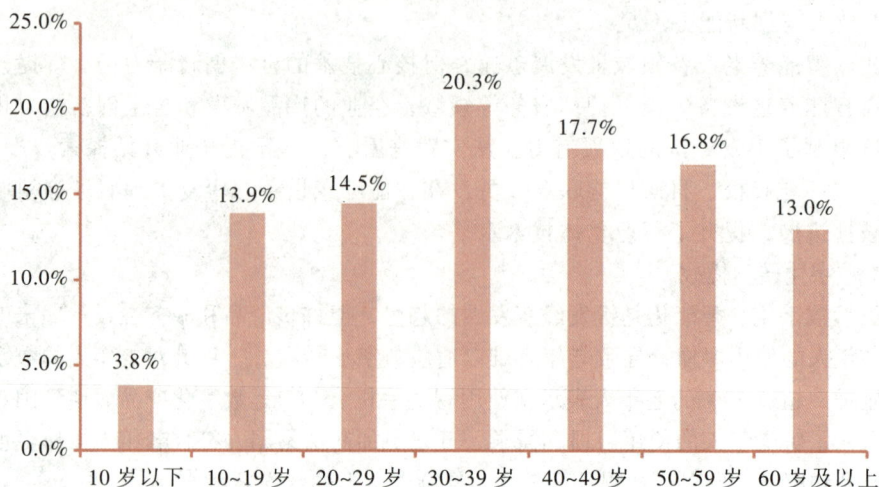

图1-4　全国网民年龄结构

资料来源：中国互联网发展状况统计调查数据。

5.安全和隐私担忧

随着数智技术在银发经济中的应用，老年人对个人数据的安全和隐私保护存在担忧，这可能抑制他们对相关产品和服务的使用意愿。相关调查显示，近80%的老年人在使用涉及个人信息的服务时表示担忧。因此，迫切需要建立健全数据安全保护法律法规体系，加强行业自律和监管力度。同时，提高老年人的数据安全意识，教育他们如何保护个人信息不被泄露。

【拓展阅读】　　　　　关于防范"银发族"诈骗的风险提示

近年来，社会诈骗手段套路繁多，防不胜防。随着人口老龄化的加快，部分不法分子盯上"银发族"的"钱包"，严重危害老年群体的合法权益。

一、事件经过

近日，交通银行广东省分行某网点接待了一位年过六旬的客户，要求将其个人账户非柜面转账每日限额提升至10万元，以便转账至某电子商务公司购买"电子藏品"。该公司承诺藏品购买后会迅速增值，增值年化利率高达10%，购买一个月后即可卖出赚取收益。网点工作人员立马警觉，怀疑老人正遭受投资理财类诈骗。经过进一步沟通，网点得知老人是通过身边朋友了解到该款产品，朋友也是近期接到公司电话营销，随后参与投资并取得收益。

银行工作人员随即向老人展开耐心劝说。经查询公开商事平台，该公司未取得相关金融牌照，告知其可能正在遭遇诈骗，劝其不要上当，但老人态度坚决，执意汇款。随后，网点联系客户家人也赶到现场。在多方人员的劝说下，老人最终醒悟并放弃投资，避免了10万元的资金损失。网点工作人员温馨提示其家人，要多关心老人的思想动向，加强日常沟通，避免不法分子盯上老人的"钱袋子"。事后网点将此情况同步上报了当地反诈中心。

二、事件分析

本次案例中，该电子商务公司未经国务院金融管理部门依法许可或者违反国家金融管理规定，以许诺还本付息或给予其他投资回报等方式，向不特定对象吸收资金的行为，已涉嫌非法集资。国家禁止任何形式的非法集资，对非法集资坚持防范为主、打早打小、综合治理、稳妥处置的原则。

非法集资活动往往承诺高额回报，以此吸引投资者参与。然而，这些高额回报通常是虚假的，破坏了金融市场的公平性和透明度。如老人将资金全参与投资，一旦资金链断裂或公司恶意不退款，老人将面临巨大的经济损失、心理压力和社会压力，导致养老生活陷入困境。此外，非法集资的追赃难、挽损率低，大量投资者在参与非法集资后，可能无法挽回任何损失，增加社会不稳定因素，甚至引发群体性事件，对社会治安造成严重影响。

根据广州市反诈中心统计数据，2023年全市涉及老年人的诈骗警情中，60~70岁年龄段占比62%，70岁以上占比38%；60~70岁年龄段的老年人更易被骗。其中，广州老年人遭遇的电信网络诈骗中，冒充公检法及政府机关类占比24.2%，冒充电商物流客服类占比14.5%，以上两类诈骗方式居高发电信网络诈骗犯罪类型前两位。

老年人的"钱袋子"不仅关乎个人晚年生活质量，关乎家庭的美满和谐，更直接影响社会的长治久安。关爱银发群体，守住"钱袋子"，是全社会义不容辞的责任与义务。

资料阿里云：佚名. 关于防范"银发族"诈骗的风险提示［EB/OL］.［2024-09-03］. https：// baijiahao.baidu.com/s？id=1809164025402861247&wfr=spider&for=pc. 内容有删改。

## 任务二　了解银发经济高质量发展的金融支持

### 【任务情景】

2024年7月，金融圈里流传着一个新词——"金融羞耻"。事情经过如下：2024年7月6日，上海交通大学上海高级金融学院（高金/SAIF）毕业典礼暨学位授予仪式上，高级金融学院副院长、会计学教授李峰发表了题为《如何来定义"高金人"》的演讲，在演讲中，他指出，"在坚定不移推动高质量发展、大力发展新质生产力的当下，我国对科技创新，尤其是硬核科技创新的重视，达到了空前的地步。这是非常好的现象，硬核科技是驱动实现中国式现代化的重要推手，我们都感到欢欣鼓舞。但是，我们也看到，在这一过程中，一些人开始认为金融业毫无价值，因为金融似乎不是硬核科技，认为金融业是可有可无的；有些金融从业人员，包括我们的一些同学和校友，甚至产生了职业羞耻心"。

请问，金融从业者应不应该有"羞耻感"？你如何理解金融的价值？

### 【知识平台】

金融作为现代经济的核心，具有定价、支付结算、融资、资源配置及风险管理等多重价值。学习金融的多维价值，有助于正确认识养老金融在银发经济活动中的作用，推动银发经济高效、稳定发展，对提升个人金融素养和应对经济挑战具有重要意义。

#### 一、金融的价值

金融的价值，深刻而多维，是现代社会经济运行的血液与纽带。

首先，金融通过资金的融通与配置，促进了资源的有效利用和经济的持续增长。它如同一个高效的调配器，将资金从低效率领域引导至高效率领域，支持创新、产业升级和基础设施建设，推动了社会生产力的提升。

其次，金融具有风险管理和分散的功能，为经济活动提供了安全保障。通过保险、期货、期权等金融工具，金融能够帮助个人和企业对冲风险、减少不确定性，从而鼓励更多的投资与消费活动，增强经济的稳定性和韧性。

再次，金融是现代市场经济中信息交流与信用体系的核心。金融市场汇聚了海量信息，通过价格机制反映供求关系、预测未来趋势，为决策提供重要参考。同时，金融信用体系的建设促进了社会诚信文化的形成，降低了交易成本，提高了市场效率。

最后，金融还是实现社会公平与包容性增长的重要工具。通过普惠金融、绿色金融、养老金融等创新模式，金融能够覆盖更广泛的社会群体和领域，支持弱势群体和可持续发展项目，促进社会经济的全面协调和可持续发展。

### 二、金融支持银发经济高质量发展

首先，利用金融的资金融通配置功能，加大对银发经济的资金支持。金融机构可以通过开发针对老年人的金融产品，如养老理财产品、老年医疗贷款等，为老年人提供更加多样化和个性化的金融服务。同时，鼓励社会资本进入养老产业，通过政府引导基金、产业投资基金等方式，支持养老设施的建设和运营，提升养老服务的供给能力。

其次，发挥金融的风险管理与分散功能，为银发经济提供安全保障。老年群体在养老、医疗等方面面临较大的风险，金融机构可以设计相应的保险产品，如长期护理保险、医疗保险等，帮助老年人转移风险，减轻经济负担。此外，金融机构还可以利用金融工具进行风险管理，如通过投资组合优化来降低投资风险，提高资金的使用效率。

再次，利用金融的信息交流和价格发现功能，促进银发经济市场的透明度和公平性。金融机构可以收集和分析老年人的金融需求和行为数据，为养老服务提供商提供市场洞察和决策支持。同时，通过金融市场的价格机制，反映养老服务的真实价值和供求关系，为投资者和消费者提供准确的信息参考。

最后，强调金融的社会公平与包容性增长功能，确保银发经济惠及更广泛的老年群体。金融机构应该关注低收入、偏远地区等弱势老年群体的金融需求，通过普惠金融政策、数字金融技术等，降低金融服务的门槛和成本，提高金融服务的覆盖率和可得性。此外，金融机构还可以与政府、社会组织等合作，共同推动养老服务的均等化和可及性，实现社会公平与包容性增长。

综上所述，金融支持银发经济高质量发展的价值路径涵盖了资金融通配置、风险管理与分散、信息交流和价格发现以及社会公平与包容性增长等多个方面。通过这些路径的实施，可以充分发挥金融在银发经济发展中的积极作用，推动银发经济实现高质量发展。

**【拓展阅读】**　　　　　　　　　　**吴晓求：金融的价值**

近日，中国人民大学原副校长、国家金融研究院院长、重阳金融研究院理事、国家一级教授吴晓求在中国人民大学和南开大学联合举办的"2024国际货币论坛"上发表主题演讲。他认为，金融，就像一面镜子，映射出社会的景气；金融更是一种杠杆，如若运用得当，便能有效地推动经济增长和社会前行。

以下为部分发言内容：

今天主要讲讲金融的价值，都是金融知识中的常识。不知道从什么时候开始，我们这个社会开始对金融有各种议论。主要认为，在中国，金融的作用有限、金融从业人员收入太高、金融领域腐败现象严重。对所有的腐败现象，都绝不姑息。但据我个人观察，金融领域的腐败大概与中国社会的腐败程度的平均水平差不多。至于金融的作用，还是要正确认识。

一般说来，金融主要由货币、机构、工具、市场、中介、交易者（包括融资者和投资者）等元素组成，体系外部还有监管者和央行。这里暂且不议监管者和央行的作用，仅就金融在经济活动中的作用，大概主要表现在以下几个方面：

一、定价的作用

金融的定价作用，主要是通过货币作为一般等价交易的功能来实现的。没有金融的这种定价作用，任何交易都无法进行。金融或货币的定价功能是市场经济活动的原点。

二、支付、结算和清算的作用

在经济和贸易活动中，货币通过金融体系发挥着重要的支付和清算作用。人类社会早已告别了物物交换的时代，也告别了贵金属货币作为支付工具的时代，以纸币和各种票据为支付手段的时代似乎也正在被基于科技进步的新支付业态（包括数字化支付）所取代。我们要深刻理解，在科技创新的推动下，支付业态的变革对经济活动和消费模式所带来的巨大影响。今天所发生的支付业态的变革，是一种基于技术进步而引发的新的金融脱媒。新支付业态脱的是传统支付的媒。支付业态的变革来源于实体经济的需求和消费模式的变革，得益于金融创新的推动。支付业态的变革，既大大提高了金融支付的效率，也改善了支付的安全水平。

三、融资的功能

融资功能既可以通过金融机构（主要是商业银行）完成，也可以通过金融市场来实现。前者的主要形式是银行贷款，后者则主要通过发行债券、股票等证券化金融工具实现市场化融资。随着金融结构的市场化和金融脱媒的作用，通过市场融资将是一种新的趋势，这正是资本市场不断发展的底层逻辑。从另一个角度来看，金融的这种融资功能，对企业和市场投资者而言也是一种创造流动性的过程。在金融波动特别是金融危机时期，金融的这种流动性创造功能对金融机构和市场渡过难关特别重要。

四、资源的聚集和跨期配置功能

这本质上是储蓄到投资的转化过程。这种资源聚集是基于信用、透明度和特别准入机制，因而是相对安全而有效的。它适应社会经济结构的需求变化，推动了不同历史时期经济的扩张和增长。

五、风险管理功能

经济活动具有不确定性，未来也是不确定的。通过多样的金融工具可以管理或对冲风险。其中，衍生工具是最重要的风险管理机制。必须明确，衍生金融工具不是一般意义上的投资工具。

模块练习1-3

资料来源：人大重阳. 吴晓求：金融的价值［EB/OL］.［2024-08-01］. https：//baijiahao.baidu.com/s？id=1806230222555525944&wfr=spider&for=pc.内容有删改。

# 项目二
# 养老金融的整体知识架构

## ■ 学习目标

**【知识目标】**

✓了解整个养老金融体系的发展现状

✓掌握养老金融的基本内涵与构成、理解养老金融的主要特征

✓掌握养老金金融的基本内涵与特征，并了解其发展历程

✓熟悉养老金融产品创新的主要类别、实践特征，以及金融服务适老化的主要路径

✓掌握养老产业金融的内涵及构成要素，熟悉养老产业金融的投融资体系建设中的重点、难点和堵点

**【技能目标】**

✓能正确辨析在不同生命周期阶段下的养老金融需求

✓能根据不同金融机构的养老金融产品创新和各类实践，提出业务发展和推广策略

✓能对养老产业金融的差异化特征进行比较和分析

**【素养目标】**

✓使学生理解我国养老金融助力银发经济高质量发展，并最终助力我国积极应对人口老龄化的重要意义，增强学生的学习荣誉感和自主学习意识

✓让学生感知养老金融发展需要在支付端、需求端和供给端三者之间协同发力，激发学生主动关注养老金融领域的发展动向，为下一阶段学生的就业选择创造更多的有利条件

**【思政目标】**

✓强化社会责任意识。通过学习养老金融的内涵、构成要素及在银发经济中的重要性，使学生深刻认识到发展养老金融是应对人口老龄化、提升老年人生活质量的社会责任，激发学生为构建多层次、多支柱养老保障体系贡献力量的意愿

✓培养金融创新思维与实践能力。针对职业学院学生注重实践的特点，通过学习养老金融产品创新、适老化金融服务以及养老产业金融的投融资体系建设等内容，培养学生的金融创新思维，鼓励学生在养老金融领域探索新思路、新方法，提升解决实际问题的能力

✓弘扬尊老敬老文化。结合养老金融服务于老年人的核心目标，引导学生深入理解尊老敬老的传统美德，强调金融服务的人文关怀，培养学生在未来职业生涯中关注老年人需求、提供贴心服务的职业素养，为社会营造尊老敬老的良好氛围贡献力量

## ■ 知识结构

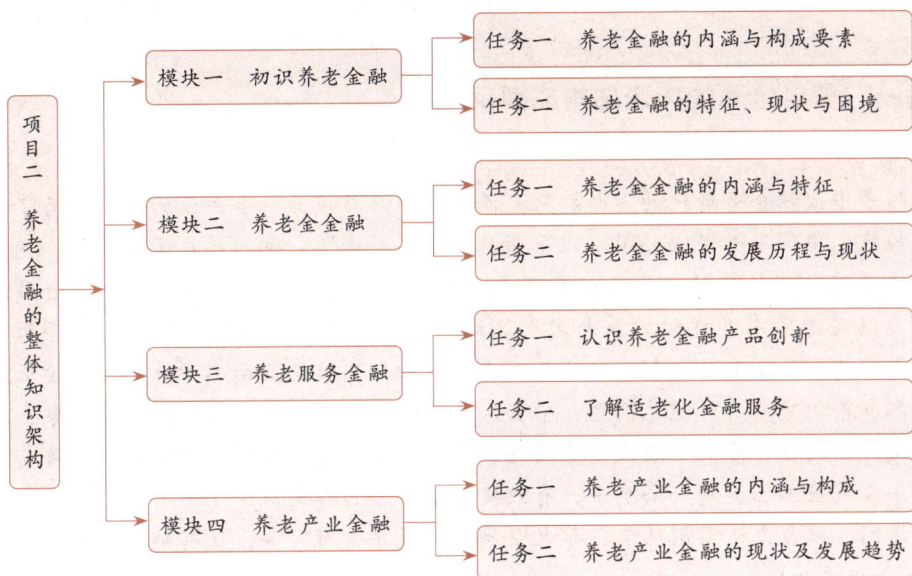

项目二 养老金融的整体知识架构

- 模块一　初识养老金融
  - 任务一　养老金融的内涵与构成要素
  - 任务二　养老金融的特征、现状与困境
- 模块二　养老金金融
  - 任务一　养老金金融的内涵与特征
  - 任务二　养老金金融的发展历程与现状
- 模块三　养老服务金融
  - 任务一　认识养老金融产品创新
  - 任务二　了解适老化金融服务
- 模块四　养老产业金融
  - 任务一　养老产业金融的内涵与构成
  - 任务二　养老产业金融的现状及发展趋势

## ■ 案例导读

　　老龄化加剧，养老成了很多人担忧的问题，按照中科院此前的预测，预计到2035年左右，城镇职工基本养老保险基金将全面耗尽。养老金，被喻为"夕阳钱包"，关乎亿万人的晚年幸福。可眼下，这个钱包似乎面临"空洞化"的风险。人社部的数据显示，2023年，全国企业职工基本养老保险基金收不抵支超9 000亿元，这一数字还在逐年攀升。按此趋势，预计到2025年，养老金缺口将突破1.5万亿元。人口研究中心预测数据显示，2030年前后，我国60岁以上的老龄人口将增至4亿左右，到2050年，我国60岁和65岁以上的老龄人口总数将分别达到4.5亿和3.35亿。离休人数增长快于参保人数的增长已成为一个不可抗拒的现实。

　　未来，当我们垂垂老矣，还有钱养老吗？

## ■ 项目概述

　　2023年中央金融工作会议提出，要加快"金融强国"建设，立足实际，切实做好科技金融、绿色金融、普惠金融、养老金融、数字金融五篇大文章，为经济社会发展提供高质量金融服务。养老金融首次被列入中央文件，2024年政府工作报告再次提到"大力发展养老金融"，标志着养老金融将进入新的发展阶段。

　　发展养老金融是当前新形势下一项重要的金融工作。做好"养老金融"这篇大文章，需要准确把握其内涵，这对提供养老保障、促进经济发展和维护社会稳定具有重要意义。本项目以学习养老金融的内涵与特征为切入点，逐一讲解养老金金融、养老服务金融和养老产业金融三大领域，并在此基础上简要介绍有关养老金融的制度变迁，进而让学生更全面地了解养老金融的整体知识框架。

# 模块一　初识养老金融

## 任务一　养老金融的内涵与构成要素

### 【任务情景】

随着中国社会老龄化的不断加深，养老问题日益成为社会关注的焦点。为了应对这一挑战，中国人寿保险公司（以下简称"中国人寿"）积极响应国家政策，充分利用其在金融领域的优势，全面推动养老金金融、养老服务金融和养老产业金融的发展，以满足老年人多样化的养老需求。比如，某大型国有企业，在中国人寿的协助下，成功建立了企业年金制度。然而，在实施初期，该企业面临了员工参与度低和运营成本高等挑战。针对这些问题，中国人寿不仅提供了专业的咨询和培训服务，还通过优化产品设计、降低管理成本等措施，帮助企业年金制度逐步走向成熟。目前，该企业年金覆盖率已达到较高水平，有效提升了员工的养老保障水平。

请问，结合上述案例场景，养老金融的构成要素有哪些，还有哪些要素？

### 【知识平台】

启智增慧 2-1

当前中国养老金融体系的进展与变革趋势

依托金融手段来提升养老服务支付能力，是养老金融发展的核心要义之一。大力发展养老金融，是满足老年人多元化养老需求，应对"未富先老、未备而老"危机的必由之路。目前我国养老金金融、养老服务金融和养老产业金融发展态势良好，但仍面临"三大支柱"整体发展不均衡、养老服务金融产品有效供给不足以及养老产业融资难等诸多挑战。

### 一、内涵

经济是肌体，金融是血脉，两者共生共荣。金融的高质量发展，要以实体经济高质量为依托，因此大力发展养老金融，要以金融力量服务银发经济高质量发展为重要前提。结合银发经济的内涵，对养老金融的内涵界定如下：为增强金融服务备老经济和老龄经济的适应性、竞争力和普惠性，以养老金增值保值、满足老年人金融需求、保障养老收入水平、确保养老产业供需平衡为目的，围绕社会成员的各种养老需求所开展的金融活动和制度安排。

### 二、构成要素

具体来看，养老金融包括三大部分：养老金金融、养老服务金融和养老产业金融，如图 2-1 所示。

养老金金融是通过制度安排储备养老金资产的同时实现资产的保值增值。其内容也涵盖两方面：一是养老金制度的安排，目前国际上养老金金融体系基本都采用"三支柱"框架结构，我国构建了包含基本养老金（第一支柱）、企业年金和职业年金（第二支柱）、个人养老金（第三支柱）在内的"三支柱"养老保险制度框架。二是对养老金资产的投资运作，在保证资产安全的前提下提高养老金资产的收益。

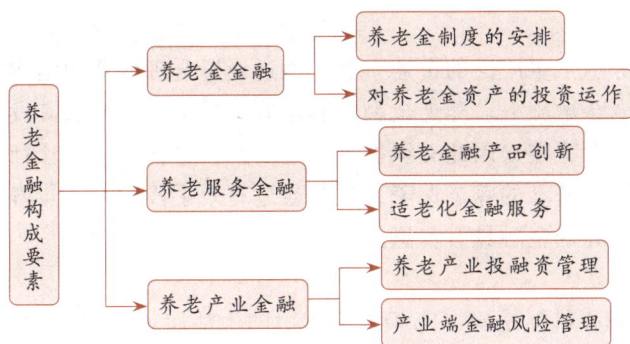

图2-1 养老金融的构成要素

养老服务金融是指基于社会成员与养老有关的投资、理财、消费及其他衍生需求，在国家养老金体系之外，由金融机构开展的一系列相关的金融产品与服务的创新金融活动，其本质是通过市场化的金融活动，满足和保障国民多元化养老需求。养老服务金融涵盖两个部分，即养老金融产品创新，侧重于产品视角下居民端的养老储备管理，比如养老理财、商业养老保险、养老目标基金、养老信托等；适老化金融服务，侧重于服务视角下金融机构为老年人提供便捷服务，如为满足老年人需求而设计的软件和硬件银行设备。

养老产业金融是指通过金融工具和手段为养老、涉老产业提供投融资支持的金融活动和相关金融风险管理，其中满足养老产业的各种投融资需求是核心。国家统计局2020年公布了《养老产业统计分类（2020）》，将养老产业范围确定为：养老照护服务，老年医疗卫生服务，老年健康促进与社会参与，老年社会保障，养老教育培训和人力资源服务，养老科技和智慧养老服务，养老公共管理等12个大类，并可以进一步细分成51个中类和79个小类。

## 任务二　养老金融的特征、现状与困境

### 一、特征

养老金融的主要特征如图2-2所示。

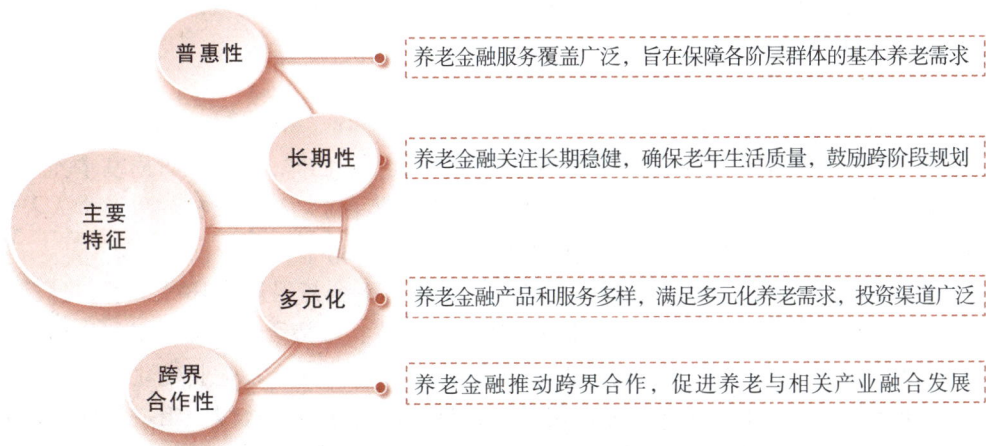

图2-2 养老金融的主要特征

（一）普惠性

养老金融服务追求更广泛的覆盖人群，通过设置合理的费用结构和投资门槛，使更多人享受到养老金融服务。养老金融以满足养老需求为目标，其发展事关国家老龄化问题的解决和社会稳定，因此必须担负起更多社会责任，既要让社会各阶层、各年龄层的群体都享受到基本的养老保障，又要通过有效手段配置老年群体资产，增加老年群体收入，因而养老金融具有普惠性。

（二）长期性

养老金融的核心目标是确保老年人退休后的生活质量，因此具有长期性的特点。一方面，金融机构需要为养老金融提供长期、稳定的资金来源和投资收益。另一方面，投资者需为未来养老需求做准备，因此养老金融产品以长期视角进行设计。此外，养老金融并非仅针对老龄人群，中青年群体也应当通过提前配置自己的养老金、购买养老理财产品等方式来增加晚年生活保障，因此养老金融呈现出跨人生阶段的长期性特征。

（三）多元化

一方面，养老金融产品和服务具有多元化特征。随着老龄化程度的加深，养老需求呈现多元分层特征，养老金融产品和服务需要满足不同年龄段、不同收入水平、不同生活方式等方面的需求，因此形成了多元化的养老产品和服务。另一方面，养老金融投资具有多元化。除股票基金、重大项目等之外，养老金融机构还可以将养老金投向各种养老产业，利用养老产业专项债、基金和供应链金融等形式构建多元化投资渠道，提升养老金的投资运作效率。

（四）跨界合作性

随着养老金融市场的发展壮大，养老金融机构与不同业态跨界融合，金融机构、养老机构与社会企业等市场主体开始相互合作，不断细分养老金融行业领域，推出银行理财、商业养老保险产品、股票、基金、房产等新的养老产品和服务。同时，通过创新"养老+"跨界合作，促进养老、健康、医疗、教育、旅居、金融等产业融合发展，形成"医疗健康+养老""健康公寓+养老""养老+金融"等模式，推动养老相关产业"全产业链"发展。

启智增慧 2-2

养老金融发展，
跨界融合服务
养老需求

## 二、现状与困境

（一）现状

1.多层次、多支柱养老保险体系建设稳步推进。近年来，我国在巩固基本养老保险（第一支柱）的基础上，积极发展企业年金、职业年金（第二支柱）以及个人养老金（第三支柱），构建多层次养老保险体系。

截至 2023 年年底，参保人数达 10.66 亿，基本养老金待遇连续 18 年上涨，且已实现全国统筹，确保了养老金按时发放及制度的公平性、可持续性。第二支柱方面，企业年金和职业年金规模扩大，截至 2023 年年底，已有 14.2 万家企业建立年金，投资运营规模近 5.6 万亿元，补充保障作用日益凸显，但增速有所放缓。第三支柱个人养老金政策于 2022 年 11 月起在 36 地试点，至 2023 年年底参保人数超 5 000 万，累计缴费数百亿元，有效扩大了覆盖面并提高了公众养老意识。

2.多元化发展的养老服务金融逐渐丰富。银行、基金、保险、信托等金融机构积极探索养老金融产品创新，为居民提供了丰富、多元的养老财富储备选择，养老服务金融产品呈多元化发展趋势。同时，以商业银行为服务主体的金融机构不断改进适老化金融服务，将养老资金和养老服务相融合，成为参与养老金融业务的主要思路。

以银行业为例，专属养老理财和特定养老储蓄产品相继推出，不断丰富养老金融产品创新的"工具箱"。数据显示，截至2024年1月底，11家理财公司在10个试点城市发行了51个产品，认购投资者约47万，规模超过1 000亿元。特定养老储蓄由工、农、中、建四家银行在5个城市开展试点，期限分为5年、10年、15年、20年四档，截至2024年1月底，存款人数约20万人，余额接近400亿元。

3.差异化的养老产业金融支持力度持续增加。近年来，国家陆续出台多个养老产业顶层规划，如《"十四五"国家老龄事业发展和养老服务体系规划》《"十四五"国民健康规划》等，推动扩大养老产业供给，促进养老产业健康发展。一方面鼓励金融机构为养老产业提供差异化信贷支持，以应收账款、动产、知识产权和股权等抵质押贷款，探索养老服务领域资产证券化。另一方面支持保险资金加大对养老服务业的投资力度。以国家开发银行为代表的政策性银行和以中国银行为代表的商业银行积极探索推动养老产业发展的金融创新，为养老产业发展提供了长期可持续的资金来源。

具体来看，国家开发银行以普惠养老为抓手，推动养老产业进行资源整合，并设立养老产业专项贷款，给予优惠利率支持，降低了养老项目的融资成本，支持普惠型养老服务体系建设。为进一步增强银行业支持养老产业的积极性，中国人民银行开展普惠养老专项再贷款试点，引导股份制商业银行向普惠养老机构提供优惠贷款，减少养老产业融资约束。

（二）困境

1.养老金体系发展不均衡。从整体看，当前我国养老金体系呈现第一支柱强大、第二支柱覆盖率低、第三支柱刚起步的特点。其中，第二支柱的企业年金覆盖率低，参与职工比例小，与OECD国家相比差距显著；第三支柱的个人养老金试点成效不及预期，开户人数占比低，已缴费人数占比更低；产品供应不均衡，类型不丰富，无法满足投资者多元化需求。

2.养老服务金融产品供给不足。一方面，养老金融产品创新仍面临严重的产品同质化现象，相关产品相似度高，缺乏创新和个性化设计。另一方面，产品种类仍然偏少，难以满足居民理财需求，具体表现为随着观念转变，居民倾向于选择灵活性强的产品，但现有产品种类少、投资期限固定，难以满足需求。

3.养老产业融资难现象仍待破局。一方面，缺乏创新性融资工具和模式，比如资产证券化、房地产投资信托基金等应用不普及；另一方面，投融资渠道相对单一，当前养老产业的融资渠道主要依赖政府资金投入、政策性银行贷款及发行债券等传统方式，商业银行积极性不足；同时，社会资本进入养老产业的积极性不高，尤其是社区与居家养老难以得到资金支撑。

4.居民养老金融素养有待提升。整体来看，当前居民尚未形成积极的自主养老理念，投资偏好保守，缺乏系统规划。从实践来看，由于老年群体对金融知识的认识不足，比如不了解金融政策法规、产品等，制约其对养老金融产品的选择，由此带来的金融诈骗风险将进一步滋生老年客群对养老金融产品的抵触情绪，消费以及参与意愿不强。

5.养老金融市场监管和服务不充分。当前，国家尚未制定专门的养老金融发展政策法规，监管机制不健全，存在漏洞。此外，适老化金融基础设施建设水平存在差异，农村地区和基层金融服务供给不足；地方性中小型银行机构在软硬件设施建设上滞后；线上和线下服务改造不成熟，影响老年群体使用。

模块练习 2-1

# 模块二　养老金金融

## 任务一　养老金金融的内涵与特征

### 【任务情景】

在 2024 年的今天，全球养老体系正面临着前所未有的挑战。数据显示，2022 年年末全球 22 个主要经济体的实收养老金资产较上一年下降了 16.7%，这一数字令人震惊，但却只是冰山一角。产生这一下降趋势背后的原因复杂多样，包括投资收益率的下降、领取养老金人数的增加以及缴费人数的不足。然而，这些数字背后隐藏着更深层次的问题——全球养老收入平均替代率的下降。根据最新数据，经合组织国家的平均养老收入替代率为 55.3%，比 2021 年下降了 2.3 个百分点。这一下降趋势在部分国家表现得尤为明显，如美国和中国的替代率分别下降了 8.1 个百分点和3.3 个百分点。

提高养老金替代率是养老金融的核心目标之一。知晓养老金融的内涵与构成要素，是深化对建立多层次多支柱养老体系认识的重要前提，请尝试分析上述案例中养老收入替代率为什么会下降。

### 【知识平台】

长寿时代到来，应对人口老龄化，金融可发挥重要的支持作用。养老金融包含养老金金融、养老服务金融和养老产业金融，其中养老金金融是养老服务金融和养老产业金融的重要物质基础，主要涉及我国养老体系的制度化建设，即"三支柱"养老保险体系。落实国家有关政策部署，发展多层次、多支柱养老保险体系，加快养老金金融发展，是积极应对人口老龄化的重要举措，对推动"十四五"时期和更长时期内我国经济社会持续健康发展具有非常重要和深远的意义。

#### 一、养老金金融的内涵

（一）定义

把握养老金融的内涵，首先要对养老金制度有准确认识。所谓养老金制度，是国家为保障劳动者达到法定退休年龄或丧失劳动能力之后能够满足基本生活需要而实行的一种福利制度，发挥着保障社会和谐稳定的重要功能。我国的养老金来源及相应的制度体系由三个支柱构成：第一个支柱是基本养老金，分为城镇职工基本养老保险和城乡居民基本养老保险两类，由国家强制实施，是为了保障大多数老年人的基本生活需求；第二个支柱是职业养老金，包含企业年金与职业年金；第三个支柱是个人养老金。

养老金金融与养老金制度密不可分，主要是指在养老金制度下，聚焦构建完善、多层次的养老保障体系，以养老资金为管理对象，以提升养老金可持续性为目标，运用金融工具实现养老金资产积累、养老金保值增值以及在时间、空间上实现养老金最优化配置的金融活动。

（二）构成要素

养老金金融是养老金融体系中的重要组成部分，其构成要素主要包括以下几个方面（如图2-3所示）：

| 01 养老金制度安排 | 02 养老金资产管理 | 03 养老金金融监管和法规 |
|---|---|---|
| •养老金制度安排是养老金金融的基础，它涉及政府、单位和个人在养老金储备中的责任分担。这包括建立多支柱、风险分散的养老金制度体系，以确保养老金的稳定性和可持续性 | •养老金资产管理是养老金金融的核心，它涉及养老金资产的保值增值。这包括制定投资策略、选择投资工具进行风险管理等，以确保养老金资产在安全的前提下实现收益最大化 | •养老金金融监管和法规是确保养老金金融健康发展的关键。政府和相关监管机构需要制定和完善养老金金融的法律法规，明确养老金的筹集、管理、投资、支付等各个环节的规范和标准 |

图2-3　养老金金融的构成要素

1.养老金制度安排

养老金制度安排是养老金金融的基础，它涉及政府、单位和个人在养老金储备中的责任分担。这包括建立多支柱、风险分散的养老金制度体系，以确保养老金的稳定性和可持续性。例如，我国现行的养老金制度包括由第一支柱、第二支柱、第三支柱以及全国社保基金理事会构成的"3+1"模式组成，共同构成了我国养老金制度的基本框架。

2.养老金资产管理

养老金资产管理是养老金金融的核心，它涉及养老金资产的保值增值。这包括制定投资策略、选择投资工具、进行风险管理等，以确保养老金资产在安全的前提下实现收益最大化。养老金资产管理需要专业的金融机构和人员进行操作，以确保养老金资产的有效管理和运用。

3.养老金金融监管和法规

养老金金融的监管和法规是确保养老金金融健康发展的关键。政府和相关监管机构需要制定和完善养老金金融的法律法规，明确养老金的筹集、管理、投资、支付等各个环节的规范和标准。同时，还需要加强对养老金金融机构的监管和评估，确保其合规运营和风险管理。

**二、养老金金融的特征**

（一）营利性与普惠性并存

养老金金融同其他一般金融活动一样，具有获取目标投资收益率的属性。这是金融市场的基本特性，养老金金融也不例外。通过投资运营，养老金金融旨在实现养老

启智增慧2-3

把握好养老事业和养老产业协同发展的关键

金的保值增值，为养老保障体系提供稳定的资金支持。同时，养老金金融发挥着稳定社会保障体系的作用，具有显著的普惠性。它面向广大社会成员，特别是老年群体，提供养老保障服务。这种普惠性体现在养老金金融产品的广泛覆盖、低门槛参与以及相对稳健的收益等方面。

### （二）长期性与安全性并重

养老金金融的资金具有长期属性，这是因为养老金的支付通常发生在退休后的较长时期内。因此，养老金金融需要关注长期的投资回报和风险管理，以确保养老金的可持续支付。同时，长期投资也更有利于实现资本的稳健增值。此外，养老金是老年人的"养命钱"，其安全性至关重要。因此，养老金金融在追求收益的同时，必须将资金安全放在首位。这要求养老金金融产品在设计和运营过程中，必须严格遵守风险控制原则，确保本金安全。

### （三）政策性与市场性相结合

从政策性来看，养老金金融受到国家政策的引导和支持。政府通过制定相关法律法规、提供税收优惠等措施，鼓励社会成员参与养老金金融活动，促进养老金体系的完善和发展。同时，政府还承担对养老金金融市场的监管职责，保障市场的健康运行。在市场性方面，养老金金融作为金融市场的一部分，遵循市场规律进行运作。养老金金融机构需要根据市场需求和竞争态势，不断调整和优化产品结构和投资策略，以提高市场竞争力。同时，养老金金融市场也需要与其他金融市场进行互动和协调，以实现资源的优化配置和风险的分散管理。

### （四）多元化与个性化需求的满足

随着人口老龄化程度的加深和养老需求的多样化，养老金金融市场需要提供多元化的产品和服务来满足不同群体的需求。这包括不同类型的养老金金融产品、不同风险收益特征的投资组合以及不同期限的养老金支付方案等。除了多元化以外，养老金金融市场还需要关注个性化需求的满足。这要求养老金金融机构在产品设计和服务提供过程中，充分考虑客户的年龄、收入、风险偏好等因素，为客户提供量身定制的养老金金融解决方案。

## 任务二　养老金金融的发展历程与现状

### 【任务情景】

李先生是一名城镇职工，他的养老保障之路见证了我国养老制度的日益完善。起初，他参加了城镇职工基本养老保险，每月固定缴纳一定比例的费用，为退休后的生活打下了基础。随着国家养老体系的完善，李先生所在的企业开始推行企业年金计划，他积极响应，进一步提升了养老储备。近年来，个人养老金制度的建立让李先生有了更多选择，他决定将部分收入投入个人养老金账户，通过市场化运作实现资产的保值增值。如今，李先生的养老保障由基本养老保险、企业年金和个人养老金三部分构成，形成了一个多元化、多层次的养老保障体系，为他未来的退休生活提供了更加坚实的保障。

请问，结合上述案例场景，能够看出养老金发展历程的哪些特征？影响历程划

启智增慧2-4

养老产业深度
调查：福利性
与商业化如何
平衡？

分的核心因素是什么？

【知识平台】

中华人民共和国成立以来，我国社会养老保险制度的建设经历了从无到有、从分化到整合的曲线发展过程。与时代发展相适应，我国养老金金融的发展历程是我国不同经济发展的具体体现，是政府责任不断完善的成果展现。目前国内外尚无对养老金金融发展阶段的统一划分标准，考虑到养老保障制度对养老金金融发展具有决定性作用，因此系统地梳理我国养老保障制度，可以初步窥探出我国养老金金融发展的历史沿革。

启智增慧2-5

我国社会保障制度发展脉络、面临形势与改革建议

## 一、养老金金融的发展历程

中华人民共和国成立70多年来，从养老保障制度的视角来看，我国养老金金融发展先后经历了孕育期、萌芽期、培育期、探索期和成长期五个阶段（如图2-4所示）。

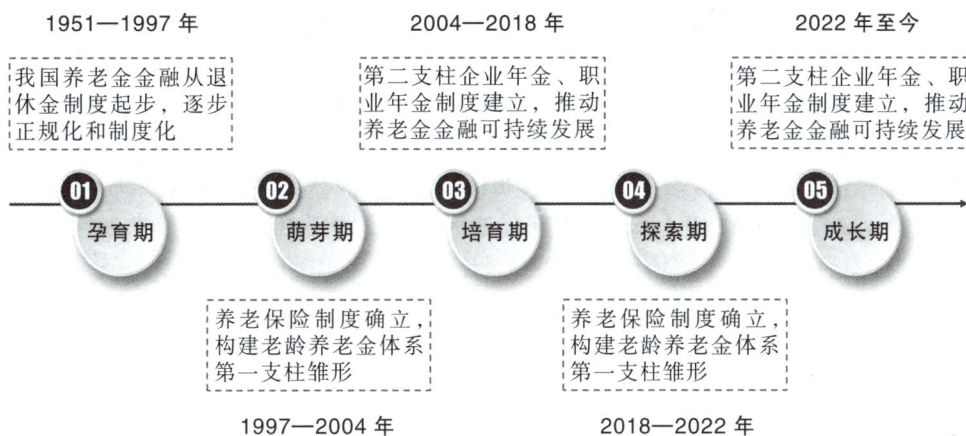

1951—1997年 | 我国养老金金融从退休金制度起步，逐步正规化和制度化

2004—2018年 | 第二支柱企业年金、职业年金制度建立，推动养老金金融可持续发展

2022年至今 | 第二支柱企业年金、职业年金制度建立，推动养老金金融可持续发展

01 孕育期　02 萌芽期　03 培育期　04 探索期　05 成长期

1997—2004年 | 养老保险制度确立，构建老龄养老金体系第一支柱雏形

2018—2022年 | 养老保险制度确立，构建老龄养老金体系第一支柱雏形

**图2-4　从养老保障制度看养老金金融发展历程**

（一）孕育期：1951—1997年

我国老龄金融的发展可以追溯到中华人民共和国成立初期颁布的退休金制度。1951年2月26日《中华人民共和国劳动保险条例》正式实施，随后国有企业职工开始实施养老金制度（当时被称作退休金制度），这标志着我国开始建立全国统一的养老保险制度，并逐步趋向正规化和制度化。这一制度在1966年至1976年间受到严重破坏，在随后的1977年至1992年逐渐恢复和调整。1995年3月17日，《关于深化企业职工养老保险制度改革的通知》（国发〔1995〕6号文件）正式明确我国养老保险制度采取"社会统筹与个人账户相结合"的制度模式，标志着退休金制度逐渐退出历史舞台。

（二）萌芽期：1997—2004年

1997年出台的《关于建立统一的企业职工基本养老保险制度的决定》（国发〔1997〕26号文件），标志着我国的养老保险制度正式确立和施行。1999年1月，国务院第259号令颁布《社会保险费征缴暂行条例》，把社会保险费征缴逐步纳入法制化轨道。随着这一制度的实施，我国逐步构建起老龄养老金体系的第一支柱雏形，并且

这一制度一直沿用至今。2000年，我国正式进入老龄化社会，在社会保险保障基本生活水平的同时，如何逐步提升老龄人口的生活品质，成了养老制度制定和实施的重要方向。

（三）培育期：2004—2018年

2004年，劳动和社会保障部先后颁布《企业年金试行办法》和《企业年金基金管理试行办法》，为我国第二支柱企业年金的发展提供了制度保障。2015年4月6日，国务院办公厅印发《机关事业单位职业年金办法》，标志着第二支柱职业年金制度也建立起来了。随着老龄化的加剧，第一支柱基本养老金面临着巨大的支付压力，要推动养老金金融的可持续发展，使得养老保险体系结构合理，需要解决诸多问题，其中当务之急是需要从顶层设计上进行调整，建立完善的个人养老金制度，为第三支柱的发展提供政策支撑。

（四）探索期：2018—2022年

我国第三支柱由团体或个人自愿购买的商业养老保险和各类养老金融产品组成，主要采用各产品分别试点的方式推进，整体发展效果一般，在养老金体系中的占比不超过1%。2018年4月12日，财政部等五部门发布了《关于开展个人税收递延型商业养老保险试点的通知》，对个人税延型商业养老保险给予税收优惠，允许个人缴纳的保险费税前列支，这标志着我国开始从制度层面对个人养老金优惠政策展开积极探索。该类型产品自2018年4月开始在部分地区试点，截至2021年10月末累计实现保费收入近6亿元，远不及市场预期，主要受制于税收优惠额度低、个税起征点提高导致政策优惠覆盖面减小等因素。

（五）成长期：2022年至今

2022年4月，国务院办公厅发布《关于推动个人养老金发展的意见》（国办发〔2022〕7号），个人养老金账户制度正式推出，第三支柱养老金市场迎来重大发展机遇。从长远来看，个人养老金制度适用于参加城镇职工基本养老保险或者城乡居民基本养老保险的居民，随着相关细则的颁布和落实，第三支柱养老金市场有望引进万亿规模的长期资金。另外，制度鼓励个人养老金账户资金投资金融产品，并由相关金融监管部门对参与个人养老金市场的金融机构和金融产品进行把关，银行理财、公募基金等金融产品或将迎来新的业务发展机会。

**二、养老金金融的现状**

（一）覆盖面持续扩大，但三支柱的平衡性有待增强

我国已经初步建立了国际通行的三支柱养老金体系。第一支柱为基本养老保险，由政府主导，财政兜底；第二支柱为企业年金和职业年金，由雇主和个人共同缴费积累；第三支柱为个人储蓄养老计划，个人自愿参加。截至2023年年末，全国参加基本养老保险人数达到10.67亿人，年末基本养老保险基金累计结余约7.81万亿元；企业年金和职业年金的覆盖人数相对较少，第三支柱的个人储蓄养老计划还处于起步阶段。综合考虑社保基金的补充作用，我国养老金三大支柱的占比分别为64.34%、35.54%和0.12%（如图2-5所示）。

单位：万亿元

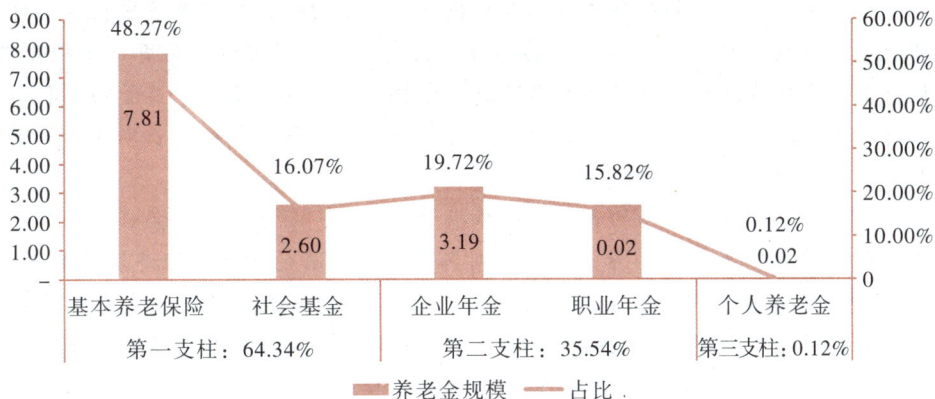

资料来源：2024年度中国资产管理行业发展报告。

**图2-5　我国养老金三支柱的资产规模与占比**

（二）市场化持续提升，但多元性、收益性有待增强

我国养老金投资运营市场化程度不断提升，但多元性和收益性还有待增强。目前，第一支柱的养老金主要由各省、自治区、直辖市自主运营，大部分存于银行或购买国债，收益较低。第二支柱的企业年金和职业年金投资运营规模达到近5万亿元，但投资标的受限，更多偏向固定收益资产，较少投向权益类资产。第三支柱的个人储蓄养老计划则刚刚起步，产品种类和机制创新不足，个性化程度较低，难以满足不同收入群体和年龄段的需求。

（三）发展潜力巨大，但政策保障需持续发力

我国养老金金融市场发展潜力巨大，但需要政策持续发力以保障其健康发展。随着人口老龄化的加速，养老金需求日益增长，养老金市场规模有望进一步扩大。目前，国家已经出台了一系列政策支持养老金金融的发展，包括个人税收递延型商业养老保险试点、推动个人养老金发展的意见等。但要实现养老金体系的可持续发展，还需要进一步完善相关法律法规，优化税收优惠政策，提高养老金的投资运营效率，以及推动金融机构加强产品和服务创新，满足人民群众多样化的养老需求。

**【拓展阅读】　养老金逻辑：养老金与资本市场共生共存，实现双赢**

在过去的一年里，动荡的国际金融市场和波动的国内资本市场不仅使扩大内需和稳定外贸受到影响，个人养老金制度也承受着巨大压力和严峻考验。2023年7月24日，中央政治局召开会议，研究和分析当前经济形势和经济工作，提出"要活跃资本市场，提振投资者信心"；2023年10月30日至31日，中央金融工作会议召开，再次提出"活跃资本市场，更好支持扩大内需"，做出"尽快建设金融强国"战略部署，提出"做好科技金融、绿色金融、普惠金融、养老金融、数字金融五篇大文章"。

2023年下半年以来，国家金融监管总局和证监会等监管部门为贯彻落实中央精

神多次召开会议和机构座谈会，出台一揽子措施，包括推动股票发行注册制走深走实、加强各项基础制度和机制建设、加大投资端改革力度、吸引更多中长期资金、降低印花税等市场交易成本、优化交易环境、提高上市公司质量、培育一流投资机构、推进公募基金费率改革、延长国有保险公司考核周期等等。近来，监管层还表示，在活跃资本市场、营造各类中长期资金入市的政策环境、加快推动中长期资金入市的步伐等方面将提出更多务实举措。

中央提出活跃资本市场的目的是提振投资者信心，而个人养老金账户持有人是资本市场的重要投资者群体。养老金通过对各种金融工具的投资为经济增长做出贡献，成为一种生产要素，尤其在支持基础设施、技术创新等风险投资领域发挥独有的功能；同时，通过提供投资回报的机会使养老金获取超额风险回报。资本市场作为养老金的一个投资平台，可提供股票、债券、房地产和另类投资等不同资产类别，降低和分散养老金投资风险；同时，养老金产品通过行业分析和尽职调查做出正确的投资决策，进而有助于价格发现。

中央在关键时刻如此密集和明确地提出活跃资本市场和提振投资者信心，表明养老金与资本市场相辅相成的逻辑关系从上到下早已形成全社会的共识：繁荣的资本市场需要发达的养老金，发达的养老金离不开活跃的资本市场；提振投资者信心自然包括提振个人养老金的投资者信心，活跃资本市场会唤醒怠惰的个人养老金，并为其带来丰厚的风险回报，从而提振养老金账户持有人投资信心，进一步扩大个人养老金覆盖率、提高实际缴存率和投资活跃率，形成养老金与资本市场的正向互动与良性循环。

模块练习 2-2

资料来源：郑秉文. 养老金改革的逻辑、悖论与策略［EB/OL］．［2024-03-07］. https：//mp. weixin.qq.com/s? __biz=MzA4NDM4MTg3MA==&mid=2685471047&idx=1&sn=f0d5c4a72cbda135f79735b50803beb7&chksm=ba0db0868d7a3990d2e893b008e55c75c61c7bc407436a1ae586b931cc64d65b8fee7520c501&scene=27. 内容有删改。

# 模块三　养老服务金融

## 任务一　认识养老金融产品创新

### 【任务情景】

随着我国人口老龄化趋势的加剧，养老金融需求日益增长。为充分满足养老客群的财富管理及备老需求，江苏银行积极搭建涵盖"专属卡片、专业财富管理、暖心渠道服务、特色增值权益"的全链条服务，积极打造养老金融专属产品体系，丰富养老金融产品货架，充分满足养老客群稳健、保障型的个性化养老金融需求，持续打造养老保障体系。比如，针对50周岁以上客户，江苏银行推出"融享幸福"借记卡，为VIP卡客户配备专业理财顾问，提供资产配置指引服务，助力养老规划。截至2023年年末，江苏银行已累计发行老年客户专属借记卡近百万张。手机银行"关爱版"累计访问使用近70万人次。江苏银行自2021年10月起创新推出老年客户专享理财产品"苏银理财融达1号-6月E款"，累计销量超2 600亿元，持有客户超11万户。

上述案例，仅是众多金融机构立足居民端的养老储备需求开展的养老金融产品创新缩影。银行业金融机构的养老金融产品创新，除了养老理财产品，还有什么？其他金融机构的产品创新又有哪些？

【知识平台】

养老金融产品是多层次养老保障体系的重要组成部分，尤其是第三支柱个人储蓄养老计划的重要内容。通过创新，可以增强三支柱的平衡性，提供更加多样化的选择，增强整个养老保障体系的可持续性。同时，通过创新养老金融产品，金融机构能够满足老年人的多样化需求，提升养老金融市场的吸引力和服务水平。因此，养老金融产品创新被视为养老金融知识体系中的核心载体。

启智增慧2-6

警惕！养老金融产品存风险，应如何识？

## 一、养老金融产品创新的定义与功能定位

### （一）定义

养老金融产品创新指的是在金融产品设计和开发上，针对老年群体的特殊需求和风险承受能力，进行有针对性的创新和改进。这种创新旨在提供更加符合老年人需求的金融产品，以满足其储蓄、投资、保险和传承等多方面的需求。具体而言，养老金融产品创新可能包括以下几个方面：

产品种类创新：推出新的养老金融产品，如养老储蓄存款、养老保险、养老目标基金等，以满足老年人多样化的投资需求。

产品设计创新：在产品设计上，考虑老年人的风险承受能力、收益期望和流动性需求，设计出更加符合其需求的金融产品。

投资策略创新：通过资产配置和多元化的投资策略，降低投资风险，提高收益稳定性，为投资者提供长期的养老资金增值服务。

### （二）功能定位

养老金融产品创新的内涵包括满足老年人口的特殊需求、增强多层次养老保障体系的可持续性、推动金融市场的发展、融合金融科技与风险管理以及整合社会服务与一站式解决方案等多个方面。这些创新有助于提升老年人的生活质量，推动金融市场的繁荣和发展，同时也为金融机构提供了更多的发展机遇。

1.满足老年人口的特殊需求

养老金融产品创新的首要目的是满足老年人口的特殊需求。这些需求包括但不限于储蓄、投资、消费、保险和传承等方面。随着人口老龄化的加剧，老年人对金融服务的需求日益增长，他们更加关注资金的安全性、流动性和收益性。因此，金融机构需要通过创新来设计出更符合老年人需求的金融产品，如推出具有稳健收益、风险较低的养老理财产品，或者提供个性化的投资咨询服务等。

2.增强多层次养老保障体系的可持续性

养老金融产品是多层次养老保障体系的重要组成部分，尤其是第三支柱个人储蓄养老计划的重要内容。通过创新，可以增强三支柱（基本养老保险、企业年金、个人储蓄养老计划）的平衡性，提供更加多样化的选择，从而增强整个养老保障体系的可持续性。例如，创新可以推动个人储蓄养老计划的发展，为老年人提供更多的养老资金来源，同时也有助于减轻基本养老保险和企业年金的压力。

### 3. 推动金融市场的发展

养老金融产品创新还有助于推动金融市场的发展。随着老龄化社会的到来，养老金融市场的规模不断扩大，这为金融机构提供了更多的发展机遇。通过创新，金融机构可以开发出更多具有吸引力的养老金融产品，吸引更多的资金流入养老金融市场，从而推动金融市场的繁荣和发展。同时，养老金融产品的创新也有助于提升金融市场的效率和稳定性，为经济发展提供有力的支持。

### 4. 融合金融科技与风险管理

金融科技的发展为养老金融产品创新提供了技术支持。通过大数据、云计算、人工智能等技术，金融机构能够更精准地了解客户需求，设计出更符合客户需求的个性化养老金融产品。同时，金融科技也有助于提升风险管理的水平，确保养老金融产品的安全性和收益性。金融机构在创新过程中需要注重风险管理和资产配置，通过合理的投资策略和风险控制措施，实现养老资产的保值增值。

### 5. 整合社会服务与一站式解决方案

养老金融产品创新还包括与养老服务的整合，如将金融服务与医疗、照护、生活服务等相结合，提供一站式的养老解决方案。这种整合不仅可以提升老年人的生活质量，还可以为金融机构创造更多的业务机会。通过整合社会服务，金融机构可以为老年人提供更加全面、便捷的金融服务，满足他们在养老方面的各种需求。

## 二、养老金融产品类别

目前，养老金融产品创新涉及的主体包括商业银行、保险公司、基金公司、信托公司等，主体较多，主要包括银行类的养老理财产品和特定养老储蓄、保险类的专属商业养老保险和商业养老保险、基金类的养老目标基金和信托类的养老信托①（如图2-6所示）。

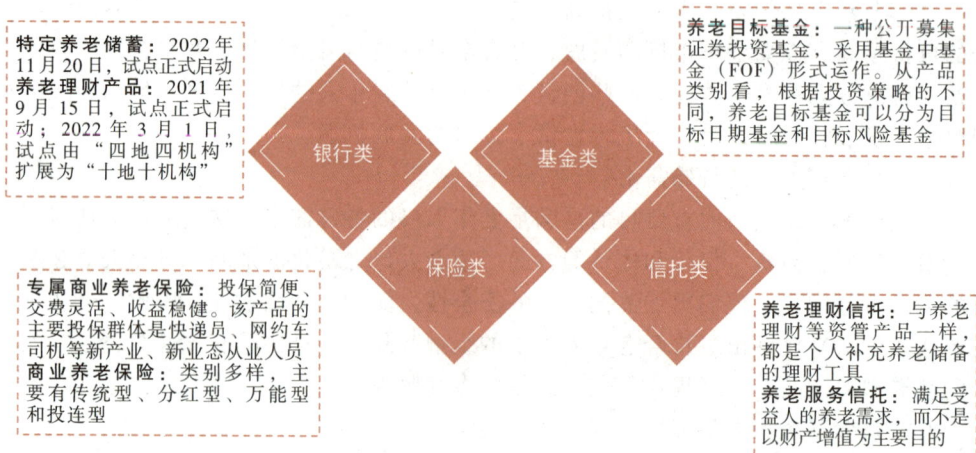

特定养老储蓄：2022年11月20日，试点正式启动
养老理财产品：2021年9月15日，试点正式启动；2022年3月1日，试点由"四地四机构"扩展为"十地十机构"

养老目标基金：一种公开募集证券投资基金，采用基金中基金（FOF）形式运作。从产品类别看，根据投资策略的不同，养老目标基金可以分为目标日期基金和目标风险基金

专属商业养老保险：投保简便、交费灵活、收益稳健。该产品的主要投保群体是快递员、网约车司机等新产业、新业态从业人员
商业养老保险：类别多样，主要有传统型、分红型、万能型和投连型

养老理财信托：与养老理财等资管产品一样，都是个人补充养老储备的理财工具
养老服务信托：满足受益人的养老需求，而不是以财产增值为主要目的

银行类　基金类　保险类　信托类

资料来源：作者自行整理。

图2-6　养老金融产品创新的主要类别

① 因本书"项目三"会对相关产品进行详细介绍，本章节仅为保证内容的完整性和逻辑性，在此简要介绍。

（一）银行类

1.特定养老储蓄。2022年11月20日，特定养老储蓄试点正式启动①，产品类型包括整存整取、零存整取和整存零取，产品期限分为5年、10年、15年和20年四档，产品利率略高于大型银行五年期定期存款的挂牌利率，旨在鼓励长期储蓄，为老年人提供稳定的养老资金来源。试点阶段，单家试点银行特定养老储蓄业务总规模限制在100亿元人民币以内，储户在单家试点银行特定养老储蓄产品存款本金上限为50万元。

2.养老理财产品。2021年9月15日起，银保监会选择"四地四家机构"进行养老理财产品试点，试点期限为一年，单家试点机构募集资金总规模限制在100亿元人民币以内。2022年3月1日起，银保监会将养老理财产品试点地区和机构均进行了扩大，由"四地四机构"扩展为"十地十机构"②。截至2023年年末，试点养老理财产品规模在1 000亿元左右，管理人均为银行理财公司，产品类型以固定收益类为主，封闭期大部分为5年。

（二）保险类

作为中国养老保险体系中第三支柱的重要组成部分，专属商业养老保险是以养老保障为目的的特殊保险产品，是领取年龄在60周岁及以上的个人养老年金保险产品，旨在为消费者提供长期、稳定的养老保障。

该产品的主要特点：一是投保简便，投保流程相对简单，适合没有固定工作时间和地点的灵活就业人员；二是交费灵活，可以根据收入变化自行调整交费金额和频率，适合收入不稳定的群体；三是收益稳健，提供相对稳定的收益，适合风险承受能力较低的投保人。因此，该产品的主要投保群体是快递员、网约车司机等新产业、新业态从业人员。这些群体通常收入不固定，工作单位也不稳定，参加基本养老保险可能存在较大压力。专属商业养老保险的投保简便、交费灵活、收益稳健等特点，能够满足他们的需求。

相较于专属商业养老保险，传统的商业养老保险产品类别多样，主要有传统型、分红型、万能型和投连型。其中，传统型养老保险收益固定，预定利率明确，风险低，适合风险偏好低、追求稳定养老现金流的人群，市场定位是基础养老保障的补充；分红型除固定收益外还有不确定分红，能在一定程度上抵御通胀，适合有一定风险承受力且希望分享保险公司经营成果的人群；万能型有保底利率，收益相对灵活，存取有一定限制，满足对资金灵活性有一定要求、追求稳健收益人群需求；投连型无保底收益，风险高，收益取决于投资组合表现，面向风险承受能力高、有投资经验的人群。整体而言，早期产品虽各具特色，但缺乏专属商业养老保险在交费灵活性、长期投资策略及养老金领取多样性上的综合优势。

---

① 2022年7月29日，为持续推进养老金融改革工作，丰富第三支柱养老金融产品供给，银保监会和人民银行发布《关于开展特定养老储蓄试点工作的通知》（银保监办发〔2022〕75号），自2022年11月20日起，由工商银行、农业银行、中国银行和建设银行在合肥、广州、成都、西安和青岛开展特定养老储蓄试点。

② 四地四机构，即工银理财在武汉和成都、建信理财和招银理财在深圳、光大理财在青岛开展试点；十地十机构，即北京、沈阳、长春、上海、武汉、广州、重庆、成都、青岛、深圳十地，试点机构为工银理财、建信理财、交银理财、中银理财、农银理财、中邮理财、光大理财、招银理财、兴银理财和信银理财十家理财公司。

（三）基金类

根据《养老目标证券投资基金指引（试行）》第二条规定，养老目标基金是以追求养老资产的长期稳健增值为目的，鼓励投资人长期持有，采用成熟的资产配置策略，并能合理控制投资组合波动风险的一种公开募集证券投资基金，采用基金中基金（FOF）形式运作。从产品类别看，根据投资策略的不同，养老目标基金可以分为目标日期基金和目标风险基金。

自2018年首批养老目标FOF发行以来，截至2023年年末，我国养老目标FOF数量共计261只，管理总规模达706.17亿元。个人养老金制度正式实施以来，51家基金公司的178只养老目标基金产品入围个人养老金基金名录，养老目标基金日益成为我国个人养老金制度下的重要金融产品。

（四）信托类

1.养老理财信托。增加财富储备、保障未来养老生活品质是家庭财富管理的重要目标。养老理财信托是信托公司为满足客户养老储备金保值增值需求而接受社会成员委托，对其交付的个人现金资产、商业养老保险、房产、股权等非现金资产进行专业化管理，实现养老财富积累的信托业务。与养老理财、养老目标基金等资管产品一样，都是个人补充养老储备的理财工具。其特点在于其专业化的资产管理服务，即信托公司会对委托人的资产进行细致的管理和投资，以确保资产的保值增值。

2.养老服务信托。养老服务信托将信托的专业及制度优势与养老服务相结合，是一类聚焦于客户养老需求场景的财富管理服务信托业务，可以为客户及其家庭提供全生命周期的养老规划服务。实践中，养老服务信托的主要目的是满足受益人的养老需求，而不是以财产增值为主要目的。信托公司接受自然人委托，管理处分信托财产，确保受益人在老年时期能够获得全面的养老服务和生活保障。在养老服务信托中，信托公司一般与养老服务机构、康养机构等形成业务合作，发挥信托账户财产独立、风险隔离、灵活支付优势，为受益人提供养老消费权益和个性化分配等服务。

【拓展阅读】　**个人养老金在售产品已达753只，看看这四大类产品的表现如何？**

自2022年11月起，个人养老金制度在36个先行城市（地区）正式启动实施，据人社部在2024年一季度新闻发布会上披露，截至2023年年底，超5 000万人开立个人养老金账户，下一步将研究完善个人养老金制度配套政策，做好全面推开前的相关准备工作，预计不久后个人养老金制度将在全国实施。从国家社会保险公共服务平台披露的数据来看，截至2024年5月15日，个人养老金在售产品共有753只，其中储蓄类产品465只、基金类产品187只、保险类产品78只、理财类产品23只。

特定养老储蓄方面，参与特定养老储蓄试点的主要是国有四大行，工商银行、农业银行和建设银行均推出12只产品，中国银行则推出8只产品，特定养老储蓄产品主要为零存整取、整存整取和整存零取三大类，到2024年5月15日，特定养老储蓄产品已达44只。在银行业保险业2023年上半年数据发布会上，国家金融监管总局相关负责人曾披露，截至2023年6月末，特定养老储蓄规模已达到376.7亿元。

养老理财方面，首批个人养老金理财产品于2023年2月推出，3家理财公司共发售7只个人养老金理财产品，全部产品均为公募类净值型开放式产品，截至2024年5月15日，共有6家理财公司发行个人养老金理财产品23只（与2023年年底持平）。据银行理财登记中心披露，截至2023年12月下旬，市场上共有16家商业银行（截至2024年5月15日共有18家银行）代销23只个人养老金理财产品，投资者累计购买金额超12亿元。与2023年年末1 016亿元的养老理财（"十地十机构"正在试点的养老理财产品和个人养老金理财产品的汇集）最新存续规模相比，12亿元的个人养老金理财产品规模占比仅为1.18%。

养老保险方面，从个人养老金保险产品类型来看，根据监管规定保险公司开展个人养老金业务可提供年金保险、两全保险以及监管认定的其他产品。目前，个人养老金保险产品包括专属商业养老保险、两全保险和年金保险，年金险中有部分设计为分红型或万能型，两全险有极个别为分红型或万能型。截至2023年12月31日，共有107只各类个人养老金保险产品，其中，税延养老保险产品49只，专属商业养老保险产品11只，年金保险产品31只，两全保险产品16只。

养老基金方面，2022年11月，证监会发布首批个人养老金投资基金产品和销售机构名录，包含40家基金管理人的129只养老目标基金以及37家基金销售机构。截至2024年4月12日，养老目标基金共有187只，较2023年年底的178只增加了9只。目前养老目标基金分为目标风险、目标日期两大策略，目标风险策略通常可分为积极型、平衡型和稳健型，目标日期策略则是以投资者退休日期为目标，如在首批129只养老目标基金中就有养老目标日期基金50只，可覆盖预计退休日期为2025—2050年的人群。

资料来源：明本康养. 个人养老金在售产品已达753只，看看这四大类产品的表现如何？［EB/OL］.［2024-05-16］. https://baijiahao.baidu.com/s?id=1799160155737241673&wfr=spider&for=pc. 内容有删改。

## 任务二　了解适老化金融服务

【任务情景】

江苏银行积极建设适老服务渠道，传递有温度的金融服务。线上方面，江苏银行持续优化关爱版手机银行，包括在页面交互上放大字体，在首页、转账、账户安全锁等关键节点增加语音播报功能，新增"一键帮"按钮提供多种便捷服务，并上线了老年大学报名及缴费服务。物理网点方面，银行网点是老年客户办理业务的重要的渠道。江苏银行持续创建省银行业协会"银行业文明规范服务适老网点"，截至2023年年末，江苏银行已有69家网点成功入选"江苏银行业文明规范服务适老网点"。目前，江苏银行全行网点适老服务基础设施全覆盖，并针对老年人实际需要，开发并推广PAD业务外拓模式，针对老年客户提供上门服务；在养老金融知识宣教方面，江苏银行也积极开展"金融知识社区行"活动，深入社区向老年群体宣传防诈防骗、理性投资和融入数字生活等知识。

根据上述案例，服务场景中可以通过哪些措施来体现金融机构的适老化金融服务？

启智增慧2-7

聚合金融之力
服务银发之需

启智增慧2-8

适老化改造让
金融服务更有
暖意

【知识平台】

近年来，随着我国老龄化程度的不断加深，养老问题成为社会关注的焦点。提升金融服务"适老化"程度，切实满足"银发族"金融服务需求，是金融发展的应有之义。面对滚滚而来的"银发浪潮"，如何让老年人搭上时代的"数字化快车"，做好"养老金融"这篇大文章已成为当前银行业共同面临的重要课题。

## 一、适老化金融服务的类别

适老化金融服务是指金融机构针对老年群体的特殊需求，提供的一系列改进和创新服务，目的是帮助老年人更好地适应数字化时代的金融服务，解决他们在享受金融服务时可能遇到的困难。从实践来看，金融机构的适老化服务主要有以下几类：

物理环境的适老化设计：金融机构对营业网点进行适老化改造（如图2-7所示），增设无障碍通道、老花镜、血压计、爱心座椅等便利设施，以提升老年人的实体服务体验。同时，优化自动取款机（ATM）的界面和操作流程，使其更加符合老年人的使用习惯。

图2-7　银行物理网点适老化服务实例

数字化服务的易用性提升：针对老年人视力和操作习惯，推出手机银行应用的"老年版"，通过增大字体、简化操作界面、增加一键求助等措施，提高老年人使用智能设备的便利性和安全性。

传统与现代服务方式的融合：在推广智能化服务的同时，不放弃传统的服务方式，如现金交易、存折服务等，确保老年人能够根据自己的习惯和偏好选择服务方式，满足不同老年群体的需求。

金融知识普及与权益保护：金融机构加强对老年人的金融知识普及教育，提高他们的金融素养，并通过防诈骗宣传，增强老年人识别和防范金融诈骗的能力。同时，政府和监管机构出台相关政策，确保适老化服务的实施，保护老年消费者的合法权益。从实践来看，制定宣传手册、开展宣传活动是金融机构践行金融知识普及、金融消费者权益保护等社会责任的重要实践，如图2-8所示。

图2-8 部分金融机构开展金融知识教育与权益保护的实例

### 二、适老化金融服务与金融消费者权益保护

金融服务适老化与金融消费者权益保护之间存在着紧密的联系，两者相互促进，共同构成了金融服务体系的重要组成部分。其具体体现在以下三个方面：

（一）提升服务体验，保障老年消费者权益

金融服务适老化旨在通过优化服务设施、简化服务流程、创新金融产品和服务等方式，提升老年人在享用金融服务时的便捷性和舒适度。这一过程中，金融机构需要充分考虑老年人的特殊需求和身体条件，确保他们能够平等、无障碍地享受金融服务。这不仅能够提升老年人的服务体验，还能够有效保障他们的金融消费者权益，避免因服务不到位或不合理而导致的权益受损。

（二）加强风险防控，保护老年消费者安全

老年人在使用金融服务时，往往面临着更高的风险，如金融诈骗、信息泄露等。金融服务适老化要求金融机构加强风险防控措施，提高老年人的风险防范意识和能力。例如，通过提供安全可靠的支付工具、加强信息安全管理、开展金融知识普及教育等方式，降低老年人遭受金融诈骗的风险。这些措施不仅有助于保护老年消费者的安全，还能够提升他们对金融服务的信任度和满意度。

（三）强化监管与自律，维护老年消费者权益

在金融服务适老化的过程中，政府监管机构和金融机构自身都需要加强监管与自律，确保金融服务的合规性和安全性。政府监管机构应制定和完善相关政策法规，加强对金融机构的监管力度，确保老年人能够享受到公平、透明、安全的金融服务。同时，金融机构也应加强内部管理，提高服务质量，积极履行社会责任，为老年消费者提供更加优质、便捷的金融服务。

**【拓展阅读】** **金融服务创新要兼顾适老化需求**

金融机构要高度重视老年人运用智能技术困难的问题，保障老年人平等、便捷享受金融服务，是金融机构的一道必答题。金融服务智能化，不能牺牲便利化；金融服务数字化，不能忘记适老化。

人工网点减少，一些老年人被迫学习金融自助设备，操作失误频发；银行卡、网银推广，一些老年人用不了纸质存折、存单；移动支付普及，一些老年人现金交易时

遇到困难……近年来，在互联网、人工智能等科技手段助力下，金融业服务方式和形态发生了巨大变化，在极大提升金融机构运行效率、降低经营成本的同时，也让一些老年人感到不便。

近日，银保监会办公厅下发《关于银行保险机构切实解决老年人运用智能技术困难的通知》，对保留和改进传统金融服务方式、提升网络消费便利化水平、推进互联网应用适老化改造等提出了明确要求。此前，中国人民银行等部门也提出，要高度重视解决老年人运用智能技术困难的问题，从现金管理、支付服务、普惠金融三方面采取措施，切实提升老年人日常金融服务的可得性和满意度。

金融服务数字化、科技化发展是大势所趋，但不能降低老年人的服务体验感。金融机构的服务对象是包括老年人在内的所有客户群体，不管科技怎样进步、时代如何发展，金融服务都要坚持以人为本，必须充分考虑到每一类客户群体的现实需求。金融机构在大力推进智能化技术运用的同时，必须同步建设适合老年人的服务渠道，同步满足老年人的服务需求。

一方面，金融科技创新要兼顾适老化需求。老年人并非与现代科技无缘，只要充分考虑老年人实际情况，在字体、语言、功能、语音播报、操作讲解等方面多花些心思，让操作流程更符合老年人使用习惯，智能化金融服务也可以更好地赢得老年人的青睐。时下，一些金融机构推出的"老人版"手机银行，就受到很多老年客户欢迎，帮银行在激烈的市场竞争中抢占了先机。

另一方面，金融服务要更具包容性、普惠性。据统计，我国仍有近1.4亿老年人游离在互联网之外，仍习惯通过传统的线下渠道获取服务。如果不顾实际情况，一味地减少物理网点，必然会影响到这些老年人享受应有的金融服务。保障好这部分老年群体的金融服务权益，就要求金融机构下沉服务，科学合理地布设和保留适合老年人的线下网点，并考虑传统交易习惯，适度保留纸质存折、存单等服务方式，为老年人提供有温度的金融服务。

还要看到，在当前金融业竞争日趋激烈的市场环境下，老年客户群体日益成为金融机构重要的客户资源。"十四五"期间，我国老年人口将突破3亿。做好"银发金融"这篇大文章，拥抱老年客户这片蓝海，将为金融机构实现差异化竞争、培育特色优势提供重要支撑。

数字时代的加速到来，将使金融业产生深刻变革。不管金融机构如何转型、如何创新，以客户为中心的根本不能丢。正确处理好变与不变的关系，让金融服务与客户实际状况相匹配，关照好包括老年人在内的所有客户群体需求，是金融业健康发展的题中应有之义。

资料来源：吴秋余. 金融服务创新要兼顾适老化需求（多棱镜）[EB/OL]. [2021-04-16]. http://m.people.cn/n4/2021/0416/c30-14943952.html.

# 模块四 养老产业金融

## 任务一 养老产业金融的内涵与构成

### 【任务情景】

YC市七彩阳光养老服务有限公司自2016年起，通过预订养老公寓床位的方式吸引了730余名老人投资，但截至2020年，仅少数人实际入住，大部分预订床位费未得到兑付。公司在运营过程中面临资金链紧张的问题，尽管通过预订床位筹集了一定资金，但仍难以覆盖运营成本和债务偿还需求。同时，七彩阳光养老服务公司融资渠道有限，主要依赖银行贷款，但养老产业回报周期长、风险高，导致银行审批贷款谨慎，公司难以获得足够支持。此外，监管政策对融资活动有严格规定，进一步加大了融资难度。由于未能按约定兑付预订床位费，公司陷入信任危机，声誉受损，后续融资活动更加困难。这一系列问题凸显了养老产业在融资方面所面临的严峻挑战。

上述案例，反映了金融支持在助力养老产业发展中的哪些现象？为什么养老产业投融资渠道单一？

### 【知识平台】

随着人口老龄化的加速发展，养老产业已成为银发经济高质量发展的核心载体，承载着满足老年人多元化、多层次养老服务需求的重要使命。然而，在实践中，金融支持养老产业的发展却面临着诸多挑战。投融资渠道的单一性限制了养老项目的资金来源，使得许多优质项目难以获得足够的资金支持，进而影响了养老服务的供给质量和效率。如何破解金融支持养老产业发展的掣肘因素，推动养老产业与金融的深度融合，成为当前亟待解决的问题。

### 一、养老产业金融的定义

作为养老金融的重要组成部分，养老产业金融是指金融机构以养老产业为对象，以满足老年人对养老服务、健康管理、休闲旅游、日常生活等方面的多样化需求为目标，为相关养老产业尤其是养老服务业发展提供的各类金融活动和相关制度安排。

具体来看，养老产业金融涉及的金融服务包括但不限于完善投融资体系、创新金融产品与服务、强化金融风险管理以及相关政策支持与保障。由此可见，养老产业金融不仅关注资金的筹集和投放，还注重金融服务的创新以及产业政策的保障力度，以满足养老产业特定的金融需求。

### 二、养老产业金融的特征

1.服务对象的特定性

养老产业金融的发展具有显著的服务对象特定性特征。养老产业主要面向老年群体，其金融产品和服务的设计需紧密围绕老年人的生活需求和行为特征进行。随着中国老龄化的加剧，老年人数量的急剧增加，这一特定服务对象的特征日益凸显。然而，目前中国养老产业在这一特性上的表现还不够突出，许多产品和服务仍具有普适

性，不仅针对老年人，还面向广泛的非老年人群。

2.社会资本参与度弱

养老产业金融的发展面临社会资本参与度弱的问题。相较于其他产业，养老产业由于其长期性、微利性和高风险性等特点，往往难以吸引大量社会资本进入。虽然近年来国家出台了一系列政策鼓励社会资本参与养老产业，但实际效果仍有限。社会资本在养老产业中的参与度较低，导致养老产业金融的发展缺乏足够的资金支持和市场活力。

3.投融资渠道的单一性

养老产业金融的投融资渠道单一性是制约其发展的重要因素之一。目前，我国养老产业的投融资渠道主要依赖于银行间接融资，直接融资比例较小，市场性金融机构介入不足。除政策性银行外，银行、证券、基金等商业性金融机构对养老产业的金融支持力度较弱。

4.法律与监管体系尚待完善

养老产业金融的法律与监管体系尚待完善。由于养老产业金融涉及多个领域和部门，需要跨部门协作和联动监管，但目前这方面的机制和体系还不够完善。考虑到我国针对养老产业金融的法律法规还不够健全，存在诸多空白和漏洞，这导致在养老产业金融的发展过程中，容易出现法律风险和监管盲区。

5.政策驱动性显著

养老产业金融的发展具有显著的政策驱动性特征。近年来，随着国家对养老问题的重视和老龄化社会的加速到来，政府出台了一系列扶持政策推动养老产业的发展。这些政策涵盖了社区养老模式革新、医养结合深化、智慧养老推进和养老金融市场放开等多个方面。政策的出台为养老产业金融的发展提供了有力支持，推动了养老产业金融的快速发展。然而，值得注意的是，政策驱动性也带来了一定的风险和挑战。

### 三、养老产业金融的核心要素

养老产业金融的四大核心要素包括养老产业投融资体系构建与优化、金融产品与服务创新策略、金融风险管理框架与机制、政策引导与支持体系构建。

1.养老产业投融资体系构建与优化

养老产业投融资体系的构建与优化，是支撑其金融生态持续繁荣的基石。该体系的核心在于构建多元化、高效能的资金循环机制，确保养老项目从资金募集到运用的全链条畅通无阻。具体而言，需深化融资渠道拓展，包括但不限于股权、债券、基金等多层次资本市场工具，以吸引广泛社会资本参与。同时，建立专业化的融资服务平台，集项目评估、融资策划、资金监管等功能于一体，为养老项目提供定制化、高效率的融资解决方案。此外，积极探索并应用资产证券化、PPP等创新融资模式，以拓宽资金来源，增强资金流动性，为养老产业注入更多活力。

2.金融产品与服务创新策略

金融产品与服务的持续创新，是推动养老产业金融发展的关键引擎。针对老年群体独特的金融需求与偏好，金融机构应聚焦产品创新，开发一系列符合其风险承受能力、收益期望及生活场景的养老金融产品，如定制化储蓄计划、长期护理保险、养老信托等，以满足老年人多样化的养老规划需求，并通过夯实养老储备来提升未来获取各类养老服务的支付能力。同时，优化金融服务模式，融合线上线下渠道，打造便捷、智能的金融服务体验。此外，深化跨界合作，推动金融与医疗、健康、养老服务等领域的深度融合，构建一站式、综合性的养老服务平台，为老年人提供全方位、高品质的养老服务。

3.金融风险管理框架与机制

鉴于养老产业的长周期性与不确定性，建立健全的金融风险管理框架与机制，是保障其稳健运行的必要条件。金融机构需构建全面、系统的风险管理体系，涵盖风险识别、评估、监控、应对等各个环节。具体而言，应加强对养老产业投资项目的深入调研与风险评估，采用科学的风险评估模型与方法，确保投资决策的合理性与稳健性。同时，设立风险准备金、购买相关保险等风险缓释措施，以降低潜在损失。此外，强化内部风险管理能力建设，提升风险管理人员的专业素养与技能水平，确保风险管理体系的有效运行与持续优化。

4.政策引导与支持体系构建

政策引导与支持是养老产业金融发展的外部动力源泉。政府应充分发挥其宏观调控作用，制定并实施一系列有利于养老产业金融发展的政策措施。一方面，通过财政补贴、税收优惠等经济激励手段，降低养老产业的运营成本与门槛，提高其市场竞争力与盈利能力。另一方面，放宽市场准入条件，鼓励社会资本积极参与养老产业投资与运营，促进市场竞争与产业升级。同时，加强政策规划与引导，明确养老产业的发展目标与战略方向，为养老产业金融的发展提供清晰、稳定的政策环境。此外，强化监管与执法力度，维护市场秩序与公平竞争，保障养老产业金融的健康发展。

## 任务二　养老产业金融的现状及发展趋势

【任务情景】

中国人寿积极落实健康中国战略和应对人口老龄化国家战略，充分发挥保险资金的独特优势，投入数百亿级的保险资金，设立相关主题基金，支持健康养老产业高质量发展。目前，已先后设立总规模500亿元的国寿大健康基金、总规模200亿元的国寿大养老基金，并在2024年5月发起设立总规模100亿元、首期规模50亿元的银发经济产业投资基金，以金融创新服务社会健康养老需求，积极推动健康养老产业发展。

中国人寿始终坚持"以人民为中心"的发展理念，积极探索符合我国国情的养老产业发展模式，旗下国寿健投公司目前已在全国10多个城市投资建设多元化的优质养老养生项目15个，可提供各类床位近万张，全面服务人民群众多层次、多样化的养老需求，构建具有国寿特色的"机构＋社区＋居家"三位一体的养老产品体系。

此外，国寿健投公司还与地方政府合作，创新开展社区养老项目。例如，与深圳市政府合作开发的四个"嵌入式"普惠型社区居家养老项目，成为当地普惠养老服务的典范和标杆，切实促进了社会民生保障，也获得了当地政府机构的充分肯定。

【知识平台】

当前，我国养老产业金融的发展面临着政策保障持续发力、服务供给有效扩大、科技与智能化应用逐渐丰富以及市场规模逐渐增长等现状。从趋势上看，政策引导深化、融资模式创新、科技与金融融合和养老金融市场细分化将是下一阶段发展的重要方向。学习任务二，有助于把握养老产业金融的发展脉络，为探索金融支持养老产业高质量发展提供重要参考和启示。

### 一、养老产业金融的现状

当前，我国养老产业的现状可以从以下四个方面进行概述：

政策支持力度加大：近年来，国家出台了一系列政策以支持养老产业的发展，如《中华人民共和国国民经济和社会发展第十四个五年规划和2035年远景目标纲要》中提出，将完善养老服务体系，着重发展普惠型养老服务、社区嵌入式养老、互助性养老、医养康养、银发经济和智慧养老等领域。此外，国家还鼓励通过PPP模式改造闲置设施为养老机构，支持社会资本参与养老服务。

养老服务供给扩大：随着老年人口的增加，养老服务供给不断扩大。截至2023年年底，全国养老服务机构和设施达到40.4万个，床位823.0万张，相比2012年分别增长了7倍和1倍多。此外，家庭养老床位、适老化改造、老年助餐等新型服务快速发展，为老年人提供了更多居家养老服务选择。

科技与智能化应用愈加广泛：在养老服务领域，科技和智能化应用越来越广泛。例如，推动"互联网+养老"服务，建设养老服务信息平台、智慧养老院等，以及推广智慧健康养老产品和项目。这些智能化服务不仅提高了养老服务的效率和质量，也为老年人提供了更加便捷和个性化的服务体验。

养老产业市场规模增长：随着养老服务需求的增加和政策的支持，养老产业市场规模持续扩大。数据显示，中国养老产业市场规模由2018年的6.6万亿元增长至2021年的8.8万亿元。这一增长趋势表明养老产业具有巨大的市场潜力和发展空间。

### 二、养老产业金融的发展趋势

（一）政策引导与金融支持深化

随着《中华人民共和国国民经济和社会发展第十四个五年规划和2035年远景目标纲要》等政策的深入实施，养老产业将获得更多的政策支持和引导。政策将更加注重养老服务的普惠性、社区嵌入式、医养康养结合等方面的发展。同时，金融机构将积极响应政策号召，加大对养老产业的支持力度，通过创新金融产品和服务模式，满足养老产业多样化的融资需求。

（二）融资模式创新

在养老服务供给扩大的背景下，养老产业将需要更多的资金支持来扩大规模、提升服务质量。因此，下阶段养老产业金融将探索更多的融资模式创新，如PPP模式、股权融资、债券融资等，以吸引更多的社会资本参与养老产业的发展。此外，金融机构还将加强与政府、企业等各方的合作，共同推动养老产业的融资创新。

（三）科技与金融深度融合

随着科技和智能化应用在养老服务领域的广泛推广，下一阶段养老产业金融将更加注重科技与金融的深度融合。金融机构将利用大数据、人工智能等技术手段，对养老产业进行精准分析和风险评估，提高融资效率和质量。同时，金融机构还将与科技企业合作，共同推动智慧养老产品和服务的发展，为老年人提供更加便捷、个性化的金融服务。

（四）养老金融市场细分化

随着养老产业市场规模的持续扩大和竞争的加剧，下一阶段养老金融市场将呈现细分化的趋势。金融机构将根据不同的养老服务领域和客户需求，提供差异化的金融产品和服务。例如，针对家庭养老床位、适老化改造等新型服务领域，金融机构可以提供专门的融资支持和服务方案；针对老年人的投资理财需求，金融机构可以提供更加安全、稳健的金融产品。

**【拓展阅读】** **前8月江苏各类养老产业贷款余额增加118亿元**

近日，江苏省政府办公厅印发《促进银发经济高质量发展实施方案》（以下简称《实施方案》），明确要求加大财政金融支持，并提出"引导金融机构为养老基础设施建设提供长期稳定的资金支持""加强银企对接"等务实举措。记者从人民银行江苏省分行获悉，该行已经研究起草养老金融高质量发展指导意见，着力健全养老金融政策体系，鼓励引导金融机构研发全生命周期养老金融产品和服务。2024年1月至8月，全省各类养老产业贷款余额增加118亿元。

日前，江苏银行发布"苏银养老金融"服务品牌，聚焦养老金融、养老服务金融、养老产业金融和养老服务生态建设，搭建了涵盖"专属卡片、专业财富管理、暖心渠道服务、特色增值权益"在内的全链条服务。在个人养老金服务方面，他们已与太平养老、国民养老合作成为首家代销商业养老金保险的城商行，2024年上半年累计销售商业养老金保险产品超18亿元。

同样，建设银行南京分行全面推广"健养安"养老金融品牌，持续加大对养老产业的信贷支持。2024年上半年，该行养老相关产业贷款余额154亿元，新增27亿元。

在南通，人民银行南通市分行从发布养老金融政策、打造养老产业企业名单、创新养老金融产品体系等多个方面助力地区养老金融发展。其中，南通在2024年出台的《推动养老金融高质量发展的实施意见》填补了地区养老金融领域的空白，为银行规划养老金融发展提供了基本遵循。

同时，南通市分行积极引导辖内银行机构探索养老收费权质押贷款、床位补贴贷等针对性产品，鼓励银行机构将中长期贷款向养老基建项目倾斜，不少南通地区银行机构突破了部分授信障碍、实现了信贷产品的创新。其中，南通农商行推出"颐福乐"产品，支持养老机构新建、改扩建养老服务基础设施及购置养老服务设备；南通农发行向通州鑫汇养老产业发展有限公司投放了该行系统内首笔"颐养贷"1 000万元；苏州银行南通分行发掘企业数据知识产权的价值，向蓝智慧养老科技公司发放了地区首单"数据知识产权质押贷款"360万元。截至8月末，南通市银行机构向广义养老产业发放贷款余额8.07亿元，同比增长37.44%，其中普惠养老领域贷款4.52亿元；推动落地普惠养老再贷款1.5亿元，占全省的49.40%，规模位列全省第一。

　　人民银行江苏省分行相关负责人向记者介绍，2024年以来，全省金融机构利用普惠养老再贷款带动发放普惠养老贷款3亿元。下一步，他们将继续用好用足政策工具，推动发展"银发经济"，加大对养老基础设施建设、适老器械用具等领域信贷支持，加大产品创新力度、加大对养老产业的金融要素供给，优化完善农村地区适老金融服务，为助力银发经济高质量发展注入金融力量。

模块练习2-4

　　资料来源：佚名. 前8月江苏各类养老产业贷款余额增加118亿元［EB/OL］.［2024-09-30］. https://www.xhby.net/content/s66fa73aae4b03f223402c1a3.html.

# 项目三
# 养老金金融

## 学习目标

### 【知识目标】

✓掌握养老金三支柱体系的构成，包括各支柱的具体内容、特点和规模等

✓理解基本养老保险制度中城镇职工基本养老保险和城乡居民基本养老保险的概念、参保对象、缴费模式、领取条件等

✓熟悉企业年金和职业年金的制度特点、参与流程、运营模式和领取方式等

✓了解个人养老金制度的基本内容、制度特征、操作流程以及实施现状

✓掌握养老金替代率的概念、计算口径和影响因素等

### 【技能目标】

✓能够准确区分养老金三支柱体系中各支柱的差异，并根据实际情况分析其优势和不足

✓熟练运用城镇职工基本养老保险和城乡居民基本养老保险的养老金计算公式，进行养老金的测算和评估

✓能根据企业年金和职业年金的相关规定，为企业或个人提供参与、运营和领取的合理建议

✓掌握个人养老金制度的操作流程，包括开户、缴费、投资和领取等环节

✓学会分析养老金替代率变化的原因，并提出相应的改善措施

### 【素养目标】

✓通过对养老金体系的学习，增强对养老保障重要性的认识，提高社会责任感和风险意识

✓理解不同养老金制度的公平性和可持续性，培养公平公正的价值观

✓关注养老金政策的变化和发展趋势，培养与时俱进的学习态度和创新意识

✓提升个人养老规划的能力，增强自我保障意识和理财规划能力

### 【思政目标】

✓突出思政认知。增强学生对养老保障重要性认知，提升社会责任感

✓突出价值塑造。培养学生公平公正价值观，理解养老金制度公平性

✓突出能力培养。提升学生个人养老规划与理财能力，增强自我保障

## 知识结构

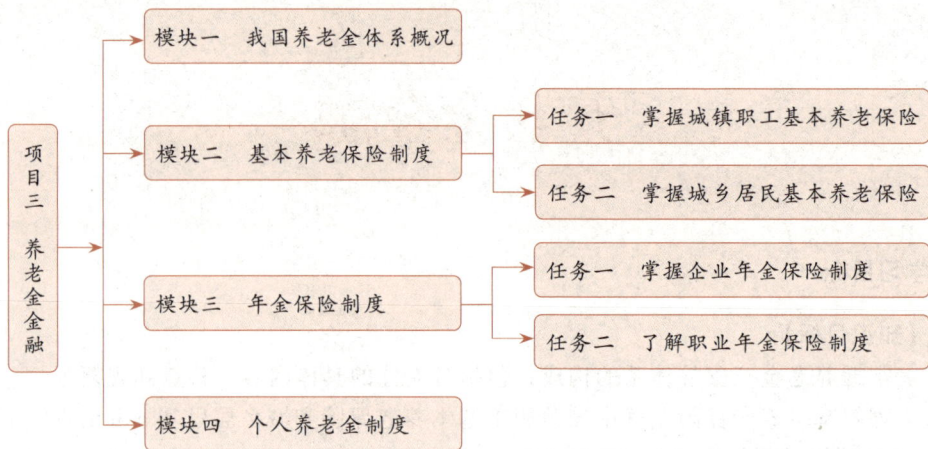

## 案例导读

在当今社会，随着人口老龄化的加剧，养老问题日益成为人们关注的焦点。养老金金融作为保障老年人生活质量的重要领域，涵盖了多种制度和模式。其中，企业年金作为补充养老保险制度，在企业员工的养老规划中发挥着重要作用。华为公司作为全球知名的通信技术企业，拥有庞大的员工群体。在面对人口老龄化带来的养老压力时，华为公司积极采取措施，早在 2000 年就启动了企业年金计划，展现出对员工养老保障的高度重视。

华为公司的企业年金计划具有多方面的特点。在资金筹集方面，遵循企业和员工共同缴费的原则，双方根据一定比例缴纳费用，为年金基金的积累奠定基础。例如，企业按照一定比例从利润中划拨资金，员工则从个人工资中按规定比例扣除。在投资运营上，华为公司充分利用市场机制，选择多种投资渠道，包括与专业的金融机构合作，将资金投资于股票、债券、基金等金融产品，以实现资金的保值增值。在待遇领取方面，为员工提供了多种选择，员工在达到退休年龄或符合其他相关规定时，可以根据自身需求选择一次性领取、按月领取或其他灵活的领取方式。

从员工角度来看，企业年金为他们带来了诸多益处。首先，显著提高了员工退休后的收入水平。假设一名员工在华为工作多年，其企业年金账户经过多年的缴费积累和投资收益，在退休时将形成一笔可观的资金，这将极大地补充其基本养老保险待遇，使员工能够在退休后维持较高的生活质量。其次，增强了员工的归属感和忠诚度。企业年金作为企业提供的一项重要福利，让员工感受到企业对他们长期贡献的认可和关怀，从而更加愿意长期为企业服务。例如，一些员工在面临外部更好的工作机会时，会考虑到华为公司优厚的企业年金待遇而选择继续留在公司。

从企业角度而言，华为公司实施企业年金计划也具有重要意义。一方面，有助于吸引和留住优秀人才。在竞争激烈的人才市场中，完善的养老保障体系成为企业吸引高素质人才的重要因素之一。优秀的人才在选择就业时，除了关注薪酬待遇外，也会重视企业的福利保障，企业年金能够增加企业在人才招聘中的竞争力。另一方面，有利于提升企业形象和社会声誉。积极关注员工养老保障的企业，在社会上会被视为具有社会责任感的企业，这有助于提升企业的品牌形象，进而在市场竞争中获得更多优势。

通过华为公司的案例可以看出，企业年金在养老金金融体系中扮演着重要角色。它不仅为员工提供了更充足的养老保障，提升了员工的生活质量和工作满意度，还对企业的发展产生了积极影响，促进了企业与员工的共同成长。在未来，随着人口老龄化的持续发展和人们养老需求的不断提高，企业年金有望在更多企业中得到推广和完善，成为养老金金融体系中不可或缺的重要组成部分。同时，也期待政府和社会各界进一步加强对企业年金制度的支持和引导，为企业和员工创造更加有利的发展环境。

## ■ 项目概述

人口老龄化加速，对社会经济发展产生深远影响，养老金金融领域的重要性日益凸显。本项目聚焦我国养老金体系，全面介绍其构成、各支柱养老金制度及发展趋势。我国养老金体系含三支柱，第一支柱基本养老保险和社保基金覆盖面广，收支压力渐显；第二支柱企业年金和职业年金发展不均衡；第三支柱个人养老金试点起步，发展态势良好。各支柱在制度设计、缴费与领取等方面各具特点。随着人口老龄化加剧，养老金体系不断变革，如第一支柱持续扩面、提质，增强可持续性；第二支柱扩大规模、专业化运营；第三支柱完善政策、提升市场参与度。项目还涵盖基本养老保险制度、年金保险制度及个人养老金制度等内容，助读者深入理解养老金金融体系，应对老龄化挑战，实现养老保障目标。

# 模块一　我国养老金体系概况

【任务情景】

2019年11月，中共中央、国务院印发了《国家积极应对人口老龄化中长期规划》（以下简称《规划》），这是到本世纪中叶我国积极应对人口老龄化的战略性、综合性、指导性文件。《规划》明确了积极应对人口老龄化的战略目标，即积极应对人口老龄化的制度基础持续巩固，财富储备日益充沛，人力资本不断提升，科技支撑更加有力，产品和服务丰富优质，社会环境宜居友好，经济社会发展始终与人口老龄化进程相适应，顺利建成社会主义现代化强国，实现中华民族伟大复兴的中国梦。到2022年，我国积极应对人口老龄化的制度框架初步建立；到2035年，积极应对人口老龄化的制度安排更加科学有效；到本世纪中叶，与社会主义现代化强国相适应的应对人口老龄化制度安排成熟完备。近期发布的2024年政府工作报告中也有13次提到"养老"，凸显了当前形势下积极应对人口老龄化和发展养老金融的重要意义。

请问，如何认识养老金三支柱体系在大力发展养老金融中的重要性？

**【知识平台】**

从世界范围来看，多支柱养老金模式已经成为主流发展趋势，即零支柱的国民养老金、第一支柱的公共养老金、第二支柱的职业养老金、第三支柱的个人养老金和第四支柱家庭养老及社会组织等各方支持。各国可能根据国情选择其中不同部分构成其养老金体系，但是目标是共同的，即通过政府、单位、个人和家庭等多方责任共担机制建立起多支柱、可持续的养老金制度。目前，我国已初步建立了涵盖第一支柱、第二支柱和第三支柱的养老金体系，在保障居民退休后的生活水平上发挥了重要作用。

## 一、我国养老金三支柱体系构成情况

（一）第一支柱养老金：基本养老保险和社保基金

1. 基本养老保险

从结构上看，基本养老保险由政府主导建立，是我国覆盖人群最广的养老金，包括城镇职工基本养老保险和城乡居民基本养老保险两部分，二者的差别主要是面向群体不同。其中，城镇职工基本养老保险主要面向企业职工、机关事业单位工作人员、个体工商户和灵活就业人员，因此可以细分为企业职工基本养老保险和机关事业单位基本养老保险；城乡居民基本养老保险主要面向年满 16 周岁（不含在校学生）且未被城镇职工基本养老保险覆盖的城乡居民，如图 3-1 所示。

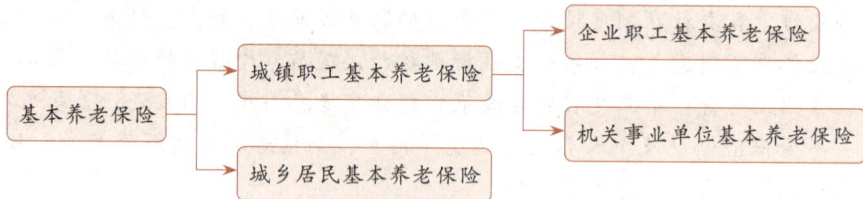

图3-1　基本养老保险的主要构成

从规模上看，截至 2023 年年末，基本养老保险基金累计结余规模约 7.82 万亿元，其中城镇职工基本养老保险基金和城乡居民基本养老保险基金的规模分别为 6.36 万亿元和 1.45 万亿元，城镇职工基本养老保险占主体地位；我国基本养老保险的参与人数达 10.66 亿人，占 2023 年适龄人口（16 岁以上）的 91.76% 左右，其中城镇职工基本养老保险和城乡居民基本养老保险的参与人数分别为 5.21 亿人、5.45 亿人，如图 3-2 所示。

从投资运营看，各省（自治区、直辖市）人民政府从基本养老保险结余额中预留一定支付费用后，确定具体投资额度，将其委托给社保基金会管理。社保基金会为国务院直属事业单位，由国务院直接领导，并接受国务院或国务院授权部门的监督。社保基金会采取直接投资与委托投资相结合的方式开展投资运作。在直接投资模式下，社保基金会直接对基金进行管理运作，主要包括银行存款和股权投资；在委托投资模式下，社保基金会委托投资管理人对基金进行管理运作，主要包括境内股票、债券、养老金产品、上市流通的证券投资基金，以及股指期货、国债期货等。截至 2023 年末，社保基金会受托管理的基本养老保险基金净资产规模约 1.86 万亿元，占基本养老保险累计结余规模比重为 23.8%。

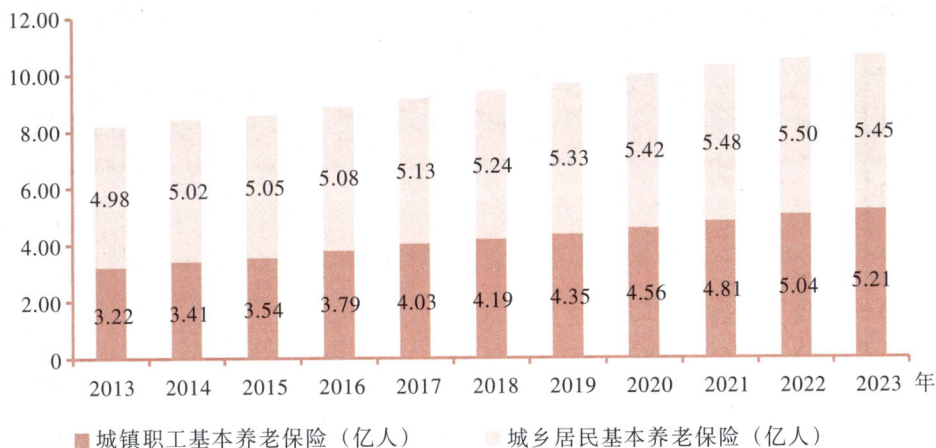

图例：■ 城镇职工基本养老保险（亿人）　城乡居民基本养老保险（亿人）

资料来源：人社部官网。

图3-2 基本养老保险参与人数变化

从投资收益看，由于社保基金会按照审慎投资、安全至上、控制风险、提高收益的方针对基本养老保险基金进行投资运营管理，基本养老保险基金自2016年12月开始入市投资至2022年年末，各年收益率均为正，累计实现投资收益2 670.82亿元，年均投资收益率5.44%，整体上保值增值的效果较好，实现了我国第一支柱养老金资产的稳健增值。

2. 社保基金

除基本养老保险外，我国还建立了社保基金，作为中央政府集中的社会保障战略储备，主要用于弥补人口老龄化高峰时期的社会保障需要和其他社会保障需要。社保基金的资金来源主要包括中央财政预算拨款和国有资本划转。根据社保基金理事会的数据，截至2022年年末，社保基金净资产规模达2.60万亿元。

从投资运营看，社保基金由社保基金理事会进行投资运作，委托投资是主要运作方式。截至2022年年末，社保基金总资产规模达2.88万亿元，其中直接投资资产和委托投资资产规模分别为0.96万亿元和1.93万亿元，分别占比3.23%、66.77%，且近年来委托投资资产占比呈现持续提升态势，如图3-3所示。

从投资收益看，社保基金在2000—2022年期间累计实现收益额16 575.54亿元，年均投资收益率7.66%，同期年均通胀率为2.24%，年均投资收益率较年均通胀率高5.42个百分点，较好地实现了基金财产的保值增值。

（二）第二支柱养老金：企业年金和职业年金

我国的第二支柱养老金主要包括企业年金和职业年金，是企业或机关事业单位及其职工在参加基本养老保险的基础上，自主建立的补充养老保险制度。

1. 企业年金

企业年金是指企业及其职工在依法参加基本养老保险的基础上，自主建立的补充养老保险制度。企业年金遵循企业自愿建立、员工自愿参加、企业和员工一起缴费的原则，员工工作期间和企业一同向个人的账户缴费，退休后可以提取用于养老。

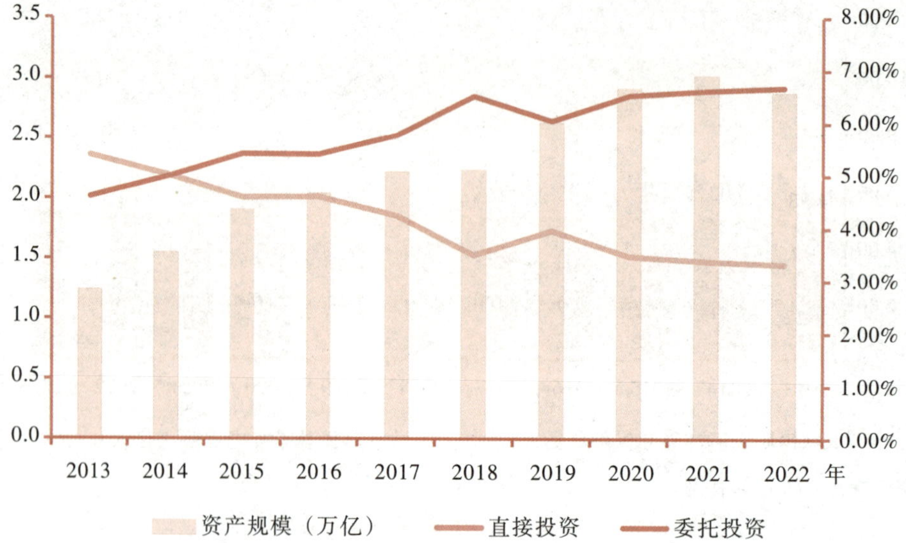

资料来源：社保基金理事会。

**图3-3 社保基金总资产规模及直接投资和委托投资占比**

建立企业年金制度的企业需满足三个条件：一是依法参加基本养老保险并履行缴费义务；二是具有相应的经济负担能力；三是已建成集体协商机制。目前，企业年金已覆盖城镇各类企业及职工、社会团体及其专职工作人员、机关事业单位编制外人员等。

企业年金的制度特点主要有四点：一是个人账户完全积累制，区别于基本养老保险的统筹账户和个人账户结合模式，企业年金采取个人账户完全积累制。该制度下，员工工作期间所有的缴费均计入员工个人账户，经投资积累，最终在满足一定条件时归属员工个人。二是信托管理模式，即委托人或代理人将年金资金作为信托资产委托给年金受托人，进行信托专户管理，保障年金资产的独立性，实现破产隔离。三是税收优惠，企业年金的税收采用缴费环节免税、资金运营投资环节免税、领取待遇环节缴税的模式。四是自愿性原则，企业年金的自愿性使得企业能够根据自身的财务状况和员工的福利需求，灵活地决定是否建立企业年金计划，以及如何设计和管理这一计划，这种灵活性有助于企业更好地吸引和留住人才，同时也为员工提供了更多的选择和可能性。

截至2023年年末，全国有14.17万户企业建立企业年金，参加职工3 144万人。年末企业年金投资运营规模3.19万亿元，2007年以来全国企业年金基金年均投资收益率6.26%。整体来看，近年来我国企业年金发展缓慢，主要原因有以下几点：缺乏基本法律支持体系、企业基本养老保险缴费负担较重、税收优惠力度不足、建立流程复杂导致参与成本较高，如图3-4所示。

2.职业年金

职业年金是指机关事业单位及其工作人员在参加机关事业单位基本养老保险的基础上，建立的补充养老保险制度。职业年金可以理解为一种"由机关事业单位建立的企业年金"，两者的制度设计基本一致，不同之处在于职业年金具有强制性。截至2023年年末，全国31个省（自治区、直辖市）、新疆生产建设兵团和中央单位职业年金投资运营规模2.56万亿元，较2022年度增加0.45万亿，2019年以来年均投资收益率4.37%。

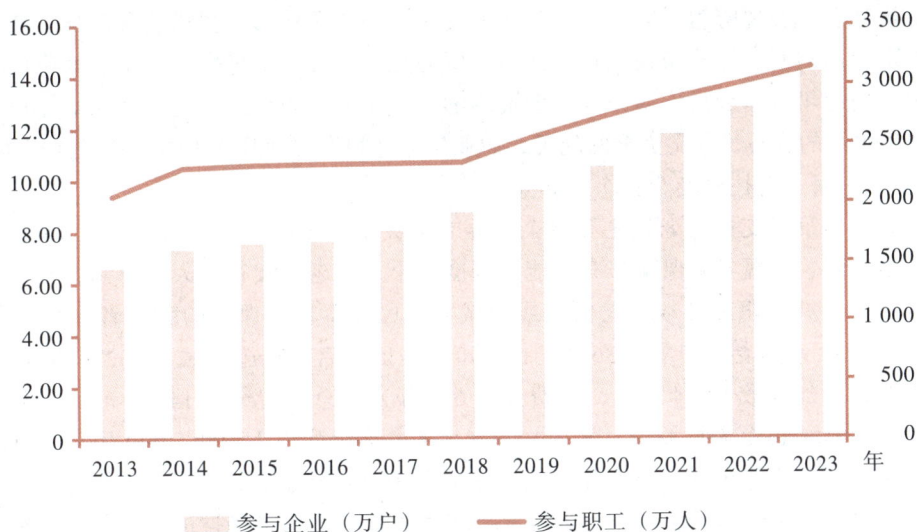

资料来源：人力资源和社会保障事业发展统计公报。

**图3-4 企业年金参与企业和覆盖人群**

建立职业年金要求机关事业单位及其工作人员必须先依法参加机关事业单位基本养老保险。职业年金适用于参照公务员法管理的单位、参照公务员法管理的机关（单位）、事业单位及其编制内的工作人员。在我国，职业年金作为一种补充养老保障制度，既不是社会保险，也不是商业保险，而是一项单位福利制度，是事业单位及其职工依据自身经济状况建立的保障制度，这一性质决定了职业年金本质上是一种单位提供给员工的额外福利。

职业年金的特点，在个人账户管理、市场化投资运营和税收优惠方面与企业年金基本相同，在此不赘述，而与企业年金相比，职业年金的强制性更加突出。企业年金是企业自愿建立的补充养老保险制度，其参保条件、缴费标准、领取方式等均由企业自主决定，而职业年金方面，根据《国务院办公厅关于印发机关事业单位职业年金办法的通知》等相关政策文件，职业年金是针对机关事业单位在编在职工作人员的强制性补充养老保险制度，这意味着，对于这部分人群来说，参加职业年金不是自愿选择，而是必须履行的义务。

启智增慧3-2

职业年金是什么？退休时能一次性领取吗？

3.制度功能

补充养老。从本质上看，年金是职工工资的延期支付，这种延期支付的目的是为未来的退休养老做准备，以避免基本养老保险不足时所带来的生活水平的下降，从这个意义上讲，年金是一种补充养老保险。从这个基本功能，我们还可以引申出年金制度具有缓解国家财政压力的作用。

福利激励。年金的实质是将职工现期的一部分工资转移到退休后，对于事业单位来说，如果将其作为人力资源管理的一个手段或工具，一方面，可以给予职工薪酬福利方面的激励，提高职工工作效率和积极性，稳定单位劳动力队伍；另一方面也可以用来吸引和留住一些优秀管理和技术人才，提高单位的综合实力。

资源配置。年金资产一般会以基金方式进入金融资本市场，通过从分散的个体提供汇聚基金，实现跨越时间、空间和产业提供经济资源转移。提供这种转移，个人可以在生命周期使资源分布最优化，同时，资源也可以被最优地配置到最有效率的用途上去。企业年金基金是许多国家长期资本的一个主要来源，基金的投资相对自由，能够产生更高的收益，优化资金的配置，职业年金计划形成的基金也同样具备这一功能。

（三）第三支柱养老金：个人养老金

我国的第三支柱养老金主要指个人养老金，是指政府政策支持、个人自愿参加、市场化运营、实现养老保险补充功能的制度。个人养老金实行个人账户制，面向在中国境内参加城镇职工基本养老保险或者城乡居民基本养老保险的劳动者。2022年11月25日，个人养老金制度在36个先行城市（地区）启动实施。截至2022年年底，个人养老金参加人数1 954万人，缴费人数613万人，总缴费金额142亿元；截至2023年年底，全国36个先行城市（地区）开立个人养老金账户人数超5 000万人。2024年1月24日，人社部在例行新闻发布会上表示，在36个城市及地区先行实施的个人养老金制度，目前运行平稳，先行工作取得积极成效，下一步将推进个人养老金制度全面实施。2024年《政府工作报告》在"2024年政府工作任务"中提出，要在全国实施个人养老金制度，积极发展第三支柱养老保险。

缴费方面，个人养老金缴费完全由参加人个人承担，参加人每年缴纳个人养老金额度上限为12 000元，可以按月、分次或者按年度缴费，缴费额度按自然年度累计，次年重新计算。

投资方面，参加人自主决定个人养老金资金账户的投资计划，包括个人养老金产品的投资品种、投资金额等，目前个人养老金资金账户可投资的金融产品包括基金、理财、保险和存款四类。

领取方面，参加人领取个人养老金需满足以下条件之一：第一，达到领取基本养老金年龄；第二，完全丧失劳动能力；第三，出国（境）定居；第四，国家规定的其他情形。参加人可以选择按月、分次或者一次性领取。参加人按月领取时，可以按照基本养老保险确定的计发月数逐月领取，也可以按照自己选定的领取月数逐月领取，领完为止；或者按照自己确定的固定额度逐月领取，领完为止；参加人选取分次领取的，应选定领取期限，明确领取次数或方式，领完为止。

综上所述，我国养老金体系构成情况见表3-1。

表3-1　　　　　　　　　　2023年末我国养老金体系构成情况

| 养老金类型 | | | 规模 | 规模占比 | 参与人数 | 制度 |
|---|---|---|---|---|---|---|
| 第一支柱 | 基本养老保险 | 城镇职工 | 6.36万亿元 | 39.31% | 5.21亿人 | 以现收现付制为主 |
| | | 城乡居民 | 1.45万亿元 | 8.96% | 5.45亿人 | |
| | | 小计 | 7.81万亿元 | 48.27% | 10.66亿人 | 以现收现付制为主 |
| | | 其中：社保基金理事会受托管理 | 1.86万亿元 | 11.50% | — | — |
| | 社保基金（储备基金） | | 2.60万亿元 | 16.07% | — | — |

续表

|  | 养老金类型 | 规模 | 规模占比 | 参与人数 | 制度 |
|---|---|---|---|---|---|
| 第二支柱 | 企业年金 | 3.19万亿元 | 19.72% | 3 144万人 | 完全积累制 |
|  | 职业年金 | 2.56万亿元 | 15.82% | — | 完全积累制（部分为名义账户） |
| 第三支柱 | 个人养老金 | 182亿元 | 0.11% | 4 030万人（其中缴费人数900万人） | 完全积累制 |
|  | 合并 | 16.18万亿元 | 100.00% | 10.66亿人 | — |

资料来源：人力资源和社会保障部，社保基金理事会，作者自行整理。

### 二、了解养老金保障体系发展趋势

（一）整体概况

1.第一支柱：覆盖面广，收支缺口压力大

基本养老保险制度覆盖面广，是我国社会保障体系的重要基石。截至2023年年末，全国参加基本养老保险的人数达到了106 643万人，涵盖了广大城乡居民和各类企业职工。基金运行总体平稳，但在人口老龄化的大背景下，这一支柱正面临着前所未有的支付压力。随着老年人口比例的持续上升，基本养老保险的支出规模不断扩大，而缴费收入的增长却相对放缓，这导致第一支柱的可持续性面临挑战。此外，由于不同地区、不同行业之间的养老金待遇差异较大，也引发了社会公平性的关注。

2.第二支柱：增长动力受限，发展不均衡性日益凸显

企业年金和职业年金作为第二支柱，其发展呈现出不均衡的特点。截至2023年年末，企业年金参加职工人数为3 144万人，虽然规模相对较小，但投资运营规模已达3.19万亿元，自2007年以来年均投资收益率为6.26%，显示出良好的投资回报。然而，企业年金的覆盖率仍然较低，尤其是中小企业参与度不高，这限制了其作为补充养老保障的作用。相比之下，职业年金的发展较为迅速，投资运营规模已达2.56万亿元，自2019年以来年均投资收益率为4.37%。但总体看，第二支柱的覆盖率仍然有待提高，以更好地满足人民群众的养老需求。

3.第三支柱：试点启动，整体规模较小

个人养老金制度是我国养老金体系的新成员，虽然起步较晚，但发展迅速。截至2023年年末，个人养老金开户人数已超过5 000万，可供选择的产品已达739只，涵盖了多种类型的金融产品。个人养老金制度为参加者提供了税收优惠，并鼓励参保人通过金融产品进行投资，以增加退休后的收入来源。这一制度的推出，有助于提升个人养老保障水平，减轻基本养老保险的支付压力。然而，由于个人养老金制度尚处于试点阶段，其规模相对较小，需要进一步的政策支持和市场培育。

（二）发展趋势

1.第一支柱：拓面、提质和增加可持续性

一是覆盖面持续扩大。政府正不断努力提高基本养老保险的参保率，以实现社会

保险法定人群全覆盖的目标。数据显示，截至2023年年末，全国基本养老保险参保人数已接近甚至超过规划目标的95%，这反映了基本养老保险制度在扩大覆盖面方面的显著成效。

二是待遇水平逐步提高。为了保障老年人的生活质量，政府正逐步提高基础养老金的发放标准。例如，2024年国务院明确提出将城乡居民全国基础养老金的月最低发放标准提高20元，达到每人每月123元。此外，养老金的调整机制也在不断优化，以应对人口老龄化带来的挑战。

三是制度可持续性增强。政府正通过加强财政补贴力度、推进延迟退休改革、提高统筹层次、提升基础养老金投资收益等措施，来完善基本养老保险制度，增强其可持续性。这些措施有助于缓解养老保险基金的支付压力，确保基本养老保险制度的长期稳定运行。

2. 第二支柱：增量、专业化运营和制度完善

一是规模持续扩大。根据人社部数据，截至2024年二季度末，全国企业年金积累基金已达到3.39万亿元，参保企业总数由最初的5.47万户跃升至15.26万户。这一趋势预示着企业年金保险制度在覆盖范围和资金规模上将持续增长。

二是专业化运营要求更高。近年来，国家层面不断释放政策红利，为企业年金的发展提供支撑。例如，新"国九条"强调的"长钱长投"理念，旨在构建支持长期投资的政策体系，间接为企业年金发展提供了稳定的投资环境。在此背景下，随着企业年金规模的扩大，其投资运作也日趋专业化。基金公司等年金管理机构在资产配置、投资策略等方面不断优化，以提升年金基金的收益水平和风险防控能力。

三是制度完善与规范。未来，企业年金保险制度将在政策法规、监管机制等方面进一步完善和规范，以确保其稳健、可持续地发展。

3. 第三支柱：政策推动、市场参与、风险管理

一是政策推动与制度完善。近年来，政府高度重视第三支柱养老金的发展，出台了一系列政策措施。例如，2022年个人养老金制度在北京、上海等36地启动实施，标志着我国养老第三支柱步入全面发展完善的新阶段。此外，保险业第三个"国十条"也明确提出要积极发展第三支柱养老保险，鼓励开发适应个人养老金制度的新产品和专属产品。在此背景下，随着个人养老金制度的试点和推广，其制度框架正在逐步构建和完善。包括个人养老金账户的开立、缴费、投资、领取等各个环节的政策规定和操作流程都在不断细化和明确。

二是市场规模与参与度提升。自个人养老金制度实施以来，其市场规模呈现快速增长的态势。截至2024年5月末，已经有超6 000万人开通了个人养老金账户，各类储蓄存款、银行理财、商业养老保险产品超过500个。相信随着个人养老金制度的宣传和推广，越来越多的居民开始了解和参与个人养老金制度。尤其是随着税收优惠政策的不断完善和落地，个人养老金制度的吸引力将进一步增强，参与度也将持续提高。

三是投资运作与风险管理。一方面，投资渠道多元化，个人养老金制度允许个人自主选择投资产品，包括储蓄存款、理财产品、商业养老保险、公募基金等金融产

品，这为个人养老金的保值增值提供了多元化的投资渠道。另一方面，为了保障个人养老金的安全和稳健增值，政府正在不断完善风险管理机制，包括加强对个人养老金投资产品的监管和评估，提高投资产品的风险等级和信息透明度，以及建立个人养老金风险准备金制度等。

**【拓展阅读】  全球养老金福利较好国家的养老保障是怎样的？**

在全球范围内，不同国家的养老金制度各具特色，为老年人的生活提供了重要的经济保障。当前，全球养老金最高的十个国家分别是丹麦、荷兰、澳大利亚、瑞典、挪威、加拿大、瑞士、德国、芬兰和日本。下面，我们以德国、日本、荷兰、澳大利亚为例，看看它们是如何为老年人打造安心的晚年生活的。

**■日本：长寿之国的养老保障**

日本是世界上著名的长寿之国，其养老金制度也为老年人的生活提供了重要保障。日本的养老金包括国民年金、厚生年金和共济年金等。国民年金是基础养老金，覆盖了全体国民。厚生年金和共济年金则是与工作相关的养老金，根据工作年限和工资水平确定。日本政府还通过不断改革和完善养老金制度，确保养老金的可持续性和稳定性。此外，日本的老年人还享受着优质的医疗保健和社会服务，为他们的健康和生活提供了有力支持。

**■德国：严谨的养老保障体系**

德国的养老金制度以其严谨性和完善性著称。德国的养老金包括法定养老保险、企业补充养老保险和个人养老保险。法定养老保险是德国养老金制度的核心，由雇主和雇员共同缴纳，根据工作年限和工资水平确定养老金数额。企业补充养老保险则由企业自愿提供，为员工提供了更高的养老保障。个人养老保险则为人们提供了更多的投资选择和补充保障。德国政府还注重养老服务的质量和效率，为老年人提供了全面的医疗保健、护理服务和社交活动，让他们能够在舒适的环境中度过晚年。

**■荷兰：可持续的养老金模式**

荷兰的养老金制度以其可持续性和公平性受到赞誉。荷兰采用三支柱模式，即国家养老金、职业养老金和个人养老金。国家养老金为全体公民提供了基本的生活保障，职业养老金则由雇主和雇员共同缴纳，根据工作年限和工资水平确定养老金数额。个人养老金则为人们提供了更多的选择和补充。荷兰注重养老金的长期规划和投资管理，通过合理的资产配置确保养老金的保值增值。同时，荷兰的养老金制度还强调男女平等，保障了女性在退休后的经济权益。

**■澳大利亚：多元化的养老保障体系**

澳大利亚的养老金体系由政府养老金、超级年金和个人储蓄组成。政府养老金为低收入者和老年人提供了基本的生活保障，超级年金则是由雇主强制缴纳的职业养老金，个人储蓄则是人们根据自己的情况进行的自主储蓄。澳大利亚的养老金制度注重多元化和灵活性，人们可以根据自己的需求和经济状况选择不同的养老方式。此外，澳大利亚还为老年人提供了丰富的养老服务，如居家护理、社区服务等，让老年人能

模块练习3-1

够在熟悉的环境中享受舒适的晚年生活。

资料来源：好奇心榜单. 全球养老金福利较好的十个国家 [EB/OL]. [2024-09-26]. https://baijiahao.baidu.com/s？id=1811222066390935160&wfr=spider&for=pc.内容有删改。

# 模块二 基本养老保险制度

## 任务一 掌握城镇职工基本养老保险

### 【任务情景】

截至 2023 年年末，全国参加城镇职工基本养老保险人数 52 121 万人，比上年末增加 1 766 万人，其中，参保职工 37 925 万人，参保离退休人员 14 196 万人，分别增加 1 214 万人和 552 万人。年末全国参加企业职工基本养老保险人数 46 044 万人，比上年末增加 1 642 万人。全年城镇职工基本养老保险基金收入 70 506 亿元，基金支出 63 757 亿元，年末城镇职工基本养老保险基金累计结余 63 639 亿。城镇职工基本养老保险在保障老年人的基本生活、减轻家庭负担、促进社会稳定和经济发展等方面具有极其重要的价值。

那么，城镇职工基本养老保险具有哪些特征？构成要素有哪些？如何测算和评价？

### 【知识平台】

城镇职工基本养老保险对于保障职工退休后的基本生活具有重要意义。它不仅能够为参保人员提供稳定的经济来源，确保其在失去劳动能力后仍能维持一定的生活水平，还有助于缓解社会老龄化带来的经济压力。这一制度体现了社会对劳动者的尊重和关怀，增强了职工的工作积极性和社会归属感。同时，它也促进了社会的和谐稳定，为经济发展提供了有力保障。总之，城镇职工基本养老保险是构建社会保障体系的重要一环，对于实现老有所养、促进社会稳定与发展具有不可替代的作用。

#### 一、什么是城镇职工基本养老保险

（一）基本概念

城镇职工基本养老保险是国家立法强制实施，由用人单位和职工共同缴纳基本养老保险费并形成基本养老保险基金，用于支付职工退休后基本养老金的一种社会保险制度，其目的是保障劳动者在年老退休后，从国家和社会获得物质帮助，保障其基本生活的需要，因此具有强制性、兜底性、广覆盖的特征。

（二）参保对象

根据参保对象大类来划分，城镇职工基本养老保险包括企业职工基本养老保险和机关事业单位基本养老保险，实践中按照"并轨"改革要求，两者制度设计基本相同。

企业职工基本养老保险覆盖城镇各类企业及其员工、企业化管理的事业单位及其职工、个体工商户和灵活就业人口；机关事业单位基本养老保险覆盖按照公务员法管理的单位、参照公务员法管理的机关（单位）、事业单位及其编内的工作人员。

（三）缴费模式

城镇职工基本养老保险采用社会统筹和个人账户相结合的方式，简称统账结合。

其中，社会统筹部分采用现收现付模式，由用人单位和职工共同缴纳，并由各地社会保险经办机构进行统一征收、管理和运营，用于支付当期退休人员的基本养老金；个人账户部分采取积累模式，全部由职工个人缴纳，形成个人账户养老金积累，用于本人未来退休期间养老金的发放，以此来增强养老保险的可持续性和个性化。

（四）缴费基数与比例

针对企业和职工缴费群体，月缴费基数依据上年度省（区市）全口径城镇单位就业人员月平均工资进行设定。根据现行规定，城镇职工养老保险的缴费基数可以设定为上年度省（区市）全口径城镇单位就业人员月平均工资的60%至300%。具体来看，企业在职工上年度的月平均工资收入低于某（区市）全口径城镇单位就业人员月平均工资60%的，则其缴费基数按60%确定；职工上年度的月平均工资收入高于全省上年度全口径城镇单位就业人员月平均工资300%的，则其缴费基数按300%确定。缴费比例方面，城镇各类企业和职工分别按其缴费基数的16%和8%缴纳基本养老保险并分别计入统筹账户和个人账户。

针对城镇个体劳动者、灵活就业人员群体，最低月缴费基数以省（区市）社保中心公布的最低月缴费基数为准，月缴费基数最高不得高于全省上年度全口径城镇单位就业人员月平均工资的300%，分别设立1~9个档次①，缴费档次确定后，在同一个缴费年度内不再更改。缴费比例方面，城镇个体劳动者、灵活就业人员群体按照其缴费基数的20%缴纳基本养老保险（其中，12%计入统筹账户，8%计入个人账户），如图3-5所示。

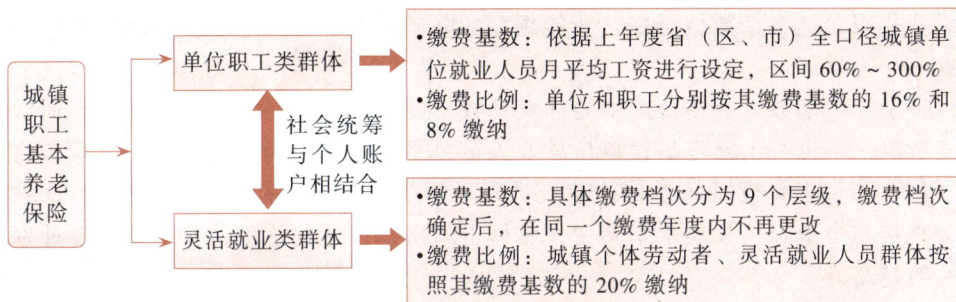

图3-5　城镇职工基本养老保险的缴费基数与比例

**二、如何领取**

（一）领取条件

针对企业职工类群体，当前的领取条件有三点：（1）本人达到法定退休年龄并办理了退休手续，其中法定退休年龄通常为男性60周岁，女性则根据岗位不同可能为50周岁或55周岁；（2）所在单位及个人依法参加城镇职工基本养老保险并履行缴费义务；（3）个人累计缴费时间满15年。

针对城镇个体劳动者、灵活就业群体，当前的领取条件主要有两点：达到法定退休年龄和累计缴费满15年。具体来看，关于法定退休年龄，根据相关法律规定，男

---

① 城镇个体劳动者以及其他灵活就业人员按全省上年度全口径城镇单位就业人员月平均工资的60%、70%、80%、90%、100%、150%、200%、250%、300%为基数。

性应达到60周岁，女性应达到55周岁；关于缴费年限，灵活就业人员需要累计缴费满15年，这是领取基本养老金的最低缴费年限要求。如果缴费不满15年，灵活就业人员可以选择继续缴费至满15年，或者转入新型农村社会养老保险或者城镇居民社会养老保险，按照国务院规定享受相应的养老保险待遇。

需要明确的是，2024年上述法定退休年龄即相关标准自2025年1月1日起有所调整。具体来看，对于男职工和原法定退休年龄为55周岁的女职工，其法定退休年龄将每4个月延迟1个月，分别逐步延迟至63周岁和58周岁。而对于原法定退休年龄为50周岁的女职工，其法定退休年龄将每2个月延迟1个月，逐步延迟至55周岁。

（二）领取金额公式与测算

城镇职工基本养老金待遇由基础养老金和个人账户养老金组成。

即：养老金 ＝ 基础养老金 ＋ 个人账户养老金

1. 基础养老金

国家规定，基础养老金的计算公式如下：

$$基础养老金 = \frac{计发基数 + 指数化月平均工资}{2} \times 缴费年限 \times 1\%$$

我们可以对上述基础养老金公式进行简单变形，即为：

$$基础养老金 = \frac{计发基数 \times (1 + 平均缴费工资指数)}{2} \times 缴费年限 \times 1\%$$

从上述公式可知，基础养老金受三个因素影响，即计发基数、平均缴费工资指数和缴费年限。这三个数值越高，所能领取的基础养老金也就越多。具体说明事项有三点：

一是计发基数。上述公式中的计发基数是基本养老金计发基数的简称，通常是指某省（区、市）上年度城镇单位就业人员月平均工资。为行文方面，本章节将某省（区、市）上年度城镇单位就业人员月平均工资简称为社会平均工资[①]。这一指标，直接与当地经济发展水平相关，整体上经济越发达的地区，基本养老金计发基数一般越高。

二是平均缴费工资指数。公式如下：

平均缴费工资指数 ＝ 月缴费工资指数的合计值 ÷ 累计缴费月数

月缴费工资指数 ＝ 本人月度缴费基数 ÷ 社会平均工资

平均缴费工资指数，可以大致反映个人工资的高低：当指数大于1，则表明个人工资超过社会平均工资；否则，表明个人工资低于社会平均工资。本人月度缴费基数，通常情况下是缴费当月的工资。如果工资过低或过高，月度缴费基数会调整为社会平均工资的60%或300%。换言之，月度缴费基数处于社会平均工资的60%～300%之间。

☑ **实例**

李老四2024年城镇职工基本养老保险的缴费基数是10 000元，上年度社会平均

---

[①]　在实务中，基本养老金计发基数并不完全等于社会平均工资，它可能在社会平均工资基础上进行一定调整。

工资是 12 500 元/月，则当月缴费工资指数=10 000÷12 500=0.80。

假设李老四在退休前累计缴费达 30 年，平均缴费工资指数为 0.9，退休时该省基本养老金计发基数是 15 000 元，那么我们可以计算出李老四退休第一年每月基础养老金收入=15 000×（1+0.9）÷2×30×1%=4 275（元）。

三是缴费年限，即参保人员退休前累计缴纳基本养老保险费的年数。每满 12 个月按 1 年计算，不满 1 年的，保留小数点后两位。累计缴费年限并不要求连续不中断，比如 1 年中只有 6—9 月、11—12 月缴费，则缴费年数为 0.5 年。

一般而言，缴费年限对基础养老金的作用相较于月工资水平而言更为显著，这恰恰彰显了"长缴多得"的政策原则。因此，为了积累更多的基础养老金，持续缴费至关重要，应避免长时间的缴费中断。若当前工资收入有所波动，而在财务负担相对较轻时，个人可以考虑以灵活就业人员的身份参与养老保险，且可以选择更低的缴费档位，但是一定要尽量多交年限，确保养老保障不受影响。

2. 个人账户养老金

国家规定，个人账户养老金的计算公式如下：

个人账户养老金 = 个人账户累计储蓄额 ÷ 计发月数

其中，个人账户累计储蓄额，是指基本养老保险个人账户截至退休时历年累计余额，主要来自个人缴费及其利息。个人账户养老金同样体现了"多缴多得"政策导向，从本质上讲个人账户相当于强制性养老储蓄，即工作时为将来退休攒钱，等到退休时再领取。计发月数，是指按照国家规定，退休后按月领取个人账户养老金的月数，见表 3-2。

表3-2 个人账户计发月数

| 退休年龄 | 计发月数 | 退休年龄 | 计发月数 |
|---|---|---|---|
| 50岁 | 195 | 60岁 | 139 |
| 51岁 | 190 | 61岁 | 132 |
| 52岁 | 185 | 62岁 | 125 |
| 53岁 | 180 | 63岁 | 117 |
| 54岁 | 175 | 64岁 | 109 |
| 55岁 | 170 | 65岁 | 101 |
| 56岁 | 164 | 66岁 | 93 |
| 57岁 | 158 | 67岁 | 84 |
| 58岁 | 152 | 68岁 | 75 |
| 59岁 | 145 | 69岁 | 65 |
| 60岁 | 139 | 70岁 | 56 |

资料来源：作者自行整理。因工种不一样，暂未将40~49岁退休的计发月数放入表格中。

结合上表数据，如果李老四退休年龄为60岁，则对应计发月数为139个月，如果账户余额刚好13.9万元，那么每月的个人账户养老金收入=13.9÷139=0.1（万元）；如果退休年龄为63岁，则对应计发月数为117个月，且考虑到个人账户养老金余额会增加（多积累3年，缴费额和收益都会增加），假设为15.0万元，那么每月的个人账户养老金收入=15.0÷117=0.13（万元）。

（三）案例剖析

**注意事项**

（1）养老金个人账户的余额领完后，并不会停止发放养老金。根据《中华人民共和国社会保险法》的相关规定，我国实行的是社会统筹与个人账户相结合的养老保险制度，当个人账户养老金余额领取完后，会由基本养老保险统筹基金继续支付个人账户养老金的发放，直到参保人去世。

（2）在预期寿命相同时，退休得越晚（退休年龄越大），个人账户养老金积累越多，计发月数越少，相应地，每月个人账户养老金越多。

有甲、乙、丙、丁四名员工，甲属于企业参保，乙、丙、丁属于个人参保（按灵活就业人员参保）。其他基础假设条件如下：（1）四人缴费年限均为15年，15年的加权年均全口径平均工资为5 000元；（2）甲的年均应付工资为5 000元；乙选择按照年均缴费基数100%（5 000元）档位缴纳社保；丙和丁选择按照年均缴费基数60%（3 000元）档位缴纳社保；甲、乙、丙50岁退休，丁55岁退休，三者均在2023年满法定退休年龄，退休前上年度全口径平均工资为10 000元；为方便计算，个人账户养老金积累暂不考虑利息收入。

甲员工测算。基本养老金：10 000×（1+1）÷2×15×1%=1 500（元/月）；个人账户养老金：5 000×8%×100%×12×15÷195=369（元/月）。由此可知，甲员工基本养老金收入=1 500+369=1 869（元/月）。

乙员工测算。基本养老金：10 000×（1+1）÷2×15×1%=1 500（元/月）；个人账户养老金：5 000×8%×100%×12×15÷195=369（元/月）。由此可知，乙的基本养老金收入=1 500+369=1 869（元/月）。尽管甲和乙的基本养老金收入相同，但由于乙属于灵活就业群体，系个人参保，整体的缴费成本更高（12%的统筹账户，也是自行缴费）。

丙员工测算。基本养老金：10 000×（1+0.6）÷2×15×1%=1 200（元/月）；个人账户养老金：5 000×8%×60%×12×15÷195=222（元/月）。由此可知，丙员工基本养老金收入=1 200+222=1 422（元/月）。

丁员工测算。基本养老金：10 000×（1+0.6）÷2×15×1%=1 200（元/月）；个人账户养老金：5 000×8%×60%×12×15÷170=254（元/月）。由此可知，丁员工基本养老金收入=1 200+222=1 422（元/月）。

## 三、养老金替代率

（一）基本概念

作为国际上通用的衡量养老金水平的一个指标，养老金替代率直观来讲，即为养老金与工资的比例，具体是指劳动者退休时的养老金领取水平与退休前工资收入水平之间的比率，用于衡量劳动者退休前后生活保障水平的差异。因此，它是衡量劳动者退休前后生活保障水平差异的基本指标之一。

为了保障职工退休后的生活水平不会有大的下降，让退休职工得以分享社会发展成果，实现尊严养老，养老金替代率必须保持在合理的水平上。世界银行组织建议要维持退休前生活水平不下降，养老金替代率不能低于 70%。当替代率大于 70% 时，可以维持现有生活；在 60% ~ 70% 之间，可以维持基本生活水平；小于 50% 时，生活水平大幅度下降。按照我国对基本养老保险制度的总体思路，未来基本养老保险目标替代率确定为 59.2%。由此可以看出，今后基本养老金主要目的在于保障广大退休人员的晚年基本生活。

启智增慧 3-4

养老金替代率
如何适应人口
结构变化

（二）计算公式

实践中，由于养老金和工资都有不同的统计口径，相应的替代率计算口径也有多种，内涵也有所不同。常见的统计口径有四种：

一是制度设计的目标替代率[①]，指连续参保缴费的代表性个体职工退休时养老金相对于上年职工平均工资的比例，其中代表性个体职工是指在劳动年龄阶段就业、连续参保缴费，工资与同期职工平均工资一致的职工。目标替代率反映制度设计，特别是基本养老金计发办法的目标保障水平。

二是当年新增退休人员本人养老金实际替代率，指当年新增退休人员本人养老金与本人退休前一年工资的比例。它衡量个体退休前后收入差异。职工退休前一年工资如果是 3 000 元，退休当年养老金领到 1 500 元，其替代率就是 50%。

三是全部新增退休人员养老金平均替代率，指当年全部新增退休人员平均养老金与上年职工平均工资的比例，它衡量当年新增退休人员与在职人员收入差异，反映养老金计发办法的实际保障水平。由于人员结构原因，譬如一些人缴够 15 年就不再缴费，一些人缴费时未按实际工资水平为基数缴纳，缴费工资基数较低，这一比率低于 59.2% 的目标替代率。

四是全部退休人员养老金平均替代率，指当年全部退休人员养老金与工资的比例，它衡量退休人员与在职人员收入水平总体差异。实践中，这一指标的应用最为广泛。下面，从国家层面出发，以某年度全部退休人员养老金平均替代率为测度标准，列举计算公式如下：

$$某年度养老金平均替代率 = \frac{年度全国退休人员平均退休金}{年度全国城镇单位在岗职工平均工资}$$

养老金替代率的意义在于反映退休人员的生活水平。相关数据显示，我国城镇职工基本养老保险替代率在 37.6% 左右，远低于我国基本养老制度设计的目标替代率（59.2%）。这表明，尽管制度设计提供了较高的保障水平，但实际替代率较低，可能导致退休人员的生活水平下降，如图 3-6 所示。

---

[①] 目前，我国城镇企业职工基本养老保险制度设计的目标替代率约为 59.2%，是指以职工平均工资连续缴费 35 年（含视同缴费年限）的参保人员，60 岁退休时养老金约为上年职工平均工资的 59.2%。

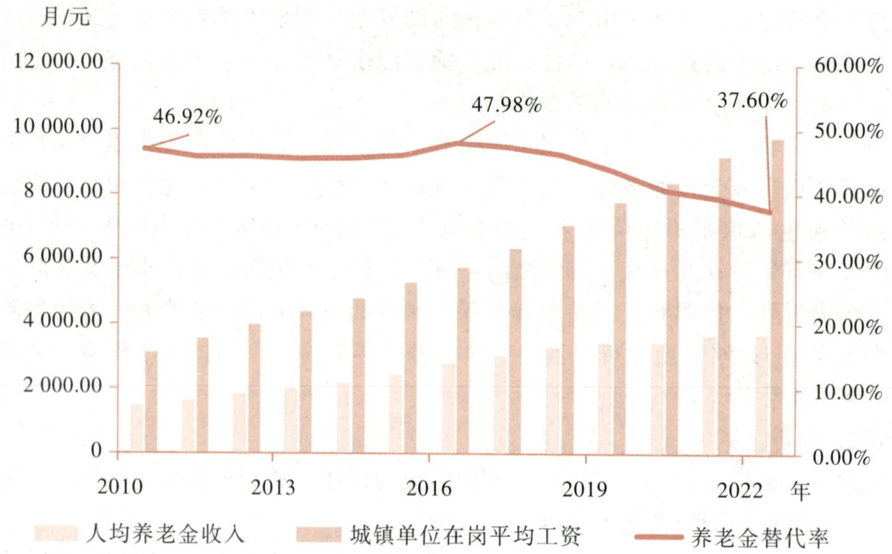

资料来源：国家统计局官网。

**图3-6　2010年至今全国退休人员养老金平均替代率变化趋势**

**（三）养老金替代率走低的成因分析及应对**

我国基本养老金替代率逐年走低的现象，这意味着退休人员领取的养老金相对于其退休前的工资水平在逐渐降低，这背后反映的是一个复杂的社会经济问题。

**1.原因分析**

人口老龄化加剧。随着我国人口老龄化的不断加剧，退休人员数量不断增加，而养老金基金的支付压力也在逐渐增大。为了保持养老金基金的可持续性，政府可能会采取降低养老金替代率的措施。

缴费基数低。部分企业或个人为节省成本，选择按照当地最低缴费基数缴纳社保，导致实际的缴费基数较低。而养老金待遇与社保缴费基数有直接关系，缴费基数越高，退休后的养老金水平越高。因此，低缴费基数会直接导致养老金替代率的降低。

缴费年限不足。由于企业职工的工作流动性较大，辞职、跳槽等现象较为常见，这可能导致社保的断缴，进而影响社保的缴费年限。缴费年限越久，退休后领取的养老金越多。因此，缴费年限的不足会间接导致养老金替代率的下降。

养老金制度差异。我国机关事业单位退休人员和企业单位退休人员的养老金计算方式不同，这也可能导致养老金替代率的差异。虽然养老制度改革正在逐步推进，但在过渡期内，仍存在计算方式的差异，从而影响养老金的替代率。

经济增速放缓。经济增长速度的放缓也可能对养老金替代率产生影响。在经济不景气时期，企业和个人的缴费能力可能会下降，导致养老金基金的积累速度减缓，进而降低养老金替代率。

**2.影响及应对**

影响分析。养老金替代率的降低意味着退休人员领取的养老金水平相对下降，这可能会影响他们的生活质量，尤其是对于那些低收入退休人员来说，养老金的减少可能会使他们的生活陷入困境。与此同时，随着老龄化的加剧和养老金替代率的降低，社会保障体系面临着更大的压力。政府需要采取更多措施来保障养老金的可持续性和公平性，以应对日益增长的退休人员数量。

应对策略。宏观层面，政府要积极推动经济发展，提高企业和个人的缴费能力，通过促进就业、提高收入水平等措施，增加社保缴费的基数和比例，从而提高养老金替代率，同时政府可以加强养老金基金的管理和运作，提高投资收益率和运营效率，通过优化投资组合、降低风险等方式，确保养老金基金的保值增值。微观层面，政府引导下加强社保政策的宣传和教育，鼓励企业和个人按照实际工资水平缴纳社保，提高缴费比例和基数，同时也可以采取措施加强社保缴费的监管和管理，确保缴费年限的连续性。

**【拓展阅读】　如何理解城镇职工基本养老保险的现收现付制模式**

城镇职工基本养老保险中的现收现付制是一种养老金的筹集和支付方式，以下是对其的详细解读：

**一、定义与运作机制**

所谓现收现付制养老保险模式是指用当代劳动者在职期间的缴费加上用人单位或雇主缴费和政府补贴组成的养老保险基金来支付上一代退休人员的养老金，并定期（一般按年）实行收支平衡预算。在此制度下，养老保险的费用是由当地在职劳动者和用人单位（或雇主）共同缴纳，再加上政府的补贴，组成养老保险基金，用于支付同期已退休人员的养老金。这种制度的核心是按需制定缴费水平，以支定收，不留结余，即当年在职一代的养老保险征缴收入全部用来支付已退休一代的养老金支出。

**二、模式优点**

一方面，有利于维护社会公平。通过实行代际收入再分配，可以较好地维护低收入者的利益，缩小社会贫富差距。另一方面，管理成本低。由于保险基金投资运行和管理的成本较少，保险人的责任风险也较少，对管理水平的要求和其他管理费用也较低。此外，该模式还有利于避免因通货膨胀等因素所带来的基金贬值压力。

**三、缺点与挑战**

一方面，对人口结构稳定性要求高。现收现付制要求人口结构相对稳定。然而，随着人口老龄化的趋势加剧，参保人员的退休年龄提前、出生率下降等不确定性因素，会导致在职人口与退休人口的比例失衡，抚养系数增大，从而给养老保险制度带来压力。另一方面，对经济稳定性要求高。由于退休金支出具有刚性，在经济不景气时，可能会出现资金筹集困难等风险，给养老保险制度带来挑战。此外，该模式还存在激励机制不足的因素：在现收现付制下，参保人的收益与缴费额与保险额不存在必然相关性，因此参保人的参保积极性可能不足。而这，正是需要国家强制立法约束，以确保制度的可持续性。

#### 四、模拟案例说明

假设一个社会中只有100个人,其中20个人是未成年人,60个人是老中青工作人士,剩下20个人是退休老人。60个老中青工作人士每个月把他们的养老保险费用交到一个公共账户。假设这60个人的收入差不多,比如每个人每个月平均缴费1000元,则这个养老公共账户中的收入是每月6万元。然后,这20个退休老人把这6万元取走,假设每个人取的钱数一样,则这20个退休老人每月可以领取3000元退休金。这就是在现收现付制度下,养老保险金的底层运转模式。

#### 五、应对措施

为了应对现收现付制面临的挑战,一些国家采取了改革措施,如提高退休年龄、调整缴费比例、加强养老保险基金的投资运营等。同时,也有国家探索建立多层次、多支柱的养老保险体系,以更好地保障老年人的生活质量。

综上所述,城镇职工基本养老保险中的现收现付制在维护社会公平和降低管理成本方面具有优势,但也面临着人口老龄化和经济不稳定等挑战。因此,需要不断完善制度设计和管理机制,以确保养老保险制度的可持续性和稳定性。

资料来源:作者自行整理。

## 任务二　掌握城乡居民基本养老保险

### 【任务情景】

王先生,1970年出生,城镇职工,在某企业工作,参加了城镇职工基本养老保险;李女士,1970年出生,农村居民,参加了城乡居民基本养老保险。假设当前时间为2024年,且两人均已达到退休年龄,开始领取养老金。

王先生在职期间,企业和他个人均按规定缴纳了城镇职工基本养老保险费。因此根据城镇职工基本养老保险的养老金计算公式,王先生每月领取的养老金为3000元(此数值为示例,实际金额可能因个人情况和地区政策而异);李女士作为农村居民,自愿参加了城乡居民基本养老保险,并按年缴纳了保险费,根据城乡居民基本养老保险的养老金计算公式,李女士每月领取的养老金为200元(此数值同样为示例,实际金额可能因地区政策和个人缴费情况而异)。王先生每月领取的养老金为3000元,而李女士每月仅领取200元。两者之间的月度收入差距高达2800元。

请问,两者差异巨大,这是为什么,其中又体现出城乡居民基本养老保险的哪些特征?

### 【知识平台】

城乡居民基本养老保险始于2014年,是由新型农村社会养老保险和城镇居民社会养老保险合并而来。作为中国社会保障体系的重要组成部分,城乡居民基本养老保险旨在为广大城乡居民提供基本的养老保障。该保险主要面向没有固定工作或收入来源的居民,如农民、个体工商户和失业人员,强调覆盖更广泛的社会群体,尤其是农村地区的居民。政府通过财政补贴鼓励参保,降低居民的缴费负担,确保即使是低收入群体也能获得基本生活保障,设定的最低养老金标准则提供了兜底保障。

### 一、什么是城乡居民基本养老保险

#### （一）基本概念

城乡居民基本养老保险（以下简称城乡居民养老保险）是国家根据《社会保险法》规定建立的以保障参保城乡居民老年基本生活为目标的基本养老保险制度之一，是由政府主导，采取个人缴费、政府补贴、集体补助、社会资助相结合的筹资方式，实行个人账户养老金和基础养老金相结合的待遇支付政策。主要特征有三点：个人缴费与政府补贴相结合，社会统筹与个人账户相结合，基础养老金与个人账户相结合。

#### （二）参保对象

同时具备以下条件的，均可以自愿参加城乡居民基本养老保险：（1）年满16周岁（不含在校学生）；（2）非国家机关和事业单位工作人员及不属于职工基本养老保险制度覆盖范围的城乡居民。符合上述条件的居民，可以在户籍地参加城乡居民养老保险。

#### （三）筹集资金来源

城乡居民养老保险基金由政府补贴、个人缴费、集体补助构成。国家为每个参保人员建立终身记录的养老保险个人账户，个人缴费、地方人民政府对参保人的缴费补贴、集体补助及其他社会经济组织、公益慈善组织、个人对参保人的缴费资助，全部记入个人账户。个人账户储存额按国家规定计息。

启智增慧3-5

2025年城乡居民养老保险，缴费9万和3万，养老金差3倍？算给你看

**1. 政府补贴**

政府对符合领取城乡居民养老保险待遇条件的参保人全额支付基础养老金。相关政策列举如下：地方人民政府应当对参保人缴费给予补贴，对选择最低档次标准缴费的，补贴标准不低于每人每年30元；对选择较高档次标准缴费的，适当增加补贴金额；对选择500元及以上档次标准缴费的，补贴标准不低于每人每年60元，具体标准和办法由省（区、市）人民政府确定。

**2. 个人缴费**

参加城乡居民养老保险的人员应当按规定缴纳养老保险费。省（区、市）人民政府可以根据实际情况设定缴费金额和缴费档次，最高缴费档次标准原则上不超过当地灵活就业人员参加职工基本养老保险的年缴费额，并报人力资源社会保障部备案。因此，不同地区的城乡居民基本养老保险个人缴费档次存在差异。参保人自主选择档次缴费，多缴多得，见表3-3。

表3-3 **部分地区城乡居民基本养老保险缴费标准及补贴政策**

| 部分地区 | 城乡居民基本养老保险缴费标准 | 财政补贴政策（每人每年） |
|---|---|---|
| 北京市 | 最低标准为年缴费1 000元，最高标准为年缴费9 000元，本市参保人可在这个区间内自选缴费金额 | 分为四个区间：1 000～2 000元（不含），补贴60元；2 000～4 000元（不含），补贴90元；4 000～6 000元（不含），补贴120元；6000～9 000元，补贴150元 |

续表

| 部分地区 | 城乡居民基本养老保险缴费标准 | 财政补贴政策（每人每年） |
|---|---|---|
| 上海市 | 每年800元、1 300元、1 700元、2 300元、3 300元、5 300元和7 300元，共7个档次 | 270元、400元、450元、525元、575元、675元和730元 |
| 山东省 | 每年100元、350元、500元、800元、1 000元、3 000元、5 000元和8 000元，共8个档次 | 30元、40元、60元、80元、80元、90元、100元合120元 |
| 浙江省 | 每年200元、300元、500元、1 000元、2 000元、3 000元、5 000元和7 000元，共8个档次 | 30元、50元、80元、120元、200元、260元、400元和400元 |
| 四川省 | 每年200元、300元、400元、500元、600元、700元、800元、900元、1 000元、1 500元、2 000元、3 000元、4 000元、5 000元和6 000元，共15个档次 | 40元、45元、50元、60元、60元、65元、70元、75元、80元、100元、120元、160元、200元、240元和280元 |
| 雄安新区 | 每年200元、300元、500元、1 000元、3 000元、5 000元和8 000元，共7个档次 | 30元、45元、60元、75元、90元、105元和120元 |

资料来源：作者自行整理。根据国家有关政策规定，城乡居民养老保险缴费标准应当根据实际情况进行适当调整。但并不是每年都会上调，具体是否上调需要根据当地的实际情况来确定。

3. 集体补助

根据《国务院关于建立统一的城乡居民基本养老保险制度的意见》，有条件的村集体经济组织应当对参保人缴费给予补助，补助标准由村民委员会召开村民会议民主确定，鼓励有条件的社区将集体补助纳入社区公益事业资金筹集范围。鼓励其他社会经济组织、公益慈善组织、个人为参保人缴费提供资助。补助、资助金额不超过当地设定的最高缴费档次标准。

**二、如何领取**

（一）领取条件

参保人达到下列条件之一且未按月领取职工基本养老保险待遇以及国家规定的其他基本养老保障待遇的，可以按月领取养老金：

（1）参加城乡居民养老保险的个人，年满60周岁、累计缴费满15年或从制度实施当年至年满60周岁当年已缴清保费的，且未领取国家规定的其他基本养老保障待遇的，可以按月领取基本养老金。

（2）参保人年满60周岁但累计缴费年限没有达到规定缴费年限的，可继续逐年缴费，也允许补缴，当补缴养老保险费至规定的缴费年限后可按月领取养老金逐年缴费，但一次性补缴不享受政府的缴费补贴。

（二）领取金额公式与测算

城乡居民养老保险由基础养老金和个人账户养老金构成，支付终身。相关公式如下：

即：养老金 = 基础养老金 + 个人账户养老金

1. 基础养老金

基础养老金，由中央确定基础养老金最低标准，建立基础养老金最低标准正常调整机制，根据经济发展和物价变动等情况，适时调整全国基础养老金最低标准。地方人民政府可以根据实际情况适当提高基础养老金标准；对长期缴费的，可适当加发基础养老金，提高和加发部分的资金由地方人民政府支出，具体办法由省（区、市）人民政府规定，并报人力资源社会保障部备案。

从实践来看，以2024年为例，上海市也是全国唯一一个基础养老金超过1 000元以上的地区，排名第二的是北京市，城乡居民基本养老保险的基础养老金接近1 000元，除去上述两地外，全国多数地区的城乡居民基础养老金还是比较低的，甚至绝大多数地区都是低于150元，如图3-7所示。

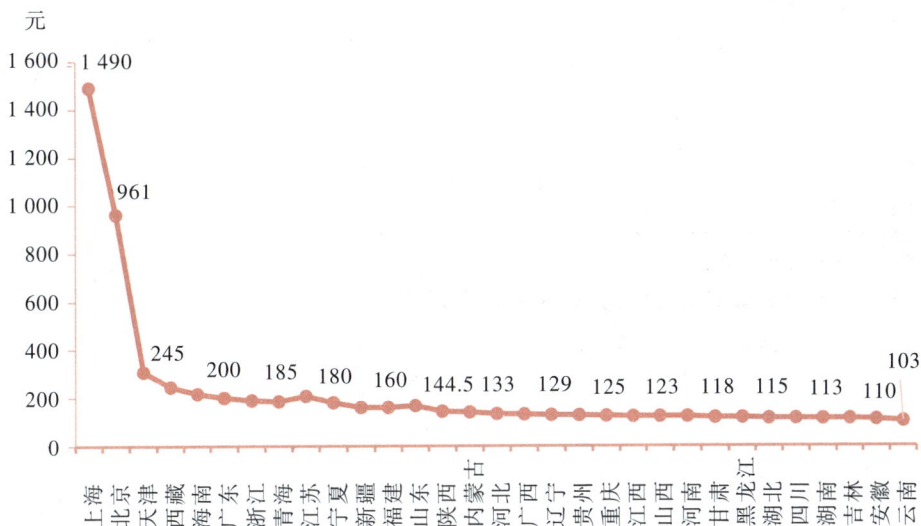

资料来源：各地统计局、人社厅官网。

图3-7 2024年度国内各地区城乡居民基本养老保险基础养老金统计

2. 个人账户养老金

个人缴费、政府对参保人的缴费补贴、政府代缴的养老保险费、集体补助及其他社会经济组织、公益慈善组织、个人对参保人的缴费资助，全部计入个人账户。个人账户储存额按国家规定计息。参保人死亡，个人账户资金余额（包括政府补贴）可以依法继承。计算公式如下：

个人账户的每月养老金 = 个人账户全部存储额 ÷ 139

3. 领取金额测算

以江西省为例，基础养老金最低标准为133元（不含各市、县自行提标金额），个人账户养老金=个人账户全部储存额（个人缴费+政府补贴+集体补助+利息）÷139，可求得不同缴费金额和缴费档次下的领取金额，见表3-4。

表3-4　　　　　　　　　江西省城乡居民基本养老保险待遇测算表　　　　　　　　单位：元

| 缴费档次 | 缴费年限 | 缴费总金额 | 财政补贴 | 个人账户累计余额 | 基础养老金 | 每月领取金额 |
|---|---|---|---|---|---|---|
| 300 | 15年 | 4 500 | 600 | 5 100 | 133 | 169.69 |
| 400 | 15年 | 6 000 | 750 | 6 750 | 133 | 181.56 |
| 500 | 15年 | 7 500 | 900 | 8 400 | 133 | 193.43 |
| 600 | 15年 | 9 000 | 975 | 9 975 | 133 | 204.76 |
| 700 | 15年 | 10 500 | 1 050 | 11 550 | 133 | 216.09 |
| 800 | 15年 | 12 000 | 1 125 | 13 125 | 133 | 227.42 |
| 900 | 15年 | 13 500 | 1 200 | 14 700 | 133 | 238.76 |
| 1000 | 15年 | 15 000 | 1 275 | 16 275 | 133 | 250.09 |
| 1500 | 15年 | 22 500 | 1 350 | 23 850 | 133 | 304.58 |
| 2000 | 15年 | 30 000 | 1 425 | 31 425 | 133 | 359.08 |
| 3000 | 15年 | 45 000 | 1 500 | 46 500 | 133 | 467.53 |
| 4000 | 15年 | 60 000 | 2 250 | 62 250 | 133 | 580.84 |
| 5000 | 15年 | 75 000 | 2 850 | 77 850 | 133 | 693.07 |
| 6000 | 15年 | 90 000 | 3 450 | 93 450 | 133 | 805.30 |

资料来源：庐山市人民政府官网。

### 三、与城镇职工基本养老保险的差异化对比

城乡居民基本养老保险和城镇职工基本养老保险是我国养老保险体系的两大重要组成部分，它们之间既有共性，也存在着显著的差异。

（一）共性方面

1.基本制度框架相同

从制度目的看，两者的根本目的都是为了保障参保人员年老后的基本生活，提供稳定的经济来源。从缴费机制看，两者都遵循"多缴多得、长缴多得"的原则，鼓励参保人员积极缴费，以提高退休后的养老金待遇。从养老金组成看，两者的养老金待遇都由基础养老金和个人账户养老金两部分组成，体现了国家对参保人员养老保障的全面考虑。

2.领取条件相似

在累计缴费年限方面，无论是城乡居民基本养老保险还是城镇职工基本养老保险，都要求参保人员在达到退休年龄时，累计缴费年限满15年[①]，才能按月领取基本养老金。这一规定确保了参保人员具备一定的缴费记录和贡献，以保障其退休后的基本生活。

关于退休年龄，虽然两者的退休年龄有所不同（城乡居民基本养老保险的退休年龄为60周岁，而城镇职工基本养老保险的退休年龄根据性别和工作性质有所不同），

①　我国最新的延迟退休政策，按月领取养老金的最低缴费年限也相应作了调整，从目前的15年逐步提高至20年。综合考虑各方面情况，办法突出了以下两个方面的政策：一是设立5年缓冲期。提高最低缴费年限从2030年开始实施。二是采取渐进的方式。对于2030年后退休的职工，最低缴费年限不是一下子就提高到20年，而是小步调整，每年提高6个月。

但都体现了对参保人员退休年龄的明确规定，以确保养老金发放的可持续性和公平性。

3.政策衔接与转换

政策衔接方面，随着我国养老保险制度的不断完善，城乡居民基本养老保险和城镇职工基本养老保险之间的衔接机制也在逐步建立。参保人员在不同养老保险制度之间转换时，其个人账户储存额和缴费年限可以得到相应的转移和合并计算，从而保障了参保人员的合法权益。此外，近年来我国多地已经开展了城乡居民基本养老保险和城镇职工基本养老保险的制度整合工作，旨在实现养老保险制度的统一和公平。这一举措有助于消除不同养老保险制度之间的壁垒，提高养老保险制度的覆盖率和保障水平。

（二）差异性方面

1.保障对象不同

城乡居民基本养老保险：主要面向农村居民和城镇非从业居民，覆盖范围广泛，旨在保障这部分人群的基本养老需求。

城镇职工基本养老保险：主要面向城镇就业群体，包括企业职工、个体工商户、灵活就业人员等，旨在保障城镇就业人员退休后的生活水平。

2.实施强度不同

城乡居民基本养老保险：以自愿参保为原则，政府通过补贴等方式鼓励居民参保，体现了政策的引导性和灵活性。

城镇职工基本养老保险：具有强制性，由法律法规规定，用人单位和劳动者必须依法参加社会保险，体现了政策的法定性和普遍性。

3.缴费标准不同

城乡居民基本养老保险：缴费标准相对灵活，设有多个档次供居民选择，如每年100元、200元、300元等多个档次，居民可以根据自己的经济承受能力进行选择。同时，政府还会给予一定的缴费补贴。

城镇职工基本养老保险：缴费标准相对固定，由用人单位和劳动者共同缴纳，用人单位缴纳的部分一般为社会平均工资的一定比例，劳动者个人缴纳的部分一般为个人工资的一定比例。

4.筹资结构不同

城乡居民基本养老保险：主要供款方是政府，政府为现在的老年人提供基础养老金，同时对中青年的缴费也给予补助。此外，还鼓励其他经济组织、社会公益组织、个人为参保人缴费提供资助。

城镇职工基本养老保险：主要筹资方是用人单位，虽然个人也缴费，但用人单位缴纳的部分是主要部分。这部分资金纳入社会保险统筹基金，用于支付退休人员的养老金。

5.统筹机制不同

城乡居民基本养老保险：没有进行统筹，个人缴费、政府补贴、集体补助等全部计入本人的养老保险个人账户。

城镇职工基本养老保险：用人单位的缴费部分纳入社会保险统筹基金，不计入个人养老保险账户。如果参保人以灵活就业方式缴费的，其中部分个人缴费也要纳入社会统筹基金。

6. 待遇计发不同

城乡居民基本养老保险：养老金待遇由基础养老金和个人账户养老金组成。基础养老金以绝对额来确定，目前国家规定的全国统一的最低标准是每人每月一定金额，地方可根据经济发展情况提高基础养老金标准。个人账户养老金则以个人账户储存额除以计发系数（139个月）来计算。

城镇职工基本养老保险：养老金待遇同样由基础养老金和个人账户养老金组成。但基础养老金的计发办法较为复杂，以参保人员办理申领基本养老金手续时上年度全省城镇职工月平均工资和本人指数化月平均缴费工资相加后的平均值为基数，而个人账户养老金的计算方法与城乡居民基本养老保险相同，见表3-5。

表3-5                            不同类别基本养老保险的共性和差异性

| 分析大类 | 具体类别 | 城乡居民基本养老保险 | 城镇职工基本养老保险 |
|---|---|---|---|
| 共性 | 基本制度框架 | 比如在制度目的、缴费机制和养老金组成三个方面 | |
| | 领取条件 | 都要求参保人员在达到退休年龄时累计缴费年限满15年 | |
| | 政策衔接 | 衔接机制也在逐步建立，且已开展制度整合工作 | |
| 差异性 | 参保对象 | 农村居民和城镇非从业居民 | 面向城镇就业群体 |
| | 实施强度 | 自愿参保 | 强制参保 |
| | 缴费标准 | 标准灵活、档次多样 | 缴费标准相对固定 |
| | 筹资结构 | 政府补助、个人缴费等 | 单位和职工共同承担 |
| | 统筹机制 | 全部计入个人账户养老金 | 统筹账户和个人账户并行 |
| | 待遇计发 | 基础养老金以确定额来定 | 根据计发办法来测度 |

资料来源：作者自行整理。

【拓展阅读】    全国人民代表大会常务委员会关于实施渐进式延迟法定退休年龄的决定

为了深入贯彻落实党中央关于渐进式延迟法定退休年龄的决策部署，适应我国人口发展新形势，充分开发利用人力资源，根据宪法，第十四届全国人民代表大会常务委员会第十一次会议决定：

一、同步启动延迟男、女职工的法定退休年龄，用十五年时间，逐步将男职工的法定退休年龄从原六十周岁延迟至六十三周岁，将女职工的法定退休年龄从原五十周岁、五十五周岁分别延迟至五十五周岁、五十八周岁。

二、实施渐进式延迟法定退休年龄坚持小步调整、弹性实施、分类推进、统筹兼顾的原则。

三、各级人民政府应当积极应对人口老龄化，鼓励和支持劳动者就业创业，切实保障劳动者权益，协调推进养老托育等相关工作。

四、批准《国务院关于渐进式延迟法定退休年龄的办法》。国务院根据实际需要，可以对落实本办法进行补充和细化。

五、本决定自2025年1月1日起施行。第五届全国人民代表大会常务委员会第二次会议批准的《国务院关于安置老弱病残干部的暂行办法》和《国务院关于工人退休、退职的暂行办法》中有关退休年龄的规定不再施行。

附：《国务院关于渐进式延迟法定退休年龄的办法》

资料来源：新华社. 全国人民代表大会常务委员会关于实施渐进式延迟法定退休年龄的决定［EB/OL］.［2024-09-13］. https://www.gov.cn/yaowen/liebiao/202409/content_6974294.htm.

模块练习3-2

# 模块三　年金保险制度

## 任务一　掌握企业年金保险制度

【任务情景】

华为公司是中国最大的私营企业之一，拥有庞大的员工群体。为了应对人口老龄化带来的压力，华为公司早在2000年就启动了企业年金计划。该计划主要包括两部分：基本养老保险和企业年金。华为公司与多家保险公司合作，为员工提供多样化的投资选择，以满足不同员工的养老需求。阿里巴巴集团是一家全球领先的互联网公司，旗下拥有淘宝、天猫等多家知名电商平台。为了更好地保障员工退休后的生活质量，阿里巴巴集团在2010年启动了企业年金计划。该计划同样包括基本养老保险和企业年金两部分。阿里巴巴集团与多家金融机构合作，为员工提供多种投资组合，以满足不同员工的养老需求。这两个案例表明，企业年金计划已经成为许多企业为员工提供社会保障的重要方式。通过与企业年金计划的实施，企业可以在一定程度上缓解员工退休后的生活压力，同时也有助于维护企业的稳定和发展。

那么，企业年金制度的参与流程是什么？具体的运营模式和领取方式又是怎样的？

【知识平台】

企业年金是企业及其职工在依法参加基本养老保险的基础上，通过集体协商自主建立的补充养老保险制度。参加企业年金制度是夯实多层次养老保险体系第二支柱的重要内容。企业年金作为补充养老保险制度，与基本养老保险共同构成了养老保险的第二支柱，为职工提供了额外的养老保障。

### 一、如何参加

（一）企业年金方案的订立、生效、变更和终止

1. 方案订立

企业和职工建立企业年金，应当依法参加基本养老保险并履行缴费义务，企业具有相应的经济负担能力。建立企业年金，企业应当与职工一方通过集体协商确定，并制订企业年金方案。企业年金方案适用于企业试用期满的职工。企业年金方案应当提

交职工代表大会或者全体职工讨论通过。企业年金方案一般包括以下内容：参加人员、资金筹集与分配的比例和办法、账户管理、权益归属、基金管理、待遇计发和支付方式、方案的变更和终止、组织管理和监督方式、双方约定的其他事项。

2. 方案生效

企业应当将企业年金方案报送所在地县级以上人民政府人力资源社会保障行政部门。具体来看，（1）中央所属企业的企业年金方案报送人力资源社会保障部；（2）跨省企业的企业年金方案报送其总部所在地省级人民政府人力资源社会保障行政部门；（3）省内跨地区企业的企业年金方案报送其总部所在地设区的市级以上人民政府人力资源社会保障行政部门。

人力资源社会保障行政部门自收到企业年金方案文本之日起15日内未提出异议的，企业年金方案即行生效。

3. 方案变更

企业与职工一方可以根据本企业情况，按照国家政策规定，经协商一致，变更企业年金方案。变更后的企业年金方案应当经职工代表大会或者全体职工讨论通过，并重新报送人力资源社会保障行政部门。

4. 方案终止

有下列情形之一的，企业年金方案终止：

（1）企业因依法解散、被依法撤销或者被依法宣告破产等原因，致使企业年金方案无法履行的；

（2）因不可抗力等原因致使企业年金方案无法履行的；

（3）企业年金方案约定的其他终止条件出现的。

企业应当在企业年金方案变更或者终止后10日内报告人力资源社会保障行政部门，并通知受托人。企业应当在企业年金方案终止后，按国家有关规定对企业年金基金进行清算，并按照《企业年金办法》第四章相关规定处理。

（二）企业年金基金筹集

企业年金基金是由企业缴费、个人缴费和企业年金基金投资运营收益三部分构成。具体缴费方面，对于企业年金，双方缴费金额由企业和职工协商确定，但要求企业缴费每年不超过本企业职工工资总额的8%，企业和职工个人缴费合计不超过本企业职工工资总额的12%。职工个人缴费由企业从职工个人工资中代扣代缴。

《企业年金办法》规定，实行企业年金后，企业如遇到经营亏损、重组并购等当期不能继续缴费的情况，经与职工一方协商，可以中止缴费。不能继续缴费的情况消失后，企业和职工恢复缴费，并可以根据本企业实际情况，按照中止缴费时的企业年金方案予以补缴。补缴的年限和金额不得超过实际中止缴费的年限和金额。

**二、如何运营**

企业和职工建立企业年金，应当确定企业年金受托人，由企业代表委托人与受托人签订受托管理合同。受托人可以是符合国家规定的法人受托机构，也可以是企业按照国家有关规定成立的企业年金理事会。

1.企业年金运营流程

实践中，企业年金的投资运营流程如下：

第一，签订受托管理合同。建立企业年金计划的企业及其职工与企业年金理事会或者法人受托机构签订受托管理合同，其中建立企业年金计划的企业及其职工为委托人，企业年金理事会或者法人受托机构作为受托人。企业年金理事会主要由企业代表和职工代表等人员组成。

第二，确定企业年金的管理计划。根据委托人的数量，企业年金可分为单一计划和集合计划，一个企业年金方案的委托人只能建立一个企业年金单一计划或者参加一个企业年金集合计划。

第三，制定配置策略。受托人制定企业年金基金战略资产配置策略，若受托人采取委托投资方式，则受托人可选择投资管理人进行具体的投资运作。一个企业年金计划应当仅有一个受托人、一个账户管理人和一个托管人，可以根据资产规模大小选择适量的投资管理人。

2.企业年金运营模式

我国企业年金的运营管理是采取信托管理模式，共有5个角色参与，即委托人、受托人、账户管理人、托管人和投资管理人。委托代理关系如下：

其中，委托人是指有企业年金管理需求的企业和员工。他们将资金交给年金受托机构进行管理，彼此之间建立信托关系，如图3-8所示。

启智增慧3-6

美国、澳大利亚、新加坡如何运作企业年金？

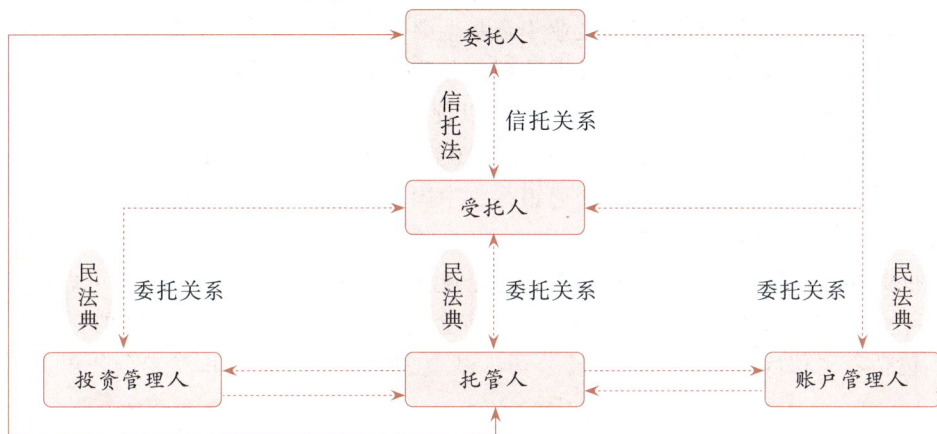

资料来源：作者自行整理。实线为资金流，虚线为信息流。

**图3-8 企业年金运营模式**

受托人负责选择合适的账户管理人、托管人和投资管理人，与其建立委托关系并对其进行监督，同时负责编制管理报告、财务会计报告，定期向委托人和监管机构汇报企业年金的运营情况等，类似企业年金的"管家"。受托人由符合国家规定的法人受托机构或者企业内部成立的年金理事会担任。相较而言，经人社部批准的法人受托机构具有更强的专业性和风险承担能力，目前共有13家，包括保险公司、商业银行、信托公司和养老金公司，见表3-6。

表3-6　　　　　　　　　　经人社部批准的法人受托机构（13家）

| 机构类别 | 机构名单 |
| --- | --- |
| 保险公司 | 平安养老、太平养老、国寿养老、长江养老、泰康养老和人保养老 |
| 商业银行 | 中国工商银行、中国农业银行、中国银行和招商银行 |
| 信托公司 | 中信信托、华宝信托 |
| 养老金公司 | 建信养老 |

账户管理人是受受托人委托管理企业年金基本账户的专业机构，其职责包括企业年金账户的建立、缴费及投资收益的记录、年金待遇的计算等，可以理解为受受托人这个"大管家"委托的会计。人社部批准拥有企业年金基金账户管理资管的机构共有18家，包括保险公司、商业银行和养老金公司，见表3-7。

表3-7　　　　　　　　　　经人社部批准的账户管理机构（18家）

| 机构类别 | 机构名单 |
| --- | --- |
| 保险公司 | 平安养老、太平养老、国寿养老、长江养老、泰康养老、人保养老和新华养老 |
| 商业银行 | 中国工商银行、中国农业银行、中国银行、交通银行、招商银行、中国光大银行、中信银行、上海浦东发展银行和中国民生银行 |
| 信托公司 | 华宝信托 |
| 养老金公司 | 建信养老 |

托管人是受受托人委托报关企业年金基金财产的商业银行。托管人的职责包括安全保管资产、根据受托人指令向投资管理人分配企业年金基金资产、对基金的投资进行清算核算并对投资管理实施监督等，可以理解为企业年金的"出纳"。人社部批准拥有企业年金基金托管资格的商业银行共10家，分别是中国工商银行、中国农业银行、中国银行、中国建设银行、交通银行、中国光大银行、上海浦东发展银行、中信银行、招商银行和民生银行。

投资管理人是受受托人委托投资管理企业年金基金财产的专业机构，可以理解为企业年金的"投资经理"。人社部批准拥有企业年金基金投资管理资格的机构共22家，包括养老保险公司、保险资管公司、基金公司、证券公司和养老金公司，见表3-8。

表3-8　　　　　　　　　　经人社部批准的投资管理人（22家）

| 机构类别 | 机构名单 |
| --- | --- |
| 保险公司 | 平安养老、太平养老、国寿养老、长江养老、人保养老和新华养老 |
| 基金公司 | 海富通基金、易方达基金、工银瑞信基金、博时基金、富国基金、南方基金、嘉实基金、招商基金、华夏基金、国泰基金和银华基金 |
| 证券公司 | 中金公司、中信证券 |
| 养老金公司 | 建信养老 |

3. 运营概况

截至 2023 年年末，全国企业年金基金积累规模达到 3.18 万亿元，参加企业 14.17 万个，参加职工 3 144.04 万人。企业年金采取积累制，其积累基金中的大部分资金都可以用于投资，法人受托是主要模式。

截至 2023 年年末，全国共有 1 895 个企业年金计划，其中单一计划、集合计划和其他计划分别为 1 818 个、59 个和 18 个；单一计划中，企业年金理事会作为受托人的计划为 91 个，法人受托机构作为受托人的计划为 1 727 个。2023 年当年企业年金单一计划加权平均收益率 1.16%，集合计划当年加权平均收益率 1.66%，合计加权平均收益率 1.21%，见表 3-9。

表3-9　　2023年全国企业年金基金投资收益率情况表

| 计划类型 | 组合类型 | 样本组合数（个） | 样本期末资产金额（亿元） | 当年加权平均收益率（%） |
|---|---|---|---|---|
| 单一计划 | 固定收益类 | 1 013 | 2 285.38 | 3.46 |
| | 含权益类 | 3 622 | 24 856.66 | 0.95 |
| | 合计 | 4 635 | 27 142.04 | 1.16 |
| 集合计划 | 固定收益类 | 99 | 1 422.51 | 3.05 |
| | 含权益类 | 185 | 1 631.32 | 0.53 |
| | 合计 | 284 | 3 053.83 | 1.66 |
| 其他计划 | 固定收益类 | 11 | 6.51 | 0.53 |
| | 含权益类 | 9 | 15.36 | 0.52 |
| | 合计 | 20 | 21.88 | 0.52 |
| 全部 | 固定收益类 | 1 123 | 3 714.41 | 3.30 |
| | 含权益类 | 3 816 | 26 503.34 | 0.92 |
| | 合计 | 4 939 | 30 217.76 | 1.21 |

资料来源：全国企业年金基金业务数据摘要（2023年度）。

### 三、如何领取

（一）领取条件

符合下列条件之一的，可以领取企业年金：

第一，职工在达到国家规定的退休年龄或者完全丧失劳动能力时，可以从本人企业年金个人账户中按月、分次或者一次性领取企业年金，也可以将本人企业年金个人账户资金全部或者部分购买商业养老保险产品，依据保险合同领取待遇并享受相应的继承权；

第二，出国（境）定居人员的企业年金个人账户资金，可以根据本人要求一次性支付给本人；

第三，职工或者退休人员死亡后，其企业年金个人账户余额可以继承。

未达到上述企业年金领取条件之一的，不得从企业年金个人账户中提前提取资金。

（二）领取额度测算①

企业年金的领取计算公式主要依据个人的账户累计金额和计发月数来确定。公式可以概括为：

企业年金领取金额 = 企业年金账户累计金额 ÷ 计发月数

其中，企业年金账户累计金额由个人缴费部分和单位缴费部分组成。个人缴费部分是按照个人缴费工资计税基数的一定比例（如4%）缴纳的，单位缴费部分则是按照企业上年度职工工资总额的一定比例（不超过8%）缴纳的。这两部分资金共同构成了企业年金账户的总金额。计发月数是根据职工退休时的年龄来确定的，这与基本养老保险领取计算中的计发月数是一致的，此处不再赘述。

实例如下：假设某职工退休时其企业年金账户累计金额为30万元，60岁退休，对应的计发月数为139个月。那么，该职工每月可以领取的企业年金金额就是300 000÷139=2 158.27元。这个金额将按月发放给该职工，直至发完为止。此处为计算方便，暂不考虑税收缴纳情况。实际情况中，年金领取是需要缴纳所得税的。

启智增慧3-7

企业年金发展
太慢怎么办？

**【拓展阅读】** **成都市出台政策促进企业年金发展**

为贯彻落实国家、省关于多层次养老保险体系建设决策部署，不断满足人民群众多样化养老保险需求，前不久，成都市人社局会同市委社治委、市财政局、市教育局、市国资委、市金融监管局、市税务局七部门印发《关于促进企业年金发展的指导意见》（成人社发〔2022〕11号），明确全市建立企业年金户数每年增加10%以上，至2025年年末，参加企业年金户数较2021年年末翻一番，提出了促进企业年金发展"5+3+2"政策措施体系，为加快企业年金发展聚力赋能。

一、创新政策措施，突出分类施策。根据不同用工单位的特点和需求，针对性提出了五项参保促进措施。一是对国有企业，提出鼓励其发挥示范带头作用，推动实现企业年金全覆盖。二是对中小微企业全员建立企业年金意愿不足的实际，提出可先行为中高级技术人员、管理人员等建立企业年金，再逐步扩大覆盖范围。三是针对机关事业单位经费和人事管理特点，明确机关事业单位编外人员建立企业年金所需资金纳入现有财政预算统筹保障，并支持相关行业（系统）由主管部门统一发起建立编制外人员企业年金。四是针对劳务派遣单位用工分散情况，明确劳务派遣人员企业年金原则上由劳务派遣单位统一发起建立，也可先行为有条件的用工单位劳务派遣人员建立企业年金。五是针对产业园区吸引人才需求，提出园区内尚未单独建立企业年金的企业可由园区统一发起为其使用的各类人才建立园区人才企业年金计划。

二、完善工作机制，协同推进落实。建立了三项工作推进机制。一是建立宣传引

---

① 以下公式和示例仅供参考，实际领取金额可能因个人情况、企业政策等因素而有所不同。

导机制，面向重点企业、产业园区，深入开展政策宣传推介和先行做法总结推广，积极引导各类用人单位建立企业年金。二是建立沟通协作机制，成立由人社、社治、财政、教育、国资、金融监管、税务七部门组成的"促进企业年金发展工作联席会议机制"，加强工作信息互通，定期研究相关问题，形成促进企业年金发展的工作合力。三是建立统计报告机制，定期跟踪分析企业年金建立情况，加强督促指导，促进全市企业年金扩面任务落地落实。

三、优化经办服务，提升工作质效。优化人社部门和受托运营机构两方的管理服务。一是要求全市人社部门加强对用人单位制定企业年金的政策业务指导，加快推进网上备案，为用人单位和职工建立企业年金提供更加便捷高效服务；二是要求企业年金受托运营机构以企业需求为导向，优化参保缴费、权益查询、账户转移、待遇支付工作流程，进一步丰富和优化产品供给，适度降低服务费用，提高企业年金基金收益水平。

资料来源：四川省人力资源和社会保障厅养老保险处. 成都市出台政策促进企业年金发展[EB/OL]. [2022-9-30]. https://rst.sc.gov.cn/rst/ylbxjwjgzxx/2022/9/30/dd2dca6f721545b4a7adfbd967227b52.shtml.

## 任务二　了解职业年金保险制度

【任务情景】

张先生是一名在行政事业单位工作的公务员，他于2015年1月入职，月工资为10 000元。张先生在行政事业单位工作了30年，直至2045年1月退休。在这30年期间，张先生所在单位按照国家规定为其缴纳职业年金，同时张先生也按照规定比例缴纳个人部分。经过30年的积累，张先生的职业年金账户余额达到了一个可观的数额。假设按照年化收益率5%（仅为示例，实际收益率可能有所不同）计算，张先生的职业年金账户余额大约为560 000元（具体数额可能因投资运营收益和其他因素而有所不同）。张先生退休后，可以选择按月领取职业年金。假设张先生选择按月领取，且计发月数为139个月（通常与退休年龄和预期寿命相关），那么他每月可以领取的职业年金为560 000÷139≈4 028.78（元）。

那么，对比企业年金，职业年金在资金筹集、投资运营和待遇领取等方面的差异性有哪些？

【知识平台】

职业年金是机关事业单位的一项单位福利制度，作为补充养老保障，不属于社会保险或商业保险范畴。它是职工工资的延期支付，旨在为职工退休养老做准备，防止生活水平因基本养老保险不足而下降。职业年金制度的建立旨在强化激励与保障，对提高养老金替代率、减轻财政压力及推动养老保险制度改革平稳过渡具有重要意义。

### 一、职业年金基金筹集

从构成要素看，职业年金基金，是由下列各项组成：单位缴费、个人缴费、职业年金基金投资运营收益和国家规定的其他收入。

从缴费比例看，职业年金所需费用由单位和工作人员共同承担，其中单位缴纳职业年金费用的比例为本单位工资总额的8%，个人缴费比例为本人缴费工资的4%，均由单位代扣。单位和个人缴费基数与机关事业单位工作人员基本养老保险缴费基数保持一致。需要明确的是，针对财政全额供款的单位，单位缴费根据单位提供的信息采取记账方式，每年按照国家统一公布的记账利率计算利息，工作人员退休前，本人职业年金账户的累计储存额由同级财政拨付资金记实。

## 二、职业年金基金投资运营

职业年金的投资运营，同样是5个角色参与，与企业年金稍有不同，包括委托人、代理人、受托人、托管人和投资管理人。

受托人、托管人和投资管理人的职责与企业年金中对应角色一致，且持牌机构与企业年金完全一致；职业年金的委托人为参加职业年金计划的机关事业单位及其工作人员，而在委托人与受托人之间增加了代理人①，代理人是代理委托人集中行使委托职责并负责职业年金基金账户管理业务的中央国家机关养老保险管理中心及省级社会保险经办机构，代表机关事业单位履行委托人职责，同时履行职业年金中账户管理人的职责。上述职能角色之间的委托代理关系，如图3-9所示。

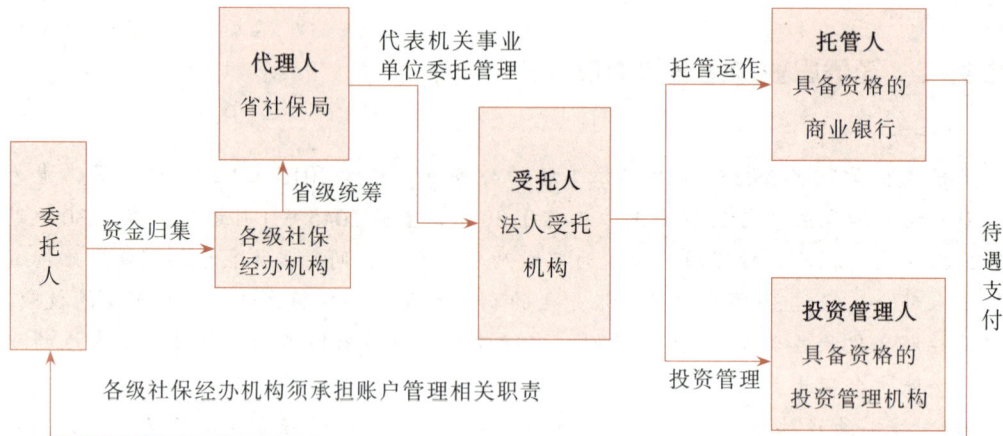

资料来源：作者自行整理。

图3-9　各职能角色之间的委托代理关系

## 三、退休后职业年金的领取方式

（一）按月领取

按月领取是职业年金退休后最常见的发放方式。当达到国家规定的退休条件并依法办理退休手续后，便可以选择这种方式。具体来看，根据退休年龄，职业年金将按照一定的计发月数进行发放，比如：60岁退休的人员，职业年金将发放139个月。这种方式的好处是稳定且可持续，让您在退休后依然能享受到稳定的收入来源。

（二）一次性购买商业养老保险产品

为确保退休生活具有更加坚实的保障，可以选择一次性购买商业养老保险产品。通过这种方式，可以将职业年金用于购买保险产品，之后根据保险契约按月领取待

---

① 代理人可以建立一个或多个职业年金计划，按计划估值和计算收益率，建立多个职业年金计划的，也可以实行统一收益率。一个职业年金计划应当只有一个受托人、一个托管人，可以根据资产规模大小选择适量的投资管理人。职业年金计划的基金财产，可以由投资管理人设立投资组合或由受托人直接投资养老金产品进行投资管理。

遇。这种方式不仅能为退休人员提供更为稳定和长期的养老保障，还能确保职业年金具有一定的增值空间。

（三）其他领取方式

一方面，对于计划出国（境）定居的退休人员来说，基于便利性考虑，职业年金个人账户资金可以根据退休人员的要求一次性支付给本人；另一方面，针对在职期间去世，那么职业年金的个人账户余额将由其继承人继承，这一规定体现了职业年金制度的人性化设计，保障了工作人员及其家庭的权益。

> **案例分析**

职业年金制度作为我国养老保障体系的重要组成部分，为退休人员提供了有力的经济支持。其灵活的发放方式旨在满足不同退休人员的实际需求，让您在享受退休生活的同时，也能确保经济上的安稳。

为了更好地帮助您理解职业年金的发放方式，我们举一个简单的案例。假设张先生今年60岁，刚刚办理了退休手续。他选择了按月领取职业年金，那么根据规定，他将在接下来的139个月内，每月领取一定金额的职业年金。如果张先生突然决定出国定居，他还可以选择一次性领取职业年金个人账户资金。

### 四、职业年金与企业年金之间的区别

企业年金和职业年金都是我国养老保险体系的重要组成部分，但它们在多个方面存在着区别，见表3-10。

表3-10　　　　　　　　　　　职业年金与企业年金区别对比

| 差异类别 | 职业年金 | 企业年金 |
|---|---|---|
| 建立原则 | 强制性 | 自愿性 |
| 适用对象 | 限于机关事业单位及其编制内工作人员 | 适用于各类企业及其职工 |
| 缴费规定 | 由单位和工作人员个人共同承担，单位缴费和个人比例，分别为本单位工资总额的8%和4% | 双方缴费金额由企业和职工协商确定，但要求企业缴费每年不超过本企业职工工资总额的8%，企业和职工个人缴费合计不超过本企业职工工资总额的12% |
| 管理方式 | 采用省级集中委托投资运营的方式，由省级社会保险经办机构集中行使委托职责 | 采用市场化运营，企业可以自主选择受托人、账户管理人、托管人和投资管理人等管理机构 |
| 领取条件 | 主要是工作人员退休后，一般不允许提前支取 | 包括职工达到法定退休年龄、完全丧失劳动能力、出国（境）定居、死亡等 |

（一）建立原则不同

企业年金由企业及其职工自愿建立。企业根据自身的经济状况和发展战略来决定是否建立企业年金以及年金的具体方案。职业年金则是机关事业单位及其工作人员强制建立的。

例如，一家大型民营企业可以自主决定是否为员工设立企业年金，而某政府部门

的公务员则必须参加职业年金。

（二）适用对象不同

企业年金适用于各类企业及其职工。职业年金适用于机关事业单位及其编制内工作人员。

（三）缴费方式不同

企业年金的缴费由企业和职工共同承担，企业缴费每年不超过本企业职工工资总额的 8%，企业和职工个人缴费合计不超过本企业职工工资总额的 12%。具体的缴费比例可以由企业和职工协商确定。职业年金的缴费由单位和工作人员个人共同承担，单位缴费比例为本单位工资总额的 8%，个人缴费比例为本人缴费工资的 4%。

假设某企业职工月工资为 8 000 元，企业年金企业和个人合计缴费比例为 10%，那么企业和个人每月共缴费 800 元；而一位公务员月工资也是 8 000 元，职业年金单位每月缴费 640 元，个人每月缴费 320 元。

（四）管理方式不同

企业年金采用市场化运营，企业可以自主选择受托人、账户管理人、托管人和投资管理人等管理机构。职业年金采用省级集中委托投资运营的方式，由省级社会保险经办机构集中行使委托职责。

（五）领取条件不同

企业年金的领取条件相对多样，包括职工达到法定退休年龄、完全丧失劳动能力、出国（境）定居、死亡等。职业年金的领取条件主要是工作人员退休后，一般不允许提前支取。

# 模块四　个人养老金制度

【任务情景】

自 2022 年 11 月个人养老金制度在 36 个城市（地区）先行启动实施一年半左右的时间里，个人养老金账户开户人数超过 6 000 万人，远远超过了已实施近 20 年的第二支柱企业年金的覆盖人数。在业内人士看来，个人养老金制度试点的实施对于改善我国养老体系第一支柱独大且面临长期收支不平衡，第二、三支柱的覆盖面和发展水平不足的现状有着积极作用。同时，它也有助于提高劳动者退休后的生活水平，增加他们的收入来源，从而更好地保障他们的生活质量。

不过，随着个人养老金制度的发展，一个现实的问题出现——"开户人数多、缴费人数少"成为其进一步发展的羁绊。相关数据显示，年轻人尤其是"90后"，虽然在开户人数上占到整体的 30%，但在参与配置第三支柱个人养老金缴存和投资时均有所顾虑。

那么，如何理解个人养老金制度的重要性？既然重要，为何存在开户热、缴费冷的现象？

启智增慧 3-8
2024年养老金完全"并轨"后，机关事业人员养老待遇降低了吗？

模块练习 3-3

【知识平台】

推动发展适合中国国情、政府政策支持、个人自愿参加、市场化运营的个人养老金，与基本养老保险、企业（职业）年金相衔接，实现养老保险补充功能，协调发展其他个人商业养老金融业务，健全多层次、多支柱养老保险体系，是坚持以人民为中心的发展思想，满足人民群众多层次、多样化养老保险需求的必然要求。

## 一、个人养老金制度概况

（一）基本内容

2022年11月25日，作为中国养老保险体系"第三支柱"的重要制度设计，个人养老金制度正式实施。个人养老金是以在中国境内参加城镇职工基本养老保险或者城乡居民基本养老保险的劳动者为参加对象，由政府政策支持、个人自愿参加、市场化运营、实现养老保险补充功能的制度。

从缴费水平看，参加人每年缴纳个人养老金的上限为12 000元。根据规定，人力资源社会保障部、财政部根据经济社会发展水平和多层次、多支柱养老保险体系发展情况等因素适时调整缴费上限。

从制度模式看，个人养老金实行个人账户制，缴费完全由参加人个人承担，自主选择购买符合规定的储蓄存款、理财产品、商业养老保险、公募基金等金融产品，实行完全积累，按照国家有关规定享受税收优惠政策。需要明确的是，参加人通过个人养老金信息管理服务平台或指定商业银行建立个人养老金账户。个人养老金账户是参加个人养老金制度、享受税收优惠政策的基础。

从个人养老金投资标的看，个人养老金资金账户资金用于购买符合规定的银行理财、储蓄存款、商业养老保险、公募基金等运作安全、成熟稳定、标的规范、侧重长期保值的满足不同投资者偏好的金融产品，参加人可自主选择。参与个人养老金运行的金融机构和金融产品由相关金融监管部门确定，并通过信息平台和金融行业平台向社会发布。

从个人养老金领取条件看，参加人达到领取基本养老金年龄、完全丧失劳动能力、出国（境）定居，或者具有其他符合国家规定的情形，经信息平台核验领取条件后，可以按月、分次或者一次性领取个人养老金，领取方式一经确定不得更改。领取时，应将个人养老金由个人养老金资金账户转入本人社会保障卡银行账户。参加人死亡后，其个人养老金资金账户中的资产可以继承。

整体上讲，个人养老金制度的实施适应了我国社会主要矛盾的变化，是满足人民群众多层次、多样化养老保险需求的必然要求，有利于在基本养老保险和企业年金、职业年金基础上再增加一份积累，退休后能够再多一份收入，进一步提高退休后的生活水平，让老年生活更有保障、更有质量，同时有利于积极应对人口老龄化，构建功能更加完备的多层次、多支柱的养老保险体系。

（二）制度特征

一是政策支持。通过给予税收优惠支持，鼓励参保人积极参加。参加人通过个人养老金信息管理服务平台建立本人唯一的个人养老金账户，记录所有相关信息，作为参加个人养老金制度、享受税收优惠政策的基础。

二是个人自愿。就是先有基本再有补充，要先参加基本养老保险，具备了这个条件，都可以自愿参加个人养老金。参加人的个人缴费全部归集到个人资金账户，完全积累。长期缴费则持续增加个人账户基金积累。参加人达到领取基本养老金年龄等条件后，可以自己决定是按月还是分次或者一次性领取个人养老金，转入本人社会保障卡银行账户自由支配使用。

三是市场化运营。个人养老金缴费可以用于购买符合规定的银行理财、储蓄存款、商业养老保险、公募基金等金融产品。也就是说买什么、什么时候买，都由参加人自主选择、自主决定。充分发挥市场作用，营造公开公平公正的市场环境。

四是税收优惠。个人养老金税收优惠是指参与个人养老金进行养老金缴费的用户是可以享受个人所得税的优惠的。个人养老金一年的缴费限额最高为12 000元，对于缴费者来说一年最高可以享受12 000元的个人所得税的税前扣除，也就是说个人所得可以扣除12 000元之后，再来计算个人应纳税额；其次个人养老金账户的资金可以投资理财，获得的收益是免缴个人所得税的；退休之后依法领取个人养老金账户的钱是需要缴纳个人所得税的，税率为3%，见表3-11。

表3-11 个人养老金免税额测算

| 序号 | 个人应税收入 | 个人税率 | 税前扣除额 | 免税金额 |
|---|---|---|---|---|
| 1 | 不超过3.6万元 | 3% | 12 000 | 360 |
| 2 | 3.6万～14.4万元 | 10% | 12 000 | 1 200 |
| 3 | 14.4万～30万元 | 20% | 12 000 | 2 400 |
| 4 | 30万～42万元 | 25% | 12 000 | 3 000 |
| 5 | 42万～66万元 | 35% | 12 000 | 3 600 |
| 6 | 66万～96万元 | 35% | 12 000 | 4 200 |
| 7 | 超过96万元 | 45% | 12 000 | 5 400 |

（三）操作流程

1.申请开户及存入流程

办理个人养老金，通常具有三个步骤：

第一步，开立个人养老金账户。可以在国家社保公共服务平台[①]或者指定商业银行开户。相关数据显示，通过银行渠道开户是主流，目前大多数银行APP都支持线上办理。以手机银行APP为例，在应用功能中找到"个人养老金"，首次登录选择注册账户，填写相关信息就可以了，办理成功后会生成一个专属的个人养老金账户。

第二步，将资金存入个人养老金账户，每年最高限额12 000元。直接在银行APP中的"个人养老金"模块转入就可以了。

第三步，选购个人养老金产品。个人养老金产品可以在银行APP上办理，主要以储蓄和基金产品为主，保险产品办理可以找保险经纪人或者代理人办理。

以建行手机银行APP为例展示个人养老金账户开立流程，如图3-10所示。

---

① 网址：http://si.12333.gov.cn/.

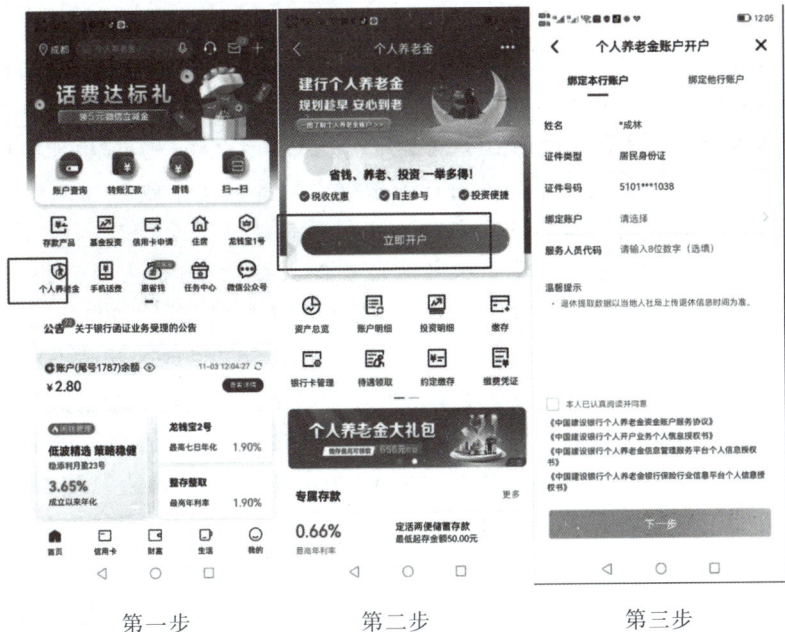

第一步　　　　　　　　第二步　　　　　　　　第三步

图3-10　个人养老金账户开立流程（以建行手机银行APP为例）

**2.办理退税流程**

第一步，办理产品后，在银行"个人养老金"专区，点击"缴费凭证"，下载缴费凭证。一般缴费凭证会在次年2月1日生成，目前已经可以免下载凭证办理了。

第二步，投保后的次年，办理个人所得税汇算清缴，登录个人所得税APP，选择"办税"—"个人养老金扣除信息管理"。

第三步，选择"一站式"申报（免下载凭证），选择申报的年限，将个人养老金的信息录入提交就可以享受个人养老金当年度的税收优惠了，如图3-11所示。

图3-11　个人养老金缴存后退税流程

### 二、个人养老金制度实施现状的成效与展望

#### （一）试点成效

**1.规模增长、增速放慢**

目前我国个人养老金制度试点呈现出开立个人养老金账户人数稳步增长，但增速放缓、在参保人群的渗透率不高的特征。根据人社部披露，截至2022年年末，开立个人养老金账户的人数（简称"开户数"）为1954万人，全国基本养老保险参保人数约10.5亿人、36个先行地基本养老保险参保人数约2.5亿人，开户渗透率仅为7.9%；截至2024年6月初，开立个人养老金账户的人数已超过6000万人，在36个先行地的开户渗透率超过24.2%。其中，广东个人养老金试点地区开设账户人数多，开户渗透率、总缴费金额和户均缴费水平的增速均高于全国平均。截至2024年3月，广东试点地区（省直、广州和深圳）开立个人养老金账户823.1万户，居全国首位；截至2024年6月，共开立账户844.3万户（YoY+86.42%）、开户渗透率35.1%。

**2.存在开户热、缴费冷等现象**

个人养老金账户存在"开户热投资冷、缴费意愿不高"等现象。一方面，截至2023年年末，开设个人养老金账户人数超过5280万人，参与人数已达2022年全国纳税人数的76.8%，但目前缴费人数仅占开户人数的22%，约1162万人。另一方面，截至2023年年末，个人养老金缴费金额约280亿元，户均缴费水平约2410元，仍远低于个人养老金账户1.2万元/年的缴费上限，如图3-12所示。

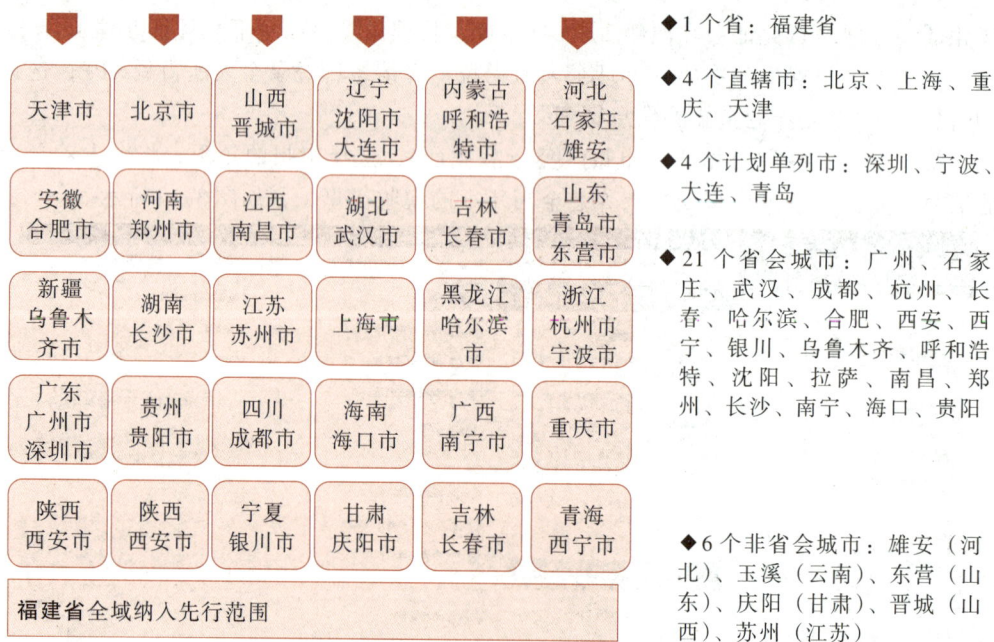

| | | | | | | |
|---|---|---|---|---|---|---|
| 天津市 | 北京市 | 山西晋城市 | 辽宁沈阳市大连市 | 内蒙古呼和浩特市 | 河北石家庄雄安 | ◆1个省：福建省 |
| 安徽合肥市 | 河南郑州市 | 江西南昌市 | 湖北武汉市 | 吉林长春市 | 山东青岛市东营市 | ◆4个直辖市：北京、上海、重庆、天津 |
| 新疆乌鲁木齐市 | 湖南长沙市 | 江苏苏州市 | 上海市 | 黑龙江哈尔滨市 | 浙江杭州市宁波市 | ◆4个计划单列市：深圳、宁波、大连、青岛 |
| 广东广州市深圳市 | 贵州贵阳市 | 四川成都市 | 海南海口市 | 广西南宁市 | 重庆市 | ◆21个省会城市：广州、石家庄、武汉、成都、杭州、长春、哈尔滨、合肥、西安、西宁、银川、乌鲁木齐、呼和浩特、沈阳、拉萨、南昌、郑州、长沙、南宁、海口、贵阳 |
| 陕西西安市 | 陕西西安市 | 宁夏银川市 | 甘肃庆阳市 | 吉林长春市 | 青海西宁市 | ◆6个非省会城市：雄安（河北）、玉溪（云南）、东营（山东）、庆阳（甘肃）、晋城（山西）、苏州（江苏） |
| 福建省全域纳入先行范围 | | | | | | |

**图3-12　个人养老金制度先行地区（1省+35城市）**

根据《中国养老金发展报告2023》，在个人养老金参加人中，2023年为获得开户行提供的"权益奖励"（奖券）而开立个人账户的人数比例较高；开户以后立即申请销户并打算再转到其他银行开户以获取二次"权益奖励"的人数比例较高。因此，尽

管 2023 年个人养老金账户实际缴费人数和总缴费金额增长，但实际缴费人数比例有限、户均缴费水平远低于政策规定的每人每年 1.2 万元的上限，有待进一步发展。

3. 产品清单持续扩容，储蓄类产品是主流

根据个人养老金配套政策细则，参与个人养老金业务的金融机构包括商业银行、银行理财公司、商业保险公司、公募基金公司、证券公司和独立基金销售机构等。从个人养老金各类参与机构的主要业务来看：

（1）银行类机构。就商业银行而言，全流程参与个人养老金业务，业务范围广，包括：①资金账户业务（账户开立或指定、注销、变更和个人养老金缴费、领取、划转等）；②个人养老储蓄业务（参加人仅可购买其本人资金账户开户行所发行的储蓄存款和特定养老储蓄存款产品）；③个人养老金产品代销业务（包括个人养老金理财产品、保险产品、公募基金产品）；④个人养老金咨询业务。

（2）非银行类金融机构。①银行理财公司，发行个人养老金理财产品，销售本机构发行的个人养老金理财产品；②商业保险公司，发行个人养老金保险产品，销售本机构发行的个人养老金保险产品；③公募基金公司，发行个人养老金基金产品，非名录内的基金管理人及其销售子公司可以销售该管理人募集产品；④证券公司&独立基金销售机构：在个人养老金基金销售机构名录的金融机构可以代销个人养老金基金产品。

从个人养老金产品种类看，产品数量较多，但产品规模不大且以储蓄类产品为主。数据显示，截至 2024 年 10 月 20 日，个人养老金产品目录共包括 809 款产品，储蓄、基金、保险、理财产品分别 465 款、199 款、119 款、26 款，数量占比分别为 57.5%、24.6%、14.7%、3.2%。根据人社部与中国银保信平台数据，截至 2024 年 10 月 20 日，个人养老金产品目录共包括 872 款产品，储蓄、基金、保险、理财产品分别 465 款、199 款、182 款、26 款，数量占比分别为 53.3%、22.8%、20.9%、3.0%。

（二）发展中的难点与挑战：覆盖群体有限、优惠限额不高

我国个人养老金发展的难点并不在于销售渠道不足，主要在于参与人群相对有限。从试点情况看，我国个人金融产品销售渠道畅通，从线下渠道来看，商业银行网点广、保险公司代理人数量多、证券公司营业部客户优质；从线上渠道来看，银行、险企和券商 APP 用户众多，独立第三方基金销售机构牢牢把握流量入口。

1. 符合参保条件的人群有限

根据《个人养老金实施办法》，在中国境内参加城镇职工基本养老保险或者城乡居民基本养老保险的劳动者可以参与个人养老金。根据《2023 年度人力资源和社会保障事业发展统计公报》，截至 2023 年年末，我国参加基本养老保险人数 106 643 万人，其中城镇职工基本养老保险数 52 121 万人、参保离退休人员 14 196 万人，城乡居民基本养老保险 54 522 万人、实际领取待遇数 17 268 万人。据此测算，我国实际共 75 179 万人符合个人养老金参保条件。

2. 税收优惠覆盖群体有限，且优惠力度不足

由于个人养老金税优政策基于个人所得税，纳税人群是符合参保条件人群最易开户并缴费购买个人养老金产品的群体。根据人民日报，国家税务总局最新发布的 2023 年度个税汇算清缴数据显示，我国取得综合所得的人员中，无需缴纳个税的人

启智增慧 3-9

个人养老金全国推行，客户经理如何应对"开户热、缴费冷"难题？

启智增慧 3-10

个人养老金启动初期"开户热、缴存冷"，如何解

员占比超过七成，实际缴税人员不到三成。2018年我国实施综合与分类相结合的个人所得税新税制，2023年全国约6 700万人享受到了政策红利，也即2023年我国个税缴纳人数约6 700万人，在当前实际符合个人养老金参保条件的人数中占比仅约8.9%。

在当前税优政策下，符合条件的中低收入人群对养老金需求强烈，但实际无法享受税优政策、吸引力有限。对于符合条件的中高收入人群而言，税优限额12 000元/年，但我国并无资本利得税，个人养老金在"EET"模式①下，领取时需补交3%个税，若投资收益积累较多会增加额外税负。我国当前个税起征点为年收入6万元，年收入6万~9.6万元的人群原本就适用于3%的个税税率（无论是否参与个人养老金）；年收入6万元以下的人群原本免征个人所得税。无需缴纳个税人群如参与个人养老金并缴费后，在退休提取时反而需要额外缴纳3%的个税。

据测算，60%以上的实际缴税人员仅适用3%的最低档税率。从实践来看，纳税人人均享受两项专项附加扣除，个人综合所得年收入不超过10万元的纳税人基本无需缴纳个税，预计个人养老金税优政策实际产生激励作用的纳税人群不及2 680万。

3.领取条件较严格

根据《个人养老金实施办法》，个人养老金资金账户封闭运行，参加人达到以下任一条件的，可以按月、分次或者一次性领取个人养老金：达到领取基本养老金年龄；完全丧失劳动能力；出国（境）定居；国家规定的其他情形。

（三）未来展望：积极探索助力全面实施

为促进个人养老金制度行稳致远，今后需要从合理降低门槛、加大税收优惠、优化产品供给、提升服务水平等方面进一步探索和创新。

适当放宽个人养老金开户限制。建议不再将参加基本养老保险作为前置性的准入条件，尽可能将各类群体纳入个人养老金制度覆盖范围，进一步增强制度的普惠性。

进一步加大优化税收政策力度。充分认识税收优惠政策对个人养老金制度发展的推动作用，完善相关税收优惠政策。建议对中低收入人群在养老金领取阶段实行免税政策，让更多群众能够享受到这项制度应当提供的普惠性政策红利。

切实提高个人养老金投资收益率。建议金融机构针对养老储备投资的实际需要，研发更多金融产品，尽可能多提供投资周期较长、投资风格稳健的投资品种，供不同群体根据各自风险偏好、年龄等因素作出投资选择。同时，加强个人养老金投资的市场分析和策略研究，配备高素质的投资团队，增强资产配置能力，提高投资收益率，实现保值增值，为个人养老金融储备作用的发挥提供可靠保障。

强化对个人养老金投资监管。个人养老金是政府政策支持、个人自愿参加、市场化运营的一种补充养老保障制度，实现高质量发展需要安全运营及监管机制来保驾护航。建议主管部门以及相关部门加强政策宣传引导，有关金融机构积极开展专业咨询业务，提升个人的投资能力和抗风险能力。同时，有关部门等应切实加强监管，确保个人养老金制度平稳运行和资金安全。

---

① EET模式是在补充养老保险业务购买阶段、资金运用阶段免税，在养老金领取阶段征税的一种企业年金税收模式。

逐步推广和全面实施个人养老金制度，是当前和今后一段时期我国多层次养老保障体系建设的一项重点工作。需要站在促进我国养老保险制度改革与发展的全局高度进一步完善个人养老金制度以及相关政策措施，推动个人养老金制度在各地全面实施，进一步健全和完善覆盖全民、统筹城乡、公平统一、安全规范、可持续的多层次养老保障体系，促进我国养老保障事业高质量发展。

**【拓展阅读】** **优化制度设计 促进个人养老金健康发展**

个人养老金制度是多层次、多支柱养老保险体系的重要组成部分，是实现养老保险制度可持续发展、积极应对人口老龄化的战略布局，也是积累长期资金、服务国家经济发展大局、促进经济社会高质量发展的重要举措。

为摸底个人养老金制度实施情况，给优化政策提供依据，中国劳动和社会保障科学研究院课题组于2023年到2024年组织对部分央国企、事业单位及职工开展调查。调查以央国企为主，被调查的企事业单位平均职工人数在10万人以上，涉及群体1 300万人，共发放问卷4万份。汇总用人单位和职工在参与意愿、投教服务、税收优惠等方面的诉求，并提出相关建议。

根据调查结果，用人单位的意见主要包括以下方面。一是部分央国企积极响应政策号召，其他一些单位持观望态度或缺乏行动意愿。二是部分单位认为组织推动没有政策依据。有的单位认为个人养老金属于职工个人事项，如果政策没有明确要求单位有相关义务，单位不便组织推动。三是部分单位认为代销渠道提供的产品不全，希望建立全市场产品超市并为职工挑选产品。四是部分单位担心承担投资风险，对个人养老金产品业绩波动表示担忧。五是大部分单位希望借助引入个人养老金的契机，打造集账户开立、资金缴存、产品购买、资产查询、政策投教以及资金领取于一体的二三支柱一站式养老服务平台。

职工意见主要包括以下方面。一是政策宣传不足。部分职工表示缺乏了解政策的渠道；部分职工虽然了解政策，但没有认识到参加个人养老金的好处和必要性。二是税优政策覆盖范围有限，政策吸引力不足。三是缴费额度相对较低，对个人退休生活补充作用有限，希望适当提高缴费上限。四是金融服务供给不充分、不均衡。目前部分金融机构"重开户、轻其他"，职工在产品选择、投资运作等方面获得的服务有限。五是系统、全面的金融服务相对稀缺，职工在养老规划、操作流程、产品选择及投资理念等方面需要系统、专业、持续的服务。六是领取政策需要优化，部分职工希望增加特殊情况下提前领取方式。

针对整理分析的调查结果，课题组提出了相应对策建议。

第一，优化税优政策，扩大政策覆盖面，提高个人养老金参与率。一是配合个人养老金缴费额度，建立基本限额和高标限额双账户，设置不同的免税政策；二是进一步完善领取端的税收政策，对领取期限达到一定年限以上的，领取金额免税；三是借鉴家庭综合所得税制下的个税抵扣制度，将家庭成员的个人养老金缴费纳入抵扣范围，拓宽参与群体；四是逐步提高每年免税额度，增加个人养老金积累。

　　第二，发挥央国企在推动个人养老金扩面中的主阵地作用，提高扩面效率。一是政策层面鼓励央国企在政策宣传、推动职工参加个人养老金等方面提供服务；二是选择部分央国企在个人养老金平台建设、提供一站式业务办理服务等方面先行先试，提供示范借鉴；三是探索个人养老金受托管理试点，例如授权年金管理部门代表职工利益，行使受托人职能，管理职工个人养老金，提高投资收益。

　　第三，探索多样化资金来源，扩大个人养老金资金规模。一是鼓励部分有条件的企业使用职工福利费、补充医保结余资金等为职工匹配缴费；二是鼓励没有条件建立企业年金的单位，向职工个人养老金账户缴费；三是探索打通养老保险二三支柱，衔接税优政策，允许资金在年金和个人养老金之间流动。

　　第四，拓宽开户渠道，提高非银行金融机构参与积极性，营造公平良性竞争生态。一是允许非银行金融机构为职工开立个人养老金账户，提高覆盖能力；二是非银行金融机构代理职工开立个人养老金资金账户，降低职工参与难度，实现个人养老金业务一站式办理，提高业务参与率。

　　第五，扎实推进个人养老金制度稳步发展。逐步扩大覆盖范围，依靠的是制度吸引力，应在政策优惠、制度管理、系统协同建设、个人养老金产品开发、金融服务提供等方面不断优化，不断提升服务效率和质量，促进制度长远健康发展。

资料来源：工人日报.【前沿观察】优化制度设计 促进个人养老金健康发展［EB/OL］.［2024-10-28］. https://www.stcn.com/article/detail/1373519.html.

模块练习3-4

# 项目四
# 养老金融产品创新

## 学习目标

### 【知识目标】
✓ 理解养老理财的概念和构成
✓ 掌握银行养老理财产品的特点
✓ 了解银行养老理财产品的发展现状和发展趋势
✓ 掌握个人养老金理财产品的特点
✓ 了解特定养老储蓄的产品特点
✓ 理解商业养老保险的概念与特点
✓ 了解住房反向抵押养老保险和商业养老金产品
✓ 理解养老目标基金的概念、特征和分类
✓ 了解养老信托的概念与分类
✓ 理解养老服务信托的商业模式创新

### 【技能目标】
✓ 能正确辨别不同类别的养老金融产品
✓ 能对不同类别的养老金融产品进行比较和分析
✓ 能根据投资人的基本情况匹配养老金融产品

### 【素养目标】
✓ 通过对养老金融创新产品的学习，能够初步认识不同类别的养老金融产品以及这些产品的特点，从而激发学生对这些产品进一步学习的兴趣，增强学生的自主学习意识
✓ 引导学生根据个人和家庭基本情况配置养老金融产品，在一定程度上培养学生的财商

### 【思政目标】
✓ 厚植家国情怀。通过分析我国养老现状与政策，增强学生对国家养老战略的认同
✓ 培养职业道德。结合养老金融服务案例，培育学生诚信、负责的职业道德
✓ 增强社会责任感。探讨养老产业问题与机遇，激发学生投身养老事业的担当

### ■ 知识结构

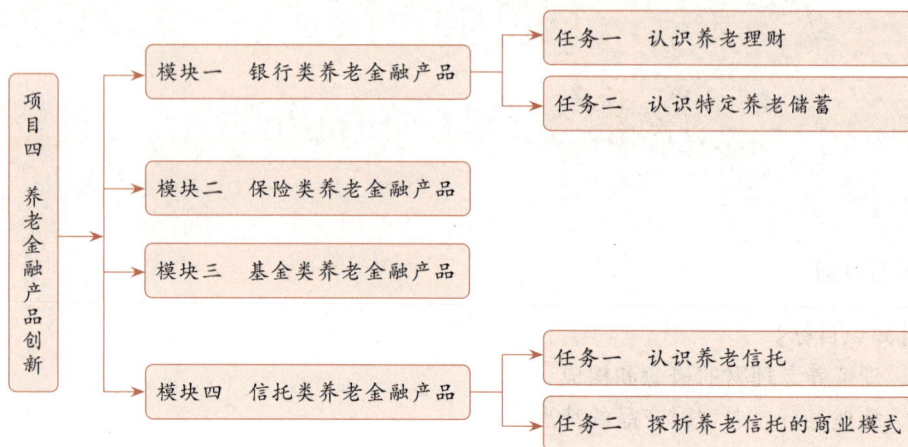

### ■ 案例导读

作为中央金融工作会议提出的"五篇大文章"之一，养老金融成为我国积极应对人口老龄化挑战的国家战略。

国有六大行围绕国家养老保障体系建设，持续打造多样化专业性的金融产品和服务体系，以满足人民日益增长的养老需求。比如，信贷方面，截至2024年6月末，交通银行养老产业授信余额较上年末增长28.83%，超过全行对公贷款平均增幅。适老化服务方面，中国银行已建成敬老服务达标网点10 260家、养老服务示范网点1 023家，农业银行已完成2万余家网点的适老化改造。

2022年国务院办公厅印发《关于推动个人养老金发展的意见》，标志着我国第三支柱个人养老金融正式启动。数据显示，目前个人养老金制度已在36个城市和地区先行试点，金融机构开立超过6 000万个账户，各类储蓄存款、银行理财、商业养老保险产品超过500个。

### ■ 项目概述

养老金融产品主要涵盖银行、保险、基金与信托四大类，旨在满足日益增长的老年人的养老需求。银行类养老产品如储蓄和理财产品，提供长期稳健增值，利率或收益高于普通产品。保险类则强调风险保障，如商业养老保险和养老年金保险，提供固定现金流和经济补偿。基金类养老产品，特别是养老目标基金，追求长期增值，通过资产配置策略控制风险。信托类养老金融产品结合财产信托与公益信托特点，包括企业年金信托和养老地产信托等，灵活满足个性化需求。本项目分别对以上四类养老金融产品进行了比较全面的介绍，包括概念、种类、特点等，可以帮助人们在制订合理的养老投资计划，选择适合自己的养老金融产品。

# 模块一　银行类养老金融产品

## 任务一　认识养老理财

【任务情景】

案例：张阿姨，60岁，已退休，拥有一定的积蓄，希望通过购买银行的养老理财产品来实现资金的保值增值，并为自己的晚年生活提供更多的经济保障。张阿姨首先通过银行的官方网站、客服热线以及线下网点等渠道，了解了当前市场上银行养老理财产品的种类、特点、风险等级和收益情况。她特别关注产品的投资期限、预期收益率、费用结构以及是否提供风险保障机制等信息。

在对比多款理财产品后，张阿姨选择了一款由招商银行推出的招睿颐养五年封闭固定收益类理财，该产品具有长期稳健的收益特点，且提供了风险准备金等保障机制，能够确保张阿姨的本金和收益安全。同时，该产品的投资期限和领取方式也符合张阿姨的养老规划需求。

【知识平台】

养老理财在养老金融产品创新中扮演着至关重要的角色，结合我国日益严峻的养老形势及银行的优势，它不仅能满足老年人多元化的养老需求，实现财富的保值增值，还能推动金融市场的多元化发展，丰富产品种类并提升市场活力。同时，养老理财产品的开发有助于银行拓展业务领域，提升品牌形象和市场竞争力。

### 一、养老理财的概念及构成

从银行产品创新视角来看，养老理财是指商业银行专门为帮助客户规划和准备退休生活而设计的一系列理财产品和服务，旨在通过长期、稳健的投资策略，帮助客户积累足够的养老金，确保他们在退休后仍然能够维持良好的生活水平。因发展阶段差异，我国商业银行类养老理财可以分为养老理财产品和个人养老金理财产品两类，两者具有不同的特点和定位，都是我国养老保障体系中的重要组成部分。从发展规模上看，目前我国养老理财市场中养老理财产品占大头，个人养老金理财产品占比较小，具体表现在商业银行类养老理财从"四地四机构"到"十地十机构"的试点推进，其规模从0增长到1 000亿元以上；而个人养老金制度试点两年后开始向全国推行，虽然个人养老金产品的规模也在扩展，但截止到2023年年底，其规模只有17亿元，如图4-1所示。

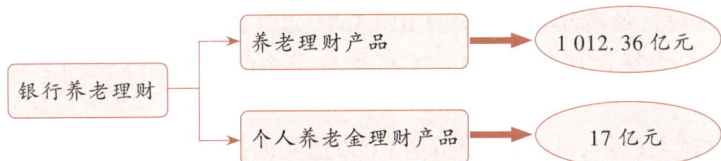

图4-1　银行养老理财的构成和规模

两类产品的共性特征主要包括专为退休生活设计、长期稳健的投资策略、分类清晰且涵盖广泛以及作为养老保障体系的重要补充，这些特点使得养老理财产品成为客户在养老规划中的重要选择。

两类产品的差异特征主要体现在以下几个方面：

一是背景和目的。养老理财产品始于个人养老金制度实施前，是银行理财子公司发行的金融产品，旨在通过长期稳健的资产配置为投资者提供养老保障；个人养老金理财产品则是个人养老金制度下的一个投资选项，旨在通过个人自愿参加、政府政策支持的方式实现养老保险的补充功能。

二是参与方式与条件。养老理财产品的销售对象为符合条件的个人投资者，存在销售限额和封闭期限制；个人养老金理财产品的参加人需在中国境内参加城镇职工基本养老保险或者城乡居民基本养老保险，并通过全国统一线上服务入口或者商业银行渠道开立个人养老金账户和资金账户。

三是税收优惠差异。截至目前，参与养老理财产品配置的投资者未能享受税收优惠；而个人养老金制度下的缴存或投资，包括个人养老金理财产品，享受国家税收优惠政策。

四是产品性质和投资范围。一方面，养老理财产品多为封闭式净值型产品，而个人养老金理财产品则设计为开放式净值型产品，以最短持有期产品为主。另一方面，养老理财产品在投资范围上可能更为广泛，包括固收、权益等多种资产，而个人养老金理财产品可能更注重稳健，权益配置比例较低。

## 二、银行养老理财产品

### （一）发展现状

2021年9月，银保监会发布《关于开展养老理财产品试点的通知》。自2021年9月15日起，工银理财在武汉市和成都市、建信理财和招银理财在深圳市、光大理财在青岛市开展养老理财产品试点，向持有当地身份证的个人销售。试点期限暂定一年；试点阶段，单家试点机构养老理财产品募集资金总规模限制在100亿元以内。四只产品的投资起点都是1元，最高投资额300万元，投资期限都是5年，主要投资于固定收益类资产，并引入多种方式增强对风险的抵御能力。根据银保监会的要求，养老理财产品的资金投向主要是符合国家战略和产业政策的领域。

到2022年3月，试点范围进一步扩大，"四地四机构"扩展至"十地十机构"，且已经开展试点的四家理财公司单家机构最高募集额由100亿元提高到500亿元，养老理财业务进入加速发展阶段。与一般银行理财产品相比，养老理财在产品设计、费用收取等方面有明显的养老及普惠特征。从业绩表现来看，试点养老理财产品也较为稳健。截至2023年年末，11家理财公司在10个城市发行51只产品，认购投资者约47万户，各产品存续规模1 012.36亿元，其中：工银理财的养老理财产品余额135亿元，市场占比为13.3%；发行数量最多的是建信理财和工银理财，均发行11只。

养老理财试点两年，实现了从0到1 000亿元的进展，效果远好于此前其他养老金融产品的试点情况。养老理财试点工作取得的积极进展表明，我国养老金融市场需求旺盛，养老理财有着巨大的发展潜力和广阔的发展前景。随着相关政策助力、投资者养老理财意识提升以及未来试点进一步扩容，养老理财产品的市场份额将会稳步提高，有望成为理财公司的拳头产品。

（二）产品特征

1.稳健性

投资者购买养老理财产品是基于未来养老需求，改善养老生活品质，故更加强调产品的安全稳健性，因此主要投向固定收益类资产，投资策略和理念更加稳健。理财产品创设需严格控制风险，确保产品收益具备较高的稳健性。相较于混合类、权益类等中高风险产品，固定收益类产品更适宜养老投资需求。具体表现在：引入目标日期策略、平滑基金、风险准备金、减值准备等方式，减少产品净值波动，增强风险抵御能力。比如：平滑基金专项用于合理平滑产品收益；风险准备金用于弥补操作错误或技术故障给投资者造成的损失。

从实践来看，养老理财产品的稳健性体现在投资性质和风险等级上。一方面，养老理财产品的投资性质，大部分为固定收益类，少部分为混合类。发行的51只产品中有39只为固定收益类产品，占比约为76%；12只为混合类产品，占比约为24%，其中有10只为光大理财发行。另一方面，养老理财产品风险等级较低的51只产品中共有49只风险等级为二级（中低），2只风险等级为三级（中），风险等级相对较低。募集方式全部为公募。

2.长期性

从发行期限看，三年以上期限的产品占据绝大多数。发行的51只产品中包括49只3年以上期限的产品，1只7天~1个月（含）期限产品，一只6个月~12个月（含）期限产品。3年以上期限产品占比达到96%，数量上占据绝大多数。这一特征，一方面，是由于养老资金的安全性至关重要，银行在设计养老理财产品时通常采用稳健的投资策略，注重资产的保值增值，这种策略有助于降低投资风险，确保投资者在长期持有过程中能够获得相对稳定的收益；另一方面，也体现在鼓励投资者进行长期投资，以实现长期稳定的回报，为退休后的生活提供稳定的资金来源。

从产品投向看，实行长期资产配置策略，80%左右的资金配置于固定收益类资产，不足20%的资金配置于权益类资产或金融衍生类资产，其运作模式为封闭式。养老理财产品采用符合养老需求、科学合理、成熟稳健的长期资产配置策略，呈现低波稳健的收益特征。绝大部分产品募集资金资产配置主要以持有标准化债权资产及非标债权资产至到期为目的，选择投资于信用风险可控、收益较高的固定收益类资产，其中不低于80%的资金配置于固定收益类资产，约20%的资金配置于权益类资产或金融衍生类资产。

3.普惠性

养老理财产品起购金额低至1元，不收取认购费和销售服务费，管理费0~0.1%每年、托管费0.015%~0.020%每年，其费率明显低于其他类别的理财产品，在设计理念上最大程度地让利给投资者。产品投资起点低，降低了投资者门槛，提升了投资者体验。同时，养老理财产品在费率上的优势，如极低的管理费、销售费以及零申购费、零赎回费，无一不体现了其普惠性。

银行养老理财产品与普通理财产品的区别，见表4-1。

表4-1　　　　　　　　　　银行养老理财产品与普通理财产品的区别

| 区别 | 养老理财产品 | 普通理财产品 |
|---|---|---|
| 风险 | 中低风险 | 划分五种风险等级 |
| 投资策略 | 稳健为上 | 根据产品类型而定 |
| 投资范围 | 固定收益类为主 | 固收类、权益类、混合类 |
| 持有期限 | 5年 | 各阶段覆盖 |
| 募集方式 | 公募 | 公募 |
| 认购起点 | 大多为1万元，有少数低至0.01万元 | 普遍1万元起 |
| 赎回要求 | 有灵活的赎回条款 | 不可提前赎回 |

**（三）养老理财发展趋势**

从实践来看，当前银行养老理财发展仍面临诸多挑战：同质化问题显著，难以满足客户多样化投资需求；投资期限相对较长，流动性相对较弱，客群有一定限制；养老理财产品与普通理财产品区分度不高，产品特色不够鲜明，对投资者的吸引力有限。因此，下一阶段养老理财产品的发展仍需从产品设计、投资策略及增值服务三方面来找准着力点：紧扣稳健、普惠、长期性，构建全生命周期产品体系；以固定收益类产品为主，灵活配置权益，动态风控；提供养老规划、账户管理、投资者教育等增值服务，打造一体化信息平台与线下活动。

在产品设计上，需关注多元化投资偏好，尤其在养老理财产品方面，要突出稳健性、普惠性和长期性的核心特点，服务于不同年龄段客户的需求，展现养老金融的政治性、人民性和专业性。具体措施包括：一是差异化设计，根据客户的年龄层次，调整产品形式、期限和投资策略，构建覆盖全生命周期的养老理财产品线；二是功能多样化，增加定期投资、零存整取和整存零取等选项，培养客户长期投资习惯，满足多样化的投资需求；三是流动性优化，改进分红和赎回条件，提高产品的流动性，以便在客户遇到紧急情况时能及时提供资金支持。

在投资策略上，强调稳健性的同时寻求收益的灵活性。主要配置固定收益类资产，并根据市场状况适当加入权益资产，通过严格的风险管理提升收益潜力。投资策略包括但不限于：资产配置动态调整，即根据市场趋势进行择时、调整久期、杠杆操作和量化对冲，保持投资组合的活力；加强风险管理，即实施多层次的风险控制机制，比如利用CPPI策略保护本金，选择高质量债券作为"安全垫"等。

除了上述产品设计和投资策略外，还应以客户需求为中心，拓展增值服务。这不仅限于产品本身，还包括围绕养老规划、账户管理和投资者教育等方面的增值服务，依托售前和售后两端发力，形成以客户为导向、全生命周期的产品服务体系。例如：

建设综合服务平台，整合内外资源，创建一站式养老信息服务系统，依据客户反馈提供个性化服务，如健康咨询、旅游和团购等；搭建线下互动平台，组织文化娱乐活动和投资者教育会议，增强客户的生活质量，推出符合老年人需求的特色产品和服务等。

### （四）产品示例

**工银理财·颐享安泰固定收益类封闭净值型养老理财产品（21GS5688）**
**销售文件（见表4-2）**

尊敬的客户，感谢您选择工银理财！您购买的本款产品是由工银理财有限责任公司自主设计、投资、运作的养老理财产品。为保障您的合法权益，请您在进行金融投资时，警惕任何人与机构假借我公司理财产品之名推介、推销其他类型金融产品。

表4-2　　　　养老理财产品关键信息说明书——以21GS5688为例

| 关键信息（摘录） | |
|---|---|
| 产品名称 | 工银理财·颐享安泰固定收益类封闭净值型养老理财产品（21GS5688） |
| 产品代码 | 21GS5688 |
| 产品性质 | 养老理财产品 |
| 产品类型 | 固定收益类 |
| 期限 | 1 828天 |
| 理财信息登记系统登记编码 | Z7000821001625投资者可依据本产品的登记编码在"中国理财网（www.chinawealth.com.cn）"查询产品信息 |
| 产品风险评级 | PR3（本产品的风险评级仅是工银理财有限责任公司内部测评结果，仅供客户参考） |
| 销售评级 | PR3（该产品通过代理销售机构渠道销售的，理财产品评级应当以代理销售机构最终披露的评级结果为准） |
| 风险特征 | 本理财产品的总体风险程度适中。本产品的投资方向主要为风险和收益较为适中的投资品市场，或虽然部分投资于较高风险较高收益的投资品市场，但通过合理资产配置或其他技术手段使产品的整体风险保持在适中水平 |
| 风险管理机制 | 本产品采取多种风险管理机制，详见本产品说明书第五章 |
| 托管费率 | 0.02%（年化） |
| 销售手续费率 | 0（年化） |
| 固定管理费率 | 0（年化） |

续表

| 关键信息（摘录） |
|---|

| 认购规则 | 1.募集期：2021年12月6日—2021年12月21日。募集期内工商银行网点营业时间及网上银行24小时接受购买申请。为保护客户利益，工银理财有限责任公司可根据市场变化情况缩短或延长募集期并提前或推迟成立，产品提前或推迟成立时工银理财有限责任公司将调整相关日期并进行信息披露。2.认购份额=认购金额/1元，认购份数保留至0.01份理财产品份额，小数点后两位以下四舍五入 |
|---|---|
| 单个投资者持仓上限 | 本产品单个投资者购买上限为100万元。单个投资者持有的全部养老理财产品本金合计（含本次购买本金）不得超过300万元人民币 |
| 提前赎回规则 | 客户因罹患重大疾病等并提供证明材料的，可申请提前赎回本产品。提前赎回规则详见本产品说明书第四章"提前赎回"部分 |
| 业绩比较基准 | 本产品业绩比较基准为5%~7%（年化），业绩比较基准由投资管理人依据理财产品的投资范围及比例、投资策略，并综合考量市场环境等因素测算。本产品投资策略主要以大类资产配置为指引，重点挖掘股债等大类资产及细分领域投资机会，注重风险回撤控制。业绩比较基准是本机构基于产品性质、投资策略、过往经验等因素对产品设定的投资目标，不是预期收益率，不代表产品的未来表现和实际收益，不构成对产品收益的承诺 |
| 收益计算方式 | 到期返还金额=持有份额×理财产品到期日当日单位净值。具体计算公式详见第四章 |
| 潜在风险及收益 | 请认真阅读理财产品说明书风险揭示部分，基于自身的独立判断进行投资决策 |
| 最不利投资情形下的投资结果 | 在发生最不利情况下（可能但并不一定发生），客户可能无法取得收益，并可能面临损失全部本金的风险。具体情形请阅读产品说明书第八章最不利投资情形下的投资结果 |
| 适合购买的投资者人群 | 经工商银行客户风险承受能力评估为平衡型、成长型、进取型的有投资经验的客户 |
| 投资者权益须知 | 投资者权益须知详见《投资者权益须知》 |
| 投诉受理渠道 | 客户对本产品有任何问题的可通过以下途径反映：销售理财产品的营业网点的工作人员；95588客户服务电话等 |

资料来源：中国工商银行网站。

## 三、个人养老金理财产品

### （一）试点现状

2022年11月4日，人力资源和社会保障部、财政部、国家税务总局、原银保监会、证监会联合印发了《个人养老金实施办法》，对个人养老金参加流程、资金账户管理、机构与产品管理、信息披露、监督管理等方面作出具体规定，标志着个人养老金制度正式启动实施。从试点成效来看，得益于个人养老金制度试点的契机，作为个人养老金产品重要组成部分的个人养老金理财产品，正稳步扩容，并取得一定成效。相关数据显示，从 2023 年 2 月份首批个人养老金理财产品推出至 2024 年 2 月 6 日，共有 6 家理财公司发行了 23 只个人养老金理财产品，募集金额已超过 17 亿元，其中工银理财个人养老金理财余额为 7.5 亿元，客户数 7.2 万户。

启智增慧 4-1

上新！个人养老金理财产品扩容至 30 只，投资者"上车"指南来了

在试点过程中，监管部门对个人客户积累养老金的服务需求有了更全面的了解，金融机构在产品研发、客户营销、客户服务等方面积累了经验，为后续有针对性地解决问题、用好成功经验、推动个人养老金持续健康发展奠定了基础。

（二）产品特征

1.产品基准收益相对较高

从业绩比较基准看，养老金理财产品的平均业绩比较基准为 4.41%。大部分养老金理财产品采用区间数值模式，据统计，区间数值模式的产品业绩比较基准下限均值为 4.10%，业绩比较基准上限均值为 4.92%。比如：农银理财发行的"'农银同心·灵动'360 天科技创新人民币理财产品"，采用固定报价，业绩比较基准为 4.05%；贝莱德建信理财"贝嘉目标风险稳健型固定收益类理财产品（最低持有 365 天）"为挂钩报价，业绩比较基准设置为"5%×沪深 300 指数收益率+95%×中债-优选投资级信用债全价（总值）指数收益率"。目前，我国理财产品加权平均收益率水平在 3%~4% 区间之内。相比之下，目前已发行的 23 只养老金理财产品的产品收益率位于 4%~5% 区间之内，产品收益率水平略高于一般性的理财产品收益率。

从实际收益表现看，养老金理财产品收益良好。据统计，截至 2024 年 2 月 6 日，已发行的个人养老金理财产品，面向个人养老金投资者销售以来均取得了正回报。有净值披露的个人养老金理财产品成立以来年化收益率均值为 4.28%，最大回撤均值为 0.31%，年化波动率均值为 2.81%。

2.期限灵活、安全稳健

从发行期限看，T+0 期限的产品占据绝大多数。发行的 23 只产品中包括 21 只 T+0 期限的产品，2 只 6~12 个月（含）期限产品。T+0 期限的产品占比达到 90% 以上，数量上占据绝大多数。但个人养老金理财产品大多设置最短持有期限，大部分产品为 1~3 年，部分产品设置为 5 年，目的在于鼓励投资者长期持有，以保证投资策略的连贯性和投资组合的稳定性。

从风险等级看，23 只产品中有 13 只风险等级为二级（中低），占比 57%；10 只风险等级为三级（中），占比 43%；个人养老金理财产品以中低风险为主，较追求收益的稳健性，符合养老类理财产品的风险收益特征。

3.投资策略多样、投资性质以固定收入为主

产品投资策略上，大部分养老金理财产品采取多资产、多策略投资方法。均衡配置债券、权益类等资产，产品投资低风险利率债券和高等级信用债券等资产的比例不

低于80%，投资权益类资产的比例不高于20%。

从投资性质看，大部分产品为固定收益类，少部分产品为混合类。发行的23只产品中有20只为固定收益类产品，占比约为87%；3只为混合类产品，占比约为13%，其中有2只为农银理财发行，1只为中银理财发行。部分个人养老金理财产品见表4-3。

表4-3 部分个人养老金理财产品列表

| 产品名称 | 业绩比较基准 | 期限类型 | 运作模式 | 投资性质 | 风险等级 |
|---|---|---|---|---|---|
| 工银理财·智益最短持有1 500天固收增强开放式理财产品 | 5%~6% | 每日 | 开放式净值型 | 固定收益类 | 三级（中） |
| 工银理财·鑫尊利最短持有1 080天固定收益类开放式理财产品（23GS3399） | 5.25%~5.75% | 每日 | 开放式净值型 | 固定收益类 | 三级（中） |
| 工银理财·"鑫得利"固定收益类理财产品（2018年第32期） | 3% | 6~12个月 | 开放式净值型 | 固定收益类 | 二级（中低） |
| 农银理财"农银同心·灵动"360天科技创新人民币理财产品 | 4.05% | 每日 | 开放式净值型 | 混合类 | 三级（中） |
| 中银理财"福"（2年）最短持有期固收增强理财产品 | 3.81%~4.81% | 每日 | 开放式净值型 | 固定收益类 | 二级（中低） |
| 中银理财"禄"（5年）最短持有期混合类理财产品 | 4.17%~6.17% | 每日 | 开放式净值型 | 混合类 | 三级（中） |
| 邮银财富添顾·鸿锦最短持有1 825天1号 | 4.05%~4.95% | 每日 | 开放式净值型 | 固定收益类 | 三级（中） |
| 建信理财"安鑫"（最低持有360天）按日开放固定收益类净值型人民币理财产品 | 2.7%~3.7% | 每日 | 开放式净值型 | 固定收益类 | 二级（中低） |

资料来源：中国理财网。

（三）个人养老金理财产品：案例

1.固定收益类产品

固定收益类产品以中银理财"福"（2年）最短持有期固收增强理财产品为例，其业绩比较基准测算是以产品投资利率债仓位0~10%，同业存单仓位10%，信用债、金融债和存款资产等仓位90%，权益类资产仓位不超过10%，组合杠杆率120%为例。业绩比较基准参考本产品发行时已知的沪深300指数收益率、中债-综合财富（1~3

年）指数收益率，考虑本理财产品综合费率、资本利得收益并结合产品投资策略进行测算得出业绩比较基准为3.81%~4.81%。其单位净值如图4-2所示。

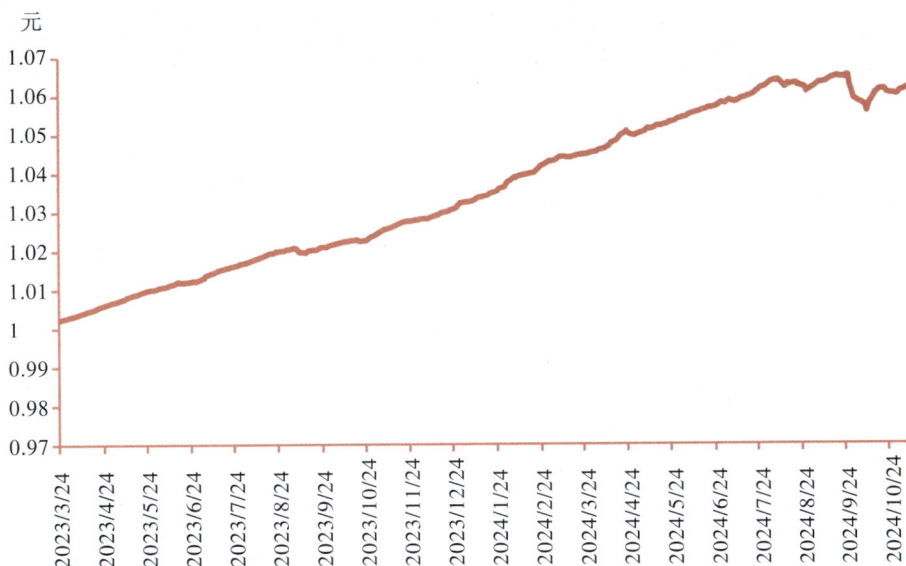

资料来源：中国理财网。

**图4-2　中银理财"福"（2年）最短持有期固收增强理财产品单位净值（累计净值）**

2.混合类产品

混合类产品以农银理财"农银同心·灵动"360天科技创新人民币理财产品（如图4-3所示）为例，这也是首发的混合类个人养老金理财产品。其业绩比较基准测算是以产品投资现金等高流动性资产5%~10%、债券等固定收益类资产50%~80%、股票（含优先股）15%~25%、杠杆比例110%为例。业绩比较基准参考中债-综合财富（1~3年）指数收益率、沪深300指数收益率、叠加通过投资公募基金参与注册制新股网下发行增强收益、产品投资策略，考虑理财产品综合费率，确定业绩比较基准为年化4.05%。该理财产品的单位净值变化如图4-4所示。

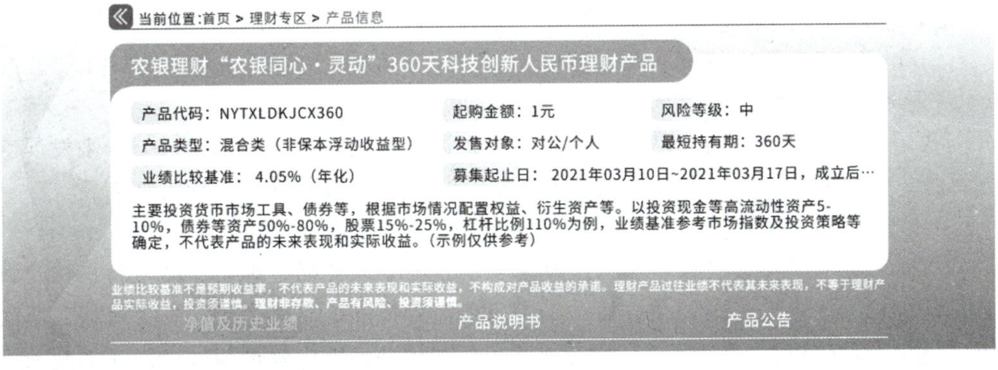

资料来源：农银理财官网。

**图4-3　农银理财"农银同心·灵动"360天科技创新人民币理财产品基本介绍**

元

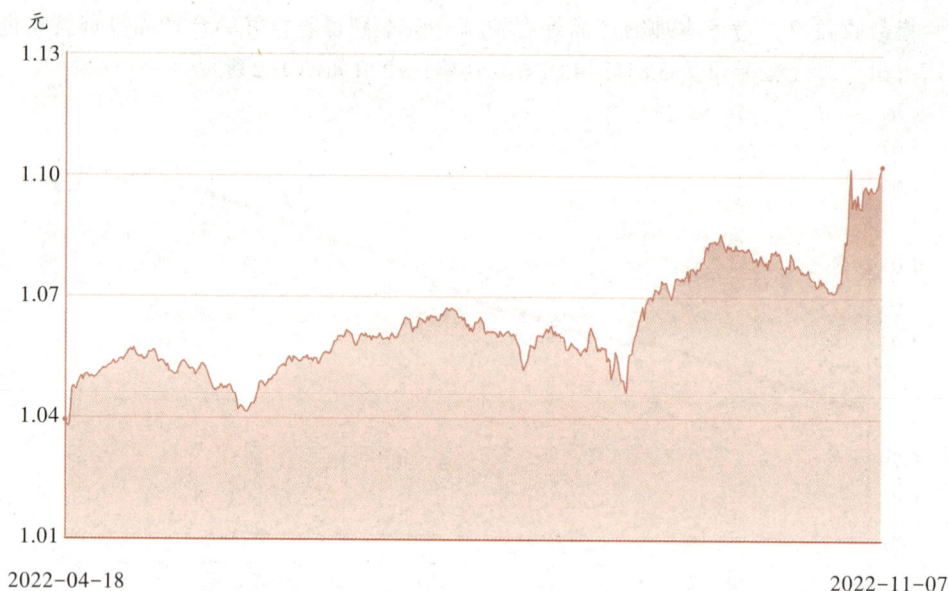

2022-04-18　　　　　　　　　　　　　2022-11-07

| 近1月 | 近3月 | 近6月 | 近1月 | 近3月 |

| | 时间区间 | 区间涨跌幅❶ | 年化收益率❷ |
|---|---|---|---|
| 近一月 | 2024.09.30-2024.11.07 | 0.55% | 5.28% |
| 近三月 | 2024.08.07-2024.11.07 | 2.25% | 8.93% |
| 近六月 | 2024.05.07-2024.11.07 | 1.82% | 3.61% |
| 近一年 | 2023.11.07-2024.11.07 | 3.97% | 3.96% |
| 成立以来 | 2021.03.18-2024.11.07 | 10.23% | 2.81% |
| 会计年度 | 2023年度 | 1.75% | 1.75% |
| | 2022年度 | 0.67% | 0.67% |

❶ 区间涨跌幅：(期末净值/期初净值-1)*100%　　❷ 年化收益率：(期末净值/期初净值-1)/(两净值日间隔)*365*100%

资料来源：农银理财官网。

**图4-4　农银理财"农银同心·灵动"360天科技创新人民币理财产品单位净值变化**

（四）不足与改进

我国个人养老金理财产品处于起步阶段，试点中呈现出一定不足，但未来发展空间巨大，可从政策、产品供给、优化服务、宣传方式等方面进一步探索和创新。

1.产品较少，种类待丰富

尽管个人养老金理财取得了初步发展，但当前个人养老金理财产品发售机构及数量仍较少，原因主要包括两个方面：一是目前监管批准的养老金产品发售机构名单尚未覆盖全部理财机构。二是个人养老金市场相对新兴，监管政策和标准尚在不断完善中，相关机构可能选择谨慎行事，确保产品的合规性和质量。另外，目前个人养老金理财产品尚未形成明显的差异化路径：投资风格较为接近，均为开放式理财产品，最低持有期为1年。未来理财公司可以进一步细化产品种类和目标客户定位，了解个人养老金客户在风险偏好、年龄、财富状况等方面的分布情况，打造差异化的养老金理财产品体系。理财公司在养老理财和养老金理财上，独具特色和优势，应当充分发挥综合优势，充分参与产品供给，满足多样化养老金融需求。

2.社会公众相关认知程度仍待提升

当前，我国社会公众对个人养老金理财产品的认知程度相对较低，该类产品尚未被居民广泛接受，市场需求也相对不足，养老金市场出现"开户热、缴费冷"的情况，金融机构在开展相应的产品设计和推广方面也会受到影响。因此，相关部门与机构可以扩大宣传，让社会公众进一步了解个人养老金理财产品。

3.名称容易混淆、被误解

目前个人养老金理财产品在产品名称上并无"养老"字样，和普通理财产品在名称上没有明显区别，容易混淆。虽然养老金理财产品均已在理财登记托管系统中显示"个人养老金"标记，但并未在名称上加以体现，不易使投资者直观地辨别相关产品。不妨对上述产品及未来新发产品增加标识，产品名称统一为"XXX+个人养老金产品"。

**【拓展阅读】中国银保监会办公厅关于开展养老理财产品试点的通知**

——银保监办发〔2021〕95号

湖北、四川、青岛、深圳银保监局，各理财公司及其控股股东，银行业理财登记托管中心：

为进一步发挥理财业务特点和优势，促进第三支柱养老金融产品丰富发展，满足人民群众多样化养老需求，银保监会决定开展养老理财产品试点。现就有关事项通知如下：

一、试点内容

自2021年9月15日起，工银理财有限责任公司在武汉市和成都市，建信理财有限责任公司和招银理财有限责任公司在深圳市，光大理财有限责任公司在青岛市开展养老理财产品试点。试点期限暂定一年。试点阶段，单家试点机构养老理财产品募集资金总规模限制在100亿元人民币以内。

二、试点要求

（一）试点理财公司应当统一思想，提高认识，充分发挥理财业务成熟稳健的资产配置优势，创设符合长期养老需求和生命周期特点的养老理财产品，推动养老理财业务规范发展，积极拓宽居民财产性收入渠道。

（二）试点理财公司应当建立试点工作领导机制，明确各项职责，加强制度建设，保证必要资源投入，建立与养老理财相适应的治理架构、管理模式、投研能力和考核体系等。

（三）试点理财公司应当严格按照理财业务现有制度和养老理财产品试点要求，规范设计和发行养老理财产品，做好销售管理、信息披露和投资者保护等工作，确保审慎合规展业，守住风险底线。

（四）试点理财公司应当结合试点地区情况，稳妥有序开展试点，健全养老理财产品风险管理机制，实施非母行第三方独立托管，引导形成长期稳定资金，探索跨周期投资模式，积极投向符合国家战略和产业政策的领域，更好支持经济社会长期投融资需求。

（五）各理财公司应当规范养老理财产品名称使用，持续清理名不符实的"养老"字样理财产品。银行业理财登记托管中心配合做好养老理财产品信息登记和清理规范相关工作。

三、监督管理

（一）试点理财公司应当制定养老理财产品试点方案，报经银保监会相关机构监管部门认可后，按照公募理财产品信息登记要求，于销售前10个工作日，在银行业理财登记托管中心"全国银行业理财信息登记系统"进行产品登记。

（二）试点理财公司应当于每季度结束后5个工作日内，向银保监会及试点地区银保监局报送试点工作进展情况。

（三）银保监会及试点地区银保监局应当密切关注业务发展，指导试点理财公司不断优化养老理财服务形态，及时研究改进问题，确保试点工作顺利推进。

（四）银保监会及试点地区银保监局应当督促理财公司做好政策解读和宣传引导，培育投资者长期价值投资、健康养老投资理念和文化，帮助投资者树立科学的风险观和收益观，对市场形成良好示范和带动作用。

（五）银保监会及试点地区银保监局应当持续加大理财业务监督检查力度，严肃惩处侵害投资者合法权益的行为，维护养老金融市场良好秩序。

（六）银保监会及试点地区银保监局应当做好总结评估，研究复制推广优秀试点经验，为推动养老理财常态化运营，规范发展养老金融业务创造有利条件。

中国银保监会办公厅<br>2021年8月31日

资料来源：中国银保监会办公厅. 中国银保监会办公厅关于开展养老理财产品试点的通知［EB/OL］.［2021-08-31］. https://www.gov.cn/zhengce/zhengceku/2021-09/10/content_5636664.htm

## 任务二 认识特定养老储蓄

【任务情景】

以一位广州地区35岁客户、存款本金5万元为例。2022年年底，银行5年期普通定期利率为3.22%，在假定市场利率水平不变的情况下，该客户若采取5年期普通存款定期存款的储蓄方式，在55岁到期支取时，普通定期产品的利息合计约为32 248元；若该客户选择20年期特定养老储蓄产品，那么在55岁相同的支取时间，利息合计为40 000万元，特定养老储蓄产品比普通定期存款高约7 752元。

通过上述案例，你觉得特定养老储蓄具有哪些特征？

【知识平台】

特定养老储蓄的推出在养老金融领域具有深远的意义。首先，它旨在直接响应并满足居民多样化的养老需求。通过提供多样化的储蓄品种、设定较长的储蓄期限以及给予较高的利率，特定养老储蓄为老年人提供了更为丰富和灵活的养老储备选择。这不仅有助于个人根据自身情况合理规划养老资金，也体现了养老金融服务的个性化和精细化发展趋势，是养老金融改革的关键一环。其次，从金融市场和金融机构的角度来看，特定养老储蓄的推出丰富了第三支柱养老金融产品的供给，为银行业金融机构在养老金融领域的创新和服务升级提供了新的动力。这一举措有助于推动金融机构加大在养老金融产品上的研发力度，提升服务质量，从而满足市场上日益增长的养老金融需求。最后，特定养老储蓄的推出也促进了金融市场的多元化和竞争，为投资者提供了更多选择，有助于吸引更多资本关注并投资于养老金融市场，进一步推动市场的发展和完善。此外，特定养老储蓄的推广还具有提升公众金融安全意识和金融素养的重要作用。通过引导居民进行长期稳定的养老储蓄积累，特定养老储蓄不仅增强了个人的养老保障能力，还为公众提供了学习和了解金融知识的机会。这有助于提升公众的金融风险意识，减少金融风险事件的发生，从而构建一个更加健康、稳定的金融环境。

### 一、什么是特定养老储蓄

2022年7月29日，银保监会和人民银行联合发布了《关于开展特定养老储蓄试点工作的通知》，启动特定养老储蓄试点。文件明确规定，由工、农、中、建四家大型银行在合肥、广州、成都、西安和青岛五个城市开展特定养老储蓄试点，单家银行试点规模不超过100亿元，试点期限为一年。作为专为养老目标而设立的储蓄类别，特定养老储蓄是指银行与存款人双方事先约定存款期限、计息规则、结息方式以及支取条件，并按合同约定条件支取本息的一种储蓄产品。由此可见，特定养老储蓄本质上是一种银行储蓄存款，兼顾普惠性和养老性、产品期限长、收益稳定、本息有保障，可以满足低风险偏好居民的养老需求。从产品类别看，产品分为整存整取、整存零取、零存整取三类，存储年限分为5年、10年、15年和20年四档，利率略高于大型银行5年期定期存款利率。不同的存款类型，存取条件有差异。

相较于其他普通定期存款，特定养老储蓄具有四个显著特征：一是限定购买资格。年满35岁、拥有试点五城户口的居民，可以购买特定养老储蓄，限银行柜台办理，购买金额有上限，合计不超过50万元。二是利率略高于定期存款。特定养老储蓄首5年的年利率约为3.5%~4%，不同期限、不同银行、不同城市的利率略有差异，总体略高于大型银行5年期定期存款利率，且特定养老储蓄利率并非固定不变，银行每5年可调整一次利率。三是有年龄限制。要求"购买人年龄+产品期限"大于55，即购买特定养老储蓄不同期限的产品有各自不同的年龄限制。比如，20年期限产品，须年满35岁才可购买；以此类推，5年期限的产品，须年满50岁才可购买。四是提前支取会损失收益。特定养老储蓄可以提前支取，但提前支取会损失收益。产品提前支取时，满5年倍数部分按存入日同类型普通存款利率计息，不满5年部分则按支取日活期利率计息。

启智增慧 4-2

什么是特定养老储蓄？与普通存款相比，这类储蓄又有哪些特点？

### 二、案例展示——以中国银行为例

产品名称：特定养老储蓄产品。

产品说明：（1）特定养老储蓄整存整取产品，是指存款人与银行约定存期，整笔存入（50元起存），到期一次性支取"本息"；（2）特定养老储蓄整存零取产品，是指本金一次性存入（1 000元起存），存款人与银行协商确定支取频率，分期支取"本金"，可设定为一个月、三个月、半年、一年一次，利息于期满结清时支取；（3）特定养老储蓄零存整取产品，是指存款人与银行事先约定存款期限和每月固定存额（每月固定存额5元起），每月存入一次，到期一次性支取"本息"，中途如有漏存，应在两个月内补齐，未补存者视为违约。

产品优势：（1）期限丰富，养老随心选择。特定养老储蓄产品期限分为5年、10年、15年和20年四档。与普通定期存款相比，存期更长，符合"养老"定位。（2）专属利率，规划美好未来。特定养老储蓄产品利率区别于同类型的普通定期存款，体现了该产品的普惠性。（3）灵活支取，解决应急需求。存款人因个人原因需要用款，在年满55周岁前或产品到期前也可以办理提前支取，提前支取的利息计算按双方约定执行。

适用对象：特定养老储蓄产品面向持有中华人民共和国居民身份证的中国公民发售。在特定养老储蓄产品试点期间，仅面向试点地区范围内符合条件的居民发售。

办理流程：特定养老储蓄产品签约和存入在营业网点柜台渠道凭身份证办理，且在试点期间不可跨区域办理。到期支取、提前支取、查询、零存整取产品续存等业务可在我行通存通兑营业网点柜台、智能柜台（自助终端）和手机银行等渠道办理（整存整取产品存单、零存整取/整存零取产品存折的提前支取、到期结清须在营业网点柜台办理；非凭密码支取的账户办理支取业务，须在开户网点办理）。

温馨提示：

（1）根据试点工作通知要求，目前特定养老储蓄产品在合肥、广州、成都、西安和青岛市开展试点，试点总体规模、试点期限按试点工作要求执行。在尚有可售额度的情况下，单人可购买本金上限为50万元，整存整取、整存零取、零存整取三种类型产品合并计算。

（2）特定养老储蓄产品须年满55周岁且产品期满方可到期支取，未到龄或未到期支取按提前支取条款处理。客户签约5年期产品时，年龄须满足大于等于50周岁，10年期产品须满足大于等于45周岁，15年期产品须满足大于等于40周岁，20年期须满足大于等于35周岁。

（3）特定养老储蓄产品适用专用利率，客户可通过我行官方网站、营业网点（试点阶段仅在试点地区营业网点）等渠道查询特定养老储蓄产品最新利率和历史利率。

（4）特定养老储蓄产品每5年为一个计息周期，同一个计息周期内利率水平保持不变，每个计息周期的适用利率以该周期开始日的特定养老储蓄产品利率执行。其中，5年期产品仅包含一个计息周期，10年期产品包含两个计息周期，15年期产品包含三个计息周期，20年期产品包含四个计息周期。

（5）特定养老储蓄整存整取产品支持部分提前支取和全额提前支取，部分提前支取次数不受限制，部分提前支取后剩余金额应不低于起存金额。特定养老储蓄零存整取、整存零取产品不支持部分提前支取，仅支持全额提前支取。

（6）特定养老储蓄产品正常到期后客户未及时支取，或客户在整存零取产品约定的支取日未及时支取，超过原定日期的天数，按实际支取日中国银行挂牌公告的活期存款利率计付利息。

中国银行特定养老储蓄产品利率表见表4-4。

表4-4　　　　　　　　　　中国银行特定养老储蓄产品利率表

| 一、特定养老储蓄整存整取产品 | | | | |
|---|---|---|---|---|
| 5年期 | 10年期 | 15年期 | 20年期 | 适用范围 |
| 4% | 4% | 4% | 4% | 广州、成都、西安 |
| 3.50% | 3.50% | 3.50% | 3.50% | 合肥、青岛 |
| 二、特定养老储蓄整存零取、零存整取产品 | | | | |
| 5年期 | 10年期 | 15年期 | 20年期 | 适用范围 |
| 2.25% | 2.25% | 2.25% | 2.25% | 广州、成都、西安 |
| 2.05% | 2.05% | 2.05% | 2.05% | 合肥、青岛 |

资料来源：中国银行网站。以2022年11月30日起执行的年利率为例。

**【拓展阅读】** 中国银保监会办公厅 中国人民银行办公厅关于开展特定养老储蓄试点工作的通知

——银保监办发〔2022〕75号

安徽、广东、四川、陕西、青岛银保监局，中国人民银行济南、广州、成都、西安分行，中国人民银行合肥中心支行，中国人民银行青岛市中心支行，工商银行、农业银行、中国银行、建设银行：

为持续推进养老金融改革工作，丰富第三支柱养老金融产品供给，进一步满足人民群众多样化养老需求，银保监会和人民银行决定开展特定养老储蓄试点。现就有关事项通知如下：

一、试点内容

自2022年11月20日起，由工商银行、农业银行、中国银行和建设银行在合肥、广州、成都、西安和青岛市开展特定养老储蓄试点。试点期限暂定一年。试点阶段，单家试点银行特定养老储蓄业务总规模限制在100亿元人民币以内。

二、试点要求

（一）试点银行应当统一思想，提高认识。充分发挥商业银行储蓄业务优势，推出符合长期养老需求、充分体现养老功能的特定养老储蓄产品，推动特定养老储蓄业务规范健康发展，满足人民群众差异化养老金融需求。

（二）试点银行应当建立试点工作领导机制，明确职责分工和管理架构，为试点工作提供充足的资源保障。建立健全业务管理制度，制定规范的业务流程和操作标准，完善相应的激励约束等机制，做好系统研发改造工作。

（三）试点银行应当严格遵循"存款自愿、取款自由、存款有息、为储户保密"的原则，公开、公平、公正开展业务。落实储蓄业务和个人账户管理相关要求，依法合规办理特定养老储蓄业务，不得违规吸收和虚假增加存款。

（四）试点银行应当做好特定养老储蓄业务风险管理，充分评估风险并制定风险处置预案，有效防控风险。做好产品宣传和消费者教育工作，完善属地管理、分级负责的消费者投诉处理机制，不断提升服务水平，维护消费者合法权益。

三、监督管理

（一）试点银行应当制定特定养老储蓄试点方案，经银保监会和人民银行相关部门认可后方可实施。试点银行分支机构在首次办理特定养老储蓄业务前，应向试点地区银保监局和人民银行分支机构报告。

（二）试点银行应当于每季度结束后5个工作日内，向银保监会和人民银行、试点地区银保监局和人民银行分支机构报送试点工作进展情况。

（三）银保监会和人民银行相关部门、试点地区银保监局和人民银行分支机构应当持续关注特定养老储蓄试点工作开展情况，指导试点银行科学设计产品，优化服务，稳妥开展业务，确保试点工作平稳有序推进。

（四）银保监会和人民银行相关部门、试点地区银保监局和人民银行分支机构应当加强特定养老储蓄业务的监督检查力度，对违法违规问题及时采取措施，依法严肃处理。切实保护消费者权益，提升金融服务质效。

（五）银保监会和人民银行相关部门、试点地区银保监局和人民银行分支机构应当督促试点银行做好消费者教育和宣传工作，引导消费者树立健康养老理念。

（六）银保监会和人民银行相关部门、试点地区银保监局和人民银行分支机构应当及时进行总结评估，研究解决试点工作中存在的问题，推广试点经验，推动养老金融改革工作持续健康发展。

模块练习4-1

中国银保监会办公厅
中国人民银行办公厅
2022年7月15日

# 模块二　保险类养老金融产品

【任务情景】

30岁的林女士是一位私营业主，由于没有人为她缴纳五险一金，她决定自己购买一份商业养老险。她的需求很简单，即在老年时保障基本的生活支出。根据她的情况，理财经理为她设计了一个方案：每年缴纳30 921元，缴费12年，总缴费为371 052元，65岁开始领取养老金。如果林女士在50岁时身故，她的儿子可以领取到身故金656 949元；如果林女士在67岁时身故，她的儿子还可以继续领取她的退休养老金，连续领取18年；如果林女士健健康康活到105岁，她可以活多久领多久。

根据上述案例，你能得出哪些启示？如何理解商业养老保险的个性化选择？

【知识平台】

商业养老保险作为社会保障体系的关键一环，其重要性体现在多方面。首先，它作为基本养老保险的补充，缓解了人口老龄化带来的公共养老金支付压力，帮助个人构建全面的养老保障体系。其次，商业养老保险提供了灵活的养老规划，满足个性化需求，并通过附加保障降低个人及家庭的经济风险。再者，它助力长期资金积累，利用复利效应为退休生活储备资金，确保退休后生活质量不受影响。此外，商业养老保险的发展促进经济发展，扩大内需，为市场提供稳定资金来源，并通过税收优惠增加购买吸引力。最后，它有助于减轻公共财政负担，减少老年人贫困，促进社会和谐稳定。

## 一、商业养老保险的概念与特点

商业养老保险是商业保险的一种，它以人的生命或身体为保险对象，在被保险人年老退休或保期届满时，由保险公司按合同规定支付养老金。因此，从本质上讲，商业养老保险是年金保险的一种特殊形式，是以获得养老金为主要目的的长期人身险，是社会养老保险的补充。目前，养老年金保险、个人税收递延型养老保险和专属商业养老保险都属于商业养老保险范畴的重要实践。

功能定位：商业养老保险也可以被当作一种强制储蓄手段，帮助年轻人未雨绸缪，避免年轻时的过度消费。

操作模式：商业性养老保险的被保险人，在交纳了一定的保险费以后，就可以从一定年龄开始领取养老金。这样一来，尽管被保险人在退休之后收入下降，但由于有养老金的帮助，他仍然能保持退休前的生活水平。

领取时间：相较于社保养老金对领取年龄段的规定，商业养老保险的领取时间要灵活得多。商业养老金提供了多种领取时间供投保人选择，并且在没有开始领取之前还可以更改。年金领取的起始时间通常集中在被保险人50、55、60、65周岁这四个年龄段，也有更早或更晚的领取起始时间。

领取方式：商业养老保险通常有定额、定时和一次性趸领三种方式。定额领取的方式和社保养老金相同，即在单位时间确定领取额度，直至将保险金全部领取完毕。社保养老金是以月为单位时间，而商业养老保险多以年为单位，如平安人寿的长青终身养老年金保险等，都采用按年给付的方式。定时，就是约定一个领取时间，根据养老保险金的总量确定领取的额度，例如约定15年将养老金领取完毕，那么保险公司将根据养老金总额，确定每年可以领取的具体额度。有些养老年金保险合同中有约定的时间，有些可以自由选择领取的方式，中间亦可更改。趸领，是指在约定领取时间把所有养老金一次性全部提走的方式。

## 二、商业养老保险的主要类别

（一）养老年金保险

1.养老年金保险的分类

按照《人身保险公司保险条款和保险费率管理办法（2015年修订）》中的相关规定，养老年金保险是以养老保障为目的的年金保险。养老年金保险除了以被保险人生存作为保险金给付条件之外，还需要满足以下两个条件：一是保险合同约定给付被保险人生存保险金的年龄不得小于国家规定的退休年龄；二是相邻两次给付的时间间隔不得超过一年。

从上述定义可见，养老年金保险的定位是满足退休后养老资金需求的商业保险产品。养老年金保险按照不同的分类标准还可以进一步划分为不同的类型，见表4-5。

表4-5 养老年金保险的分类

| 分类标准 | 产品类型 |
|---|---|
| 保单持有人领取的保险利益是否与保险公司投资业绩相关 | 普通型、分红型、万能型、投资连结型 |
| 保险期限 | 终身型、定期型 |
| 年金领取是否有保证领取期 | 有、没有 |

下面以"保单持有人领取的保险利益是否与保险公司投资业绩相关"为例，简要介绍普通型、分红型、万能型和投资连结型四类保险。

（1）普通型养老保险

普通型养老保险是指未来给付的保险利益在保险合同签署时就已固定下来，不随实际投资收益表现而改变。此外，从什么时间开始领养老金，领多少钱，都是投保时就可以明确选择和预知的。

优势：回报固定。在出现零利率或者负利率的情况下，也不会影响养老金的回报利率。比如在20世纪90年代末期出售的一些养老产品，按照当时的利率设计的回报，回报率达到10%。

劣势：很难抵御通胀的影响。因为购买的产品是固定利率的，如果通胀率比较高，从长期来看，就存在贬值的风险。

适合人群：比较保守、年龄偏大的投资人。

（2）分红型养老保险

分红型养老保险通常有保底的预定利率，但这个利率比普通型养老保险稍低。分红险除固定生存利益之外，在每个会计年度结束后，保险公司会将上一会计年度该款分红保险的可分配盈余按照不低于70%的比例分配给保单持有人。

优势：收益与保险公司经营业绩挂钩，理论上可以规避或者部分规避通货膨胀对养老金的威胁，使养老金相对保值甚至增值。

劣势：分红具有不确定性，也有可能因该公司的经营业绩不好而使自己受到损失。因此，要挑选一家实力强、信誉好的保险公司来购买该类产品。

适合人群：理财比较保守、不愿意承担风险、容易冲动消费、比较感性的投资人。

（3）万能型人寿保险

万能型人寿保险指保单持有人可以不定期、不定额追加保险费，灵活调整保险金额以及领取部分或全部保单账户价值，保险公司定期公布保单账户的结算利率且该利率不得低于保险公司在保险合同中约定的最低保证利率。这一类型的产品在扣除部分初始费用和保障成本后，保费进入个人投资账户，有保证最低收益，有的与银行一年期定期税后利率挂钩。

优势：万能险下有保底利率，上不封顶，每月公布结算利率，按月结算，复利增长，可有效抵御银行利率波动和通货膨胀的影响。万能险账户比较透明，存取相对比较灵活，追加投资方便，寿险保障可以根据不同年龄阶段提高或降低。由此可见，万能型人寿保险可以灵活应对收入和理财目标的变化。

劣势：万能险存取灵活是优势也是劣势，对储蓄习惯不太好、自制能力不够强的投资人来说，可能最后存不够所需的养老金。

适合人群：比较理性、坚持长期投资、自制能力强的投资人。

（4）投资连结保险

投资连结保险被称为"基金的基金"，是一种长期投资的手段，设有不同风险类型的账户，与不同投资品种的收益挂钩。不设保底收益，保险公司只是收取账户管理费，盈亏由客户全部自负。实践中，投资连结保险通常指保险公司为保单持有人提供一个或多个投资账户，保单持有人所支付的保费在扣除特定费用之后进入投资账户，保单持有人承担投资账户的所有风险也享有投资账户的全部收益。

优势：投资连结保险以投资为主，兼顾保障，由专家理财选择投资品种，不同账户之间可自行灵活转换，以适应资本市场不同的形势。只要坚持长线投资，有可能收益很高。

劣势：投资连结保险是保险产品中投资风险最高的一类，如果受不了短期波动而盲目调整，有可能损失较大。

适合人群：比较年轻、能承受一定风险、坚持长期投资的投资人。

2.养老年金保险的特点和局限性

养老年金保险在国内保险市场的比重不高。2023年，我国商业养老年金保险实现保费收入3 247亿元，占同期人身保险保费总收入的8.63%。

养老年金保险作为养老储备工具有以下主要特点：

（1）开始领取年金的年龄与国家法定退休年龄相关，为退休后积累资金的针对性强。

（2）为保单持有人提供长期甚至终身的最低保证收益，如果是分红型和万能型产品，保单持有人还能够分享保险公司的投资收益。

（3）保证终身领取生存金的养老年金产品能够有效承担被保险人的长寿风险。

养老年金保险也有其自身的局限性：

（1）不享受税收优惠。

（2）除投资连结型产品之外，保单持有人无权选择投资账户，保险公司投资账户的资产配置和运作情况不够透明。

（3）由于保险公司的整体资产配置是以固定收益类资产为主的稳健风格，保单持有人从分红型和万能型产品中所分享的保险公司的投资收益从长期来看，是以弥补通货膨胀为主要目标。保单持有人对于所能获得的预期投资回报不应有过高的期望。

（4）养老年金保险的积累期通常都超过10年，在此期间，保单持有人如果有资金需求，只能通过退保、保单贷款、部分领取或减保的方式，可能会有一定的资金损失。当然，也正是这一特性使人们得以维持为退休所进行的长期储蓄的纪律性，从而实现跨周期的资金安排。

### （二）个人税收递延型养老保险

#### 1.发展现状

税收递延型养老保险是投保人在税前列支保费，在领取保险金时再缴纳税款的一种特殊的养老年金保险。2018年5月1日，个人税收递延型养老保险试点启动，在上海市、福建省（含厦门市）和苏州工业园区实施为期一年的试点。作为第一款享受税收优惠政策的养老保险，它也被视为国内第三支柱养老产品的首次试水。目前，个人税收递延型养老保险已与个人养老金制度相衔接，金融监管总局将其已开展业务的个税递延型养老保险产品纳入个人养老金保险产品名单。自2023年9月1日起，试点公司停止向新客户销售个税递延型养老保险产品，支持将个税递延型养老保险保单变更为个人养老金个税递延型养老保险保单。

#### 2.产品特点

在税收优惠方面，享受的特别安排包括：（1）在投保人购买该产品时，购买支出可进行税前扣除，个人缴费税前扣除限额为当月工资的6%和1 000元的较低值（或当年应税收入的6%和12 000元的较低值）。（2）在领取期，养老金收入征收个人所得税，其中25%部分免税，其余75%部分按照10%的比例税率计算缴纳个人所得税，实际税率即为7.5%。

在产品设计和保险责任方面，个人税收递延型养老保险主要具有以下特点：（1）开始给付养老年金的时间不早于国家规定的退休年龄。（2）养老年金的领取方式包括保证返还账户价值终身领取、固定期限15（或20）年领取。（3）按照产品积累期养老资金的收益类型，分为收益确定型、收益保底型、收益浮动型，此外收益保底型类似于万能险，收益浮动型类似于投资连结险，但相关的利率结算频率有所不同。（4）该产品具有比其他保险产品都更加灵活的产品转换权力。在开始领取养老金之前，参保人不仅可以转换为同一保险公司提供的其他类产品，还可以转换为其他公司的税延养老保险产品。此外，规则还提到"试点结束后，对于参保人提出转换为其他金融产品的要求，保险公司应予支持"。

#### 3.局限性

尽管税收递延型养老保险享有税收优惠，并且在产品设计上引入不少有利于参保人的考虑，但其试点效果与此前的市场预期相比仍相去甚远。其中的主要原因包括：

（1）税收优惠带来的激励效果有限。国外普遍征收资本利得税，因而在长达十几年甚至几十年的积累期中所节省的税收金额相当可观。我国目前尚未征收个人资本利得税，实施税收优惠的政策空间有限。而且从个人所得税的角度，每年最多12 000元的税前抵扣额的优惠力度也较小。

（2）相关手续较为烦琐。被保险人的个人商业养老资金账户需要在中国保险信息技术管理有限责任公司进行登记，且需持该机构出具的《个人税收递延型商业养老保险扣除凭证》并填报《个人税收递延型商业养老保险税前扣除情况明细表》方能税前抵扣。

（3）政策优惠对于新业态从业者不太适用。根据相关政策，只有两类群体可以享受政策优惠：一是取得工资薪金所得、连续性劳务报酬所得的个人；二是个体工商户业主、个人独资企业投资者、合伙企业自然人合伙人和承包承租经营者方可投保个人税收递延型养老保险。而不满足上述条件的自由职业者及一些灵活就业人员则不能享受税收递延。

（4）与不享受税优的商业养老年金保险相比较，个人税收递延型养老保险在积累期的流动性限制很强。在积累期，参保人只有在发生合同约定的重大疾病的情况下才能申请退保，而传统商业养老保险往往提供更多的选择，例如部分领取、减保、保单贷款等。

（三）专属商业养老保险

专属商业养老保险是一种新型的养老年金保险，它综合了前述养老年金保险与个人税收递延型养老保险各自的一些特点，在产品设计上的最大特点是提供多个具有不同保证收益的投资账户供客户选择，因而近似于升级版的万能型养老年金保险。该产品其他主要特点包括：60周岁及以上方能领取，领取期不得短于10年，产品缴费方式采取与万能型保险产品相近的灵活缴费方式，产品积累期采用"保证+浮动"的收益模式，保险公司按年度结算投资组合收益。

在产品定位上，专属商业养老保险积极倡导保险公司探索服务新产业、新业态从业人员和各种灵活就业人员养老需求。与此同时，该产品还享有特殊的鼓励政策，包括：

（1）对于新产业、新业态从业人员和灵活就业人员，其雇主缴纳的保费也进入个人账户，权益全部归个人。

（2）保险公司可通过其官方网络平台或其所属保险集团官方网络平台销售专属商业养老保险产品，销售区域不受试点区域限制。

（3）保险公司运用专属商业养老保险资金配置权益类资产比例，可按照《中国银保监会办公厅关于优化保险公司权益类资产配置监管有关事项的通知》（银保监办发〔2020〕63号）要求上浮一档执行。

（4）国家金融监督管理总局（原中国银保监会）将根据其经营长期性的特征和风险实际，在偿付能力最低资本要求上体现监管支持。

专属商业养老保险于2021年6月1日在浙江省（含宁波市）和重庆市启动为期一年的试点，人保寿险、中国人寿、太平人寿、太平洋人寿、泰康人寿、新华人寿共六家保险公司参与。截至2023年年底，专属商业养老保险累计养老准备金规模超过106亿元，保单件数约74万件。其中，新产业、新业态从业人员和灵活就业人员投保超过8万件，显示出专属商业养老保险在覆盖更广泛人群方面的潜力。

（四）前述三种产品的主要区别

总体来看，前述介绍的三种养老保险产品的市场规模在整个保险市场中所占的比重非常小，三种产品占人身险公司全部保费收入不足10%，这与国内快速增长的老年人口所对应的庞大的养老保险潜在需求并不相称。养老保险产品的社会接受度不高与大众希望保险产品能够尽早、尽快返还的心理有关。为解决这一问题，保险公司需要帮助社会大众理解养老保险产品在养老金筹资方面的独特性，即该类产品既建立了养老金"专款专用"的纪律性，提供退休后稳定的现金流，又能很好地对长寿风险进行管理。同时，保险公司还需不断创新产品和服务，来增加此类保险产品对投资者的吸引力。三类产品的主要区别见表4-6。

表4-6　　　　　　　　　　　　　　商业养老保险产品比较

| 比较内容 | 养老年金保险 | 个人税收递延型养老保险 | 专属商业养老保险 |
|---|---|---|---|
| 年金开始领取日 | 不得小于国家规定的退休年龄 | 不得小于国家规定的退休年龄 | 60岁及以上 |
| 是否有税收优惠 | 无 | 有 | 无 |
| 年金转换表锁定日 | 可自行选择在投保时约定或在领取开始时决定 | 于投保时锁定 | 可自行选择在投保时约定或在领取开始时决定 |
| 积累期收益类型 | 固定收益、保底+浮动、浮动 | 固定收益、保底+浮动、浮动 | 保底+浮动 |
| 积累期资金灵活性 | 可以采用退保、部分领取、减保、保单贷款等方式 | 只有发生重大疾病时可以退保 | 可以退保（根据退保时所在保单年度支付不同的退保费）且在发生重疾或人身保险伤残评定标准1~3级时可以特殊退保（无退保费） |
| 领取期年限 | 无具体要求 | 终身领取，15年或20年领取 | 最低10年 |
| 产品转换权 | 投资连结型产品如有多个账户，可以在不同账户间转换。没有其他转换权 | 可以转换为同一公司其他类产品，或其他公司同类产品 | 同一产品不同账户间可以转换 |
| 可选择的投资账户 | 投资连结型产品可以有多个账户 | 单一账户 | 多个账户 |

### 三、其他商业养老保险

（一）住房反向抵押养老保险

住房反向抵押养老保险是一款将住房抵押和养老年金保险结合的新型产品，即老人将住房抵押给保险公司，保险公司支付现金以提供养老生活开支，老人去世后，保险公司获得房屋的产权。这类产品在传统的房产出租和售卖方式以外，提供了"以房养老"的创新实践方式。

2014年原保监会在北京、上海、广州和武汉四地开始进行老年人住房反向抵押养老保险试点，2017年试点范围进一步扩大，到2018年银保监会将老年人住房反向抵押养老保险推广到全国。但该类产品的总体市场反响不佳，目前仅有幸福人寿推出的《幸福房来宝老年人住房反向抵押养老保险（A款）》和人保寿险推出的《安居乐老年人住房反向抵押养老保险》两款产品在售，有效保单仅百余件。

1.产品特点

从实践来看，这两款住房反向抵押养老保险产品与其他保险产品的主要区别包括：

（1）投保人为年龄在60~85岁之间的拥有房屋完全产权的老年人。

（2）投保人通过向保险公司抵押房产来换取养老金，而非由保险公司通过长期的资金运作来为参保人提供养老金，因而住房反向抵押养老保险并没有积累期，参保人自合同生效之日起即可领取养老金直至身故。

（3）投保人将其房产抵押给保险公司后继续拥有房屋占有、使用、收益和经抵押权人同意的处分权，并按照约定条件领取养老保险金直至身故；老年人身故后，保险公司获得抵押房产处分权，处分所得将优先用于偿付养老保险相关费用。

（4）保费无须以现金方式缴纳，而是计入累积计息养老保险相关费用账户，该保费用于超过特定期限的养老保险金支付。

（5）投保人还需要承担除保费之外的其他费用，例如按50%的比例承担的房屋评估费、抵押登记费、公证费、律师费等。

（6）保险公司不参与分享所抵押房产的增值收益，即当投保人身故后，保险公司处置抵押房屋所得在偿还养老保险相关费用后若还有剩余，剩余金额将返还给投保人的继承人；同时，保险公司承担房价下跌的风险，即如果处置房屋所得不足以偿还养老保险相关费用的话，不足部分由保险公司自行承担，而不再向投保人的继承人追偿。

2.实践中面临的挑战

从产品特性来看，住房反向抵押养老保险为老年人提供了存量资产转换为养老资源的选择，帮助老年人将固定资产盘活为现金流，有效缓解了老年人及其子女的经济压力，增加他们的消费能力。然而，该产品在市场推广过程中面临着来自供给方与需求方的双重挑战。

从供给方来看，住房反向抵押养老保险业务环节复杂，涉及房地产估值、房产管理、金融、财税、法律等多个领域。对保险公司而言，除了面临其他寿险业务所具有的长寿风险、利率风险之外，还要面临该业务特有的房地产市场价格波动风险、房产处置法律风险等。整个业务流程中所涉及环节众多，且并非保险公司所熟知的领域。以上各种挑战使得保险公司进入这一领域非常谨慎。

从需求方来看，住房反向抵押养老保险因为所涉及的法律问题较多，合同条款复杂不容易理解，这降低了老年人投保的积极性。对很多老人而言，将房产留给子女仍是其优先考虑，而如果将房产抵押，房产的处置权会受限，这使得老人在办理此类业务时会面临来自亲属的压力。近年来一些犯罪分子假借"以房养老"的名义，欺骗老年人，以"阴阳合同"等方式强行变卖老年人的房产，相关案例会影响老年人对办理此类正规业务的信任度。

从趋势上看，未来将优化老年人住房反向抵押养老保险支持政策，为失独、单身高龄等老年群体盘活养老资源。随着相关政策的出台，住房反向抵押保险业务的发展环境将逐步得到改善。

（二）商业养老金

商业养老金，是养老保险公司经营的新型商业养老保险业务，在第三支柱中，是

启智增慧4-3

个人养老金、商保年金、商业养老金，傻傻分不清？一文看懂

个人养老金制度的补充，主要依托保险经营规则创新产品和服务，向客户提供养老账户管理、养老规划、资金管理、风险管理等服务。这一业务只能由养老保险公司进行经营。自2023年1月1日起，在北京市、上海市、江苏省、浙江省、福建省、山东省、河南省、广东省、四川省、陕西省等10个省（市）开展商业养老金业务试点。

从产品特征看，商业养老金具有以下六个特征：

一是账户与产品相结合。为个人建立信息管理账户，提供不同期限、风险、流动性等特征的商业养老金产品，满足客户稳健投资、风险保障、退休领取等养老需求。

二是建立锁定养老账户与持续养老账户的双账户组合，兼顾锁定养老资金长期投资和个人不同年龄阶段资金流动性的双重需要。

三是产品设计以积累养老金为主要功能，支持个人长期持续积累养老资金，并可提供一定的身故、意外伤害等附加风险保障。

四是强化风险管控，建立产品托管机制，加强投资监督和估值对账。

五是提供定额分期、定期分期、长期（终身）年金化领取等多种领取安排。

六是提供包括收支测算、需求分析、资产配置等养老规划服务，协助客户管理好生命周期内的养老风险。

从产品对比看，与个人养老金相比，商业养老金具有专业性强、快捷灵活的特点。商业养老金明确由养老保险公司专营，对流动性管理类、固收类、混合类、目标日期型等金融产品进行组合；商业养老金年满18岁即可购买，不受其他限制，无须开立养老金专户，通过绑定银行卡即可操作；商业养老金通过不同的养老金领取方式，满足客户不同期限的资金需求。

从实践来看，商业养老金自2023年1月起在10省（市）启动试点以来，已累计开户超过59万个。我国首只商业养老金产品于2023年1月4日成立，截至2023年年末，四家试点机构共计成立26只商业养老金产品，如图4-5所示，其中，国寿养老以12只产品的数量居于首位。2023年上市的商业养老金产品包含固定收益类、混合类和流动性管理类三种产品类型，如图4-6所示，包括混合类商业养老金产品16只、固定收益类商业养老金产品6只和流动性管理类商业养老金产品4只。当前，养老金产品的提供机构和数量较少，发展空间有待进一步拓展。

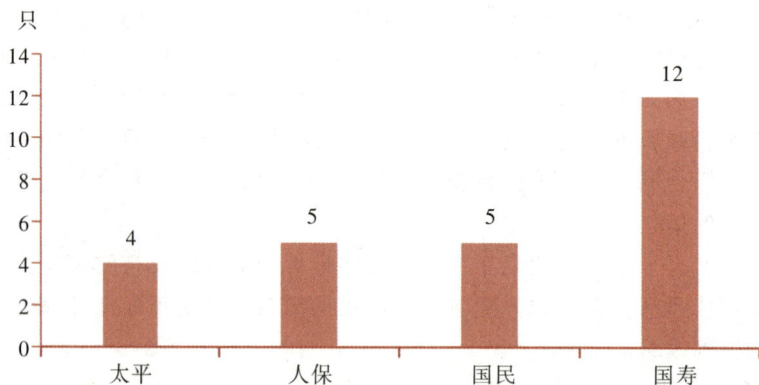

图4-5  2023年上市的商业养老金产品的机构分布

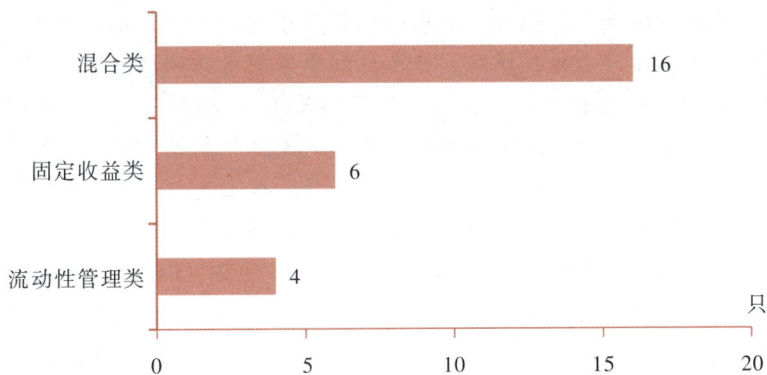

图 4-6　2023年上市的商业养老金产品的类型分布

【拓展阅读】　个人养老金制度将全面实施，个人养老金基金扩容至199只，近来普遍"回血"

2024年是个人养老金制度推出两周年，人社部宣布下一步"全面实施个人养老金制度"。目前个人养老金基金数量扩容至199只，三季度新增6只；"9·24"以来绝大多数产品"回血"，逾半数产品成立以来的净值为正。业内认为，公募机构有望助力个人养老金保值增值，建议投资者立足中长期视角选择产品。

同花顺（300033）数据（可统计数据）显示，2024年9月24日行情启动以来，绝大多数个人养老金基金净值实现上涨，仅3只下跌；有58只产品净值上涨超10%，其中中欧预见积极养老目标五年持有混合发起（FOF）Y、中欧预见养老2050五年持有（FOF）Y净值涨幅超20%，分别为25.55%与23.29%。

在本轮行情的带动下，有182只个人养老金基金2024年以来的收益转正。拉长时间看，105只产品成立以来的收益为正（含2只新成立基金），而行情启动前（2024年9月23日）只有26只产品净值实现上涨。具体来看，广发养老目标2060五年持有混合发起式（FOF）Y、中欧预见积极养老目标五年持有混合发起（FOF）Y、建信优享进取养老目标五年持有期混合发起（FOF）Y、中欧预见养老目标2045三年持有混合发起（FOF）Y与中欧预见平衡养老三年持有混合发起（FOF）Y等5只个人养老金基金成立至今的净值涨幅超10%，分别为17.92%、12.48%、11.25%、10.96%与10.35%。工银养老2055五年持有混合发起（FOF）Y、广发安诚养老目标2040三年持有混合发起式（FOF）Y、兴证全球安悦稳健养老一年持有混合（FOF）Y、南方养老目标2055五年持有混合发起（FOF）Y等养老产品成立以来的收益居前。

2022年11月4日，人力资源社会保障部、财政部、国家税务总局、银保监会、证监会联合发布《个人养老金实施办法》；同年11月25日，人社部联合多部门发布《关于公布个人养老金先行城市（地区）的通知》，标志着我国个人养老金业务正式实施。不久前，人社部相关负责人在国新办新闻发布会上谈及下一步工作安排时披露"将全面实施个人养老金制度"。

平安证券非银金融分析师王维逸表示，在个人养老金产品目录四类细分产品中，个人养老金基金产品直接参与权益市场投资，投资风险偏大、收益弹性也较大，预计目标客群主要是偏好通过长期投资平滑风险以获取穿越周期的长期稳健收益的中青年个人客户和中高收入客户。根据规定，在未达到国家规定的领取条件前，个人养老金资金账户封闭运行，凸显长期投资、稳定配置的属性。"公募基金公司具有较强的资产配置能力和权益投资能力，是资本市场最成熟的专业机构投资者；同时，参与社保基金、基本养老金和年金业务较早，在养老金投资管理上具备专业投研优势、业务经验丰富，有能力进行精细化、多元化资产配置，助力个人养老金保值增值。"

展望未来，中欧预见积极养老目标五年持有混合发起（FOF）Y的基金经理邓达指出，养老目标基金的净值表现仍取决于主要资产的市场表现和基金经理的主动管理能力，"在多方共同努力推动之下，相信养老目标基金可以持续稳健发展"。

在个人养老金产品配置方面，邓达建议投资者立足中长期视角，时间和复利效应是投资的重要收益来源，特别是中青年持有人离退休和养老金的提取还有较长时间，还有足够的人力资本可以持续转化为养老金资产，"当然每隔一定时间检视下所投资产品的表现也是很有必要的"。还要正确看待适合自己的投资目标和投资产品，养老目标基金根据距离退休的远近，或者目标风险等级不同等，提供了不同的产品。"每个人的风险偏好不完全相同，家庭事项规划不同，只有充分尊重自身的特点，选择适合自己的产品，才有可能在不断变化的市场环境中获得满意的养老储备。"

资料来源：深圳商报．个人养老金制度将全面实施 个人养老金基金扩容至199只 近来普遍"回血"[EB/OL]．[2024-11-06]．https://fund.10jqka.com.cn/20241106/c663260764.shtml.

模块练习4-2

# 模块三　基金类养老金融产品

## 【任务情景】

张先生，一位45岁的企业中层管理者，近年来开始为自己的养老生活做打算。在深入研究各种养老金融产品后，张先生对养老目标基金产生了浓厚兴趣。他认为，这类基金旨在追求资产的长期稳健增值，非常适合为退休后的生活储备资金。某天，张先生在朋友的推荐下，决定购买一款知名的养老目标基金。他仔细研究了基金的历史业绩、投资策略以及管理团队，觉得十分符合自己的养老规划需求。在充分了解和比较后，张先生果断出手，用一部分积蓄投资了这款基金。

张先生表示，购买养老目标基金不仅是为了实现资产的保值增值，更是为自己未来的养老生活增添一份保障。他期待在基金的专业管理下，自己的养老储备能够稳健增长，为退休后的美好生活打下坚实的基础。

根据上述案例，你能得出哪些启示？如何理解养老目标基金的个性化选择？

## 【知识平台】

自2018年我国第一只养老目标基金发行至今，当前我国养老目标基金的发展已取得阶段性成效。随着个人养老金制度正式实施，40家基金公司的129只养老目标基金产品入围个人养老金基金名录，标志着养老目标基金日益成为我国个人养老金制度下的重要金融产品，大力发展养老目标基金是推进我国养老领域供给侧结构性改革、做大做强养老金第三支柱的重要手段，这既符合国际规律，也符合我国发展实际。

### 一、养老目标基金的基本概念

养老目标基金是以追求养老资产长期稳健增值为目的的一种新型公募基金。养老目标基金在美国已经发展得较为成熟，国内目前仍在起步阶段。由于涉及养老资产的长期性和安全性，监管机构对养老目标基金的投资运作制定了严格的规范。根据中国证监会2018年2月发布的《养老目标证券投资基金指引（试行）》公告，养老目标基金采用基金中基金（FOF）的形式，实施成熟稳健的资产配置策略。养老目标基金定期开放的封闭运作期或投资人最短持有期限不短于1年，在封闭期结束后产品即可每日开放赎回。根据投资策略不同，养老目标基金一般分为目标日期基金和目标风险基金。

当前，养老目标基金日益成为我国个人养老金制度下的重要金融产品。自2018年首批养老目标FOF发行以来，截至2023年1月18日，我国养老目标FOF数量共计209只，管理总规模达950.31亿元。随着居民收入升级与人口老龄化加速，预期养老目标基金将进一步受到投资者青睐，为养老第三支柱发挥更大作用。

### 二、养老目标基金的特征

（一）产品优势

总体来看，养老目标基金具有三点优势：一是长期收益较为可观，基金多配置权益类资产，通过投资一篮子基金实现风险的二次分散，长期收益具有优势；二是产品策略丰富，为不同年龄阶段、不同收入层次、不同风险偏好的投资者提供不同的养老投资管理方案；三是资产配置与基金精选相结合，基金的内核即为大类资产配置，而与基金选择相结合的科学多元的资产配置是获得长期良好回报的基石。

与其他公募基金相比，养老目标基金具有的主要特点包括：第一，采用基金中基金（FOF）的产品结构，避免了直接投资于股票、债券等底层资产，而是投资于基金产品，可以在一定程度上减缓市场波动的影响。第二，不短于一年的封闭运作期可以避免基金投资人过于频繁的申购和赎回对基金收益的不利影响，鼓励长期持有。第三，通过设置风险资产配置比例、子基金的选择标准、基金管理人资质等方面的规定来控制基金风险。例如，申请募集养老目标基金的基金管理人需成立满2年，并且所管理的公募基金规模和投研团队人数要达到一定要求。对不同期限的封闭期，设置不同的风险资产投资比例上限。

与保险公司的养老金保险产品相比，养老目标基金具有以下特点：第一，不保本也不保收益。第二，尽管有封闭期，但封闭期大多为1~3年，在封闭期结束后即可每日赎回，流动性更好，但同时很难长期持有。第三，作为公募基金产品，其信息披露更充分，产品运作的透明度高。第四，投资门槛低，申购起点通常是1元、10元等。

（二）市场特征

随着产品的持续扩容，养老目标基金市场呈现出四大特征：

第一，"二八"现象日益明显。一方面，养老目标基金头部效应渐显，交银施罗德基金、兴证全球基金和汇添富基金三家机构的管理规模位居前列。另一方面，自2022年以来，产品规模持续下滑，规模在2亿元以下的养老目标基金多达110余只，其中超过80只养老目标基金规模不足1亿元。

第二,不同投资策略下的收益特征分化明显。其中,目标日期型基金的整体收益与沪深300相近,且在市场震荡下行趋势下具有较强的抗跌性;目标风险型基金的收益分化更为明显,整体上看稳健型养老FOF表现略差于二级债基,平衡型养老FOF表现在大多数考察区间优于偏债混合型基金和二级债基,积极型养老FOF近两年来的年收益中位数均强于沪深300和偏股混合型基金。

第三,资产配置呈现多元化特征。近年来,直接投资港股、QDII基金和商品型基金等产品的养老目标基金逐渐增多。事实上,同时投资于权益、固收、商品、QDII等资产是FOF组合的一大优势,通过降低组合与单一大类资产的相关性,分散风险,从而获得长期稳定收益。

第四,"六大"评价维度综合反映市场表现。整体来看,目标日期型基金组合当前的风险特征与其目标日期相关,而目标风险型基金的风险特征则主要取决于权益部分的配置比例。整体来看,对养老目标基金的评价指标需要关注业绩表现、风险控制、资产配置能力、风格配置能力、基金优选能力和交易操作能力六大维度。

### 三、养老目标基金的类别

#### (一)养老目标日期基金

目标日期基金是以投资者退休日期为目标,根据不同生命阶段的风险承受能力进行投资配置的基金。基金所设定的目标日期为投资人所需要使用基金的日期,通常为其预期的退休日期。目前市场上已发售基金所设定的目标日期主要包括2030年、2035年、2040年、2045年和2055年。随着所设定目标日期的临近,目标日期基金将逐步降低权益类资产(包括股票、股票型基金和混合型基金)的配置比例,增加非权益类资产的配置比例。这类基金符合人们的投资风险偏好随着年龄增长递减的特点,而且其资产配置自动调整无须投资者操作,可以有效克服投资者的"惰性"和"非理性"投资。

具体来看,目标日期型基金与退休日期挂钩。比如,养老目标日期2035三年持有期混合基金,名称中的"2035"是指2035年退休,即告诉投资者,如果退休时点在2035年左右,比较适合选择包含"2035"数字的目标日期基金。以华夏养老2045三年持有混合(FOF)基金为例,其招募说明书中权益资产配置随着到期日临近自动降低,形成一条"下滑曲线",见表4-7。

表4-7　　下滑曲线权益类资产配置比例中枢值及权益资产投资比例上下限

| 时间(单位:年) | 下滑曲线中枢 | 上限 | 下限 |
| --- | --- | --- | --- |
| 2019—2020 | 50% | 60% | 35% |
| 2021—2025 | 50% | 60% | 35% |
| 2026—2030 | 50% | 60% | 35% |
| 2031—2035 | 50% | 60% | 35% |
| 2036—2040 | 45% | 55% | 30% |

| 时间（单位：年） | 下滑曲线中枢 | 上限 | 下限 |
|---|---|---|---|
| 2041—2045 | 26% | 36% | 11% |
| 2046—2050 | 12% | 22% | 0 |
| 2051—2055 | 7% | 17% | 0 |
| 2056—2060 | 4% | 14% | 0 |
| 2061—2065 | 2% | 12% | 0 |
| 2066—2070 | 0 | 10% | 0 |

资料来源：华夏养老2045三年持有混合（FOF）基金招募说明书。

（二）养老目标风险基金

目标风险基金根据特定的风险偏好设定权益类资产、非权益类资产的基准配置比例，或使用广泛认可的方法（如波动率等）界定组合风险。目标风险基金需要在其招募说明书中注明风险等级，例如"稳健""平衡""保守"等。投资者可以根据自己的风险偏好，选择适合自己的目标风险基金。与目标日期基金的风险程度随目标日期临近逐渐降低不同，目标风险基金的风险程度会在存续期间维持不变。比如，"平衡养老目标三年持有期混合基金"，"稳健养老目标一年持有期混合基金"。值得关注的是，不同的风险水平，目标风险型FOF基金的权益配置存在较大差异，其中"平衡"型目标风险基金，权益配置比例中间值大致在50%，一般不会超过60%；而"稳健"型目标风险基金权益配置比例中间值大致在20%，一般不会超过30%。

目前，市场上目标风险基金的风险衡量指标主要有波动率、权益配比和最大回撤/下跌波动三种。

以波动率衡量风险的养老目标风险基金：以招商和悦均衡养老三年持有期混合型（FOF）基金为例，该基金以波动率作为度量风险水平的标准，其长期目标波动率为8%。

以权益配比衡量风险的养老目标风险基金：此类基金设置有目标的风险资产配置比例基准。风险水平较高的"积极型""增长型"等类别的基金投资在高风险资产的比重较高，风险水平较低的"稳健型""保守型"等类别的基金以投资债券基金等低风险资产为主。以银华尊尚稳健养老目标一年持有期混合型发起式（FOF）基金为例，该产品是稳健型，其风险资产的配置比例基准为25%，向上、向下的战术调整幅度分别不得超过5%、10%，即风险资产占基金资产的比例在15%~30%之间。

以最大回撤/下跌波动衡量风险的养老目标风险基金：以万家稳健养老目标三年持有期混合型（FOF）基金为例，该基金定义风险的方法是控制投资组合最近一年内最大回撤在7.5%以内和控制投资组合下跌波动率在9.5%以内。

（三）两类基金比较

从市场规模看，自2018年我国首批养老目标基金发行以来，截至2022年年末，我国公募FOF中养老目标基金产品共计203只，总规模881.81亿元，无论是产品数量还是规模，养老目标基金在全部FOF基金中均占据了半壁江山。具体来看，养老目标风险基金的数量较多（占比超50%）且管理规模大（占比超80%），其中稳健型FOF数量居多，管理规模接近700亿元；养老目标日期基金占比相对较小，目标日期分布在2025—2060年之间，其中以2035年和2040年为到期日的基金数量较多。

从适用场景看，尽管目标日期型基金和目标风险型基金都适合作为养老规划的产品选择，但是适用的人群和场景不太一样。目标日期型FOF基金，名称辨识度很高，只要算好退休时间，买入对应的基金即可规划养老，因此这类产品比较适合于没有太多时间，但是又有一定收入可以做规划的中年客群。目标风险基金，比较适合愿意自己做主的投资者，比如当权益市场表现趋好，那么就多配置平衡型产品，提高权益比例，而当权益市场处于低迷时，可选择防守策略，提升稳健型产品配置比重。两类基金的比较见表4-8。

表4-8　　养老目标FOF基金投资策略的比较

| 差异类别 | 养老目标日期基金 | 养老目标风险基金 |
|---|---|---|
| 定位 | 生命周期解决方案 | 配置工具型产品 |
| 产品设计 | 预先设定目标日期 | 预先设定风险承受水平 |
| 配置策略 | 基金的投资风格随着生命周期的延续和目标日期的临近而逐渐转向保守，逐渐降低权益类资产比例 | 锚定风险，限定波动率，为投资者提供适合自身风险收益特征的解决方案 |
| 细分类型 | 阶梯型和曲线型 | 积极型、稳健型和平衡性等 |
| 识别标志 | 名称中常包含"20**"字眼 | 名称中常包含"积极、平衡、稳健"等关键词 |

资料来源：Wind，作者自行整理。

【拓展阅读】　　**什么是个人养老基金Y份额**

个人养老基金Y份额是指专门为个人养老金投资设立的基金份额类别。这种份额类别是根据2022年11月发布的《个人养老金投资公开募集证券投资基金业务管理暂行规定》设立的，旨在满足个人养老金投资需求，提供适合长期投资的养老金产品，具有费率优惠、税收递延等独特优势。投资者在投资时应充分了解其特点和风险，并根据自己的实际情况做出合理的投资决策。

从运作模式看，养老基金Y份额拥有独立的基金代码，单独计算份额净值，均采用FOF形式运作，通过购买子基金来间接投资资本市场。在投资管理上，Y份额和原基金份额资产合并进行投资管理，基金经理和投资策略相同。从产品设计初衷看，主要是实现风险的双重分散，让养老资金能够实现长期稳健增值。

*一、产品优势*

对比其他养老目标基金，个人养老基金Y份额主要有三个优势：一是费率优惠，Y

份额通常具有费率优惠，包括较低的管理费和托管费，且不收取销售服务费；相比之下，其他养老目标基金可能没有这些优惠。二是税收递延。投资于Y份额的投资收益暂不征税，只有在领取时按照较低税率（如3%）缴纳个人所得税，而其他养老目标基金则没有这样的税收递延优惠。三是投资期限与收益方式。Y份额鼓励长期投资，其默认的收益分配方式为红利再投资，有助于实现复利效应和长期稳健增值，而其他养老目标基金可能采用现金分红方式，且投资期限和收益方式可能因基金类型和策略而异。

## 二、发展状况

从规模上看，截至2024年11月，市场上共有199只养老基金Y份额，总规模达到73.44亿元，与2022年年末时的132只产品、总规模20.05亿元相比，数量和规模分别增长了67只、53.39亿元。其中，2022年首批成立的132只产品规模合计为72.93亿元，占比超过99%。而自2023年年初至2024年11月设立的养老基金Y份额中，无一只产品的规模突破亿元大关。

从盈利水平看，截至2024年11月，全市场199只Y份额中，有106只自成立以来实现了正收益，183只在2024年以来实现了正收益。具体表现在成立时间较早的偏债型Y份额成立以来收益率较高，2024年以来收益率较高的多是偏股型Y份额。比如，截至2024年11月，成立以来收益率居前的是兴证全球安悦稳健养老一年持有Y，收益率达3.90%。从2024年的业绩来看，偏股型Y份额受益于A股市场上行，表现出较高的弹性，2024年以来收益率中位数达4.23%，同期偏债型Y份额收益率中位数为1.38%。

## 三、投资注意事项

首先，要强化风险意识。虽然Y份额具有费率优惠和税收递延等优势，但投资者仍需注意基金投资的风险。基金名称中含有"养老"字样并不代表收益保障或其他任何形式的收益承诺，养老基金不保本，可能发生亏损。

其次，选择适合自己的基金，投资者应根据自己的退休日期和风险偏好，选择合适的养老目标基金进行投资。养老目标日期基金是一种简单的选择，它随着所设定目标日期的临近调整权益类资产配置比例，匹配投资者风险承受能力的变化，而有明确投资风险偏好的投资者则可以根据自己的个性化需求选择合适的养老目标风险基金。

最后，遵守相关规定。投资者在购买Y份额时，应遵守基金法律文件和关于个人养老金账户管理的相关规定。同时，投资者未达到领取年龄或者政策规定的其他领取条件时不可领取个人养老金。

模块练习4-3

资料来源：作者自行整理。

# 模块四　信托类养老金融产品

## 任务一　认识养老信托

### 【任务情景】

五矿信托推出的"颐享世家养老信托"是一款针对高净值客户的养老服务信托产

品，旨在解决中国社会老龄化问题。该产品通过搭建涵盖养老社区、高端医疗、居家改造、临终关怀、意定监护"五位一体"的服务平台，为老年人提供全方位的养老服务。五矿信托作为受托人，对信托财产进行投资管理，以实现财产的保值增值，满足受益人的养老资金需求。通过与大型养老社区合作，形成了专业的医养照护体系和医疗保健中心，为老年人提供个性化的专项定制服务。"颐享世家养老信托"的推出受到了市场的广泛关注，不仅为高净值客户提供了高品质的养老服务，还进一步拓展了五矿信托的业务领域。这一成功案例展示了信托公司在养老金融领域的创新能力和服务实力，也为其他信托公司提供了有益的借鉴和启示。

请问，养老信托的主要类型有哪些？不同的产品类型适用于哪些特定客群和场景？

**【知识平台】**

养老信托在养老金融中发挥着至关重要的作用。它不仅为老年人提供了多样化的养老金融服务和全面的养老服务，还确保了养老资产的安全性和灵活性配置。同时，养老信托还能推动养老产业的快速发展，为应对老龄化社会的挑战提供有力的支持。随着我国信托税收优惠、信托财产登记等相关配套政策的不断完善以及信托公司投资管理水平的提高，养老信托有望成为我国养老市场的重要力量。

## 一、养老信托的概念与分类

### （一）养老信托的概念

2024年1月，国务院办公厅发布《关于发展银发经济增进老年人福祉的意见》，要求丰富发展养老金融产品，支持金融机构依法合规发展养老金融业务，提供养老财务规划、资金管理等服务。而养老信托是信托制度在养老领域的运用，我们可以将它理解为横跨并连接信托与养老两大领域，兼具社会性和经济性的一项信托业务。通俗地说，养老信托可定义为信托公司以信托的基本要素为前提，以受益人的个人养老或养老相关产业开发等为目的，为特定对象提供资产管理、养老服务、产业投融资等业务。

整体来看，我国养老信托具有安全性高、灵活性强、综合性突出和长期性明显等特点，这些特点使得养老信托成为应对老龄化社会挑战、满足老年人多元化养老需求的重要工具。

安全性高。养老信托的资产通常由信托机构保管，并由专业的信托管理人员进行管理，可以避免老年人被骗取财产。此外，信托资产具有独立性，与委托人、受托人以及受益人的其他财产相隔离，这进一步保障了养老资产的安全性。

灵活性强。养老信托产品种类丰富，老年人可以根据自己的需要和偏好，选择不同的信托类型和管理方式。例如，有些老年人可能更喜欢保守型的信托，而另一些老年人则可能更喜欢风险较高的投资。同时，养老信托还可以根据老年人的健康状况和养老需求，提供定制化的服务，满足其个性化的养老需求。

综合性突出。养老信托不仅提供投资理财服务，还融合了养老服务，实现了老年人的资产管理及增值与日常身体照顾及医养的愿望。它涵盖了"衣食住行医学乐"等综合养老服务，为老年人提供全方位的养老保障。

长期性明显。养老信托的设立直至终止，通常历时几十年，能够存续于受益人（老年人）的整个晚年时期，甚至能够存续至指定的下一代。这种长期性特征使得养老信托能够更好地满足老年人长期养老的需求。

（二）养老信托的分类

基于目前制度政策以及对市场与客户的分析，可以将养老信托分为以下几种类别：

1.年金型信托

年金型信托，主要是指养老金信托，即信托公司提供制度化养老金相关的金融服务，重点包括企业年金和职业年金积累、保值增值、分配管理等信托业务，以及为制度化养老金提供合格的信托投资资产等。信托公司目前主要参与企业年金、职业年金相关业务。

以企业年金为例，根据《企业年金基金管理办法》，我国企业年金基金管理涉及受托人、账户管理人、托管人和投资管理人四类机构主体，由人社部统一认定，采用资格准入制，金融机构需要获得相应业务资质才可从事企业年金业务。目前13家受托人主要以保险公司为主，仅有2家信托公司获得企业年金受托人资质（华宝信托和中信信托），且所占市场份额较小；18家账户管理人以银行为主，仅1家信托公司获得账户管理人资质（华宝信托）；22家投资管理人以保险公司和公募基金为主，尚未有信托公司获得资质。可见，从参与深度看，近年来虽然企业年金基金金额稳步增长，但在覆盖范围、替代率水平以及发展结构上仍然具有较大的发展潜力。

2.服务型信托

我国养老机构供需端存在着供给缺口与空置率高共存的"怪相"：我国目前的养老机构主要分为公立和民营两类，公立机构的收费相对较低，需求量最大但资源明显不足。民营养老机构前期建设投入巨大，运营期的成本较高，投资回收期长；同时，一些机构开展无序的低价竞争以谋求吸引客户快速回笼资金，更有甚者将募集资金挪作他用，当资金无法续接时很容易产生资金链断裂和暴雷事件。因此，供需的结构性失衡造成了公立机构"一床难求"、高端机构"空置率高"、中小民营机构"频繁暴雷"的现象。解决这些养老问题事关国家发展大局，而信托行业作为养老金融中的一个重要部分，兼具金融与服务的双重制度优势，养老信托应该依托制度优势为养老人群提供养老服务。

服务型信托还可以进一步划分为单一养老服务信托和综合养老服务信托。

单一养老服务信托主要以养老消费信托形式，为委托人提供养老社区入住权、康养机构养老服务等为主的单一服务。养老消费信托计划的资金直接向康养机构采购康养服务，以规模优势取得较优惠的价格，并以机构身份监督康养机构服务质量，保障老年消费者权益，认购产品的投资者可获得养老服务的优惠购买权、高端养老机构的优先入住权等权益。典型案例有中信信托的和信居家养老消费信托，北京信托的健康消费系列集合资金信托以及安信信托的安颐养老消费集合资金信托计划等。

综合养老服务信托则为委托人提供包括养老社区入住、高端医疗、子女教育、殡葬、财富传承、分配等一系列服务。以五矿信托创新性推出的"颐享世家养老信托"产品为例，如图4-7所示，该产品聚焦高净值客户养老需求，搭建涵盖"养老社区、高端医疗、居家改造、临终关怀、意定监护"五位一体的高品质养老服务平台，通过养老机构的准入筛选、实地考察及评价等工作，形成了养老服务机构库。

图4-7的结构：

委托人 --信托财产交付--> 颐享世家养老信托 --分配收益--> 受益人 --选择消费--> 品质服务 --综合化定制化--> 意定监护 / 康养 / 居家 / 养老 / 其他

颐享世家养老信托 --分配收益--> 养老分配计划

服务机构 --支付费用 / 签署协议--> 颐享世家养老信托

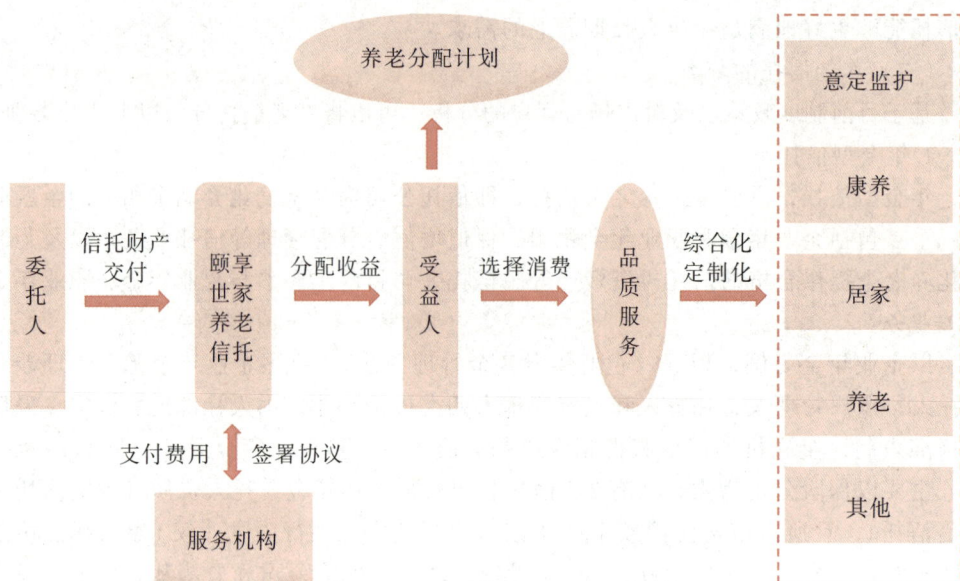

**图4-7 五矿信托推出的"颐享世家养老信托"产品结构图**

信托公司开展服务型养老信托具备以下几点优势：一是可以通过与委托人建立信托关系，简化委托人管理流程，避免高频次委托；二是可以明确信托财产运用限制，最大限度保障预付款信托实现预付的特定目的，有效防止养老机构以"养老"的名义非法集资挪作他用；三是信托公司还可以通过资金清结算服务体系，为养老机构提供资金收付、清算、管理等综合运营管理服务等。

另外，对于应用信托机制服务于涉众性社会资金管理，在国内外已有多类实践。例如我国台湾的预付款信托，就可以为大陆信托公司参与养老产业相关的涉众性资金管理服务信托未来发展提供良好借鉴。我国台湾地区早在2004年就由主管部门出台监管条例与制度，将信托作为预付款的保证机制写入法律，有效保障了消费者权益，得到民众的普遍认可。

3.产业型信托

信托公司除了为养老机构或个人客户提供养老金融服务之外，还可以在养老产业投融资环节发挥重要作用。我国养老产业目前仍处于发展初期，主要是以养老地产（持有型物业）为核心载体延伸而形成的产业链，辐射到各类养老服务及设施。而养老地产作为养老产业链上的重要一环，因其商业模式最为清晰，也成为社会资本重点布局的领域。未来，伴随我国老龄化程度不断加深，人们对优质养老机构的需求量也会逐步增大，养老产业信托有望成为助力养老产业高质量发展的重要金融力量。

养老产业信托，是指信托公司募集资金或利用证券化等方式，为养老产业（养老地产、养老健康产业、养老服务产业等）发展提供投融资、资产管理等金融服务的信托业务。信托公司可以依托多年来服务产业所积淀的深厚的理解认知和能力禀赋，灵活运用信托制度，通过投贷联动、产业基金、股权投资等创新模式，参与到养老产业的投融资环节中去，助推养老产业发展。比如，通过设立专门的养老信托产业基金、PPP（政府和社会资本合作项目）、基础设施REITs等模式支持养老相关产业发展，是信托服务养老经济的重要业务模式。

需要明确的是，养老物业资产未来将成为公募REITs的重要基础资产，目前REITs的试点政策也正在加快出台，信托公司可以探索以老旧项目改造、优质运营商合作为途径，布局优质养老机构股权投资，既为养老服务信托的发展提供弹药又为未来优质REITs资产提供储备，对信托公司抓住REITs发展先机起到重要作用。

4. 个人金融资产配置型信托

个人金融资产配置型信托是指个人委托人为退休后获得养老生活保障，将资金一次或多次交付信托公司，信托公司作为受托人对该资金进行投资管理，实现财产保值增值，满足受益人的养老资金需求。目前国内的个人配置型养老信托主要借鉴家族信托的设计框架，面向相对高龄的高净值客户，兼具个人养老和家族财富传承双重功能，其中养老理财信托是其典型代表。养老理财信托是个人金融资产配置型信托的重要构成，是指信托公司接受社会成员委托，对其交付的个人现金资产，以及商业养老保险、房产、股权等非现金资产进行专业化管理，实现养老财富积累的信托业务。近几年，信托公司大力推进TOF、FOF产品，发挥"专户"功能，配置公募基金、私募基金、养老保险、银行理财等多样化资产，通过多种类、多策略的财富组合，帮助老年人实现稳健投资。

养老理财信托虽然是以资产配置为主要目的，但相比于保险、基金等传统的养老理财产品，信托公司主要基于自身制度优势为养老人群提供差异化的产品。例如，利用信托财产隔离的功能将养老资产独立于个人资产，使得投资人的养老资产可以规避漫长人生岁月中的不确定性，待年老时始终会有一笔养老资产以供使用。利用信托实现横跨货币市场、资本市场和实业投资领域的投资，帮助养老人群实现多元化资产配置，为投资人获取较为丰厚的收益。运用事务管理型信托的运营经验，可以实现按照委托人的意愿进行财富传承等一系列事务性安排。

目前，市场上面向个人配置的养老理财信托产品较为多见。个人委托人为退休后获得养老生活保障，将资金一次性或多次交付信托公司，信托公司作为受托人对该资金进行投资管理，进而实现财产的保值增值，以满足受益人的养老资金需求。目前国内的这类信托产品主要借鉴家族信托的设计框架，面向相对高龄的高净值客户，兼具个人养老和家族财富传承双重功能。

5. 慈善型信托

《中华人民共和国慈善法》（以下简称《慈善法》）总纲第三条中，将"扶老"明确界定为公益慈善活动。而慈善型信托，自《慈善法》颁布实施以来得到了一定发展。根据中国慈善联合会慈善信托委员会的统计，截至2020年年末，我国已设立慈善信托共534单，总规模约33.2亿元，其中不乏信托资金用于资助、定向捐赠养老机构或是用于阿尔茨海默病等老年病防治工作等养老场景。由于"养老+慈善"涉及社会公众利益，对信托公司的受托责任履职能力要求较高。因此，信托公司更应该在慈善型养老信托中担任好"受托人"角色，认真打造与之匹配的资产管理、投顾配置、风险管理、运营科技等核心能力。通过"养老+慈善"，把更多资源配置到经济社会发展的重点领域和薄弱环节，支持国家养老战略落地实施，实现用金融的力量去推动社会的进步。

中航信托2019年设立了由中国扶贫基金会作为委托人的"雅安公益养老慈善信托"，即旨在持续支持雅安市范围内的家庭、社区、非营利养老机构、非营利服务照护机构、养老相关社会组织等多层面的助困养老项目，慈善信托的首期资金用于支持四川省雅安市社会福利院的贫困失能失智老人照护项目。

（三）养老信托的未来发展方向

目前来看，养老服务难获取、养老服务质量差、养老服务价格贵是养老市场的主流痛点，而保险、公募基金及银行等现有第三支柱养老产品受限于发行机构的传统业务模式，更多体现的是发行机构原有传统的产品线，或不能体现金融产品在投资人不同生命周期中应该获取的收益与风险配比，或缺乏养老、健康服务属性，或缺少合适的税收优惠嵌入机制，或投资收益较低。未来发展养老信托应该更能满足投资人对实现多种养老目标的需求，弥补现行产品线的空缺，可以重点从服务型养老信托、个人配置型养老信托两类产品入手。

服务型养老信托以提供服务为主要目的，填补了目前养老金融产品整体仍以资金投资管理为重心的空白，通过养老服务机构的遴选、养老服务批量采购、养老服务平台搭建，力图为养老人群提供更便捷、更便宜、更高效的养老服务。通过养老服务信托，受益人能够获得相对全面的养老服务和消费体验，享受信托产品附带的多种功能。对信托公司来说，通过将自身制度优势与养老服务产业相结合，加强产业链布局，能够大大提升服务业务水平和质量，更好地满足消费者的养老需求，有效拓展获客渠道，增强客户黏性。对养老产业来说，养老消费信托对养老服务及产品的供给有着更明确、更严格的要求，能够对养老服务质量进行有效监督，有助于促进整体养老产业服务质量的提升。2024年部分信托公司开发的养老服务信托产品见表4-9。

表4-9　　　　　　　　2024年度部分养老服务信托产品

| 业务类型 | 信托公司 | 产品/服务内容 |
|---|---|---|
| 养老服务信托 | 天津信托 | 2024年1月，颐养天和系列预付款养老服务信托正式落地，这是天津地区首单养老保障功能的预付类资金服务信托 |
| | 陕国投信托 | 2024年1月，"合通"系列养老服务信托签约落地，以金融资产600万元为起点，通过信托优势，将委托人交付的现金或非现金财产进行专业化管理，以财产增益解决老人体检、医疗等养老痛点，同时兼具财富管理服务信托的财产传承功能 |
| | 西部信托 | 2024年3月，与陕投集团旗下陕投康养公司合作，落地首单"康享系列家庭服务信托"，以"家庭信托+养老"为特色 |
| | 昆仑信托 | 2024年3月，昆仑信托联合国浩律师（宁波）事务所及中国银行宁波市分行成立首个养老服务信托产品"昆仑安养001号家庭服务信托" |
| | 上海信托 | 2024年3月，携手中国太保寿险、太保养老投资，首创性地推出"保险+信托+养老"的组合 |

续表

| 业务类型 | 信托公司 | 产品/服务内容 |
|---|---|---|
| 养老服务信托 | 华鑫信托 | 2024年5月，推出"鑫传"家族信托：围绕客户财富传承、资产配置家族治理、子女教育、养老等个性化需求，通过定制化的分配机制、传承安排、养老等方案，为客户提供综合化、一体化的专属定制方案 |
| | 交银信托 | 2024年8月，推出"颐养有道，信守未来"养老服务信托方案，在现有家族信托、家庭服务信托和保险金信托的基础上，进一步满足客户多元化养老消费、财富管理及特定生活场景下各类金融与非金融需求 |
| | 中粮信托 | 2024年8月，推出方禾养老信托品牌，以"家庭信托+养老"为特色，聚焦于养老需求场景，与方禾账户服务体系一脉相承 |

资料来源：作者自行整理。

## 任务二　探析养老信托的商业模式

【任务情景】

张大爷今年70岁，子女都在国外定居。随着年龄增长，他在生活照料、医疗护理等方面的需求逐渐增多。但张大爷对养老院的传统模式不太满意，希望能在自己熟悉的家中安享晚年，同时又能得到专业、可靠的养老服务和资金管理。

于是，张大爷选择了一家金融机构推出的服务型养老信托计划。他将自己的部分资产交给信托机构，信托机构根据张大爷的个性化需求，制订了详细的养老服务方案，包括定期安排专业护理人员上门护理、协助日常家务，同时对信托资产进行合理投资规划，确保资产的稳健增值以支付长期的养老服务费用。这种服务型养老信托模式，不仅解决了张大爷的养老资金管理问题，更为他提供了贴心、专业的养老服务，让他的晚年生活安心舒适，也为养老金融服务提供了新的思路和范例。

请问：从张大爷的例子来看，服务型养老信托相较于传统养老院模式，在养老服务提供和资金运用方面具有哪些优势？这些优势对于养老金融服务的发展有怎样的启示？

【知识平台】

养老服务信托和个人配置型养老信托是养老信托助力养老产业高质量发展的主要着力点。养老服务信托能精准满足老年人的个性化养老需求，合理安排资金用于服务供给，优化养老资源分配，推动养老产业服务升级，促进养老金融服务多元化发展；个人配置型养老服务信托则通过专业投资规划，实现资产稳健增值，保障养老资金储备，增强老年人经济安全感，为养老金融市场注入活力，提升整体养老金融体系的稳定性与可持续性。

### 一、养老服务信托的商业模式创新

（一）产品设计思路

养老金融产品百花齐放，但仍缺乏个性化产品。以银行、保险等为代表的金融机

启智增慧4-8

综合施策探索养老信托模式创新

启智增慧4-9

平安信托总经理张中朝：完善养老信托配套制度，构建全面养老服务生态

构积极探索养老金融产品、持续扩宽发展路径，但总体来看，目前仍然以提供理财服务为主，产品同质化严重、针对性服务不足，养老金融产品的有效供给仍不充分。养老信托应该依托信托制度独有优势，精准定位养老人群核心诉求，在传统养老金融产品基础上积极创新。然而，目前来看，养老消费信托数量不多，规模也相对较小，并且信托在其中承担的职能并未充分体现。可在此基础上结合养老人群特征，做更多信托功能的创新及职责的延伸。

养老消费信托是目前国内信托公司在养老领域的初步探索，中信信托、北京信托、中航信托等均发行了养老消费信托产品。目前主流模式为信托公司以规模数量和优惠价格直接向康养机构采购养老服务，并督促其提供高质量的服务，保障消费者的养老权益。其中养老服务包括健康管理、居家养老服务、社区养老机构的优惠购买权，以及针对中高端消费群体的高端养老机构优先入住权等。以中航信托鲲瓴养老信托为例，该养老信托产品将养老服务、受托传承、投资保值相结合，创新性地设立了专属信托账户，以实现养老费用支付、养老社区入住以及保值增值等目标。通过与大型养老社区合作，形成专业医养照护体系和医疗保健中心，并提供个性化专项定制养老服务。

1.养老消费＋以房养老：为老年人提供财务保障

从国内的实际情况来看，国内高龄人群多以居家养老为主，老年群体的财产中房产占据了较高的比重，有些老年人可能缺乏足够的现金资产用于养老。在英国，"以房养老"信托发展较为成熟，其具体模式为：房主将房产抵押于信托公司，信托公司负责每月给房主发放一定的养老金，当事人去世后，房产的所有权归属信托公司，但信托公司按约定将房产剩余价值的金额发放给当事人的子女。

目前在中国内地此模式应用还比较少，除了传统银行系的住房反向抵押贷款外，目前只有幸福人寿、人保寿险等少数保险公司开展了个人住房养老反向抵押保险业务，主要为有房产但养老资金短缺的老人提供养老金。这是一种将"住房抵押"与"终身养老年金保险"相结合的创新型养老保险。

我国目前的养老消费信托一方面可以考虑与"以房养老"模式相结合，老年人将房产抵押于信托公司，同时选购合作的养老机构或养老服务，信托公司每个月可将养老金受托支付养老机构及其他康养服务，剩余部分划转给老年人。另一方面还可以和家族信托、财富管理等做有效的结合，不仅可以形成较强的信托责任，而且具有财产转移和有效管理的制度优势，相较于住房反向抵押贷款和住房反向抵押养老保险等形式的养老模式更容易被普通大众所接受。

2.根据养老人群年龄、养老模式、特殊需求设置多维度产品线

针对不同年龄段的老年人，应有不同的产品定位。65~80岁的老年人应划分为一类，他们还健康活跃，生活能完全自理，可能更需要社区养老服务、文体娱乐、高端度假服务等；而80岁以上的老年人应划分为另一类，他们可能已经出现失能失智或半失能状态，日常生活已不能完全自理，需要的服务更多更全面，信托公司应有侧重地开发相应的产品。

根据养老场所和服务形式的不同，老年人的养老模式大致可分为三类，包括居家

养老、社区养老和机构养老三种。在不同的养老模式下，养老消费信托提供的养老服务的内容也相应有所不同。我国目前养老体系为90%居家养老、7%社区养老、3%机构养老，虽然目前居家养老仍是主流，但随着人们养老理念的不断转变，对养老生活质量要求越来越高，选择入住综合服务养老机构的人群占比或会越来越高。在居家养老模式下，养老消费的内容应包括家政、居家护理、居家医疗、紧急救援、心理关怀慰问等服务；在机构养老模式下，养老消费的内容则更为广泛，包括养老住房、护理、健康医疗、疗养康复等全方位饮食起居服务。信托公司作为受托人，运用其强大的资源整合能力，集成各类养老资源，保障养老服务供给端的质量。

根据不同老年人群的特定需求设计有不同侧重点的产品线，如可设计基础型、健康型、高端享受型等产品线。基础型可主要包括免费或低折扣养老机构入驻权益、家政上门服务、基础医疗、定期体检等；健康型可涵盖更多养生保健、健康咨询、营养咨询、心理咨询、医疗康复、紧急救治等内容；高端享受型可嵌套高级社区入住、高端度假旅游、针对高净值客户财富传承等服务。

（二）信托功能嵌入

围绕养老服务难获取、价格高、质量差等核心社会问题，要实现从政策养老到个人养老再到产业养老的升级，信托仅仅发挥投融资职能或仅提供产品构架是远远不够的，需要利用信托的制度优势和资源禀赋做更深更广的延伸，主要可以有以下几个方向：

1.作为第三方设置严格准入标准筛选优质养老服务

目前国内养老市场产品较为复杂，机构参差不齐、鱼龙混杂，甚至可能存在打着养老的旗号进行不当营利的情况。信托作为专业的金融机构，可以在充分的市场调研的基础上制定严格准入标准帮助养老人群遴选出高质量的养老机构及养老服务提供商，防止养老人群因机构选择不慎而被坑骗。

2.作为信用中介保障养老人群合法权益

信托公司作为连接投资者和养老服务机构的信用中介，除了与养老机构协商好服务条款，及时准确地为委托人提供服务以外，还承担着对所有养老服务机构的管理工作，在产品运作过程中要建立起定期及不定期监督机制，一方面从资金监管角度，可以监管预付资金的流向及用途，保障资金的安全性，另一方面通过监督保证养老机构提供价格合理、高质量的养老服务，保障养老人群的合法权益。

3.提供综合化、集成化、多维化的服务

目前，市场上的养老服务信托产品更多是先与特定养老服务商洽谈，然后基于服务商可提供的服务设计相应产品，或是聚焦某类养老需求设置专门的产品，缺乏对整个养老市场多维度服务的整合，同时也并未真正从养老人群需求出发，更多是与养老机构合作的投融资行为。真正的养老服务信托应该作为连接养老机构和老年群体的公开透明的平台，一方面通过平台阳光化运作提高产品的透明度，保障养老人群的服务质量；另一方面通过引入多类型养老机构，为养老人群提供多线条多维度的养老集成服务，提高服务的综合性和便利性，并探索更多的智能化、定制化服务，提升养老人群的服务体验。

（三）服务模式创新

针对信托公司提供养老服务的性质，其业务模式大致分为三类，包括受托服务模式、资源整合模式、增值服务模式。

1.受托服务模式

市场上部分高端养老项目入住门槛达几百万元，每月需缴纳几万元费用，让绝大多数的老年人无法承受。除此之外，由于养老项目前期投入较大、后期退出机制不畅、养老机构缺乏监管等原因，老年人养老需求的获得感和满意度不高。

针对上述养老产业发展的弊端，信托公司可以介入老年群体与养老服务机构之中。委托人将资金委托给信托公司，信托公司与养老服务机构签署服务购买协议，并将资金支付给养老服务机构。委托人可享受养老服务机构提供的相应服务，服务费用从认购资金中逐次扣除。项目运营阶段，信托公司与养老服务机构约定明确的退出路径，并按固定频率依据委托人和信托公司的评价结果对养老服务机构予以评分，对于未达评分标准的养老服务机构，信托公司有权单方面解聘。为保障委托人的需求满足及资金安全，信托公司可要求养老服务机构以股权或不动产等提供增信。此类模式初期可针对单一养老服务机构进行拓展，后期可推广至多家养老服务机构，一方面可促进行业的良性竞争，另一方面可满足老年人多方面多地域的养老需求。

机构养老项目基本都为社会资本投资，投资收益率最大化是其主要目标，养老项目的投资回报周期较长，故大多设置了较高的入住门槛，受众客群十分有限。为降低投资门槛，提高养老服务机构的参与度，信托公司可结合土地流转信托模式，降低此类项目成本结构中占比较大的土地成本，发挥信托优势，以提高养老人群的受益范围。

2.资源整合模式

养老产业是一个多元化的产业体系，辐射面广，涉及养老服务、养老用品、养老医疗、养老地产、养老金融等多个领域。随着社会经济的持续发展，在养老护理服务的基础上，医疗服务、康复服务、咨询服务等领域也将迎来专业化、多样化的高质量发展阶段。信托公司可通过整合养老服务全产业链，更好地满足消费者的养老需求。

在资源整合模式中，信托公司可以通过为委托人设立专属信托账户，将护理服务、康复医疗、咨询等各类养老服务，以及受托传承、投资保值等各类功能相结合，以实现养老产品购买、养老费用支付、资产保值增值等复合目标，投资人购买养老服务后由信托公司将其专属信托账户中的资金支付给养老服务机构，专属信托账户资金全部使用完毕或委托人申请终止的，信托服务终止。

信托公司还可与地方政府合作，建立智慧养老服务系统，嫁接覆盖老年人群生活照料、医疗健康等各类服务的养老服务机构，针对不同需求及不同收入水平提供差异化服务产品。信托公司可依托专属信托账户的资金规模收取一定管理费，或向入驻信托公司养老服务系统的养老服务机构按期限收取管理费作为信托公司的收益来源。

3.增值服务模式

除了受托服务模式及资源整合模式外，信托还可以利用信托独特的优势，专注养老人群某一类特定需求提供增值服务。以目前老年人逐年提高的法律咨询、法律援助需求为例，老年群体作为社会的弱势群体，防范意识普遍较弱，法律意识淡薄，并且受制于心智、眼界、信息渠道等因素，更容易上当受骗。老年人赡养问题、资产继承问题、养老骗局等各类问题普遍存在于社会发展中。传统的法律服务更多以咨询、解决调解为主，并未能够实际解决老年人的根本需求问题。信托公司可与合作的律所合作建立专门的法律咨询服务业务，并针对老年人遇到的问题，运用信托破产隔离机制及专业能力，以家族信托、养老产业信托配合养老消费信托，解决老年人的某些养老难题。

## 二、个人配置型养老信托的商业模式创新

（一）市场定位

信托制度是区别于其他金融机构的本源核心优势，与养老目标和养老需求的匹配度更高。信托的财产隔离与独立性保证了养老资产可以独立于个人资产，可以在较长生命周期中规避不确定性，保证老年后始终会有一笔养老资产以供使用。信托投资的全面性和长期性使得信托可以跨市场、跨周期进行投资，以更好地实现养老资金全生命周期的规划与不同阶段的风险收益安排。信托的事务管理能力可以围绕养老场景实现康养医疗、子女教育、财富传承、财产转移、财产分配等多样化的养老功能。

养老信托应与其他养老产品形成差异化竞争，利用核心优势提供个性化、精细化服务。目前市场上公募基金、保险公司发行的养老产品大多是批量化、大众化的，产品设计较为单一，不能满足不同类型养老人群的需求，并且有些产品理财属性明显大于养老属性。相比较来说，信托独特的制度优势更匹配养老属性，信托有更灵活的架构和较强的资源整合能力，可以聚焦不同类型投资人的风险偏好，满足投资人多种养老目标的需求，提供个性化、差异化以及精细化服务，全面提升服务品质。

因此，养老信托应重点围绕面临养老问题的客群及相关联群体，提供有针对性的产品。养老信托应该体现以养老为目的的长期投资行为，所以一般要求退休后才可以进行信托收益的领取。我国目前年轻人提前养老规划和长期投资的意识还比较薄弱，针对年轻人的养老信托产品很难产生有规模的市场需求，所以养老信托应更精准聚焦到近期面临退休的客群以及相关联的群体。

1.年龄在50~60岁的临近退休的人群

此类人群在10年内面临退休，具有较强烈的养老意识和养老需求，是购买养老产品意愿最强的群体。在当前家庭生活压力越来越大的社会背景下，高龄人群更希望将自己的养老保障托付给市场而非一味地托付给子女，这样既可以减轻子女的经济负担，也可以将老年生活的决定权掌握在自己手中，提高晚年生活的独立性。

2.父母即将面临退休的年轻白领

对部分有一定经济基础的年轻白领来说，一般都面临着父母即将退休，需要赡养老人的问题。受独生子女政策的影响，在我国一对年轻夫妻可能需要赡养4位老人，提前为父母筹划养老保障既可以保证父母的晚年生活质量，又可以避免意外变故对自身家庭生活的冲击。因此，此类人群为父母购买养老产品的需求较为强烈。

## （二）产品设计

在产品设计上，借鉴国外目标日期和目标风险策略的理念对委托人进行分类，以目标养老日期（即退休日期）分大类，以风险偏好（如保守、稳健、成长）分小类，针对上述两类目标客户设计自益和他益两个目的信托计划，既可以为自己购买，也可以为父母购买。个人配置型养老信托的产品设计示意图如图4-8所示。

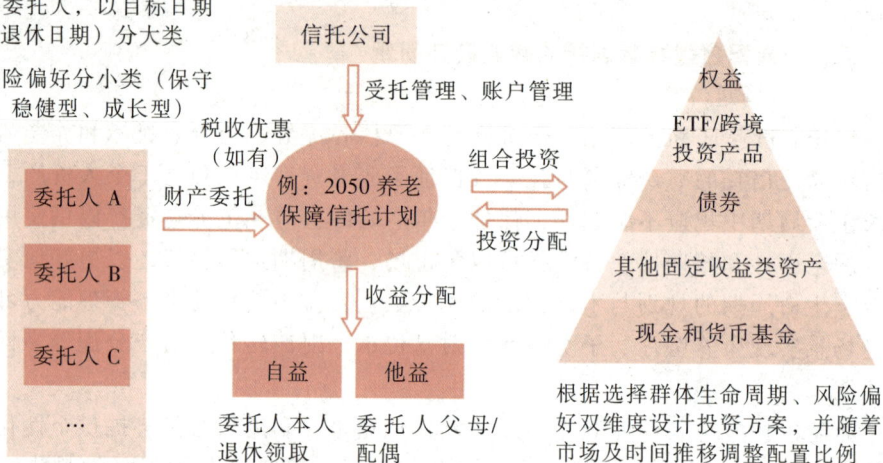

资料来源：平安信托PMO研究团队。

图4-8 个人配置型养老信托的产品设计示意图

1.产品种类：组合目标日期和风险偏好打造多条产品线

（1）以目标日期做第一层分类。不同生命阶段的投资者的风险承受程度差异巨大，所以目标日期策略奠定了大类资产配置的基础。

以5年为一个时间窗口进行分类，并根据目标日期指导下滑曲线的设计，任何年龄阶段的投资人都可以认购与其退休年份相匹配的养老信托计划（产品的目标日期与真实退休年份差距不超过2年）。

（2）以风险偏好做第二层分类。在以目标日期制定的资产配置下滑曲线的基础上，还需要根据委托人的投资偏好对资产配置比例进行调整，更精细化地匹配不同的风险收益需求。

设置保守、稳健、成长三种不同风险类型的养老信托计划，委托人可自主选择满足其风险收益要求的产品，同时信托公司也可通过对委托人进行风险评估推荐适配的产品。

保守型产品收益较低，与保险公司、银行理财等无法形成差异化竞争。稳健型和成长型产品可以为客户提供更高的风险收益比，应该是信托公司重点布局的产品线。

2.交易结构：针对每个委托人设置单独的信托计划

设置双层TOT交易架构：募集层为每个委托人设置单一信托计划，以支持个性化的分配，有利于后续嫁接医疗康养、子女教育、财富传承等多种养老功能，实现精细化管理和综合化服务；投资层归集募集层各信托账户中的资金，以进行统一投资安排，分配阶段由投资层信托计划将投资收益分配至每一个单一信托计划中，如图4-9所示。

3.认购金额：设置较低的认购门槛，后续每年开放追加

（1）首次认购金额无限制或者设置较低的门槛。从产品定位来看，养老信托具有较强的普惠性质，不应设置过高的投资门槛。由于监管对信托私募属性的限制，现行投资人购买信托计划的门槛较高，而养老第三支柱应该惠及更多普通大众，定位于解决老百姓的养老需求。同时若考虑信托的运营成本，也可以设置较低的投资门槛来保证投入产出的平衡，例如1万元至5万元。（2）每年定期开放追加。产品存续期内每年的特定日期开放一次追加，追加金额为1万元的整数倍，追加金额无上限。距离退休日期一年以内不能追加。定期开放追加有利于投资者根据自己的情况灵活增加投资额，同时一年一次更有利于投资经理集中做投资安排，提高投资的效率。

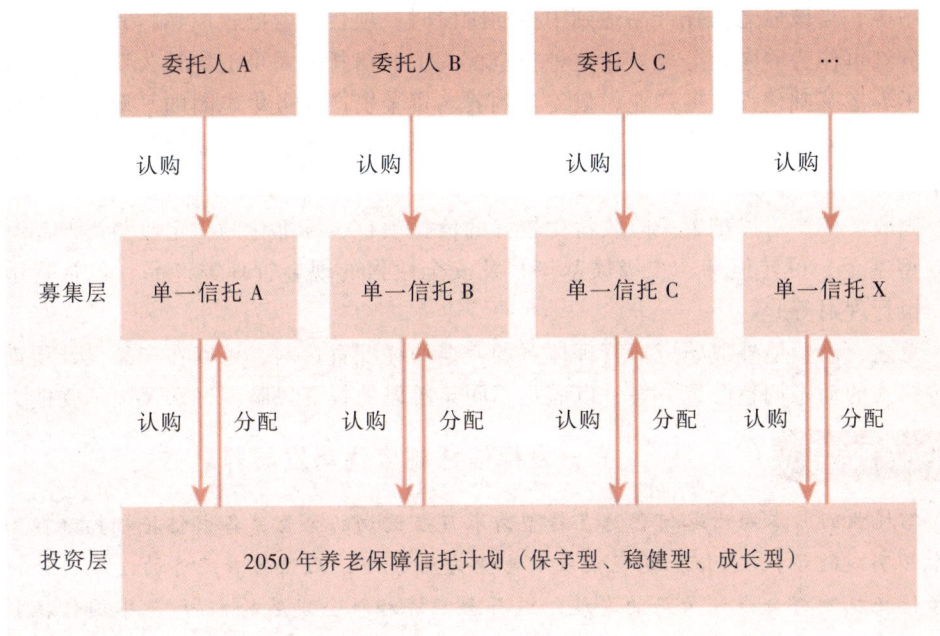

资料来源：平安信托PMO研究团队。

**图4-9　个人配置型养老信托的双层架构示意图**

4.领取方式：退休后开始领取，每年设置一次应急赎回

直至退休年龄后方可开始享受收益的领取，体现出以养老为目的的长期投资；委托人可以选择按月领取、按季度领取两种，同时可自由选择分配期的期限，原则上不少于10年；信托计划根据分配日当日的产品净值进行收益分配。为了提高产品的灵活性，可设置应急赎回条款，在产品成立满3年后，每年指定日期开放一次应急金的赎回。

5.增值服务：实现多重养老目标

信托与其他金融机构相比的核心优势是信托事务管理和综合服务能力，除了养老金的保值增值以外，还可以通过增值服务来实现多重的养老目标。在养老服务方面，

可提供定期健康体检、养老机构缴费、医疗康复等服务；在财富传承方面，受托人可以按照委托人的意愿进行财富传承、财富分配等一系列事务性安排。

（三）资产配置

养老信托计划以集合形式，采用净值化运作，通过TOF的形式，可以充分发挥信托公司在大类资产配置的丰富经验，为投资人选择合适的资产组合比例，并不断调整以匹配不同时间点上投资人的收益和风险偏好。

信托公司金融牌照资格广泛，可投种类丰富，业务领域囊括货币、资本市场以及实体产业，可以形成资产的多元化配置，包括但不限于股权、债券、基金、信托产品、REITs等类别，从而达到充分多样性风险分散。

股权类资产可配置期限长、现金流稳健的非标准化股权类项目，如养老地产、基建REITs等。以基建REITs为例，可匹配久期合适的公募REITs项目，如高速公路、发电站等，当该养老信托产品达到中后期阶段时，项目运营已较成熟，其稳定的现金流和分红可作为养老金分配。在这种投资模式下，信托公司可汇集长久期的养老资金投资于养老基础建设服务产业，最终达到养老资金资产服务生态圈的平衡且可持续发展。除此之外，还可以配置权益型基金来分散风险和增厚收益，如股票型基金、偏股型基金等。

固收类资产可以配置风险收益比较好的信托项目、标准化的固定收益类产品（如债券型基金、可转债基、二级债基等）及安全性强的现金管理类产品（包括货币基金、银行理财等）。

总之，借鉴境外成熟资产管理体系的养老信托配置策略，可以在产品设计层面嵌入阶梯式的动态调整配置方案，以满足不同年龄段的投资风险偏好和风险承受能力。

启智增慧4-10

资产服务信托|一文读懂养老服务信托

**【拓展阅读】　充分发挥信托制度优势发展养老信托**

信托业回归本源出路何在？在转型需求日益迫切的今天，各家信托机构都在加大探索和实践的步伐。"信托的规模以及影响力足够大，而且随着经济的发展，信托机构和信托机制将会得到长足的发展，这符合经济和社会发展的方向。"中国信托业协会智库单位北京大学国家金融研究中心主任金李告诉《金融时报》的记者。

**一、信托机制灵活　可肩负金融创新职责**

2020年，信托行业积极响应监管号召，持续压降资产规模。截至2020年第一季度末，全国68家信托公司受托资产规模为21.33万亿元，环比持续下滑，但降幅持续变缓。"作为银行之后的第二大资产门类，即便在有意控制规模的情况下，信托业仍保持快速的发展；而且几十年来经过七次治理整顿，信托业仍然顽强发展，可见信托公司具有极强的生命力。"金李说。

信托本身具有制度灵活性，可以打通不同类型和久期的资本市场，这一点在金融行业分业监管态势下，是别的金融机构和产品难以企及的。由于其机制灵活，信托行业长期以来肩负着国家金融创新试点的重要职能。在金李看来，由于信托受到严格监管，门槛也较高，对合格投资人的较多要求，其目标客群规模小，集中于高端人群，承受市场波动和政策变化的能力较强，所以，利用信托机制的高门槛进行一些创新试点，可能比通过商业银行要更加稳妥。

二、发展养老信托　强化养老第三支柱

鉴于信托所具备的制度优势、创新力和生命力，再加上养老产业的市场需求，金李认为，信托公司与养老行业商业化发展的契合度较高，未来对打造养老第三支柱将发挥巨大作用。对于如何利用信托机制优势开展养老信托，金李建议：一方面，信托机制作为一个抓手，可以用资产证券化的方式盘活大量存量资产，引导大量社会资金进入养老相关行业，提升养老市场的规模和质量；另一方面，应关注并带动整个养老经济相关产业链的快速发展，充分发挥和提升第三支柱的力量。

业内普遍认为，养老信托是信托公司的核心本源业务之一，但其推进节奏取决于配套政策的出台。金李提出，利用信托机制吸引社会资金进入养老行业，这种机制应和一般通道业务区别对待，不受近期关于融资类信托的有关政策限制。另外，以养老信托为契机推动信托制度建设，建议借助养老信托打开一个窗口，试点开展财产规模不限的动产类资产信托业务，便利普通百姓设立养老和财富传承有关的民事信托。

资料来源：金融时报-中国金融新闻网. 充分发挥信托制度优势发展养老信托〔EB/OL〕.〔2020-06-22〕. https://www.financialnews.com.cn/trust/zjgd/202006/t20200622_193847.html. 内容有删改。

模块练习4-4

# 项目五
# 适老化金融服务

## ■ 学习目标

**【知识目标】**

✓ 掌握适老化金融服务的内涵

✓ 熟悉适老化金融服务的外延

✓ 了解适老化金融服务的分类

✓ 了解适老化金融服务的海外实践

✓ 掌握老年金融消费者的主要风险特征

✓ 熟悉老年金融消费者权益保护的重要性

**【技能目标】**

✓ 能够明晰适老化金融服务与传统金融服务的区别与联系

✓ 能够根据老年金融消费者权益保护现状，提出老年金融消费者权益保护的优化策略

**【素养目标】**

✓ 通过对老年金融消费者权益保护现状的学习，学生要感知到，针对老年金融消费者的特殊需求和风险承受能力，金融机构应不断创新金融产品和服务，以满足其多样化的金融需求，从而培养学生金融创新的精神

✓ 通过对适老化金融服务的学习，学生要理解开展适老化金融服务的重要意义，增强学生积极关注与国家民生福祉关系紧密的问题

**【思政目标】**

✓ 培养关爱意识与职业道德。通过案例分析，培养学生关爱老年群体的意识和职业责任感

✓ 树立正确价值观与创新意识。结合服务意义，引导学生树立正确价值观，激发金融创新思维

✓ 增强社会责任感与使命感。探讨权益保护，让学生明白保障老年群体权益的社会责任

## 知识结构

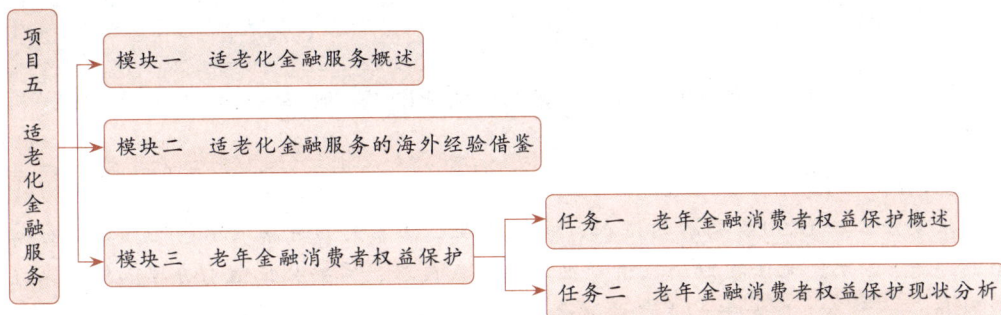

## 案例导读

2022年，上海某国有银行接到一位老年客户投诉：因视力模糊误操作手机银行，导致存款误转入高风险理财产品。这一事件引发银行管理层对适老化服务短板的深刻反思。随即，该行启动"银发服务焕新计划"，以"物理网点+数字渠道"双线改造为核心，打造适老化服务标杆。

物理空间的人性化革新。该行选取老龄化程度较高的静安区某网点作为试点，重新设计服务动线：入口增设无障碍坡道和防滑地砖，柜台高度降低至75厘米，并配备放大镜、可调节座椅。针对老年客户行动不便的问题，设置"爱心窗口"优先办理业务，并安排专人全程陪同。最受好评的是"适老金融角"，每周举办防诈骗讲座和智能设备使用培训，累计覆盖3 000余人次。

数字鸿沟的破局实践。为解决老年人"不敢用、不会用"手机银行的问题，该行推出"长辈模式"，字体放大至常规版本的1.5倍，隐藏复杂功能，仅保留查询、转账等高频操作，并嵌入语音导航和远程视频客服。数据显示，改造后老年客户线上交易量提升40%，投诉率下降67%。

特色服务的温情延伸。该行联合社区卫生服务中心推出"养老金融+健康管理"服务包，老年客户可凭银行卡积分兑换免费体检。此外，针对独居老人开发"紧急呼叫"功能，通过智能手环实时监测心率异常并自动通知亲属。一位78岁的客户感慨："以前怕来银行，现在感觉像回家。"

这一案例印证了适老化服务不仅是设施改造，更是对老年群体需求的深度洞察与服务生态的重构。金融机构唯有将"适老"理念融入产品设计、渠道运营和风险防控全流程，才能真正实现"金融无障碍"。

## 项目概述

随着我国老龄化程度持续加深，适老化金融服务成为金融机构履行社会责任、拓展银发经济的关键领域。本项目系统解析金融机构如何通过"硬设施+软服务"双轮驱动，构建全场景适老化服务体系。从老龄化社会背景切入，阐明适老化金融服务的战略价值，强调银行、保险、信托等机构在养老生态中的差异化定位，在此基础上聚焦物理网点改造和线上渠道的适老化转型两个方面，系统阐述了适老化金融服务体系构建，最后讲解创新老年金融教育模式，旨在通过案例教学、技能培训提升老年人金融素养与风险防范能力。

# 模块一　适老化金融服务概述

## 【任务情景】

洪女士，一位90岁高龄的老人，希望办理已故丈夫的存款继承事宜。由于存款余额超过5万元，无法按照小额遗产继承的方式提取，需要公证继承办理。但因家庭原因和年事已高，洪女士无法完成继承公证，面临"继承难"的问题。

在存款明细核实过程中，银行网点工作人员发现洪女士丈夫身故后有一笔8万多元的社保资金转入，导致存款超过5万元，无法办理小额继承。恰逢国家金融监督管理总局和中国人民银行联合发布《关于优化已故存款人小额存款提取有关要求的通知》（金规〔2024〕6号），根据新政策，可以简化流程提取已故存款人的丧葬费和抚恤金。网点运营主管向客户解释新政，并建议客户前往社保相关部门核实资金来源，如能确认为丧葬费和抚恤金，则能解决客户的难题。经过客户、网点、社保相关部门等历时1个月的沟通，最终洪女士将相关证明材料准备齐全，在网点顺利办理了遗产继承手续。

这个案例体现了银行在适老化金融服务中的积极实践，通过落实新政策，帮助高龄老人解决了存款继承的难题，展现了金融服务的温度和效率。请问，还有哪些金融服务能够体现适老化特征？

## 【知识平台】

适老化金融服务，旨在能够有效满足老年人日益增长的金融服务需求。随着老龄化社会的到来，老年人对金融服务的依赖逐渐增强，包括养老金领取、医疗保健支付、理财规划等。适老化金融服务通过优化服务流程、提供便捷的操作方式、增强服务人员的专业培训以及对老年群体开展金融知识教育等措施，确保老年人能够安全、便捷地享受金融服务。这不仅有助于提升老年人的生活质量，还能促进金融市场的健康发展，实现社会和谐与稳定。

### 一、适老化金融服务的内涵

（一）背景介绍

1.老龄化背景下的金融需求转变

随着全球人口结构的深刻变化，人口老龄化已成为一个不可忽视的社会现象。这一趋势不仅影响着家庭结构、劳动力市场，也让金融服务业面临新的挑战与机遇，具体表现为人口老龄化意味着社会中老年人口比例持续上升，这一群体的经济行为、消费习惯以及金融服务需求与年轻人存在显著差异，从而要求金融机构提供更加贴合其特点的服务。由于老龄化社会中，老年人的收入来源相对稳定但增长潜力有限，主要包括退休金、养老金、储蓄及投资收益等，因此他们对金融服务的需求更加侧重于保值增值、风险控制和便捷性。同时，随着年龄增长，老年人可能面临更多的健康问题，需要更加人性化的服务方式，如远程咨询、上门服务等，以适应其行动不便的实际情况，而这一非金融服务需求也为金融机构提供泛金融服务提供了场景。

2.老龄群体金融需求特点

老年群体的金融需求具有保守稳健、高度关注流动性、期望稳健增值、需要面对面服务和定制化服务等特点。金融机构在提供金融服务时，应充分考虑老年人的这些需求，通过优化产品设计、提升服务质量、加强金融知识普及等方式，为老年人提供更加贴心、便捷的金融服务。

风险偏好：保守稳健，厌恶风险。老年群体普遍倾向于保守型投资，对风险有较高的厌恶感，因此在投资决策上往往表现出高度的谨慎。他们更倾向于选择低风险、稳定收益的金融产品，如定期存款、国债、货币市场基金等。这些产品不仅风险较低，而且收益相对稳定，有助于老年人保障本金安全，实现资产的稳健增长。同时，老年人也倾向于避免高风险的股票、期货等金融产品，以防止因市场波动而遭受损失。

流动性需求：刚性支出，随时应急。由于可能面临医疗支出、紧急生活费用支出等，老年人对资金的流动性有较高要求。他们希望能在保持一定收益的同时，随时灵活支取资金，以满足不时之需。这种需求体现在老年人对金融产品的选择上，他们更倾向于选择那些可以提前支取、手续简便的储蓄产品。此外，老年人还可能关注金融产品的赎回期、赎回费用等细节，以确保在需要资金时能够迅速、便捷地取出。

收益期望：稳健增值，抵御通胀。虽然老年人偏好稳健投资，但并不意味着他们完全放弃对收益的追求。在保障资金安全的前提下，老年人也期望能够获得高于通货膨胀率的回报，以保持或提升生活质量。他们希望自己的资产能够随着时间的推移而稳健增长，从而应对物价上涨、医疗费用增加等生活成本上升的压力。因此，老年人在选择金融产品时，会关注产品的收益率、历史表现等因素，以期望获得一定的投资回报。

服务需求：面对面服务，细致指导。老年人在使用金融服务时，往往面临数字鸿沟问题，对复杂的金融产品、在线操作不熟悉。他们更倾向于面对面的服务，因为这种方式能够让他们更加直观地了解金融产品的特点和操作流程。此外，老年人还需要更加细致、耐心的解释和指导，以确保理解并正确运用金融服务。金融机构在提供金融服务时，应充分考虑老年人的这一需求，提供简洁明了的产品说明、详细的操作指南以及专业的咨询服务。同时，金融机构还应加强对老年人的金融知识普及和技能培训，提升他们的金融素养和风险防范意识。

其他需求：定制化服务，情感关怀。除了上述需求外，老年人还可能对金融服务提出其他定制化需求。例如，一些老年人可能希望金融机构能够提供针对其特定需求的金融产品，如遗产规划、长期护理保险等。此外，老年人还可能期望在金融服务过程中得到更多的情感关怀和人文关怀。金融机构在提供金融服务时，应关注老年人的情感需求，通过提供温馨的服务环境、亲切的服务态度等方式，让老年人感受到尊重和关爱。同时，金融机构还可以加强与社区、医疗机构的合作，为老年人提供更加全面的服务支持。

（二）适老化金融服务的内涵与外延

1.概念界定

适老化金融服务是指金融机构根据老年群体的生理、心理特征及其金融服务需求，通过产品设计、服务流程、技术应用等方面的调整与优化，提供更加贴合、便捷、安全的金融服务。

从内涵看，适老化金融服务主要包括产品设计、服务流程、技术应用和金融教育四个方面。其中，产品设计，是指开发适合老年人的金融产品，如低风险、高流动性的理财产品，以及针对遗产规划、长期护理保险等特定需求的保险产品。服务流程，是指简化业务流程，减少烦琐的文件签署、身份验证等环节，提供电话预约、上门服务等便捷服务方式，以及针对老年人的专属客服团队，确保老年人能够轻松享受金融服务。技术应用，是指利用智能技术，如语音识别、人脸识别等，为老年人提供更加友好的交互界面，同时保留传统服务渠道，如柜台服务、ATM 机等，确保老年人能够自主选择最适合自己的服务方式。金融教育，是指开展针对老年人的金融知识普及和技能培训，增强老年人的金融素养和风险防范意识，提升其对金融产品和服务的认知与操作能力。

从外延看，适老化金融服务主要体现在泛金融服务模式下围绕跨界合作、政策支持和社会价值三个方面来提升金融服务对银发客群的适应性。比如：在跨界合作上，金融机构可以依托与医疗机构、社区服务组织等建立合作关系，通过整合各方资源，为老年人提供综合性的健康管理和生活服务，为老年人提供更加便捷、全面的金融服务体验，从而丰富和完善金融服务的增值权益，这是增强客群黏性的重要手段。在政策支持上，在政府出台相关政策的引导下，如税收优惠、补贴奖励等，金融机构持续加大物理空间的适老化改造以及数字服务触达的适老化升级，并建立监管框架，保障老年人的合法权益不受侵害。在社会价值上，适老化金融服务更侧重于通过社会责任担当、人文关怀及社区融合等维度，深化对银发客群的关怀与适应。实践中，不少金融机构携手教育机构、文化团体等，开展老年教育项目与文化交流活动，不仅丰富了老年人的精神世界，也促进了代际间的理解和尊重，强化了社会的凝聚力。

2.与传统金融服务的区别与联系

从个性层面看，适老化金融服务与传统金融服务之间存在着三点主要差异：一是目标群体。传统金融服务主要面向所有年龄段的人群，而适老化金融服务则专注于满足老年群体的特殊需求。这要求金融机构在产品设计、服务流程等方面进行有针对性的调整和优化。二是服务理念。传统服务注重效率与标准化，而适老化服务则更加强调个性化、人性化。金融机构需要提供更加细致、耐心的服务，以满足老年人的特殊需求。三是技术应用。虽然两者都依赖于现代科技，但适老化服务在技术应用上更注重易用性、无障碍设计。金融机构需要利用智能技术为老年人提供更加友好的交互界面，同时保留传统服务渠道以确保老年人能够自主选择最适合自己的服务方式。

从共性层面看，尽管适老化金融服务相较于传统金融服务在目标群体、服务理念和技术应用三个方面存在差异，但是在金融服务的基础框架、服务导向和共同愿景等方面仍具有一定的共性特征。在基础框架方面，适老化金融服务是在传统金融服务的基础上发展起来的，它继承了传统金融服务的风险管理、合规运营等方面的成熟经验，并在此基础上进行了有针对性的调整和优化。在服务导向方面，适老化金融服务不仅是对传统服务的简单改造，更是金融创新与科技应用的深度融合，金融机构需要不断探索和创新金融产品和服务模式，以满足老年人的多样化需求。在共同愿景方面，无论是传统金融服务还是适老化金融服务，其最终目标都是提升金融服务的质量和效率，满足客户的多样化需求。通过不断优化服务流程、提升服务质量，金融机构可以为老年人创造一个更加美好的金融生活环境，同时也可以推动整个金融行业的健康发展。

3.开展适老化金融服务的重要意义

面对老年人口的快速增长及其独特的金融服务需求，金融服务适老化不仅是社会责任的体现，也是金融机构转型升级、拓展市场的必然选择。一方面，金融机构作为社会经济的重要组成部分，有责任通过提供适老化金融服务，促进社会包容性和公平性，确保所有年龄段的人群都能享受到便捷、安全的金融服务。另一方面，由于老年群体的金融需求构成了一个庞大的市场潜力，通过优化服务，金融机构可以吸引并留住这部分客户，实现业务的持续增长。此外，为了满足老年人的需求，金融机构需要不断创新，开发适合老年人的金融产品和服务模式，如简化操作流程、提供语音导航、开发大字版APP等，这些创新也将推动整个金融行业的科技进步。从金融稳定视角看，适老化服务有助于减少老年人因金融诈骗、误操作等造成的经济损失，提升金融系统的整体稳定性。

**二、适老化金融服务的分类**

适老化金融服务，主要体现在金融产品、服务渠道、服务模式和金融素养提升四个方面（如图5-1所示），彼此之间并非割裂独立，而是相互促进和融合的，共同推动金融服务银发客群的适应性和竞争力。

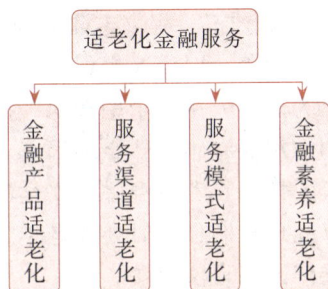

图5-1 适老化金融服务的分类

（一）金融产品适老化

金融产品适老化是满足老年人多样化需求的关键。在养老储蓄产品方面，不仅可以优化期限、利率和支取灵活性，还可以推出"智能储蓄计划"，根据老年人的年龄、预期寿命、收入状况等因素，自动调整存款期限和利率，确保资金在安全的前提下实现最大化增值。在养老保险产品创新方面，除了长期护理险和年金险，还可以探索"组合式养老保险"，将健康保障、生命保险、养老储蓄等多种功能融为一体，为老年人提供全方位的保障。在理财产品适老设计方面，除了低风险、中短期限、收益稳定的产品外，还可以推出"定制化理财产品"，根据老年人的风险偏好、投资期限和收益预期，提供个性化的投资方案。同时，基金产品和信托产品也应进行适老化改造，如推出"简化版基金产品"，降低投资门槛，简化投资策略，使老年人更容易理解和接受。

（二）服务渠道适老化

金融服务渠道的适老化改造，旨在提升老年人的服务体验。以银行业金融机构为例，在线上渠道服务方面，针对老年人视力特点和操作习惯，推出手机银行应用的"老年版"或"老年专属APP"，通过增大字体、简化操作界面、增加一键求助等措施，提高老年人使用智能设备的便利性和安全性。在线下服务渠道方面，金融机构对营业网点进行适老化改造，增设无障碍通道、老花镜、血压计、爱心座椅等便利设施，以提升老年人的实体服务体验，部分银行网点通过引入"智能助老设备"，如语音导航、人脸识别等，帮助老年人快速完成业务办理，或优化自动取款机（ATM）的界面和操作流程，使其更加符合老年人的使用习惯。

（三）服务模式适老化

金融服务模式的适老化，强调为老年人提供全方位、个性化的服务。在顾问式服务模式方面，设立"老年金融顾问团队"，由经验丰富的理财顾问和养老规划顾问组成，为老年人提供一对一的咨询和服务。同时，加强与其他行业的合作，如与医疗机构合作，提供便捷的医疗支付和健康管理服务；与养老社区联动，提供金融咨询、支付结算等一站式服务。开展"社区金融服务站"模式，将金融服务下沉到社区，为老年人提供更加便捷、贴心的服务，通过定期举办金融知识讲座、健康讲座等活动，增强老年人的金融素养和健康意识。

（四）素养适老化

对银发客群加强金融投资者教育至关重要。一方面，通过线上线下讲座、视频教程、宣传册等形式，普及金融基础知识，提高老年人对金融风险的认识和防范能力。实践中，为了提升老年人的金融素养，以商业银行为代表的金融机构通常举办"金融知识进社区"活动，邀请专家为老年人讲解金融知识，提高他们的风险防范意识和投资能力。另一方面，金融机构需重视老年群体金融消费者权益保护，加强对老年人的关爱服务，如定期回访、健康关怀等，营造温馨、安全的金融服务环境，同时加强与监管机构合作，建立健全投诉处理机制，及时处理老年人遇到的金融纠纷，共同打击金融诈骗等违法行为，保障老年人的合法权益。

启智增慧5-2

国寿寿险：加强金融知识科普，提升老年群体综合金融素养

【拓展阅读】　上海金融监管局金融消费者权益保护典型案例
（"老有所扶"——适老化服务案例篇）

近年来，上海金融监管局积极践行以人民为中心的价值取向，牢固树立"为民监管"理念，不断完善"全流程金融消费者权益保护体系"建设，连续开展"消保专项治理年""消保深化治理年""消保规范治理年"三年攻坚行动，用心用情解决人民群众急难愁盼问题，辖内金融消费者权益保护工作迈上新台阶。为提升金融教育宣传工作质效，充分发挥正面案例的示范效应，推动金融机构全面提升金融服务水平，上海金融监管局发布五期金融消费者权益保护典型案例。第一期"老有所扶"——适老化

服务案例篇如下。

### 一、规范"适老化"，护航"银发族"乐享金融服务

客户黄老先生已年近八旬，腿脚不便，无法亲至柜面办理业务，曾经主动联系某保险公司远程客服，但由于涉及的十几份保单年代久远，缺失的信息较多，办理遇到困难。保险代理人获知后立即上门帮助客户梳理保单问题，并主动与保险公司柜面工作人员联系寻求支援。虽已是下班时间，但网点柜员想到有位老爷叔此刻正焦急等待着，毅然决然留下来帮助客户解决问题，随即立刻通过空客外呼服务与客户进行沟通。1个多小时后，黄老先生提出的所有业务需求都得到了妥善处理，不禁连连感谢，称赞内勤人员的专业与对待老年客户的耐心。

监管提示：为积极建设完善老年友好型社会，监管部门不断指导和推动金融机构提升适老化服务水平。各机构通过在服务网点设置老年人休息区，配备放大镜、老花镜、爱心座椅等敬老设施，提供老年人专属绿色通道，确保老年客户享受到优先排队、专人接待的专属服务。此外，当老年客户不方便临柜时，金融机构为老年客户提供上门金融服务，免去老年人"奔波之累"，解了他们的燃眉之急。

### 二、推出"养老批次贷"，助力普惠养老金融

近年来，市民养老服务预期较高，养老机构服务能力也备受关注。某养老服务机构为了让更多老年人享受便利化的健康养护服务，加大人力和设施投入，运营面临资金难题。某商业银行为提升对养老产业的金融服务能力，主动对接联系了多家养老服务机构，并实地走访调研养老产业情况，深入了解企业需求，最终推出"养老批次贷"产品。该产品是商业银行与上海市融资担保中心联合推出的一款养老领域专属贷款，对于单户授信额度在1 000万元（含）以下的养老产业客群先行审批、放款，上海市融资担保中心"见贷即保"，共同搭建符合上海特色、贴近产业需求的"金融支持养老产业"新模式，进一步为上海市养老产业发展保驾护航。该行支行基于此产品，第一时间为该养老服务机构定制了一套融资方案，仅用5天就发放了300万元养老批次贷款，解决了养老服务机构融资难、融资贵的难题。

监管提示：近年来，我国着力发展普惠型养老服务，扩大普惠型养老服务覆盖面。监管部门指导金融机构加大普惠养老支持力度，创新推出各类适用性、针对性强的养老融资产品，积极支持养老产业扩大生产经营规模，扩大服务人群覆盖面。同时提供优惠信贷政策及利率，减费让利支持实体企业，有效促进养老产业发展。

资料来源：上海农商银行. 上海金融监管局金融消费者权益保护典型案例（"老有所扶"——适老化服务案例篇）[EB/OL]. [2024-10-21]. http://exweb.gslb.srcb.com/shrcb/2024/10/21/article_2024102116534895955.html. 内容有删改。

模块练习 5-1

## 模块二　适老化金融服务的经验借鉴

【任务情景】

中国香是全世界人均寿命最高的城市之一，超过30%的人口年龄逾65岁。银行业在提供满足老年客户需求的服务以及帮助他们及其家庭为财务未来做准备方面扮演

着重要角色。汇丰银行致力于关怀老年人，推广"适老化"服务，提供一系列定制化的产品、服务和手册，确保所有年龄段的客户都能够访问银行服务，对金融犯罪保持警惕，并了解未来几年支持他们的法律选择。

痴呆友好银行服务（Dementia Friendly Banking）：与香港阿尔茨海默病协会合作，培训痴呆友好大使在分行协助客户和家庭应对痴呆症。老年友好银行手册（Our Age-friendly Banking Brochures）：提供电子版或纸质版的老年友好银行手册，帮助客户自信地进行银行业务，并为安全的财务未来做规划。社区关怀柜台（Community Care Counter）：提供快速柜台服务，在一些分行开设额外的柜台或提供座位、会议室或小隔间，帮助客户办理交易和其他服务。智能长者（Smart Seniors）：在每个汇丰分行都有社区关怀大使和智能长者，他们接受过为不同需求的客户提供支持的培训。如果客户在使用银行服务时遇到困难，可以寻求智能长者的帮助。简易ATM（Easy ATM）：为客户提供更大的字体、更多的图形和更简单的工作流程，使用ATM时更加方便。汇丰移动分行（HSBC Mobile Branch）：通过将服务网络扩展到香港的指定地点，为更广泛的社区提供服务，包括现金取款、现金存款、存折更新、资金转账等服务。

【知识平台】

欧美发达国家已率先进入老龄化社会，在探索适老化金融服务方面积累了丰富经验，不仅建立了相对完善的适老化金融服务体系，而且在适老化金融服务理念、产品配置和ESG投资应用方面拥有成熟模式，值得学习和借鉴。

## 一、适老化金融服务的海外实践

（一）社会各界积极倡导适老化服务理念

欧美发达国家适老化服务经历了从适应到成熟的过程，政府支持、以企业和社会公益组织为载体的适老化服务体系基本形成，既体现在服务设施供给、住房改造等领域，也涵盖养老金投资等各个方面。同时，欧美国家的学者、报刊和社会公益组织等也积极倡导适老化服务的价值理念，政府机构、金融机构、社会公益团体和企业等均高度重视适老化服务，从不同层面加强适老化服务管理。以法国为例，该国政府在2007年通过了面向老年人的两项全国养老规划《安度晚年（2007—2009）》和《高龄互助（2007—2012）》，确立了适老化服务的制度框架，并设立全国家庭服务署，专门为老年群体提供公共服务，组建"法国白银生态"协会，帮助专业的养老机构发展养老健康产业。通过建立专门的制度和职能部门，引导社会各界重视适老化服务，产生了积极的效果。

（二）政府主导推进适老化金融创新

欧美发达国家经历的老龄化较早，社会公众对适老化的政策诉求强烈，推动了政府在法律和政策层面逐渐重视适老化服务。适老化金融服务的发展首要的是要建立一套制度，依托政府公共服务职能带动市场介入适老化服务。以日本20世纪80年代以来逐渐兴起的住房反向抵押贷款为例，这种信贷服务迎合了日本老龄群体的现实需求，政府通过设立专门机构或发挥间接中介职能的作用，为老年客群提供信贷产品支持。德国的养老基金投资主要由商业银行管理，受到监管机构的严格监管，德国金融监管局规定银行等金融机构在宣传金融产品时不得承诺预期收益，并探索将补充养老金资产配置服务纳入新的全球金融框架。

（三）注重对老年群体的保护和投资者教育

随着数字化和金融科技不断向传统金融领域渗透，其中引发的隐私信息泄露、网络诈骗等问题颇为突出，而老年金融消费者是其中的主要受害群体，欧美发达国家金融管理部门和金融机构为此建立了严格的隐私保护和消费者权益保护机制。以美国为例，美联储在其下属的金融消费者保护局单设老年人金融保护办公室，专门负责62周岁以上老年人的金融消费保护，通过定期发布金融风险防范提示和理财防骗指南等，保护老年群体的隐私信息，并与非营利组织、金融机构、检察部门、老年人司法协调委员会成员等建立合作关系，保障老年群体的金融安全。

（四）推动适老化金融融入ESG评价体系

作为目前国际金融投资的主流，ESG理念的践行者和投资者主要来自公共投资机构，这与适老化金融的可持续、长期性以及价值投资的原则相符，ESG的发展也带动了可持续投资的市场规模不断壮大，政府养老金市场ESG的实践较早，投资回报也更为丰厚。根据全球可持续投资联盟（GSIA）研究，2020年包括养老金在内的全球机构投资者的ESG投资规模已经突破35万亿美元。ESG投资的早期践行者——挪威政府全球养老基金（GPFG）以及丹麦劳动力市场补充养老基金（ATP）、日本政府养老投资基金（GPIF）等逐渐成为海外ESG投资的先驱。

**二、提升我国适老化金融服务的建议**

近年来，为应对人口老龄化社会的挑战，我国政府和有关部门已出台多项相关养老金融的政策举措，金融机构也在陆续开展一些工作。结合国际经验和我国现实发展需求，未来应从四个层面加快推进我国适老化金融服务创新。

（一）积极倡导并融入适老化金融服务理念

面对我国中度老龄化阶段及老年客群的庞大需求，社会各层面需积极倡导适老化金融服务的理念。金融机构应将这一理念融入公司治理、日常经营和业务发展，形成关爱老年群体的金融文化。通过举办老年金融知识讲座、开展投资者教育活动等方式，普及金融知识，提升老年群体的金融素养。同时，将适老化金融服务理念贯穿于老年群体金融投资者教育、消费者权益保护等领域，确保老年群体能够享受到普惠、贴心的金融服务。这不仅有助于提升老年群体的生活质量，也是金融机构履行社会责任的重要体现。

（二）建立健全适老化金融制度体系

当前，我国适老化金融还处于初步探索阶段，缺乏顶层设计和规范制度。为此，金融管理部门应结合养老金融发展远景规划，建立健全适老化金融的规范制度，明确目标、方向和标准。建议设置适老化金融服务评价、适老化金融产品占比等激励指标，并将其纳入金融监管考核体系，形成一定的约束力。同时，统筹适老化金融创新试点，通过典型示范逐步推广形成适老化金融服务体系。适当引进国际先进经验，逐步构建适老化金融生态圈，为老年群体提供更加全面、专业的金融服务。

（三）增强适老化金融服务与产品供给能力

随着金融业务转型加快，全新的数字化客户服务旅程和多元化的资产配置理念深入人心。然而，适老化金融服务与产品供给仍显不足。金融管理部门应支持和鼓励金融机构创新适老化金融服务，增强金融产品供给能力。通过加大业务试点和扩大覆盖面，与第三支柱保险、养老理财试点等新型适老化金融服务创新融合，开发设计贴合老年群体需求、符合长期主义的金融产品组合。同时，发挥银行、保险、证券、基金等金融协同的创新力量，激发不同金融牌照的资源和优势，构建系统性的适老化金融服务生态基础。

（四）推进适老化金融数字化建设并注重投资者教育

数字化应用工具使金融业走向智能化、线上化，金融管理部门应明确和细化适老化金融数字化建设的技术标准、使用规范，指导金融机构加快数字化转型。在设计中注重老年群体的特殊性、个性化特征，提供线上化和智能化的适老化专属设计，基本金融功能、工具和产品的适老化配置。同时，加强老年群体投资者教育，提升理财等风险防范意识，注重隐私保护，提高数字金融服务的温度。通过智能化、规范化的适老化金融数字化建设，为老年群体提供更加便捷、安全的金融服务。

**【拓展阅读】　金融监管总局20项措施提升金融服务适老化水平**

2024年11月14日，国家金融监督管理总局发布《关于进一步提升金融服务适老化水平的指导意见》（以下简称《指导意见》）。《指导意见》要求金融机构坚持以人民为中心的价值取向，积极融入老年友好型社会建设，提出六方面具体工作任务及20项措施。总体来看，《指导意见》对金融行业提升服务适老化水平提出了全面、系统的要求，是推动金融业积极应对人口老龄化的重要举措。《指导意见》的出台，有利于帮助老年人更好地共享金融发展成果，不断增强老年金融消费者的获得感和满意度。

**一、《指导意见》明确了六方面任务20项举措**

具体来看，六方面工作任务主要包括：一是优化传统服务方式，扎实保障基础金融服务，包括优化营业网点布局、完善适老设施配置、提升柜面服务水平、不断优化现金服务、推动客服热线适老化改造等。二是用好智能科技成果，提升适老化服务水平，包括推进互联网应用适老化改造、优化手机App服务流程和功能、优化自助服务和推广使用便携式智能服务等。三是丰富适老化产品和服务，促进提升老年人生活品质，包括加大适老金融产品供给以及提升保险保障和健康服务水平等。四是强化行为管理，保护老年金融消费者合法权益，包括提升适老化服务意识和能力、加强销售行为管理、牢固建立信息安全保障和妥善处理消费投诉等。五是做好金融教育，营造安心金融消费环境，包括深入开展金融知识普及和强化风险防范与提示等。六是形成多方合力，共同提升适老化金融服务质效，包括强化监管引领、落实监督约束以及发挥行业自律组织作用等。

基于上述任务，《指导意见》进一步提出了20项措施，包括：优化营业网点布局，完善适老设施配置，提升柜面服务水平，不断优化现金服务，推动客服热线适老化改造，推进互联网应用适老化改造，优化手机App服务流程和功能，优化自助服务，推广使用便携式智能服务，加大适老金融产品供给，提升保险保障和健康服务水平，提升适老化服务意识和能力，加强销售行为管理，牢固建立信息安全保障，妥善处理消费投诉，深入开展金融知识普及，强化风险防范与提示，强化监管引领，落实监督约束，发挥行业自律组织作用。

二、增强金融服务适应性和普惠性

为切实解决老年群体在支付领域运用智能技术困难及现金"找零难"等问题，《指导意见》要求各金融机构要充分考虑老年人的身体机能、行动特点、行为习惯等因素，尊重老年人的意愿和使用习惯，保留现金、纸质存折、存单、保单、业务凭证等服务方式，不强制要求老年人使用银行卡、互联网移动应用和自助式智能设备。要强化营业网点现金服务能力，做好零钱备付，在营业网点储备总量充足、券别合理的现金。要建立现金服务应急保障机制，针对突发情况、特殊时点现金需求，保障现金供应，优化窗口现金服务。

《指导意见》还要求各金融机构加大适老金融产品供给。支持银行业金融机构充分考虑老年人风险偏好相对保守、理财需求趋于稳健的特点，结合老年人投资、医疗、养老等实际需求，研发推出更多面向老年客户的产品。支持保险公司研究提高投保年龄上限，重视70岁及以上老年人保险保障需求，科学适当调整投保条件。

三、加强销售行为管理

为切实保护老年客户权益，《指导意见》指出，各金融机构要加强产品和金融消费者适当性管理，在向老年人推介金融产品时，要用浅显易懂的语言沟通、讲解和分析，要充分了解老年人风险认知、风险偏好、实际需求和财务支付能力，更加审慎地开展风险承受能力评估，进一步做好风险提示，并按要求做好回访，要加强销售行为可回溯管理。

同时，《指导意见》指出，各金融机构要高度重视和妥善处理老年金融消费者投诉，畅通投诉渠道，完善投诉处理机制，做好老年金融消费者消费投诉的处理工作，不得出现相互推诿、敷衍等行为。

资料来源：仇兆燕. 金融监管总局20项措施提升金融服务适老化水平［EB/OL］.［2024-11-15］. https://jrj.wuhan.gov.cn/ynzx_57/xwzx/202411/t20241115_2485344.shtml. 内容有删改。

模块练习5-2

# 模块三 老年金融消费者权益保护

## 任务一 老年金融消费者权益保护概述

【任务情景】

2017年1月13日，龚某华及其女儿龚某将龚某华的母亲，92岁的周某，带至农村信用社某营业厅，对其账户进行挂失，取出存款24万元并存入龚某账户。周某系文盲，上述柜台业务办理均由龚某操作，银行业务员需要周某拍照确认时，龚某将坐在轮椅上的周某推到柜台摄像头前拍照，再推回等候席，将材料让周某捺完印后再交给银行业务员。龚某、业务员均未和周某进行交流。周某诉至法院称，龚某华及龚某以帮助办理银行存款为由，将其骗至银行并转走存款，周某得知后，要求龚某返还，遭到拒绝，故诉请龚某返还上述款项。

此案例反映出老年人在金融财产权益保护方面的脆弱性。请问，还有哪些侵害老年金融消费者权益的类型？

【知识平台】

老年金融消费者权益保护是银发经济发展和金融市场稳定的重要保障。通过加强法律法规建设、完善老龄金融政策、提高老年金融消费者的维权意识和能力等措施，可以有效保障老年金融消费者的合法权益，促进老年金融市场的健康发展，为社会的和谐稳定提供有力支撑。

## 一、老年金融消费者的主要风险特征

老年金融消费者，是指达到一定年龄界限（通常指退休年龄以上）的金融消费者群体。这类客群在进行金融活动（如储蓄、投资、保险购买、信贷消费等）时，因其年龄、健康状况、收入水平、知识结构、信息获取能力等方面的特殊性，而具有不同于其他年龄段消费者的需求和风险承受能力。比如：他们不仅关注金融产品的安全性和流动性，同时还更加重视金融服务的便捷性、亲和力和个性化定制。从实践来看，老年群体在获取金融服务时，通常面临以下四类风险：

金融诈骗风险：老年金融消费者在投资过程中，由于信息获取渠道有限、投资知识不足，容易遭受金融诈骗、虚假宣传、非法集资等风险。不法分子往往利用老年人对养老生活的期望和金融知识的欠缺，以高回报、低风险等虚假承诺为诱饵，诱使老年消费者投入大量资金，最终导致资金损失惨重。

信息风险：由于老年金融消费者在信息获取和处理方面存在障碍，他们往往难以准确判断金融产品的真实性和风险水平。一些不法机构利用老年消费者的这一弱点，通过夸大收益、隐瞒风险等手段进行误导性宣传，导致老年消费者做出错误的投资决策。

技术风险：随着金融科技的快速发展，老年金融消费者在使用电子支付、网络银行等现代金融服务时，可能面临网络安全风险。他们可能因不熟悉网络安全知识而泄露个人信息，导致财产损失。

法律风险：老年金融消费者在购买金融产品时，可能会遇到合同条款不明确、权益受损难维权等问题。由于老年人在法律知识和维权能力方面的限制，他们往往难以有效维护自己的合法权益。

## 二、老年金融消费者权益保护的重要性

老年金融消费者权益保护，关乎老年群体的切身利益，同时也是整个社会和金融市场的稳定发展的重要组成部分。实践中，老年群体往往面临着信息不对称、认知能力下降、防范意识薄弱等挑战，这使得他们在金融交易中更容易成为欺诈和误导的受害者。因此，从多个维度理解老年金融消费者权益保护的重要性，对于构建和谐社会、促进金融健康发展具有重要意义。

（一）彰显法律基础与公平正义

在法律层面，老年金融消费者权益保护是宪法中平等原则与公民基本权利的具体体现。各国法律普遍规定，所有公民，无论年龄大小，都应享有平等的法律地位和权利保护。老年人在金融领域的权益，如知情权、选择权、公平交易权、隐私权等，同

样受到法律保护。加强老年金融消费者权益保护，不仅是对法律的尊重与执行，更是实现社会公平正义的必然要求。通过建立健全相关法律法规，如制定专门针对老年金融消费者的保护措施，设立便捷的投诉与维权机制，可以有效遏制针对老年人的金融欺诈行为，维护其合法权益，促进社会公正。

（二）推动社会和谐和金融稳定

老年人是社会的重要组成部分，他们的生活质量直接关系到社会的和谐稳定。金融欺诈不仅给老年人带来经济损失，更可能引发强烈的心理创伤，影响家庭关系和社会信任。一旦老年群体对金融体系失去信心，可能导致社会整体对金融机构的不信任感增强，进而影响金融市场的稳定与健康发展。因此，保护老年金融消费者权益，不仅是维护个体利益的需要，更是维护社会稳定、增强社会凝聚力的关键。通过加强监管、提高透明度、加强公众教育等措施，可以有效提升老年人的金融素养，减少金融纠纷，为构建和谐社会提供有力支撑。

（三）推动养老金融与银发经济协同发展

老年金融消费者权益保护对于经济的可持续发展同样至关重要。一方面，老年人是储蓄和投资的重要群体，他们的资金流动对金融市场有着不可忽视的影响。保护老年金融消费者的权益，可以增强其投资信心，促进资金的有效配置，为经济增长提供稳定的资金来源。另一方面，随着老年人口的增长，银发经济的发展潜力巨大。通过保障老年人在金融领域的合法权益，可以激发这一群体的消费潜力，促进相关产业如养老金融、健康保险等的发展，为经济转型升级注入新动力。此外，老年金融消费者的权益保护还能促进金融市场的公平竞争，防止不正当竞争和垄断行为，为金融市场的长期健康发展奠定坚实基础。

（四）促进教育普及与能力提升

教育是提升老年金融消费者权益保护意识的关键。通过普及金融知识，提高老年人的金融素养，可以帮助他们更好地识别金融风险，做出明智的金融决策。这包括但不限于基本的金融概念理解、识别金融诈骗的技巧，以及如何有效利用金融工具规划养老等。政府、金融机构和社会组织应携手合作，开展形式多样的金融教育活动，特别是针对老年人的定制化课程，利用线上线下相结合的方式，确保信息覆盖广泛且易于理解。同时，鼓励家庭成员参与，形成家庭内部的金融知识共享机制，共同提升老年群体的自我保护能力。

## 任务二　老年金融消费者权益保护现状分析

【任务情景】

2022年，某地发生一起针对老年人的非法集资诈骗案件。不法分子以"养老公寓"投资为名，承诺给予高额回报，吸引了大量老年人参与。他们通过组织讲座、发放宣传资料等方式，向老年人宣传所谓的"投资项目"，并承诺在一定期限内返还本金和利息。然而，当老年人投入资金后，这些不法分子便消失无踪，导致大量老年人血本无归。

此案例反映出不法分子能够利用监管漏洞进行非法集资诈骗活动。同时，老年人的金融素养和自我保护意识相对薄弱，容易轻信不法分子的虚假宣传，从而陷入诈骗陷阱。

【知识平台】

从实践来看，梳理老年金融消费者权益受损的表现形式、剖析其主要因素，对于保障老年群体金融安全至关重要。老年金融消费者享有财产安全权、知情权、自主选择权等八项基本权益，了解权益受损的表现形式，如信息泄露、非法集资等，有助于识别风险；而探究主要因素，如法律制度待完善、金融知识匮乏、风险意识淡薄等，则能为制定保护措施提供依据。只有深入剖析，才能精准施策，切实维护老年金融消费者的合法权益。

## 一、老年金融消费者权益受损的主要表现

老年金融消费者在金融市场中面临着多方面的权益受损问题，这些问题主要围绕财产安全权、知情权与自主选择权、受教育权与受尊重权，以及依法求偿权与信息安全权等金融消费者权益展开。

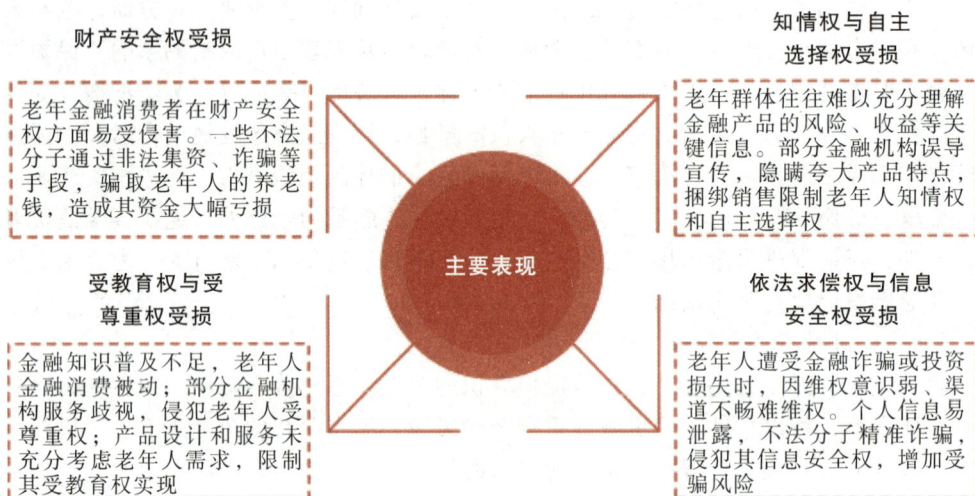

**财产安全权受损**

老年金融消费者在财产安全权方面易受侵害。一些不法分子通过非法集资、诈骗等手段，骗取老年人的养老钱，造成其资金大幅亏损

**知情权与自主选择权受损**

老年群体往往难以充分理解金融产品的风险、收益等关键信息。部分金融机构误导宣传，隐瞒夸大产品特点，捆绑销售限制老年人知情权和自主选择权

**主要表现**

**受教育权与受尊重权受损**

金融知识普及不足，老年人金融消费被动；部分金融机构服务歧视，侵犯老年人受尊重权；产品设计和服务未充分考虑老年人需求，限制其受教育权实现

**依法求偿权与信息安全权受损**

老年人遭受金融诈骗或投资损失时，因维权意识弱、渠道不畅难维权。个人信息易泄露，不法分子精准诈骗，侵犯其信息安全权，增加受骗风险

资料来源：作者自行整理。

图5-1　老年金融消费者权益受损的主要表现

（一）财产安全权受损

老年金融消费者在财产安全权方面易受侵害。一些不法分子通过非法集资、诈骗等手段，骗取老年人的养老钱，造成其资金大幅亏损。例如，以"养老公寓""养老床位预订金"等名义进行的非法集资活动，往往承诺高额回报，实则是在骗取老年人的资金。此外，一些高风险投资诈骗也瞄准了老年人，通过虚假宣传和高收益诱惑，诱导他们参与风险极高的投资项目，进一步威胁其财产安全。

（二）知情权与自主选择权受损

由于金融知识的匮乏，老年人往往难以充分理解金融产品的风险、收益等关键信息，导致在投资时做出不明智的选择。同时，一些金融机构在推销产品时存在误导性宣传，故意隐瞒或夸大产品特点，侵犯了老年人的知情权。在自主选择权方面，部分

金融机构通过捆绑销售、强制搭售等方式，限制了老年人的选择权，使其在购买金融产品时处于不利地位。

（三）受教育权与受尊重权受损

由于金融知识的普及程度不足，老年人往往缺乏获取金融知识的有效途径，导致他们在金融消费中处于被动地位。同时，一些金融机构在提供服务时存在歧视性行为，如服务态度冷漠、不尊重老年人意愿等，侵犯了老年人的受尊重权。此外，金融机构在产品设计和服务提供上未能充分考虑老年人的特殊需求，也限制了其受教育权的实现。

（四）依法求偿权与信息安全权受损

当老年人遭遇金融诈骗或投资损失时，由于维权意识不足和维权渠道不畅，往往难以有效维护自己的合法权益。同时，老年人的个人信息也容易被泄露和滥用，增加了其遭受诈骗的风险。一些不法分子通过非法手段获取老年人的个人信息，进行精准诈骗，进一步侵犯了其信息安全权。因此，加强老年金融消费者的权益保护，提升其维权意识和能力，是保障其合法权益的重要途径。

## 二、老年金融消费者权益保护存在的问题

老年金融消费者权益保护在当前金融市场中面临着一系列问题，这些问题不仅影响老年人的金融安全，也阻碍了金融市场的健康发展。

（一）法律法规不完善，执行力度不足

目前，针对老年金融消费者权益保护的法律法规尚不完善，存在诸多空白和模糊地带，这导致在老年人遇到金融纠纷时，缺乏明确的法律依据和有效的维权途径。同时，相关法律法规的执行力度也不足，一些金融机构和从业人员在违法违规操作时，未能受到应有的惩罚，从而加剧了老年金融消费者的风险。例如，一些非法集资和诈骗案件频发，但相关法律的制裁力度和追责机制并不完善，使得老年人难以有效维护自己的合法权益。

（二）金融机构服务意识与能力的欠缺

金融机构在老年金融消费者权益保护方面存在服务意识与能力的欠缺。一些金融机构过于追求利润最大化，忽视了老年人的特殊需求和风险承受能力，导致在产品设计、服务提供等方面未能充分考虑老年人的实际情况。此外，部分金融机构在应对老年金融消费者投诉和纠纷时，处理效率低下，服务态度冷漠，进一步加剧了老年人的不满和困扰。

（三）老年金融消费者的自我保护意识薄弱

老年金融消费者在自我保护意识方面相对薄弱。由于金融知识的匮乏和维权意识的不足，老年人在面对金融纠纷时往往不知所措，容易陷入被动境地。他们缺乏识别金融风险和诈骗手段的能力，容易被不法分子利用和欺骗。同时，老年人在维权过程中也往往缺乏必要的法律知识和技巧，导致维权效果不佳。

（四）老年群体金融素养有待提升

老年群体的金融素养水平普遍较低，这是导致其权益受损的重要原因之一。由于缺乏必要的金融知识和技能，老年人在金融消费中往往难以做出明智的决策，容易陷

入投资陷阱或遭受诈骗。因此，提升老年群体的金融素养水平，加强金融知识的普及和教育，是保障其合法权益的重要途径。

### 三、老年金融消费者权益保护的优化策略

**（一）完善法律法规，奠定权益保护基石**

我国应尽快出台专门针对老年金融消费者权益保护的法律法规，对老年人在金融交易中的特殊权益进行明确界定。建议细化《中华人民共和国老年人权益保障法》（以下简称《老年人权益保障法》）中关于经济金融活动的条款，增加金融产品买卖双方的权利和义务，特别是要强调金融机构对老年客户的特殊保护责任。同时，完善《商业银行法》《保险法》等相关法律法规，确保老年金融消费者在遭遇侵权时能有法可依，有效维护自身合法权益。通过法律法规的完善，为老年金融消费者权益保护提供坚实的制度保障。

**（二）创新金融产品与服务，满足老年群体多样化需求**

针对老年金融消费者的特殊需求和风险承受能力，金融机构应不断创新金融产品和服务，以满足其多样化的金融需求。例如，可以开发低起点金额、更为灵活的保本型理财产品，以及将银行储蓄业务与医疗保险相结合的储蓄保险产品。同时，借鉴国际经验，利用大数据、人工智能等技术，对老年客户的金融消费情况进行精准评估，为其提供更加个性化的金融服务。此外，还可以优化金融服务流程，如设置指纹按压识别代替电子签名，简化业务流程，提高服务效率，让老年人在享受金融服务时更加便捷、安全。

**（三）加强金融知识普及，提升老年群体金融素养**

金融知识的匮乏是老年金融消费者容易遭受权益侵害的重要原因，因此，应加强对老年群体的金融知识普及和教育工作。金融机构应发挥宣传主渠道作用，通过举办金融知识讲座、发放宣传手册、制作易于理解的金融知识短视频等方式，以通俗易懂的语言向老年人普及金融知识，包括存贷款、理财产品、保险、防范金融诈骗等方面的内容。同时，可以联合社区、养老院、老年大学等机构，定期开展金融知识进社区、进养老院、进课堂等活动，让老年人在日常生活中随时都能接触到金融知识，逐步提升其金融素养和风险防范意识。

**（四）构建多元化纠纷处理机制，强化权益保护力度**

构建多元化的金融消费纠纷处理机制是保护老年金融消费者合法权益的重要途径。一方面，应完善金融消费投诉解决机制，建立健全第三方调解、仲裁机制，为老年客户群体提供法律指导和支持。金融机构应设立专门的投诉处理部门，及时、有效地处理老年客户的投诉和纠纷。另一方面，发挥司法部门的作用，加大对针对老年客户的金融诈骗案件的打击力度，高效处理老年人金融纠纷案件。同时，鼓励社区、民间公益组织等社会力量参与老年金融消费者权益保护工作，如提供法律援助、心理咨询等服务，共同构建老年金融消费者权益保护的社会支持网络。

**【拓展阅读】**　　　　　　**金融消费者权益保护，需要知道的八件事**

和谐健康小课堂：在金融交易中，消费者往往处于信息不对称的弱势地位，因

启智增慧 5-4

金融消费者权益保护办好"关键小事"

此，保护金融消费者的合法权益显得尤为重要。近年来，我国不断完善金融消费者权益保护制度，出台了一系列规定和政策。今天就来聊聊金融消费者权益保护的八件重要事项，以帮助消费者们更好地了解自身权益及维权途径。

第一，知情权。有权了解金融产品的真实信息。知情权是金融消费者的基本权利之一。金融机构在向消费者推荐产品或服务时，必须提供真实、准确、完整的信息，包括产品的收益、风险、费用等。消费者在购买金融产品前，应仔细阅读相关合同和条款，确保自己充分了解产品的特点和风险。

第二，自主选择权。有权自由选择金融产品和服务。金融机构不得强制或变相强制消费者购买某一产品或服务。消费者应根据自身需求和风险承受能力，自主选择适合自己的金融产品。如果遇到强制推销或捆绑销售的情况，消费者有权拒绝并向监管部门投诉。

第三，公平交易权。有权享受公平的金融服务。金融机构在提供产品和服务时，应遵循公平原则，不得设置不合理的交易条件或歧视性条款。例如，不得因消费者的性别、年龄、职业等因素而区别对待。如果消费者发现金融机构存在不公平交易行为，可以通过法律途径维护自身权益。

第四，财产安全权。有权要求金融机构保障资金安全。金融机构应采取有效措施，保障消费者的资金安全，防止信息泄露、资金盗用等风险。消费者在使用金融服务时，应注意保护个人账户信息和密码，避免将重要信息泄露给他人。如果发现账户异常，应及时联系金融机构处理。

第五，依法求偿权。有权在权益受损时获得赔偿。如果因金融机构的过错导致消费者权益受损，消费者有权依法要求赔偿。例如，因银行系统故障导致资金损失，消费者可以通过协商、投诉或诉讼等方式维护自己的合法权益。

第六，受教育权。有权获得金融知识和风险教育。金融机构有义务向消费者普及金融知识，帮助其提高风险意识和理财能力。消费者应主动学习金融知识，了解常见的金融风险和诈骗手段，增强自我保护能力。此外，金融机构还应定期开展消费者教育活动，帮助消费者更好地理解金融产品和服务。

第七，受尊重权。有权在金融交易中受到尊重。金融机构在提供服务时，应尊重消费者的人格尊严和隐私权，不得以任何形式侮辱、歧视或泄露消费者的个人信息。如果消费者在交易过程中感到被冒犯或受到不公正对待，可以向金融机构投诉或向监管部门反映。

第八，监督权。有权对金融机构的服务进行监督。消费者有权对金融机构的服务质量、收费标准、合同条款等进行监督，并提出意见和建议。如果发现金融机构存在违法违规行为，消费者可以通过投诉、举报等方式行使监督权，维护自身和其他消费者的合法权益。

如何维护自己的金融消费者权益？如果消费者的权益受到侵害，可以通过以下途径维权：

1.与金融机构协商：首先尝试与金融机构沟通，寻求解决方案。

2.向监管部门投诉：如果协商无果，可以向银保监会、人民银行等监管部门

投诉。

　　3.申请仲裁或提起诉讼：对于复杂的金融纠纷，消费者可以申请仲裁或通过法律途径解决。

　　资料来源：和谐健康保险公司．和谐健康小课堂：金融消费者权益保护，需要知道的八件事［EB/OL］．［2025-02-12］．https：//baijiahao.baidu.com/s? id=1823833294535729745&wfr=spider&for=pc.

# 项目六
# 养老产业金融

## ■ 学习目标

### 【知识目标】

✓掌握养老产业的内涵与发展特点

✓了解养老产业发展的机遇和挑战

✓掌握养老产业发展的主要模式

✓熟悉养老产业金融的最新进展

✓了解养老产业金融的市场分析

✓掌握养老产业投资项目评估

✓熟悉金融科技与养老产业的融合路径

✓掌握金融科技在养老产业中的场景应用

### 【技能目标】

✓能够分析养老产业金融的市场需求、发展趋势及潜在风险，理解其对我国养老产业发展的重要性

✓根据养老产业的特点和需求，能够设计合理的投融资方案，包括资金来源、投资结构、回报机制等

✓能够深入研究国内外养老产业金融的成功案例，提炼经验教训，为本土养老产业金融的发展提供借鉴

### 【素养目标】

✓通过对养老产业金融产业概念、内涵和特征的学习，提升个人在养老金融领域的专业知识和实践能力

✓通过对银发经济的概况进行学习，鼓励学生创新思维，探索新的金融产品和服务模式，以适应养老产业不断变化的金融需求

### 【思政目标】

✓培养关爱与服务意识。结合养老产业案例，培养学生关爱老人、服务社会的意识

✓树立创新与责任观念。以金融科技融合为例，引导学生创新，增强行业责任感

✓强化职业道德与社会责任担当。通过分析产业问题，强化学生职业道德，勇于承担社会责任

## ■ 知识架构

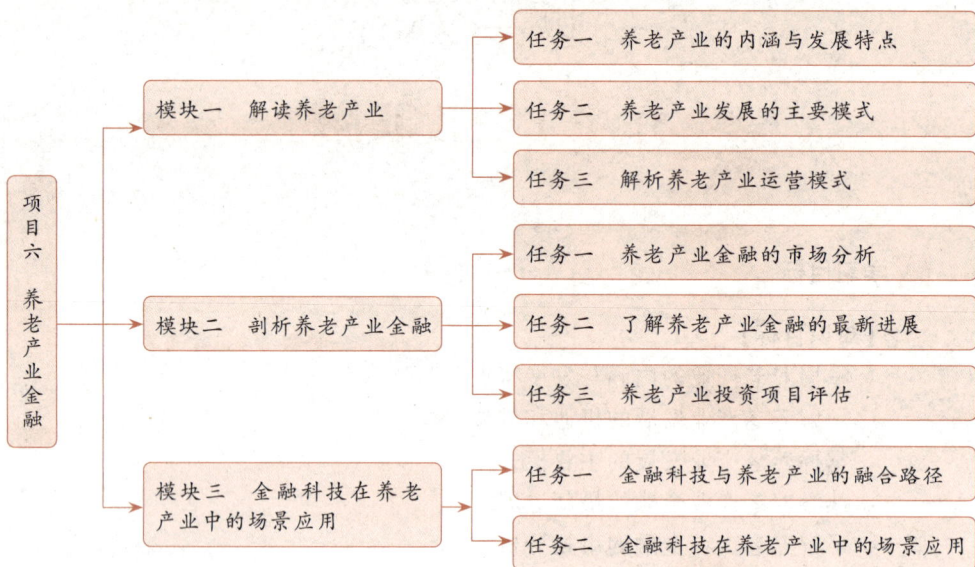

## ■ 案例导读

近日，以"发展新质生产力 推动品牌强国建设"为主题的2024中国品牌论坛在京举行，在"金融高质量发展案例报告会"分论坛上，中国人寿集团旗下国寿健投公司凭借在做好养老金融大文章方面进行探索与实践。目前，已先后设立总规模500亿元的国寿大健康基金、总规模200亿元的国寿大养老基金，并在今年5月发起设立总规模100亿元、首期规模50亿元的银发经济产业投资基金，以金融创新服务社会健康养老需求，积极推动健康养老产业发展。

中国人寿始终坚持"以人民为中心"的发展理念，积极探索符合我国国情的养老产业发展模式，旗下国寿健投公司目前已在全国10多个城市投资建设多元化的优质养老养生项目15个，可提供各类床位近万张，全面服务人民群众多层次、多样化的养老需求，构建具有国寿特色的"机构+社区+居家"三位一体的养老产品体系。

国寿嘉园养老社区推出养老综合体、城郊CCRC养老社区、城心精品养老公寓等多个产品线。旗下国寿嘉园·苏州雅境项目位于阳澄湖畔，占地面积500亩，拥有5 000平方米的苏式园林和2 000平方米的水系，以及两个高品质的配套酒店和一个健康管理中心。苏州雅境作为国内文化养老的先行者，同文旅部离退休中心共建"老艺术家文化志愿服务工程活动基地"，充分满足入住长者精神文化需求。城郊CCRC养老社区目前已在北京、天津、成都、厦门等城市重点布局，依托所在城市区域特征打造各自特色，能够覆盖自理、半自理、护理、失能失智人群的全龄养老需求。城心精品养老公寓以服务需要护理的长者人群为主，已在青岛、石家庄、杭州、昆明、深圳等城市积极布局。

养老产业金融的重要性不言而喻，它对于应对人口老龄化挑战、满足老年人多样化养老需求、推动养老产业发展以及促进经济高质量发展等方面都具有重要意义。展望未来，中国人寿将继续秉持"金融报国 金融为民"理念，积极践行"国之大者"使命担当，积极探索新的投资模式和服务形式，为健康中国建设和积极应对人口老龄化国家战略提供有力支撑。

## ■ 项目概述

养老产业金融是应对人口老龄化挑战的重要举措，有助于推动养老产业的健康发展，也有利于金融市场的创新和稳定。项目六聚焦于养老产业金融，解读养老产业的内涵、发展特点、主要模式及运营模式，涵盖居家、社区、机构及康养旅居等多种模式，并解析了轻资产与重资产运营的不同策略。深入分析养老产业金融的市场需求与供给，探讨其最新进展，包括资本市场融资、债券市场、信贷市场、保险市场及基金市场的动态，并进行养老产业投资项目评估，特别是医养结合项目的投资测算实例。最终探索金融科技与养老产业的融合路径及其在基础服务、增值服务及创新服务场景中的应用，旨在通过科技赋能提升养老产业的服务效率与质量，促进产业转型升级。

# 模块一 解读养老产业

## 任务一 养老产业的内涵与发展特点

### 【任务情景】

国家统计局发布的数据显示，2023年末我国60岁及以上人口已占全国人口的21.1%，这意味着中国已正式迈入中度老龄化社会。缓解一些人存在的"养老焦虑"，保障老有所养，离不开金融行业的支持与发展。工商银行中山分行积极创新适老化服务，提升老年客户的金融服务体验，推出并优化手机银行应用"幸福生活版"，为老年人提供更加便捷的线上金融服务，包括超大字体、语音助手、专属理财、亲情账户等专属服务功能；建设银行积极响应国家养老战略，成立养老金融领导小组，并推出"1314"养老金融服务体系框架，推出集团养老金融统一品牌"健养安"，集合资源推动养老产业"四链融合"，整合金融与资管服务，满足综合投融资需求；民生银行重庆分行开通养老金融服务专线，提供重庆方言沟通服务，并接受上门服务预约。

上述养老产业涵盖生活的哪些方面？请例举日常生活中了解到的养老产业。

### 【知识平台】

养老产业是一个庞大的市场，涵盖了养老地产、护理服务、养老服务、教育、旅游、精神文化、娱乐休闲等多个领域。随着老龄化社会的到来，老年人对养老服务的需求日益增长，这为养老产业金融提供了广阔的发展空间。养老产业是养老产业金融的基础和支撑，因此我们学习养老产业金融要先从认识养老产业开始。

### 一、养老产业的内涵与发展特点

#### （一）概念界定和产业分类

为积极应对人口老龄化，加快推进养老产业发展，科学界定养老产业统计范围，准确反映养老产业发展状况，依据《老年人权益保障法》和党中央、国务院关于发展养老产业的决策部署，以《国民经济行业分类》（GB/T 4754-2017）为基础，国家统计局于 2021 年 8 月发布了《养老产业统计分类（2020）》（国家统计局令第 30 号），首次界定了我国的养老产业分类。

根据该分类的定义，养老产业是以保障和改善老年人生活、健康、安全以及参与社会发展，实现老有所养、老有所医、老有所为、老有所学、老有所乐、老有所安等为目的，为社会公众提供各种养老及相关产品（货物和服务）的生产活动集合，包括专门为养老或老年人提供产品的活动，以及适合老年人的养老用品和相关产品制造活动。根据分类，养老产业范围确定为：养老照护服务、老年医疗卫生服务、老年健康促进与社会参与、老年社会保障、养老教育培训和人力资源服务、养老金融服务、养老科技和智慧养老服务、养老公共管理、其他养老服务、老年用品及相关产品制造、老年用品及相关产品销售与租赁、养老设施建设等 12 个大类。

该分类是对国民经济行业分类中符合养老产业特征相关活动的再分类，突出养老服务和我国应对人口老龄化的养老及相关产品供给状况。该分类以反映我国应对人口老龄化的养老及相关产品供给为基础，充分考虑了提升养老服务质量等养老产业发展政策要求和养老产业新业态、新模式，前 9 个大类主要是养老服务，后 3 个大类主要是生产、制造和基础设施建设。这 12 个大类涵盖了第二产业、第三产业中涉及养老产业的全部内容，将成为我国未来养老产业发展的重要指导。

#### （二）产业类别间的内在联系

从内部看，上述产业间具有很大的关联性，如图 6-1 所示。养老照护服务与老年医疗卫生服务是满足养老终极需求的两个根本服务产业，其他养老产业所提供的产品与服务均通过居家养老、社区养老、机构养老（含医疗机构）三种模式提供给老年群体，是养老照护服务与老年医疗卫生服务产业的支撑。同时，老年社会保障、养老金融服务、养老公共管理三个产业又是其他养老产业的基础。老年社会保障使老年人能够获得老有所养所需的最基本的经济收入、医疗保障与护理费用；养老金融服务既能够补充老年群体的养老收入，又能够为其他养老产业发展融通资金；养老公共管理为各养老产业发展提供规范、标准与管理。

从狭义的角度看，养老产业是指养老照护服务产业。如前所述，养老照护服务分为居家养老照护服务、社区养老照护服务与机构养老照护服务三种类型。除家庭自主提供照料服务外，养老照护服务主要由养老服务机构提供。统计数据显示，从养老机构和设施的数量看，我国社区养老与机构养老的比例接近 9∶1。在统计口径上，机构养老分为社会福利院、特困人员救助供养机构与其他各类养老机构，前两者占比合计不到机构养老的一半；社区养老分为未登记的特困人员救助供养机构、全托服务社区养老服务机构和设施、日间照料社区养老服务机构和设施、互助型社区养老服务设施与其他社区养老服务机构和设施，其中，互助型社区养老服务设施与日间照料社区养老服务机构和设施的占比均超3成（见表6-1）。

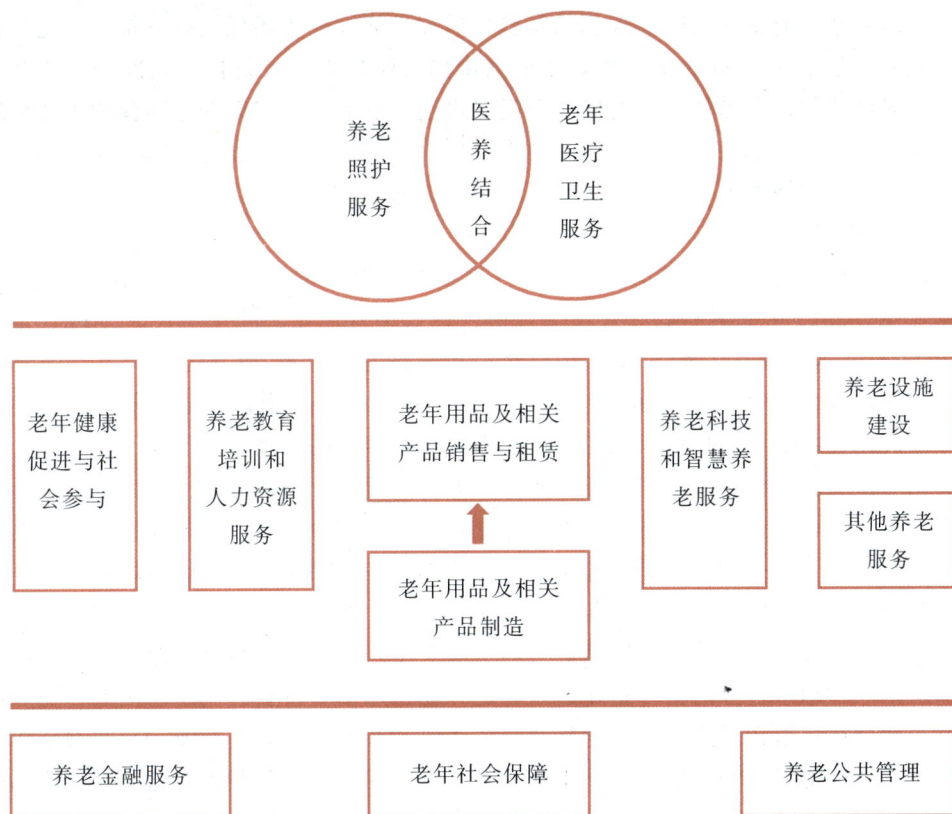

资料来源：中银研究

图6-1　养老产业关联图

表6-1　　　　　2023年度我国养老机构与设施数量分布

| 机构类型 | 占比 |
| --- | --- |
| 互助型社区养老服务设施 | 39.5% |
| 日间照料社区养老服务机构和设施 | 34.0% |
| 其他社区养老服务机构和设施 | 11.4% |
| 其他各类养老机构 | 5.7% |
| 特困人员救助供养机构 | 4.4% |
| 全托服务社区养老服务机构和设施 | 3.8% |
| 未登记的特困人员救助供养机构 | 0.8% |
| 社会福利院 | 0.4% |

资料来源：《中国民政统计年鉴2023》。

### 二、养老产业发展的机遇和挑战

我国养老产业正面临前所未有的发展机遇和挑战。在市场规模持续扩大、竞争格局多元化、服务模式多样化、智能化信息化趋势明显以及政策扶持力度加大的背景下，养老产业将迎来更加广阔的发展空间和机遇。然而，要实现养老产业的可持续发展，还需要政府、企业和社会各界共同努力，加强政策支持、优化养老产品和服务、推动养老产业创新发展，以满足老年人的多样化需求。

（一）市场机遇

市场规模持续扩大，增长潜力巨大。近年来，我国养老产业市场规模持续增长。数据显示，2023年中国养老产业市场规模已达12.0万亿元，同比增长16.50%，预计到2024年将达13.9万亿元，而到2027年市场规模有望突破20万亿元大关，到2035年，我国银发经济规模甚至可能达到30万亿元左右。这一增长趋势主要得益于中国人口老龄化程度的不断加深以及老年人对养老服务需求的持续增加。

竞争格局多元化，市场主体类型多样。养老产业的竞争格局日益多元化，市场参与者类型多样，包括公办养老院、民营养老院、跨界竞争者等。公办养老院主要由政府投资建设，运营资金部分或全部来源于财政拨款，主要承担社会保障的兜底作用。而民营养老院则展现出更为灵活和多样的服务形态，通过引入市场竞争机制，不断丰富服务内容，提升服务质量，以满足不同层次老年人的多元化需求。此外，随着市场的不断扩大，越来越多的新兴企业进入养老行业，加剧了行业的竞争。例如，房地产开发商凭借在房地产开发领域的经验和资金优势，开始涉足养老产业；互联网企业利用自身的技术优势和创新能力，开发出一系列智慧养老产品和服务。这些新兴业态的出现，不仅为养老产业的发展注入了新的活力，还为老年人提供了更加多元化、个性化的服务。

服务模式多样化，满足不同层次需求。随着老年人口数量增加和消费观念转变，老年人对高品质、多元化养老服务的需求日益旺盛，需要包括生活照料、医疗护理、康复保健、精神慰藉等多方面服务。传统的养老机构服务逐渐从基本的生活照料向医疗护理、康复护理、文化娱乐、精神慰藉等多个方面扩展。同时，居家养老、社区养老等新兴模式也逐渐兴起，成为养老服务市场的重要组成部分。居家养老符合我国深厚的传统文化和习惯，是大多数老年人的首选；社区养老结合了家庭养老和机构养老的优点，既能让老年人在熟悉的环境中生活，又能享受到专业的照料和服务。机构养老则以其完善的服务设施和专业的护理团队，为老年人提供全方位、高品质的养老服务。

智能化、信息化趋势明显。随着物联网、大数据、人工智能等技术的快速发展，智慧养老成为新趋势。智能穿戴设备、远程医疗、健康管理软件等新兴技术的应用，不仅提高了养老服务的效率和质量，还极大地缓解了护理人员短缺的问题。未来的养老院将更加注重引入智能化设备和服务，通过构建智慧养老平台，实现养老服务的智能化管理和个性化定制。通过信息化手段实现老年人健康管理、服务预约、费用结算等功能的优化和升级，为老年人提供更加便捷和舒适的生活环境。当然，从实践来看，目前智能养老产品在功能实用性、操作性和交互性方面仍存在不足，需要进一步改进和优化。

政策扶持力度加大，推动产业规范化发展。为积极应对人口老龄化挑战，政府出台了一系列政策措施，如《关于推进基本养老服务体系建设的意见》等，明确提出了加强养老服务体系建设的目标和措施，为养老服务行业的发展指明了方向。事实上，政策扶持不仅体现在资金补贴和税收优惠上，还体现在推动养老服务的多元化和专业化上。政府鼓励社会资本参与养老产业投资，推动养老产业的多元化和专业化发展。同时，加强行业监管和标准化建设，确保养老服务的安全和有效。例如，将养老产业纳入《鼓励外商投资产业目录》，通过自由贸易试验区、服务业扩大开放综合试点等对外开放载体为养老产业提供跨区域国际性合作的机会。

（二）面临挑战

尽管政策扶持力度加大，但在实施过程中，养老产业的发展面临着政策与市场需求的匹配性不足、智能化养老的局限性、服务质量的提升以及产业链整合与协同发展等挑战。

政策与市场需求的匹配性不足。一方面，养老服务供给总量保持增长，但人均水平徘徊不前。从总量看，中国养老机构和设施所提供的床位数从2014年的593.8万张增长到2023年的823万张，其中，养老床位数量增长主要来自养老机构，养老机构提供的床位数从2016年的378.8万张增长到2023年的517.2万张，社区养老服务机构和设施所提供的床位数呈波动状态。从人均来看，养老床位数于2016年达到峰值31.6张/千人，之后呈波动变化（如图6-2所示）。这从侧面说明我国养老服务供给的增长速度低于人口老龄化发展速度，我国仍需大力发展养老服务产业。另一方面，养老服务产业区域发展不平衡。中国不同省区养老床位情况有较大的差异，最高的内蒙古与最低的海南老年人口每千人养老床位数相差34张。与此同时，各省区养老床位情况与其老龄化程度不一致，个别省区平均养老床位资源异常紧张，比如，2022年辽宁省老龄化程度全国最高，65岁以上人口占总人口的比例已超20%，但其老年人口每千人养老床位数仅21.8张，远低于全国平均水平（如图6-3所示）。

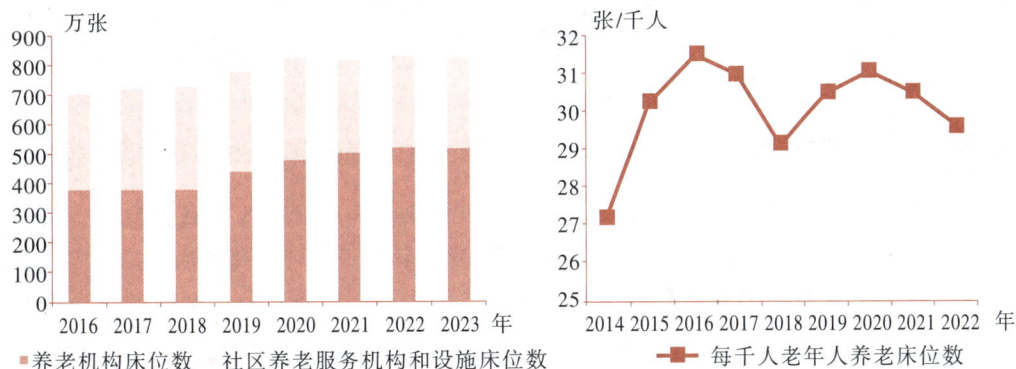

养老机构床位数　　社区养老服务机构和设施床位数

每千人老年人养老床位数

资料来源：中银研究（2024年第41期）。

图6-2　近年来我国养老机构和设施情况

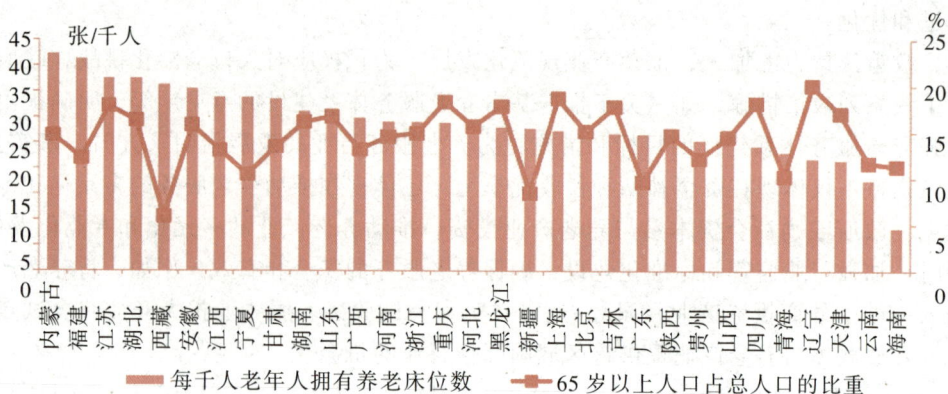

资料来源：中银研究（2024年第41期）。

**图6-3　2022年中国部分省区老龄化水平与人均养老床位数对比**

智能化养老的便捷性不够。智能养老产品在功能实用性、操作性和交互性方面仍存在诸多不足。老年群体对于新技术的接受程度有限，如何使智能产品更加符合老年人的实际需求和使用习惯，成为智慧养老发展的关键所在。据调查，约有40%的老年人表示，目前的智能养老产品在操作上过于复杂，难以掌控。此外，智能产品的功能也需进一步优化，以满足老年人在健康管理、安全防护、社交娱乐等方面的多样化需求。因此，智慧养老的发展需要更加注重产品的实用性和人性化设计，同时加强老年人的科技培训，提高他们的科技素养和接受度。

养老服务质量有待提升。目前，部分养老机构在硬件条件、服务设施等方面存在不完善或费用过高的问题，同时服务质量也参差不齐。这不仅影响了老年人的养老体验，也制约了养老产业的健康发展。相关数据显示，我国养老机构的服务质量整体处于中等水平，其中约20%的机构存在服务质量不达标的问题。因此，提高服务质量已成为当前养老产业发展的迫切需求。

产业链整合协同效应有待开发。随着养老产业的不断发展壮大，产业链整合成为必然趋势。一些具有较强实力和影响力的企业已开始通过并购、合作等方式整合上下游资源，形成完整的产业链体系。这有助于提升企业的综合竞争力和市场占有率，同时也为老年人提供了更加全面、便捷的养老服务。然而，产业链整合也面临着诸多挑战，如资源整合难度大、利益分配不均等问题。

**【拓展阅读】** **民政部等12部门联合印发《关于加强养老服务人才队伍建设的意见》**

近日，为深入实施积极应对人口老龄化国家战略和新时代人才强国战略，民政部、国家发展改革委、教育部、财政部、人力资源社会保障部、住房城乡建设部、农业农村部、商务部、国家卫生健康委、市场监管总局、税务总局、全国老龄办等12部门联合印发了《关于加强养老服务人才队伍建设的意见》（以下简称《意见》）。

《意见》提出，要以习近平新时代中国特色社会主义思想为指导，深入学习贯彻党的二十大精神，立足新发展阶段，完整、准确、全面贯彻新发展理念，服务加快构建新发展格局，着眼于满足老年人多样化、多层次、高品质养老服务需求，以发展养老服务技能人才为重点，推动全方位吸引、培养、用好、留住人才，打造一支规模适度、结构合理、德技兼备的养老服务人才队伍，为新时代新征程养老服务高质量发展提供有力人才支撑。

《意见》明确，到2025年，以养老服务技能人才为重点的养老服务人才队伍规模进一步壮大、素质稳步提升、结构持续优化，人才对养老服务高质量发展的引领支撑作用明显增强；到2035年，支持养老服务人才发展的政策环境、行业环境、社会环境持续改善，养老服务人才培养、使用、评价、激励制度机制更加成熟定型。

《意见》围绕养老服务人才"引、育、评、用、留"等关键环节，提出系统性政策措施。在拓宽人才来源渠道方面，要求结合养老服务岗位特点拓宽用工渠道，引导人才到养老服务领域就业创业，支持跨行业跨领域人才流动，并落实好就业创业扶持政策，对到农村等基础薄弱地区创业就业的加大支持力度；在提升人才素质能力方面，要求加强专业教育培养，大力发展养老服务职业教育，加强普通高校本科及以上层次养老服务人才培养，强化技术技能培训，开展养老服务人才培训提升行动；在健全人才评价机制方面，要求拓宽职业发展通道，推进职业水平评价，以养老护理员为试点，完善养老服务技能人才职业技能等级制度，健全养老服务技能人才职业技能等级社会化认定机制；在人才使用管理方面，要求优化岗位配置，健全人才使用机制，加强人才规范管理；在加强人才保障激励方面，要求提高养老服务人才薪酬保障水平，通过开展评比表彰、技能竞赛、选树典型等活动，加大褒扬激励力度，有效提升养老服务人才职业尊崇感和社会认同度。

《意见》要求，要坚持党管人才原则，切实加强党对养老服务人才队伍建设的全面领导，地方各级党委和政府要将养老服务人才队伍建设纳入经济社会发展和人才队伍建设总体部署和考核范围，相关部门要依职责做好相关工作，及时协调解决政策执行中遇到的重大问题。要加强经费保障，统筹利用现有资金渠道，积极拓宽社会融资渠道，支持养老服务人才队伍建设。要鼓励探索创新，支持开展养老服务高层次专业化人才培养项目建设，以市（地、州、盟）为单位开展养老服务人才改革创新综合试点。要强化督促指导，推动各地结合实际细化政策措施，建立考核评估机制，确保各项工作落实落地。

资料来源：中华人民共和国民政部.民政部等12部门联合印发《关于加强养老服务人才队伍建设的意见》[EB/OL].[2024-01-30].https://www.gov.cn/lianbo/bumen/202401/content_6929132.htm.

## 任务二　养老产业发展的主要模式

### 【任务情景】

2018年，作为首批国家级居家和社区养老服务改革试点地区，丰台区在全市率先试点开展了给失能、失智老年人的看护者"放个假"的"喘息服务"。"喘息服务"不仅将老人的亲属"解放"出来，得以喘息缓解，同时通过专业机构传帮带，让家属也成为照护能手。通过"喘息服务"，老年人和家属对养老机构服务内容也有了新的认识，提升了丰台区养老机构的入住率，推动形成"政府购服务、老人享服务、家庭得实惠、企业促发展"的失能、失智老年人居家照护服务新格局。

上述案例中，"喘息服务"是践行居家养老、社区养老、机构养老协同发展的生动实践。请问，"喘息服务"为什么会出现？深入推进居家社区机构相协调、医养康养相结合的养老服务，还有哪些举措？

【知识平台】

养老产业呈现多元化发展趋势，各种模式各具特色与意义。居家养老强调传统亲情纽带的维系，结合智慧技术提升家庭照护能力，营造舒适居家环境，传承家庭文化。社区养老则利用地缘优势，整合医疗资源与志愿服务，打造便捷服务圈，促进老年人社交，减轻子女负担，促进社区和谐。机构养老以专业护理为核心，提供精细服务，满足老年人复杂健康需求，丰富精神生活，推动养老专业化发展。康养旅居养老融合旅游与养生，提升老年人生活品质，带动区域经济。文化养老注重精神滋养，挖掘老年人潜能，通过文化活动丰富精神文化产品，促进社交与自我认同。农村互助养老则深植乡土情怀，以低成本互助模式探索适合农村的养老路径，保障农村老人基本需求。这些模式共同构成多元化养老服务体系，满足不同老年群体的需求，推动养老产业持续健康发展。

启智增慧 6-1

干货分享：居家、社区、机构，三大养老产业模式知多少？

## 一、居家养老

居家养老是指老年人居住在家中，享受社区提供的各种老年服务。这是一种"以家庭为核心、以社区养老服务网络为外围、以养老制度为保障"的新型养老方式。居家养老不仅强调老年人居住环境的熟悉与舒适，还注重家庭亲情纽带的维系，通过智慧技术的赋能，提升家庭照护能力，实现老有所养、老有所安。

居家养老的特点包括：一是便利性高，老年人可以在家中享受到专业的护理服务，无需前往养老院等机构，大大提升了生活的便利性；二是个性化服务，根据老年人的身体状况和需求，提供个性化的服务，包括饮食、起居、医疗、心理护理等方面，使老年人感受到更加舒适和安心；三是家庭情感的延续，居家养老让老年人能够在家中享受到家庭的温暖和关爱，与家人共度晚年，有助于家庭情感的延续；四是经济实惠，相较于养老院等机构，居家养老的费用相对较低，有助于减轻家庭的经济压力；五是智慧技术赋能，通过智能家居、移动医疗等技术的应用，提升家庭照护能力，缓解人力困境。

从趋势上看，随着人口老龄化的加剧，居家养老逐渐成为老年人及其家庭的首选。然而，居家养老服务的发展仍面临一些挑战。一方面，服务项目相对单一，主要集中于日常生活和家政服务，对于老年人亟需的医疗康复、精神文化等高层次需求项目发展滞后。另一方面，服务覆盖面窄，部分老年人难以享受到高质量的居家养老服务。此外，专业人才短缺、资金支撑不足等问题也制约了居家养老服务的进一步发展。

## 二、社区养老

社区养老是指依托社区环境，以家庭为核心，以社区为依托，以老年人日间照料、生活护理、家政服务和精神慰藉为主要内容，以上门服务和社区日托为主要形式，并引入养老机构专业化服务方式的居家养老服务体系。它不仅强调老年人在家中得到家人的照顾，同时也注重社区为老年人提供必要的服务和支持。

社区养老的特点，除了在经济实惠、情感延续方面与居家养老相似，还具有三项差异化特征：一是综合性服务，社区养老提供包括文化、教育、医疗、养老和残疾人服务在内的综合服务体系，旨在满足老年人多样化的需求；二是个性化服务，社区养老根据老年人的身体状况和特点提供个性化的服务，如饮食、起居、医疗、心理护理等，以满足老年人的特定需求；三是资源整合，社区养老能够整合社区的医疗、卫生、文化等资源，为老年人提供更加全面和优质的服务。此外，社区养老和居家养老一样经济实惠，相较于养老院等机构，社区养老的费用相对较低，有助于减轻家庭的经济压力。

从趋势上看，社区养老逐渐成为老年人及其家庭的重要选择。政府和社会各界对社区养老的投入逐渐加大，推动了社区养老服务的发展。然而，社区养老仍面临一些挑战。一方面，社区养老服务设施的建设和运营需要大量的资金和技术支持，而当前的资金投入和技术水平尚不能满足需求；另一方面，社区养老服务的人才短缺问题严重，缺乏专业的护理和管理人员。此外，部分老年人对社区养老服务的认知度和接受度不高，也制约了社区养老服务的普及和发展。

### 三、机构养老

机构养老是指老年人居住在专门的养老机构中，如养老院、敬老院等，由这些机构提供全方位的养老服务。这些服务涵盖日常生活照料、医疗保健、康复服务、文化娱乐、心理疏导等多个方面，旨在满足老年人在养老期间的各项需求。

社区养老的特点包括：一是全程服务，从老年人入住开始，直至其生命的最后阶段，机构都会提供持续的服务和关怀，这种全程服务不仅包括基本的生活照料，还涉及医疗保健、疾病预防、康复护理以及精神文化、心理照料等方面的需求。二是专业照护，机构养老提供专业的照护服务，包括专业的护理团队、医疗设备和康复设施。这些服务能够确保老年人的生活质量和健康状况，减少疾病的发生和恶化。三是高成本，相较于居家养老和社区养老，机构养老的费用通常较高，包括住宿费、餐饮费、护理费等，这对于一些经济条件有限的老年人来说，可能有一定的经济压力。

机构养老在全球范围内都呈现出快速发展的趋势。然而，机构养老在中国的发展也面临一些挑战。一方面，随着老龄化的加剧，机构养老的需求持续增长；另一方面，由于资金、人才、政策等方面的限制，机构养老的供给仍然不足。此外，一些机构养老院的经营状况并不理想，入住率低下，导致运营成本高昂，难以为继。

### 四、康养旅居养老

康养旅居养老是建立在旅游产业、休闲产业、文化产业、健康产业及养老产业基础之上，以中国传统的养生理念及方法去解决养老问题的复合型健康产业开发模式。它融合了养生、医疗、休闲、居住和文化等多种元素，旨在为居民提供高品质、全方位的健康与养老服务。

康养旅居养老的特点包括：一是功能复合性，康养旅居养老是康养旅游与房地产的无缝嫁接，具有较高的功能复合性、可运营性和投资价值，其不仅注重居住环境的舒适性，还强调健康管理和养生服务的专业性。二是市场需求明确，康养旅居产业的市场需求主要来自养老客群，包括活跃型养老客群（活跃长者）、自理型养老客群

（健康长者、高龄长者）和护理型养老客群（护理长者）。不同客群的需求差异明显，如活跃长者更倾向于候鸟型养老旅居，而护理长者则更看重医疗护理功能。三是依托自然资源，康养旅居项目往往依托优越的生态资源，如山地、森林、湖泊、海滨、田园等，通过挖掘和整合这些资源，打造高品质的康养环境。四是注重文化体验，除了自然资源，康养旅居项目还注重文化体验，通过举办文化、农业、体育等多主题的体验活动，满足旅居者休闲娱乐、放松身心、心灵疗养等需求。

康养旅居产业当前正处于快速发展阶段，其市场规模随着全球老龄化趋势的加剧和健康意识的提升而持续扩大。据全球康养研究院GWI数据显示，该市场规模预计在未来几年内将持续增长，至2027年将达到1.4万亿美元。产业融合加速，康养与文化旅游、医疗、体育等领域的深度融合，不仅丰富了康养旅居产品的供给，也提升了服务的品质和多样性。国家政策的支持也为康养旅居产业的发展提供了有力保障，从"十三五"到"十四五"，政策力度不断加大，明确提出要大力推进康养旅游示范基地建设。企业参与度也在提高，大型保险企业、房地产企业及大型康养服务商等纷纷涉足康养旅居领域，推动了产业的快速发展。

启智增慧6-2

重塑康养新生态：旅居+民宿+康养的深度融合与创新实践

**【拓展阅读】 民政部：形成居家社区机构相协调贯通的养老服务供给格局**

国新办9月23日举行"推动高质量发展"系列主题新闻发布会。民政部部长陆治原表示，在养老服务方面，我们将着重抓好四方面工作：

一是健全养老服务网络。就像上学有学校、看病有医院一样，养老服务同样要有相应的机构设施网络，重点建设县（区）级综合养老服务平台、乡镇（街道）区域养老服务中心、村（社区）养老服务站点，构建贯通县（区）、乡镇（街道）、村（社区）三级养老服务网络，也就是说要把服务网络体系全面建立起来。

二是优化服务供给格局。顺应绝大多数老年人居家养老的习惯和意愿，培育建好社区养老服务机构，要为居家养老的老年人提供助餐、助浴、助洁、助行、助医、助急等上门服务，巩固居家养老服务基础地位；聚焦老年群体需求，发挥社区养老服务依托作用，发展社区日间照料、社区老年食堂、康复护理等为老服务项目，让老年人实现在"家门口"就可以养老；强化机构养老专业支撑作用，发挥养老机构创新示范、服务技能培训、设备推广应用等作用，加强残障、失能老年人照护服务等，形成居家社区机构相协调相贯通的养老服务供给格局。

三是促进养老事业和产业协同发展。充分发挥有为政府、有效市场、有情社会作用，形成事业带动产业、产业支撑事业发展的良性循环机制，扶持培育专业化、品牌化、连锁化的养老服务市场主体，扩大养老服务消费，发展壮大银发经济。

四是加强养老服务综合监管。加强对养老服务质量安全的监管，完善居家社区养老服务、医养结合、老年助餐、养老社区等新兴领域的监管制度规则，我们要加强养老服务标准体系建设，推进养老服务项目、流程、价格公开透明，提供质量有保障的养老服务，让老年人安心、放心。

资料来源：王晶. 民政部：形成居家社区机构相协调贯通的养老服务供给格局［EB/OL］.［2024-09-23］. https://baijiahao.baidu.com/s? id=1810974298143217591&wfr=spider&for=pc.

### 任务三　解析养老产业运营模式

【任务情景】

CCRC（Continuing Care Retirement Community），意为"持续照料退休社区"，是一种综合了居家、社区和机构养老优点的养老模式。太平小镇·梧桐人家是中国太平投资约40亿的大型CCRC颐养社区，位于上海市浦东新区张江科学城。该项目集养老公寓、机构、康复护理等多功能于一体，拥有明确产权和完善的设施。通过提供生活、餐饮、娱乐、健康四大类贴心服务，满足了老年人的多样需求。虽项目回报周期长，但高品质服务和设施吸引了大量老年人入住，带动了经济效益增长和周边地区发展。同时，太平小镇还通过文化活动等方式促进了老年人身心健康和社交互动，提升了其生活质量和幸福感，为CCRC模式在中国的发展提供了有益借鉴。

太平小镇·梧桐人家作为养老产业CCRC颐养社区的典范，其成功之处主要体现在哪些方面？这些成功经验对CCRC模式在中国未来的发展有哪些具体的启示和借鉴作用？

【知识平台】

根据所需资产规模和经营方式的不同，养老产业的运营模式主要分为轻资产运营和重资产运营。其中，轻资产运营模式多为居家、社区、机构养老环境下的养老服务，也包括养老社区的运营管理；重资产运营模式多为养老社区、老年公寓等养老地产项目的投资与开发。总体来讲，轻资产运营与重资产运营在养老产业中各有侧重，前者注重服务的灵活性和创新性，后者则强调硬件设施的高端化和全面性。随着人口老龄化的加剧和社会对养老服务品质要求的提升，这两种模式正不断融合创新，共同推动养老产业向更加专业化、精细化、智能化的方向发展。

#### 一、轻资产运营模式

（一）美国模式

1.生活照料型居家养老服务

生活照料型居家养老服务的服务对象为可以独立生活但需要帮助的老年人，服务内容包括长者身体及居住环境的清洁卫生、饮食、睡眠等照料服务和长者心理照料等，服务费用主要由个人支付承担（如图6-4所示）。

以美国龙头企业Home Instead Senior Care为例，Home Instead采用连锁加盟模式，已在全世界12个国家和地区拥有超过1 100个营业网点和6.5万名照护员。从盈利模式看，根据不同的服务内容设置不同的费用标准，其中等级一为陪伴服务，包括暂时护理、用药提醒、膳食准备、洗衣、家务等，收费为32美元/小时；等级二为短期的特殊护理，包括卧床护理、阿尔兹海默病护理、运输援助等，收费为50美元/小时；等级三为医疗过渡服务，包括手术后、出院后护理，紧急护理，临终关怀等，收费为35.5美元/小时；等级四为家庭和电话访问，帮助确保老人健康、安全、缓解孤独等，收费根据频率的差异在90~260美元/周不等。

◆ **内容**

•陪伴老人、日常
事务助理

◆ **对象**

•可以独立生活，但需要别
人帮助

生活照料型
居家养老

◆ **费用**

•约 20 800 美元/年

◆ **支付**

•主要依靠个人支付

图6-4 生活照料型居家养老服务

2.医疗保健型居家养老服务

医院、护理机构等医疗资源紧张、收费较高，居家医疗保健服务会降低治疗成本，未来市场潜力巨大。医疗保健型居家养老服务的服务对象为具有现实的基础医疗需求但无力去医院就医的老年人，具体服务内容包括输液治疗、上门检查、康养护理等。医疗保健型居家养老服务需要相应的医疗资质，服务商多以自营分支机构的方式扩大服务覆盖面。

以美国 Apria Healthcare Group 为例，作为美国医疗保健型居家服务的龙头公司，截至 2020 年底，Apria Healthcare 拥有约 275 个分支机构，覆盖超过 90% 的美国人口。从盈利模式看，因主营业务包括家庭呼吸治疗、阻塞性睡眠呼吸暂停综合征治疗、负压伤口治疗等，收入来源为向患者出租或出售设备、用品及提供服务，因此相应的盈利能力低于生活照料型居家养老服务。

（二）日本模式

日本的社区综合照护服务体系（ICCS）是针对当地老年人设计的一系列综合性服务，涵盖生活援助、医疗与养老结合，以及重症预防等方面。各市町村政府依据本地资源和特色，制定地域福利计划。该计划在 2013 年的《社区综合照护服务体系研究会报告书》中首次被明确提出，并设定了到 2025 年全面建成该体系的目标。随后，在 2015 年的护理保险制度修订中，进一步强调充实社区援助、推广居家医疗，并规定所有相关支出由市町村社区援助中心统一管理，以充分发挥社区在养老服务中的作用。

从运营模式看，该体系以家庭为核心，在尊重老年人自主选择养老方式的基础上，提供生活援助和护理预防服务。服务的承担主体包括老年人俱乐部、自治会、志愿者组织以及非营利性组织。为了确保服务的及时性和有效性，规定在社区范围内提供服务的时间不超过 30 分钟。体系中，"护理、医疗、保健、援助、居住"五大元素紧密合作，形成完整的服务链，具体表现在：当社区居民需要入院治疗时，可以选择社区内的医院、慢性病医院或康复疗养型医院；治疗后返回家中，自治会、志愿者等组织将提供护理和保健服务；任何疑问咨询或综合援助需求，都可以通过政府设立的社区综合援助中心得到解决（如图6-5所示）。

◆ **医疗机构**

•急性医院亚急性期
•康复期

居住场景

◆ **护理**

•居家上门服务
•护理预防服务体系
•居家服务体系

◆ **保健**

•老年人俱乐部
•NPO（非营利性组织）
•自治会

◆ **社区综合援助中心**

•疑问咨询
•综合援助

图6-5　日本的社区综合照护服务体系（ICCS）

从盈利模式看，介护保险是日本养老服务机构实现盈利的关键因素。相关数据显示，日本普通养老机构的总收入中，介护保险收入所占比重高达70%，成为最稳定的收入来源。此外，养老服务机构还通过拓展医疗康复、健康管理、教育培训等相关产业，进一步丰富收入来源，提升盈利能力。

从项目特色看，日本社区综合照护服务体系的一大特色是完善的护理人员培养体系和执业体系。早在1987年，日本政府就颁布了《社会福祉士及介护福祉士法》，明确了社会福祉士和介护福祉士的资格要求。1993年，又出台了《福祉人才确保法》，进一步强调人才培养的重要性。此后，中央福祉人才中心、中央福祉学院以及都道府福祉人才中心等培训机构相继建立，形成了从中央到地方的全方位培训体系，为养老服务提供了坚实的人才保障。

## 二、重资产运营模式

重资产运营模式的核心，涉及养老社区、老年公寓等养老居住产品的投资、建设和运营。这一模式通常包括土地获取、项目规划、建设施工、销售或租赁以及后续的运营管理等多个环节。养老地产项目往往注重为老年人提供舒适、安全、便捷的居住环境，并配备完善的医疗、娱乐、康复等设施。

### （一）运营模式

发达国家的多数养老项目为基金运作，相较于国内养老社区自营模式在财务融资和项目运行上更加灵活。以美国为例，初期由私募基金进行养老社区项目的投资运作，后期养老社区通过上市实现资产的整合和扩张，最终实现退出。

项目初期：发起人设立私募基金，并成立管理公司引进运营合作伙伴作为战略投资者。基金成立项目公司负责养老社区的投资、开发、运营。以美国Brookdale综合养老社区为例，其主要投资方Foretress Investment以私募股权基金、对冲基金为主要业务，旗下不同的养老社区私募投资基金分别与医疗机构、健康机构等合资成立运营公司，再对养老社区进行控股收购，打造综合养老服务的集团公司。

项目后期：养老社区的上市方式主要有两种。一种是养老社区直接上市的普通模式；另一种是较为典型的REITs（房地产信托投资）模式。基金公司将旗下养老社区资产打包，并将以资产包为主要标的的资产销售给REITs，养老社区收益按比例分配

启智增慧6-3
老年照护难题，日本解了24年

启智增慧6-4
新职业！国家设置「长期照护师」！日本照护报酬体系有何借鉴价值？

启智增慧6-5
从美日CCRC实践经验看中国健康养老特色小镇

给 REITs 的投资者。

（二）盈利模式

发达国家养老社区收入包括开发收入、增值收入、租金收入、服务收入和管理收入。

开发收入：来自销售物业获取的一次性开发利润。此类盈利模式的优势为运作过程简单、资金回流较快、可用少量资金滚动开发；劣势为消费者有限，在国外购买此类养老社区物业的客户必须是老年人，国外此类模式的养老社区主要是针对健康老人的活力社区，代表社区为美国太阳城社区。

增值收入：主要以 REITs 或物业出售两种形式体现。一种以美国养老社区为代表，养老社区在持续产生现金流后，通过将物业出售给私募基金或 REITs 来实现增值收入。另一种以澳大利亚和日本的养老社区为代表，澳大利亚养老社区在开发完成后，先以略高于成本的价格向老年客户出售物业，同时通过不断完善配套服务设施收取递延管理费，当老年客户迁出或去世后，客户及其继承人可以出售物业，养老社区提取物业增值部分的30%~50%。

租金收入：来自物业的长期出租。此类盈利模式的优势为拥有物业、现金流稳定；劣势为资金回流较慢，对投资资金规模要求较高。此类模式的养老社区多针对有养老需求的老年人，多为 REITs 投资的养老社区。

服务收入：来自养老社区后续提供的看护、餐饮、康复、娱乐等服务的服务费，是后续收入的最重要组成部分。

管理收入：主要针对养老社区管理公司，管理公司不具有物业，而是通过提供管理向社区收取管理费用。此类盈利模式的优势主要是轻资产运营下资金需求较小且不承担市场风险；劣势主要为人力成本投入较高、盈利能力较弱。

### 三、辅助性运营模式

养老产业发展中的重资产运营模式不仅限于养老地产的投资与开发，还包括综合养老服务的提供、养老设施的运营管理、养老地产的资产证券化以及与其他产业的融合发展等多个方面，这些运营模式共同构成了养老产业中重资产运营模式的丰富内涵和多元化特征。

（一）综合养老服务：全链条覆盖与个性化定制

在养老地产基础上，综合养老服务的提供成为重资产运营模式的重要延伸。这一服务模式强调从老年人的生活照料、健康管理、精神慰藉到临终关怀的全链条覆盖，旨在满足老年人多样化的生活需求与精神追求。服务内容不仅包括日常起居的照料，还涉及医疗咨询、康复护理、心理健康、文化娱乐等多个方面。为实现服务的个性化与精准化，养老项目需建立完善的评估体系，根据老年人的身体状况、兴趣爱好及家庭背景等因素，量身定制服务方案。同时，通过引入专业社工、心理咨询师等人才，为老年人提供情感支持与社会参与机会，促进其身心健康与社交互动。

（二）养老设施的运营管理：专业化与标准化并重

养老设施的运营管理是重资产运营模式中的关键环节，直接关系到老年人的居住体验与服务满意度。运营管理需遵循专业化与标准化原则，确保设施的日常运行安全、高效。一方面，需建立完善的物业管理体系，包括设施维护、安全监控、环境卫生等方面，确保老年人的居住环境整洁、安全。另一方面，需制定标准化的服务流程与操作规范，如餐饮服务、医疗服务、康复服务等，确保服务质量的稳定性与一致性。同时，运营管理还需注重创新，通过引入智能化管理系统、优化服务流程等手段，提高运营效率与服务质量，降低运营成本。

（三）养老地产的资产证券化：金融创新与市场拓展

养老地产的资产证券化作为重资产运营模式的一种创新方式，为养老产业带来了新的发展机遇。通过资产证券化，一方面，可以将养老地产项目转化为可交易的金融产品，吸引更多社会资本参与，拓宽融资渠道，降低融资成本；另一方面，养老地产项目可以实现从单一项目运营向规模化、品牌化发展的转变，有助于实现养老地产项目的快速扩张与品牌复制，提高市场竞争力，推动养老产业的持续健康发展。当然，在实施过程中，资产证券化还需严格遵循相关法律法规，建立有效的风险防控机制，既要确保资产证券化过程的合法性与透明度，也需应对市场风险、信用风险等潜在挑战，保障投资者的合法权益。

（四）养老地产的融合发展：对接医疗、旅游等产业

在重资产运营模式下，养老地产还可以与医疗、旅游等产业进行融合发展。例如，通过与医疗机构合作，建立医养结合的服务模式；或者通过与旅游机构合作，开发适合老年人的旅游产品和服务。这种融合发展模式有助于拓展养老地产项目的服务范围和收入来源，进一步提升其市场竞争力。

**四、持续照料退休社区（CCRC）——泰康模式**

泰康之家的持续照料退休中心（CCRC）是国内机构养老模式下的领跑者，作为泰康品牌下的典型代表，它展现了独特的项目开发模式、运营模式、盈利模式以及鲜明的业务特点。

（一）项目开发模式

泰康的CCRC项目主要采用重资产投资模式，在全国重点城市如北京、上海、广州、成都等地自行拿地，建设养老社区及配套设施。在这种模式下，泰康对项目拥有绝对的控制权和规划权，能够按照自身的高标准和理念打造高品质的养老社区，从房屋建筑、社区规划到医疗设施配置等都能进行统一布局和精心设计。例如北京的燕园、成都的蜀园等，均是泰康重资产投入建设的成果，其硬件设施在当地乃至全国都处于领先水平。不过，重资产投资模式也意味着投资规模大、回收周期长，但泰康凭借其强大的资金实力和对养老产业的长远布局，坚持走这条高品质、可持续发展的道路。

（二）运营模式

（1）会员制与保险关联。泰康之家采用会员制运营，与保险业务紧密结合。客户购买泰康人寿的"幸福有约"保险计划，保费达到一定金额，即可获得养老社区的保证入住权或优先入住权。这种模式将保险与养老深度融合，为客户提供了一站式的养老解决方案，同时也为养老社区的运营提供了稳定的客源。

启智增慧 6-6

医养结合的新模式：持续照料退休社区（CCRC）在中国的应用与发展

（2）分区照料与专业服务。社区内按照老年人的健康状况和生活自理能力，划分为独立生活区、协助生活区、专业护理区和记忆障碍照护区等不同区域，并配备专业的护理团队和服务设施，为老年人提供个性化、全方位的照料服务。例如，针对患有阿尔茨海默病等记忆障碍的老年人，在记忆障碍照护区提供专门的认知训练和生活照料。

（3）医养结合培育优势。每个养老社区都配建了专业的康复医院，组建了由多学科专家组成的康复医疗团队，为老年人提供预防保健、疾病治疗、慢病康复、长期护理等一站式的医疗保健服务，实现了养老与医疗的无缝对接，让老年人在社区内就能享受到及时、专业的医疗服务。

（三）盈利模式

（1）保险业务盈利。通过销售与养老社区入住资格挂钩的大额保险产品，获得保费收入和投资收益。如"幸福有约"险，保费一般不低于200万元，这不仅为养老社区的建设和运营提供了资金支持，也为泰康保险业务带来了可观的收益。

（2）入门费与押金。社会养老客户入住时需缴纳入门费和乐泰财富卡费用等押金。以独立生活公寓为例，入门费约20万元/户，乐泰财富卡依户型约100万~360万元/户，这些押金在客户离开社区时予以退还，在此期间泰康可利用这些资金进行投资等活动，获取收益。

（3）月服务费。根据户型、居住人数以及服务内容收取月服务费，包括生活照料、餐饮、保洁等费用。独立生活公寓月费6 000~20 000元/月，护理区月费约8 600元/月起，另外还有餐费等其他费用，这是养老社区的日常运营收入来源之一。

（4）增值服务收入。社区内的商业配套设施如餐厅、超市、银行等，通过出租商铺获取租金收入。同时，还为老年人提供个性化的增值服务，如旅游服务、高端护理服务等，并收取相应的费用。

（四）业务特点

（1）高品质养老服务。泰康之家的选址多在交通便利、环境优美的城市近郊，且配套社区规划和设施设计充分考虑老年人的生理和心理需求，打造无障碍、适老化的居住环境，提供高品质的生活配套设施，致力于为老年人创造温馨、舒适、安全的养老生活环境。

（2）连续照料体系。老年人可以在同一个社区内随着健康状况的变化，从独立生活逐步过渡到协助生活、专业护理等不同阶段，无需频繁更换居住环境，保证了生活的连续性和稳定性，让老年人能够在熟悉的环境中安享晚年。

（3）专业护理团队。拥有一支专业的护理团队，包括营养师、康复师、护理师、医生等多专业人才，他们经过专业培训，具备丰富的养老护理经验，能够为老人提供科学、专业、个性化的护理服务，满足老年人不同的健康需求。

（4）保险与医养融合。将保险、医疗、养老三大业务板块有机融合，形成了一个完整的产业链闭环，为客户提供从保险保障到养老生活，再到医疗保健的一站式服务，实现了资源共享、优势互补，打造了独特的竞争优势。

【拓展阅读】　　　　我国针对居家养老上门服务的首个国家标准发布

《居家养老上门服务基本规范》国家标准（GB/T 43153-2023）近日发布实施，将为居家养老上门服务内容、服务组织条件及相关流程要求等提供基本指引，是我国针对居家养老上门服务的首个国家标准。这是记者20日从民政部举行的2023年第三季度例行新闻发布会上获悉的。

我国老年人口基数大，老龄化速度快，其中绝大多数老年人选择居家养老，居家养老服务需求巨大，规范开展居家养老上门服务是建立健全养老服务体系、提升老年人居家养老生活品质的迫切需要。此次发布的国家标准是在全面总结各地实践做法和已有标准成果基础上，适应老年人需求和居家养老服务发展需要编制而成的。

其中，"总体要求"明确了服务组织、服务人员所应具备的基本条件和服务应达到的基本要求；"服务内容"包括生活照料、基础照护、健康管理、探访关爱、精神慰藉、委托代办、家庭生活环境适老化改造等7项服务，涵盖了居家养老所需的主要专业化服务内容；"服务流程"明确了从咨询接待、老年人能力评估、签订服务协议、服务准备到服务实施等一系列程序性要求；"服务评价与改进"明确了服务评价形式及对评价发现问题改进反馈的要求。

民政部社会福利中心主任甄炳亮在发布会上介绍，发布实施国家标准，一方面可通过推动服务专业化规范化建设，提升老年人对居家养老上门服务的认可度，带动老年人消费信心和消费意愿提升；另一方面可为加强居家养老服务组织内部管理提供有效的技术规范支撑，发挥标准引领和强化自律作用。

"下一步，民政部将引导鼓励各地结合实际贯彻实施好《居家养老上门服务基本规范》这一推荐性国家标准，同时适时针对具体服务内容制定相关配套标准，进一步增强服务的指引性和可操作性，有效推动提高居家养老上门服务的精准度和精细化水平。"甄炳亮说。

资料来源：新华社. 我国针对居家养老上门服务的首个国家标准发布［EB/OL］.［2023-10-20］. https://www.gov.cn/lianbo/bumen/202310/content_6910649.htm.

模块练习6-1

# 模块二　剖析养老产业金融

## 任务一　养老产业金融的市场分析

【任务情景】

光大永明保险在养老产业金融领域成效显著。在需求端，光大永明保险瞄准中高端客户群体对品质养老的需求，推出"颐享阳光"养老年金险，保费达一定额度，客户可锁定光大养老社区入住权益。许多临近退休客户，为晚年无忧生活，踊跃投保，期望享受社区的专业照料与多彩活动；在供给端，光大永明保险资金大力支持养老社区建设，如在宁波打造的光大养老社区环境宜人、设施完备，划分自理、半自理、失能护理等多区域，满足不同老人需求，同时开发特色保险产品，如附加长期护理保障等，为失能老人提供资金帮扶。

结合上述案例，试分析如何看待养老产业金融在供需两端的市场前景？

【知识平台】

供需平衡，是一个产业可持续发展的重要前提。在扩大生产和增加供给时，产业需密切关注市场动态，确保产品与服务既能满足当前需求，也能预见并适应未来市场变化。供需平衡是市场稳定和资源有效配置的基石，有助于减少浪费、提高产业效率。实现供需的动态平衡，可以避免产能过剩或供给不足带来的市场波动，促进产业健康、稳定、持续增长，进而推动整个经济体系的可持续发展。从金融服务实体经济的内在逻辑出发，养老产业金融服务发展具有显著的社会效益和经济效益。

## 一、养老产业金融的需求端分析

（一）消费类需求分析

消费是产业发展的重要支撑，是经济增长的重要驱动力之一。由于养老产业具有产业链长、辐射面广和业态多样等特点，因此在人口老龄化加速的大背景下，围绕备老、适老两个阶段的动态化、个性化、多样性的消费需求将成为牵引养老产业高质量发展的重要动力。消费能否持续，依赖于两个基本前提：购买欲望和货币支付能力，本质上体现为购买欲望与货币支付能力的双重支撑。随着老龄化社会的到来，围绕基本生活照料、医疗健康、精神文化娱乐、老年用品及个性化高品质服务等养老需求的增长，已成为不可忽视的消费新趋势。然而，养老储备水平，特别是养老金替代率低下会限制老年人的支付能力，阻碍潜在养老需求向有效市场的转化，成为制约养老产业供需平衡与可持续发展的关键因素。

"未富先老"是我国人口老龄化背景下的重要社会现象。良好、健康的养老财富积累是释放养老服务需求、增强老年生活幸福感的物质基础。一般来讲，养老金和相关投资收益是满足老年人群多层次、多元化养老需求的主要收入来源。当前，我国养老金替代率[①]在 44% 左右，养老金整体替代率低带来的财务韧性趋弱，潜在的养老服务需求无法释放，一定程度上抑制了养老产业的发展空间。此外，养老规划意识不足、金融素养待提升等发展缺口，同样是抑制养老需求释放的重要因素。

（二）融资类需求分析

融资为企业提供了必要的资金支持，是推动企业成长和产业升级的关键动力，同时也是实现市场扩张和创新驱动的重要前提。养老产业作为银发经济发展中的支柱产业，围绕基础设施建设、日常运营与维护、服务创新与升级、产业链整合与拓展以及政策引导与支持等领域将衍生出大量的融资需求。

---

① 2021年，我国企业退休人员月人均养老金为 2 987 元，城镇职工基本养老金替代率为 43.13%。

1.项目类融资需求

随着老年人口的增加，对养老机构的需求急剧上升。养老机构的建设，包括建筑、装修、设备购置等，需要大量的资金投入。这些资金通常用于土地购置、房屋建设、康复设施配置以及初期运营准备等。这类融资需求通常具有周期长、金额大、信贷成本偏高的特征，银行的项目贷款、险资的项目投资以及金租类企业的融资租赁是这类需求的主要资金来源。

2.流动性融资需求

养老机构的日常运营，如人员工资、水电费、食品采购、医疗护理等，也是持续的融资需求。特别是对于一些新建的或规模较大的养老机构，初期可能面临较大的运营压力，需要外部融资来支持其稳定发展。这类融资需求通常具有周期短、金额小的特征，更适合数字普惠信贷。

3.研发类融资需求

随着科技的发展，智慧养老成为趋势，可以通过引入互联网、大数据、人工智能等技术，提升养老服务的效率和质量。这需要资金来支持技术研发、设备购置和系统建设等。相较而言，当前银行、保险类金融机构对这类融资需求关注较少，而股权类投资基金更加关注这类市场。

4.并购类融资需求

养老产业涉及多个领域，如医疗、康复、护理、养老用品等。为了形成完整的产业链，提升整体竞争力，养老机构需要进行上下游产业链的整合。这包括与医疗机构、康复中心、护理机构、用品供应商等的合作与并购，这些都需要大量的资金支持。利用市场化渠道来获取融资支持同样是养老产业发展的重要保障，然而市场化融资方式要求养老机构具备较高的信用评级和市场认可度，因此养老机构需不断加强自身建设和管理水平并提升信用评级和市场竞争力以吸引更多投资者的关注和支持。当前，我国养老产业的发展尚处于初级阶段，这类融资发生较少，主要以险资企业融资为主。

5.政策类融资支持

为鼓励和支持养老产业的发展，各国政府纷纷出台了一系列政策措施。例如，设立专项基金为养老项目提供低息贷款或直接补贴，通过税收优惠政策降低养老机构的运营成本，为养老产业提供政策性担保以增强其融资能力。这些政策措施有效降低了养老机构的融资成本，提高了融资效率，为养老产业的快速发展提供了有力保障。

（三）投资类需求

投资是注入企业活力、推动其成长和创新的关键因素，同时也是维持产业长期稳定发展和结构优化升级的持续动力。养老产业作为银发经济发展中的支柱产业，在养老产业投资领域的需求主要是围绕基础设施、服务体系和产品创新三个领域展开。

1.基础设施建设投资

在养老产业中，基础设施建设投资不仅关乎物理空间的打造，更涉及技术赋能与服务创新的深度融合。一方面，基础设施建设投资在养老产业中扮演着至关重要的角色，其投资需求日益凸显。具体而言，其包括对养老院、养老公寓、养老社区等物理设施的新建与改造，旨在打造一个既安全舒适又便捷高效的居住环境。这些设施不仅要满足老年人的基本居住需求，还需配备完善的医疗服务体系、丰富的休闲娱乐设施，以全方位提升老年人的生活质量。以养老床位供给为例，截至2022年底，全国共有各类养老机构和设施38.7万个，养老床位合计829.4万张。其中注册登记的养老机构4.1万个，比上年增长1.6%；床位518.3万张，比上年增长2.9%。这表明养老设施建设正在稳步推进，但相对于庞大的老年人口基数，养老床位供给速度仍有较大提升空间。

另一方面，随着智慧养老理念的深入人心，技术设备投入成为基础设施建设投资不可或缺的一部分。随着物联网、大数据、人工智能等先进技术在养老领域的广泛应用，养老设施正逐步实现智能化升级。相关研究报告显示，智慧养老技术的应用能够提升服务效率约30%，同时降低运营成本约20%。通过引入这些技术，养老设施能够更精准地监测老年人健康状况，提供个性化的医疗护理和生活服务，极大提升了老年人的生活质量。因此，技术设备投入已成为养老产业基础设施建设投资的重要组成部分，是推动养老产业转型升级、实现高质量发展的关键驱动力。

2.服务体系建设投资

一方面，在养老产业中，服务体系建设投资占据核心地位，随着老龄化社会的加速，对日常照料、健康管理、医疗护理及精神慰藉等服务的需求激增。据统计，我国60岁及以上老年人口已超过3亿，且这一数字正以年均约3%的速度增长，这直接推动了对养老服务人员专业技能培训的投资需求，以及对智能化、信息化管理系统建设的迫切需求，以更高效、精准地满足老年人多元化、个性化的服务需求。当前，尽管养老服务机构在标准化、专业化服务上取得了一定进展，但面对庞大的市场需求，仍需进一步加大投资力度，优化资源配置，提升服务质量与效率。

另一方面，医养结合模式作为养老服务的新趋势，其投资需求尤为显著。据调研，超过70%的老年人表示在养老过程中想获得便捷的医疗服务。为此，养老产业正积极投资医疗服务中心、康复中心等设施建设，并引入专业医疗团队，实现医疗与养老资源的深度融合。近年来，全国范围内医养结合型养老机构数量快速增长，有效缓解了老年人看病难、养老不便的问题，显著提升了老年人的生活品质与幸福感，同时也为医疗与养老产业的协同发展开辟了新路径。

3.科技创新与研发投资

一方面，智能养老设备研发已成为养老产业的重要驱动力。随着技术的不断进步，可穿戴设备、便携式健康监测工具及自助式健康检测设备等智能设备正逐步融入老年人的日常生活，它们能够24小时不间断地监测老年人的健康状况，及时预警潜在风险，从而显著提高养老服务的精准度和效率。据市场研究机构预测，未来几年内，全球智能养老设备市场规模将以年均超过15%的速度增长，显示出巨大的投资潜力和市场需求。

另一方面，养老服务平台建设作为资源整合与服务优化的关键一环，其重要性日益凸显。通过构建综合性的养老服务平台，可以无缝对接医疗、护理、生活照料、精神文化等多种服务资源，为老年人提供量身定制、便捷高效的一站式服务体验。当前，随着"互联网+养老"模式的兴起，越来越多的养老机构、科技企业乃至政府部门正携手合作，加速推进养老服务平台的开发与运营。这些平台不仅极大地提升了服务的覆盖面和响应速度，还通过大数据分析、人工智能等技术手段，不断优化服务流程，提升服务质量，使老年人能够享受到更加贴心、全面的养老服务，极大地提高了他们的获得感和幸福感。

## 二、养老产业金融的供给端分析

### （一）银行类服务

**1.提供差异化信贷支持**

银行业深刻把握养老服务业的发展导向和经营特性，量身定制了差异化的信贷政策。这些政策不仅覆盖了传统养老机构的建设与运营，还延伸至智慧养老、医养结合等新兴领域，确保了信贷资源的有效配置。银行业积极研发针对养老服务业的特色信贷产品，如床位收费权质押贷款，有效解决了养老机构因固定资产有限而难以获得贷款的问题，拓宽了融资渠道；出台养老产业专属信贷政策，针对特定领域的养老机构（如智慧养老、绿色养老等），研发了创新性的金融产品，如绿色养老债券、智慧养老基金等，为养老产业的可持续发展提供了更加丰富的金融工具和融资方案。

**2.利用政策性金融工具**

面对小微养老服务企业在融资过程中面临的"融资难、融资贵"问题，银行业灵活运用支小再贷款[①]、再贴现等，引导金融机构降低贷款门槛、优化贷款结构，加大对小微养老服务企业的信贷投放力度。通过精准滴灌，有效缓解了小微养老服务企业的资金压力，促进了其健康发展。

**3.深化跨界合作，构建多元化融资体系**

银行业积极拓宽合作边界，与非银行金融机构建立广泛的合作关系，共同为养老产业提供多元化的融资服务。通过引入保险、基金、信托等机构的资金，丰富了养老产业的资金来源，降低了融资成本，提高了融资效率。此外，银行业还加强与政府部门、行业协会等机构的沟通协作，共同推动养老产业政策的落地实施，为养老服务业的可持续发展提供了有力保障。

### （二）保险类服务

保险业金融机构凭借其长期资金的优势，在养老产业中发挥着不可替代的作用。它们将养老产业视为长期投资的重点领域，积极引导险资等长期资金投资养老社区、居家养老等项目，既满足了老年人对高品质养老服务的需求，又实现了资金

---

① 银行业积极拓宽合作边界，与非银行金融机构建立广泛的合作关系，共同为养老产业提供多元化的融资服务。通过引入保险、基金、信托等机构的资金，丰富了养老产业的资金来源，降低了融资成本，提高了融资效率。此外，银行业还加强与政府部门、行业协会等机构的沟通协作，共同推动养老产业政策的落地实施，为养老服务业的可持续发展提供了有力保障。

的保值增值。在投资过程中，保险业金融机构注重风险控制与收益平衡，通过科学的项目评估、严谨的风控流程以及专业的运营管理，确保投资项目的稳健运行和可持续发展。

实践中，保险业金融机构在养老产业领域的首要探索是积极参与养老社区的投资与运营，通过专业化的管理和服务，推动养老模式的创新升级。它们不仅利用自有资金，还通过发行养老保障管理产品、养老保险资金等方式，以债权、股权或物权等多种形式投资与养老、医疗相关的不动产项目。这些项目不仅涵盖了高品质的养老社区建设，还延伸到了健康管理、医疗服务、康复护理等多个领域，实现了长期护理、风险保障与机构养老、社区养老等服务的深度融合与有效衔接，为老年人提供了全方位、一站式的养老服务体验。

（三）券商/基金类服务

1.资产证券化

证券/基金类金融机构积极探索养老服务领域的资产证券化，旨在通过设计合理的资产证券化产品，如养老地产抵押贷款支持证券（CMBS）、养老服务收益权ABS等，为养老产业提供更为灵活和多元化的融资渠道。这一举措不仅帮助企业有效盘活其持有的养老服务设施、应收账款等存量资产，将其转化为可流通的金融产品，还降低了企业的融资成本，提高了资金的使用效率。同时，资产证券化增强了养老项目的可融资性，吸引了更多社会资本参与养老产业的投资，促进了养老产业的健康发展。

2.债券市场融资

为了支持养老服务企业的长期发展，证券/基金类金融机构积极推动企业通过发行企业债、公司债、非金融企业债务融资工具等债券产品在债券市场上进行融资。这些债券产品具有期限灵活、利率市场化等特点，能够满足养老服务企业不同阶段的资金需求。通过债券市场融资，企业可以优化债务结构，降低融资成本，同时提高资本市场的认知度和影响力，为后续融资和资本运作奠定良好基础。

3.政府和社会资本合作（PPP）模式

股权类投资机构积极参与PPP模式在养老产业的应用，通过提供融资咨询、方案设计、资金募集等全方位服务，支持政府与社会资本合作建设或发展养老机构。根据PPP项目的特点和需求，其创新融资机制，设计合理的融资结构，吸引更多社会资本参与。同时，金融机构还加强对PPP项目的风险评估和监控，确保项目资金的安全和有效使用，推动养老产业项目的顺利实施和可持续发展。

（四）其他类服务——以融资租赁模式为例

融资租赁公司在养老产业中扮演了关键的资金支持角色，通过提供融资租赁服务，精准对接养老机构在设备购置、设施建设等方面的资金需求。该模式巧妙融合了融资与融物的双重优势，不仅为养老机构提供了必要的资金支持，还促进了养老产业的整体升级与高质量发展。

1.医疗设备融资

融资租赁公司针对养老机构多样化的医疗设备需求，设计并提供了高度定制化的融资租赁方案，这种精准对接有效解决了养老机构在设备更新换代中的资金瓶颈问题。行业数据显示，通过融资租赁方式引进的医疗设备占据养老机构医疗设备总数的比例较高（如30%~40%），极大地提升了养老机构的医疗服务能力和水平，为老年人提供了更加专业、高效的医疗服务保障。

2.设施建设融资

融资租赁公司不仅局限于医疗设备融资，还广泛涉足养老院舍、康复中心等养老设施的建设与改造项目。这种全方位的融资支持为养老机构的硬件设施建设提供了强有力的资金保障。在融资租赁的支持下，养老设施得以不断完善和优化，不仅缓解了养老机构的资金压力，还提高了老年人的居住环境条件和生活质量。

3.综合金融服务

除了融资支持外，融资租赁公司还拓展了咨询、评估、风险管理等综合金融服务领域，这些服务为养老机构提供了全方位的金融解决方案，助力其更好地规划和管理资金，降低运营风险。通过提供专业的金融服务，融资租赁公司不仅解决了养老机构的资金需求问题，还为其提供了宝贵的财务管理和风险控制经验，促进了养老机构的可持续发展。

**【拓展阅读】** **宜昌市养老综合服务PPP示范项目（公建民营模式）**

11月7日，亚行贷款湖北宜昌市养老综合服务PPP示范项目（公建民营模式）公建民营合同正式签约。该项目是亚洲银行首个成功签约落地的PPP项目，也是首个从PPP模式转公建民营模式的项目。签约仪式上，市民政局与宜昌城发康养产业投资有限公司、社会资本方签订框架协议，宜昌城发康养产业投资有限公司与新成立的SPV项目公司（特殊目的公司）签订了公建民营合同。据悉，湖北宜昌市养老综合服务PPP示范项目（公建民营模式）总建筑面积80 130.5平方米，总床位数1 257张，包含医养疗综合体示范基地（原葛洲坝旅游学校）、社区养老综合示范基地（原宜昌市商业学校）两个养老机构。

该项目由宜昌城发康养产业投资有限公司实施，旨在引入公建民营模式，借鉴私营部门的创新和管理经验，通过政府与私营部门的合作，提升养老服务的效率和质量，为老年人创造更加舒适和人性化的养老环境。亚行期望本项目的实施为宜昌市乃至全国的养老服务业提供可借鉴、可复制的经验，推动整个行业的持续健康发展。宜昌城发康养产业投资有限公司相关负责人表示，将以新成立的SPV项目公司为主体，提供专业养老服务，同时引入专业医疗机构，采用物联网、大数据分析等现代信息技术，实现对老年人健康状况的实时监测和管理，提高养老服务质量。

资料来源：三峡日报. 宜昌市养老综合服务PPP示范项目（公建民营模式）签约 我市将新增1257张养老床位［EB/OL］.［2024-11-11］. http://gzw.yichang.gov.cn/content-40913-17410-1.html.

## 任务二　了解养老产业金融的最新进展

**【任务情景】**

建信养老金管理有限责任公司（以下简称建信）依托建行集团资源，在金融助力养老产业上成效显著。在养老产业基金方面，公司发起设立建信养老产业投资基金，募集资金聚焦养老社区建设、康复医疗设施购置等领域。以某养老社区项目为例，基金投入资金用于打造智能化居住空间，配备专业康复器材，满足老人多元化需求。通过专业运营，社区入住率稳步提升，实现资产增值，为投资者带来回报。从银行信贷角度看，建信协同建行为养老服务机构开辟了绿色通道。一家小型民营居家养老服务公司因业务扩张急需资金采购护理设备、培训员工。建信联合建行快速评估，给予低息贷款，助其扩大服务覆盖范围，提升服务质量。同时，公司还为养老机构提供养老金受托管理、财务咨询等一站式服务，整合金融资源，全方位推动养老产业发展，为应对老龄化问题提供有力支撑。

结合案例，请谈谈当前金融支持养老产业发展的具体实践。

【知识平台】

养老产业金融的提供主体既包括商业银行、保险公司、信托公司、基金公司等商业性金融机构，又包括政策性银行、政策性担保机构等政策性金融机构。养老金融服务本身属于养老产业的一大类别，同时，养老产业金融既是养老金融服务的重要组成部分，又为其他养老服务产业和养老制造产业提供金融服务。当前，我国应发挥股票、债券、基金、信贷等多渠道多主体融资功能对养老产业提供金融支持。

## 一、资本市场：融资覆盖率低

截至2024年9月，逾百只涉养老产业的股票在沪深股票交易所上市。其中养老产业板块共计55只股票，养老产业成份板块共计80只股票，剔除重复纳入两个板块的股票只数，养老产业与养老产业成份板块合计108只股票在沪深两市上市交易，其中主板86只、创业板19只、科创板3只，涉养老产业的股票数量在全部沪深两市股票数量（5 433只）的占比不到2%。截至2024年9月2日，在北交所挂牌上市的公司已达251家，但养老概念公司仅有10余家。北交所挂牌的养老概念公司多数属于养老照护服务产业（表6-2），这在一定程度上说明在国家高度重视的背景下，养老照护服务产业已成为养老产业中成熟度最高的板块。

表6-2  在北交所挂牌上市的典型养老概念公司

| 产业类别 | 上市公司名称 |
| --- | --- |
| 养老照护服务 | 朗高养老、雅达养老、盛泉养老、木兰花、国泰股份、国君医疗、湖南康复、索克服务、爱依养老 |
| 老年健康促进与社会参与 | 京东农业 |
| 养老科技和智慧养老服务 | 海阳股份、中康国际、光宝联合、佳音在线、青鸟软通、软汇科技、紫金照耀 |

资料来源：中国银行研究院。

**二、债券市场：整体规模较小**

为加大企业债券融资方式对养老产业的支持力度，2015年4月，国家发展改革委办公厅印发《养老产业专项债券发行指引》。2017年，养老产业专项债券发行数量达到10只、发行规模达到80亿元，此后，养老产业专项债券发行数量与发行规模均有所回落（如图6-6所示）。

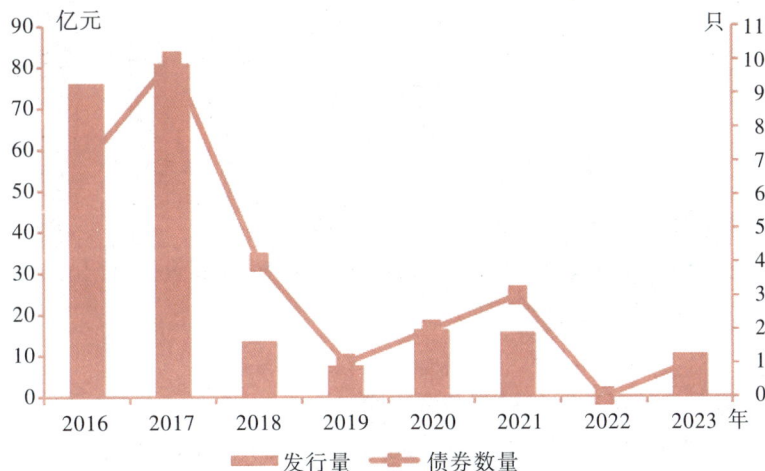

资料来源：中国银行研究院。

**图6-6　养老产业专项债发行情况**

数据显示，截至2024年9月，仅有21只养老产业专项债券处于公开上市交易状态。除养老产业专项债券外，各方主体也探索通过一般企业债、金融债、地方政府专项债等支持养老产业融资。2024年以来，安徽、天津等省份发行的政府专项债券用途中涵盖养老项目，德州德达投资控股集团有限公司发行了用途涵盖康养项目的一般企业债，厦门国际银行发行了养老主题普通金融债。尽管养老产业专项债券、地方政府专项债、一般企业债、普通金融债等都已成为养老产业在债券市场筹资的重要渠道，但整体来看，资金用途涉及养老产业的债券数量非常有限，养老产业以债券方式筹集资金的规模还比较低。

**三、信贷市场：政策性引导特征明显**

近年来，银行业不断加大对养老机构和养老产业的信贷投放。《2024年第一季度中国货币政策执行报告》显示，国家开发银行、农业发展银行、工商银行、农业银行、中国银行、建设银行、交通银行等七家银行各类养老产业贷款余额合计已超1 000亿元。由于养老产业普遍存在前期投入大、回收周期长、回报率偏低等问题，为积极引导金融机构向普惠型养老机构提供优惠贷款，降低养老机构融资成本，2022年4月，中国人民银行、国家发展改革委决定在浙江、江苏、河南、河北、江西等五个省份开展普养老专项再贷款试点，并在2024年延续实施普惠养老专项再贷款，扩大试点范围至全国，并将支持范围由普惠养老机构扩大至公益型、普惠型养老机构运营、居家社区养老体系建设、纳入目录的老年产品制造。试点以来，普惠养老专项再贷款发放规模不断增加（如图6-7所示），截至2024年6月末，已累计支持金融机构为 80 家普惠养老服务机构发放优惠贷款 26.5 亿元。

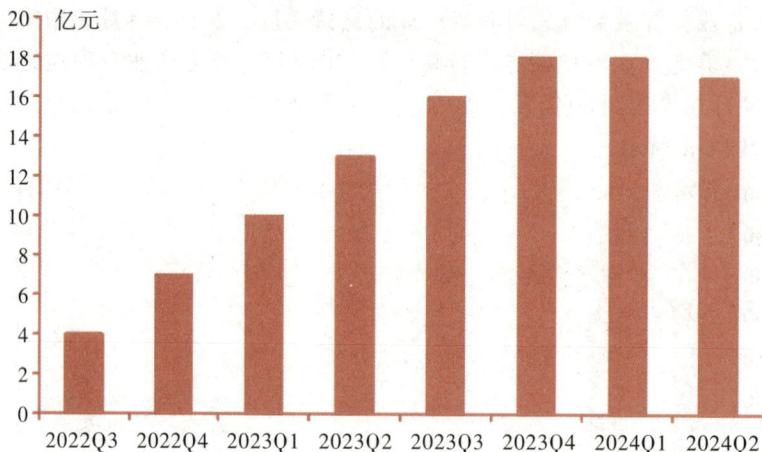

资料来源：中国银行研究院。

**图6-7　普惠养老专项再贷款季末余额**

#### 四、保险市场：养老产业的重要资金来源

　　保险资金通过销售养老保险产品，成为养老服务体系的重要财务支柱。一方面，养老保险为老年人提供经济保障，直接支付养老服务费用；另一方面，保险资金投资于养老地产、养老设施等项目，促进养老产业资本化运作。因此，保险市场不仅丰富了养老资金来源，还通过资金配置优化，推动了养老产业的可持续发展，体现了保险与养老产业深度融合的金融逻辑。各保险公司公开信息显示，截至 2024 年 6 月末，泰康保险已在 35 城布局泰康之家养老社区；中国人寿累计在 14 个城市布局养老服务，布局 17 个机构养老项目；中国太平洋保险集团的"太保家园"落地 13 城 15 园，此外中国太平自有+第三方合作社区达 63 家，覆盖 25 省 51 市；平安寿险居家养老服务覆盖全国 64 个城市，平安高品质康养社区项目已在 5 个城市启动。

#### 五、基金市场：积极布局产业投资基金

　　养老产业投资基金是以养老产业为直接投资对象的私募基金，即为未上市涉老企业提供资本支持、对未上市涉老企业进行集合投资的制度。当前，政府与社会资本共同布局养老产业投资基金，支持养老产业发展，是基金市场参与养老产业发展的重要途径。中国证券投资基金业协会官网显示，截至 2024 年 9 月初，处于正在运作状态的私募养老产业基金合计 31 只，其中有 28 只股权投资基金、1 只创业投资基金、2 只其他私募投资基金。上述基金既包括地方政府支持设立的基金（主要是养老产业引导基金，如吉林省养老服务产业基金、湖南健康养老产业投资基金等），又包括金融机构主导的基金（多数是保险系私募基金，如北京人保健康养老产业投资基金、北京国寿养老产业投资基金等），还包括产业企业主导的基金（例如北京同仁堂养老产业投资基金）。此外，部分医疗健康产业投资基金（尤其是保险系健康产业投资基金）亦大力布局康养产业，比如截至 2024 年 6 月末，太平医疗健康产业股权投资基金累计落地

项目27个。

【拓展阅读】　　**成都市普惠型养老机构申报认定管理办法（节选）**

……

第二条（认定主体）区（市）县民政部门是属地普惠型养老机构的认定主体，负责做好本行政区域内普惠型养老机构的认定工作。

第三条（认定范围）依法办理登记，为老年人提供全日集中住宿和照料护理服务，床位数在10张以上，且在本市行政区域内办理备案的养老机构，可申请认定普惠型养老机构。市和区（市）县公办养老机构由发改部门核定收费标准的，不纳入认定范围。

第四条（认定条件）普惠型养老机构的具体认定条件如下：

（一）依法登记备案。依法登记并在属地民政部门办理备案。

（二）运营良好。建立规范运营的相关规章制度，提供的养老服务质量符合国家相关要求，近3个月机构平均入住率不低于40%。

（三）合理收费。按照《老年人能力评估规范》（GBT42195—2022）对收住老人开展能力评估，老年人可向区（市）县定点评估机构申请评估或复评。依据能力评估等级合理确定收费标准。每人每月收费标准（包括床位费、护理费、公杂费、伙食费等全部费用）不高于养老机构所在区（市）县公布的城镇居民上年月人均可支配收入（按上年人均可支配收入/12折算到月）的0.7倍（能力完好、轻度失能）、0.9倍（中度失能）和1.3倍（重度失能、完全失能）。

（四）规范价格行为。按照《养老机构管理办法》第十六条的规定与接受服务的老年人或者其代理人签订服务协议。在醒目位置公示各类服务项目收费标准和收费依据，接受社会监督。

（五）人员配备。依据《养老机构岗位设置及人员配备规范》（MZ/T 187—2021），按照实际入住老年人数量，配备提供直接护理服务的专职养老护理员，其中自理老人（能力完好）按照1∶15~1∶20、部分自理老人（轻度失能、中度失能）按照1∶8~1∶12、完全不能自理老人（重度失能、完全失能）按照1∶3~1∶5的比例配备护理员。

（六）风险防控。购买养老机构责任保险，以有效降低养老机构运营风险，维护老年人合法权益。

……

资料来源：成都市民政局. 关于印发《成都市普惠型养老 机构申报认定管理办法（试行）》的通知［EB/OL］.［2024-10-22］. https://cdmzj.chengdu.gov.cn/gkml/xzgfxwj/1301215962627833856.shtml. 内容有删改。

## 任务三　养老产业投资项目评估

【任务情景】

以"佳茗鑫养老服务有限公司养老基地项目"为例，讲述养老产业投资项目评估。该公司曾因资金困难，在未获批准的情况下，通过高息回报吸引老年人投资，最终扰乱了金融秩序。这一案例启发我们，在养老产业投资中，可行性研究至关重要。需实地考察项目真实性，了解土地、建筑和运营资质，明确目标群体需求。风险评估也不容忽视，要对高息回报等营销手段保持警惕，核实企业资质，避免非法集资风险。收益预测方面，应基于问卷调查等数据，合理预估入住率和收费标准。投资决策需遵循理性原则，考虑投资回收期、内含报酬率等指标。风险管理则需持续关注监管动态，咨询专业意见，确保合法合规。总之，养老产业投资需谨慎，只有全面评估，才能稳健前行。

结合案例，请分析养老产业投资项目评估的关键环节有哪些？

【知识平台】

养老产业投资项目评估至关重要。随着老龄化社会到来，养老需求激增，政府出台多项扶持政策，推动养老产业发展。然而，市场鱼龙混杂，项目质量参差不齐。通过专业评估，可精准识别项目可行性，规避政策与市场风险，确保投资回报。同时，评估还能促进资源优化配置，提升养老服务质量，满足老年人多元化需求。因此，养老产业投资项目评估是保障投资安全、推动产业健康发展的关键。

## 一、项目评估流程

### （一）市场与需求分析

在养老产业投资项目评估中，市场需求分析是首要环节，它不仅关乎项目的市场定位，更直接影响到项目的长期运营与盈利。此环节主要关注养老市场的现状、发展趋势以及目标群体的具体需求，通过对老年人口数量、年龄结构、收入水平、消费习惯、养老服务需求等数据的分析，评估项目的市场潜力和发展空间。同时，还需要考虑地区差异，不同地区的养老需求和政策环境可能存在显著差异。

具体来看：一是人口老龄化趋势研判是养老市场需求的基础性逻辑。大到国家、小至特定区域，不同的老龄化程度、老年人口的经济状况、健康状况及养老观念差异显著，需细致分析以精准定位目标市场。二是洞察区域性消费能力和支付意愿是养老项目可持续发展的根本性保障。老年人口的收入水平、储蓄状况及消费习惯直接影响其对养老服务的支付能力。此外，随着生活水平的提高，老年人对养老服务的品质要求也日益提升，包括基本的生活照料到精神慰藉、健康管理等多层次需求，需评估目标市场老年人的支付意愿与消费偏好。三是政策环境与社会支持是项目可行性分析的重要支撑。养老产业兼具公益性和商业性，因此政府对养老产业的支持政策，如税收优惠、补贴政策、土地供应等，对项目的可行性有直接影响。同时，社会对养老服务的认知度、接受度及家庭结构变化（如独生子女家庭增多）也影响养老服务需求的变化。此外，老年人对养老服务的需求呈现多样化特征，包括但不限于居家养老、社区养老、机构养老等模式，以及针对特定疾病（如阿尔茨海默病）的专门服务。因此，深入了解目标市场的具体需求，有助于项目提供更加精准、个性化的服务。

### （二）可行性分析

在确认市场需求后，可行性分析是确保项目顺利实施的关键环节，涉及技术、经济、法律及社会等多个层面：

1.技术可行性

在养老产业投资项目评估中，技术可行性是重要因素，涉及技术成熟度与适用性、集成与创新能力、数据安全与隐私保护、技术维护与升级以及技术培训与人才储备等多个方面。首先，需确保所选技术已在实际应用中得到验证，具备高度的稳定性和可靠性，并能精准满足项目需求。其次，项目团队需具备强大的技术集成与创新能力，能够构建高效、协同的服务体系，并持续推出符合市场需求的新技术、新产品。同时，数据安全与隐私保护至关重要，需建立完善的数据安全机制，严格遵守相关法律法规。此外，技术维护与升级能力也是评估的关键，要确保服务连续性与技术领先性。最后，针对项目团队与一线服务人员，需开展系统的技术培训，提升其对新技术的掌握与应用能力，并储备足够的技术人才以支持项目的长期发展。

2.经济可行性

在养老产业投资项目的经济可行性评估中，核心在于确保项目在经济层面具备可持续性与盈利能力。首先需进行详尽的投资预算与收益预测，通过精确的成本效益分析，明确项目的初始投资规模、运营成本结构以及预期收益水平。本量利分析是常用的评估工具，可通过固定成本、变动成本、综合收费水平和预计入住规模等关键指标，确定项目的盈亏平衡点，为投资决策提供科学依据。此外，经济可行性分析还需考虑融资渠道的多样性与资金的安全性。多样化的融资渠道，如政府补助、银行贷款、社会资本合作等，可降低项目资金风险，确保项目的顺利实施。同时，需建立严格的资金监管机制，确保资金使用的合规性与安全性，避免资金链断裂对项目造成不利影响。

3.法律与政策可行性

在养老产业投资项目中，法律与政策可行性是确保项目合规性与稳定性的基石。首先，项目必须符合相关法律法规的要求，包括但不限于土地使用权的合法性、建设许可的合规性、消防安全标准的达标以及环境保护政策的遵循。特别是土地使用和建设许可方面，需确保项目用地产权清晰，无法律纠纷，且建筑等级符合相关标准，以保障项目的合法性与安全性。同时，项目需密切关注政策动态，评估未来政策变化对项目可能产生的影响。养老产业政策环境复杂多变，包括土地政策、税收优惠、补贴政策等，这些政策的变化直接影响项目的成本与收益。因此，需建立政策预警机制，及时跟踪政策走向，调整项目策略，确保项目在政策层面的合规性与稳定性。

4.其他可行性分析

一方面，要重视风险评估与应对策略。对项目实施过程中可能遇到的风险进行全面识别，如市场风险、运营风险、财务风险、法律风险等，并制定相应的风险应对策略，确保项目在不确定性环境中仍能稳健前行。另一方面，还需要关注社会与环境可行性，即评估项目对当地社区、环境的影响，如是否促进就业、是否影响周边居民生活、是否符合环保要求等。

（三）决策实施评估

首先，需明确投资规模与资金筹措策略，合理规划项目预算，确保资金流的稳定与充足。其次，建设周期与进度管理至关重要，需制定详尽的项目时间表，明确各阶段的任务节点与责任分工，采用先进的项目管理工具，如关键路径法（CPM）、项目管理软件等，确保项目按计划有序进行。同时，运营模式与人员配置需紧密结合市场需求与项目定位，设计高效、灵活的运营体系，招募并培训专业团队，为项目的高质量运营打下坚实基础。最后，重视质量控制与成本优化，需建立严格的质量管理体系，采用精益建造、成本效益分析等方法，确保项目在实施过程中的品质与成本双控。

（四）运营效果评估

在养老产业的运营效能分析中，首先需构建全面的数据收集与分析体系。实践中，不仅要实时追踪入住率、客户满意度和运营成本等核心指标，更要深入分析这些数据背后的原因和趋势。例如，入住率的波动可能源于服务质量的差异、社区活动的吸引力或价格策略的调整。通过数据挖掘，能精准识别运营中的亮点，如高效的服务流程或受欢迎的活动项目，同时也能揭示隐藏的痛点，如客户反馈不佳的服务环节或过高的能耗成本。其次，要重视市场调研分析，养老产业正面临日益激烈的市场竞争，定期收集行业动态和竞争对手信息，进行SWOT分析，有助于明确项目在市场中的定位，识别潜在的增长机会和潜在的威胁。此外，社会效应评估也不容忽视。养老项目不仅关乎经济效益，更承载着社会责任。通过评估项目对就业、社区活力和老年人生活质量的改善，能更全面地体现项目的社会价值。

（五）养老产业投资项目退出与可持续发展规划

在养老产业投资项目中，项目退出机制的构建是投资者关注的重点，合理的退出路径不仅能有效降低投资风险，还能为投资者提供稳定的回报预期。常见的退出方式包括股权转让、资产证券化等，其中股权转让通常通过与战略投资者或财务投资者的合作实现，而资产证券化则可通过发行债券或基金等方式，将项目资产转化为可流通的金融产品，提高资产的流动性和价值。

在制定项目退出机制的同时，还需同步规划项目的可持续发展路径。这包括不断拓展服务范围，如增设医疗、康复、娱乐等多元化服务，以满足老年人日益增长的多样化需求；持续提升服务质量，通过引入先进的管理理念和培训体系，提高服务人员的专业素养和服务水平；积极引入新技术，如智能化管理系统、远程医疗服务等，提高运营效率和服务质量，保持项目的竞争力和长期盈利能力。

**二、医养结合养老项目投资测算——实例**

医养结合养老项目因国家政策的明确支持与老龄化社会下老年群体多元化、个性化服务需求的增长，成为整合医疗与养老资源、提供全方位服务的未来养老服务业主要发展趋势。下面，以四川省某城市医养结合真实项目为样本，讲解养老项目投资测算过程。

（一）项目背景

项目合作主体：A公司和B公司。项目建筑面积累计32 858平方米，其中地下室面积11 713平方米、地上面积21 145平方米，床位600张左右，计划引进一家区域养老服务企业，要求具有一定的品牌知名度、行业影响力、市场认可度，且需有医养、护理等全周期的综合化服务能力。两者的合作模式是A公司提供物业并按照B公司要求进行适老化改造和装修，并将其出租给B公司；B公司输出管理团队，负责整个医养结合项目的全面运营和管理，并年付A公司租金，首次合同期限为10年。

（二）投入测算

1.A公司投入

（1）基建测算。成本项目包括：土地获取价款（本项目略）、开发前期准备费、基础设施费、配套设施费、项目间接费、园林环境费、土建及初装工程费、外墙装修、室内装修和主体安装工程费。因建筑面积分为地下面积和地上面积，两者功能不一样，因此涉及不同的成本项目，甚至包括成本项目相同但投入成本差异不同的情况。据测算，基建投资项目总成本为14 425.29万元，其中地下基建成本4 019.71万元，地上基建成本10 405.58万元，详见表6-3所示。

表6-3　　　　　　　　　　　　A公司基建投入测算

| 序号 | 成本项目 | 建筑面积单位成本（元/m²） | | 总成本（万元） | | 合计 |
|---|---|---|---|---|---|---|
| | | 地下室 | 地上部分 | 地下室 | 地上部分 | |
| 一 | 土地获得价款 | 0.00 | | 0.00 | | |
| 二 | 开发前期准备费 | 286.16 | 286.16 | 335.18 | 605.08 | 940.26 |
| 三 | 基础设施费 | 310.37 | 310.37 | 363.54 | 656.28 | 1 019.82 |
| 四 | 配套设施费 | 22.06 | 22.06 | 25.84 | 46.65 | 72.49 |
| 五 | 项目间接费 | 313.25 | 313.25 | 366.91 | 662.36 | 1 029.27 |
| 六 | 园林环境费 | 0.00 | 119.83 | 0.00 | 253.39 | 253.39 |
| 七 | 土建及初装工程费 | 2 000.00 | 1 687.84 | 2 342.60 | 3 568.94 | 5 911.54 |
| 八 | 外墙装修 | 0.00 | 181.54 | 0.00 | 383.87 | 383.87 |
| 九 | 室内装修 | 0.00 | 1 500.00 | 0.00 | 3 171.75 | 3 171.75 |
| 十 | 主体安装工程费 | 500.00 | 500.00 | 585.64 | 1 057.26 | 1 642.90 |
| 小计 | 开发费用 | 3 431.84 | 4 921.05 | 4 019.71 | 10 405.58 | 14 425.29 |
| | 建筑面积 | 11 713.00 | 21 145.00 | 11 713.00 | 21 145.00 | 32 858.00 |

备注：部分数据已做脱密处理。

（2）改造测算。改造费用具体包括设计费、建安工程和环节改造费三个部分。其中，建安工程是主要支出，包括主体改造、装饰装修、电气安装、排水安装、弱电工程、消防工程、暖通工程等。本案例中，按照医养结合养老模式要求的改造面积为21 143平方米，相关预估费用如下：设计费63.43万元、建安工程3 018.88万元、环境改造费100万元，合计3 182.31万元，详见表6-4。

表6-4                              A公司改造投入测算

| 序号 | 项目 | 工程量 | 单位 | 单价（元） | 合价（元） | 备注 |
|------|------|--------|------|-----------|-----------|------|
| 一 | 设计费 | 21 143.00 | m² | 30.00 | 634 290.00 | |
| 二 | 建安工程 | | | | | |
| 1 | 主体改造 | 21 143.00 | m² | 100.00 | 2 114 300.00 | |
| 2 | 装饰装修 | 21 143.00 | m² | 800.00 | 16 914 400.00 | |
| 3 | 电气 | 21 143.00 | m² | 80.00 | 1 691 440.00 | |
| 4 | 给排水 | 21 143.00 | m² | 45.00 | 951 435.00 | |
| 5 | 弱电工程 | 21 143.00 | m² | 80.00 | 1 691 440.00 | |
| 6 | 消防工程 | 21 143.00 | m² | 50.00 | 1 057 150.00 | |
| 7 | 暖通工程 | | | | | |
| 7.1 | 房间 | 270.00 | 台 | 2 000.00 | 540 000.00 | 仅考虑房间 |
| 7.2 | 取暖工程 | 21 143.00 | m² | 200.00 | 4 228 600.00 | |
| 7.3 | 公共区域 | 5.00 | 套 | 200 000.00 | 1 000 000.00 | |
| 三 | 环境改造费 | 1.00 | 项 | 1 000 000.00 | 1 000 000.00 | 绿化改造等 |
| | 合计 | 21 143.00 | | 1 505.13 | 31 823 055.00 | |

备注：部分数据已做脱密处理。

2.B公司投入

（1）开办费。具体包括养老设备、设施投入，经营准备金和不可预见费。其中，养老设备、设施投入是主要支出，比如养老设施、医疗设施、厨房用品以及家具类和布草类用品等。本案例中，B企业养老设备和设施投入907.46万元、经营准备金300万元、不可预见费27.22万元，详见表6-5所示。

表6-5                              B公司开办费用测算

| 一 | 养老设备、设施投入 | 工程量 | 单位 | 单价（元） | 合价（元） | 备注 |
|----|-------------------|--------|------|-----------|-----------|------|
| 1 | 养老设施设备 | 21 143.00 | m² | 100.00 | 2 114 300.00 | |
| 2 | 医疗设施设备 | 21 143.00 | m² | 100.00 | 2 114 300.00 | |
| 3 | 厨房家具 | 1.00 | 套 | 500 000.00 | 500 000.00 | |
| 4 | 家具 | 21 143.00 | m² | 200.00 | 4 228 600.00 | |
| 5 | 布草 | 587.00 | 床 | 200.00 | 117 400.00 | |
| 二 | 经营准备金 | | | | 3 000 000.00 | |
| 三 | 不可预见费 | 1.00 | 项 | 0.03 | 272 238.00 | 按3%预估 |
| | 合计 | | | | 12 346 838.00 | |

备注：部分数据已做脱密处理。

（2）运营成本。运营成本包括固定成本和变动成本两类，其中固定成本包括房租、固定资产折旧、公共设施维修费等，变动成本则包括人力成本、营销费用、物业翻新费、能耗及其他管理费、餐饮成本、低值易耗品、办公费及其他。本案例中，运营初期（第1~5年）的运营成本在逐年增加，随着入住率趋于稳定，相应的运营成本也逐渐平稳。

从盈利能力看，床位入住率是影响盈利水平的关键变量之一。实践中，轻资产运营模式下的医养结合类养老项目通常有3年左右的孵化期，在此期间项目多以亏损为主，当入住率达到饱和状态60%~70%，项目基本上处于盈亏平衡状态。本案例中，第1年的入住率在24.11%，第2年和第3年分别攀升至41.70%和62.55%，且在第3年实现利润扭亏为盈，而累计现金流则在第5年扭负为正，详见表6-6和表6-7。

表6-6　　　　　　　　　　　　案例项目的利润表

| 序号 | | 项目 | | 1 | 2 | 3 | 4 | 5 |
|---|---|---|---|---|---|---|---|---|
| | | | 筹备期 | 营运期第1年 | 营运期第2年 | 营运期第3年 | 营运期第4年 | 营运期第5年 |
| 一 | 1 | 营运收入 | | 1 037.38 | 1 794.01 | 2 691.01 | 3 944.94 | 4 301.86 |
| | 2 | | 医养 | 793.15 | 1 427.67 | 2 141.51 | 3 212.27 | 3 569.18 |
| | 3 | | 护理 | 244.22 | 366.34 | 549.50 | 732.67 | 732.67 |
| | 4 | | 其他 | 0.00 | 0.00 | 0.00 | 0.00 | 0.00 |
| 二 | 5 | 运营成本 | | 1 748.60 | 2 102.87 | 2 380.15 | 2 946.44 | 3 224.68 |
| | 6 | 公共成本 | 房租 | 740.38 | 740.38 | 740.38 | 740.38 | 740.38 |
| | 7 | | 固定资产折旧 | 116.84 | 116.84 | 116.84 | 116.84 | 116.84 |
| | 8 | | 营销费用 | 103.74 | 179.40 | 89.70 | 125.39 | 215.09 |
| | 9 | | 公共设施维护 | 10.00 | 10.00 | 10.00 | 10.00 | 10.00 |
| | 10 | | 物业翻新费 | 0.00 | 0.00 | 0.00 | 20.00 | 30.00 |
| | 11 | | 能耗及其他管理费 | 47.09 | 74.12 | 107.82 | 154.32 | 168.23 |
| | 12 | 单项成本 | 餐饮成本 | 148.97 | 238.79 | 349.78 | 502.67 | 547.38 |
| | 13 | | 低值易耗品 | 47.09 | 74.12 | 107.82 | 154.32 | 168.23 |
| | 14 | | 活动成本 | 15.62 | 26.74 | 40.11 | 58.44 | 63.40 |
| | 15 | | 办公费 | 11.88 | 15.48 | 20.70 | 28.08 | 31.08 |
| | 16 | | 不可预计费用 | 50.00 | 50.00 | 50.00 | 50.00 | 50.00 |
| | 17 | 人力成本 | | 457.00 | 577.00 | 747.00 | 986.00 | 1 084.05 |

| 序号 | | 年 | | 1 | 2 | 3 | 4 | 5 |
|---|---|---|---|---|---|---|---|---|
| 三 | 18 | 营业利润 | | −711.23 | −308.86 | 310.86 | 998.50 | 1 077.17 |
| 四 | 19 | 税费 | | 0.00 | 0.00 | 77.72 | 249.63 | 269.29 |
| | 20 | | 城镇土地使用税 | | | | | |
| | 21 | | 房产税12% | | | | | |
| | 22 | | 所得税25% | 0.00 | 0.00 | 77.72 | 249.63 | 269.29 |
| 五 | 23 | 净利润 | | −711.23 | −308.86 | 233.15 | 748.88 | 807.88 |
| 六 | 24 | 经营现金流 | −934.68 | −594.39 | −192.02 | 349.98 | 865.71 | 924.71 |

备注：部分数据已做脱密处理。

表6-7　　　　　　　　　　　　　　　案例项目的现金流量表

| 序号 | | 项目 | 第0年 | 第1年 | 第2年 | 第3年 | 第4年 | 第5年 |
|---|---|---|---|---|---|---|---|
| 一 | | 现金流入 | 0.00 | 1 037.38 | 1 794.01 | 2 691.01 | 3 944.94 | 4 301.86 |
| | 1 | 营运收入 | 0.00 | 1 037.38 | 1 794.01 | 2 691.01 | 3 944.94 | 4 301.86 |
| | 1.1 | 医养型 | 0.00 | 793.15 | 1 427.67 | 2 141.51 | 3 212.27 | 3 569.18 |
| | 1.2 | 护理型 | 0.00 | 244.22 | 366.34 | 549.50 | 732.67 | 732.67 |
| | 1.3 | 其他 | 0.00 | 0.00 | 0.00 | 0.00 | 0.00 | 0.00 |
| 二 | | 现金流出 | 934.68 | 1 631.77 | 1 986.03 | 2 341.03 | 3 079.23 | 3 377.14 |
| | 2 | 前期投入 | 934.68 | 0.00 | 0.00 | 0.00 | 0.00 | 0.00 |
| | 3 | 经营投入 | | 1 581.77 | 1 936.03 | 2 213.32 | 2 779.60 | 3 057.85 |
| | 3.1 | 房租 | | 740.38 | 740.38 | 740.38 | 740.38 | 740.38 |
| | 3.2 | 人力成本 | | 457.00 | 577.00 | 747.00 | 986.00 | 1 084.05 |
| | 3.3 | 营销费用 | | 103.74 | 179.40 | 89.70 | 125.39 | 215.09 |
| | 3.4 | 公共设施维护 | | 10.00 | 10.00 | 10.00 | 10.00 | 10.00 |
| | 3.5 | 物业翻新费 | | 0.00 | 0.00 | 0.00 | 20.00 | 30.00 |
| | 3.6 | 能耗及其他管理费 | | 47.09 | 74.12 | 107.82 | 154.32 | 168.23 |
| | 3.7 | 餐饮成本 | | 148.97 | 238.79 | 349.78 | 502.67 | 547.38 |
| | 3.8 | 低值易耗品 | | 47.09 | 74.12 | 107.82 | 154.32 | 168.23 |
| | 3.9 | 活动成本 | | 15.62 | 26.74 | 40.11 | 58.44 | 63.40 |

续表

| 序号 | | 项目 | 第0年 | 第1年 | 第2年 | 第3年 | 第4年 | 第5年 |
|---|---|---|---|---|---|---|---|---|
| | 3.10 | 办公费 | | 11.88 | 15.48 | 20.70 | 28.08 | 31.08 |
| | 4 | 不可预计费用 | | 50.00 | 50.00 | 50.00 | 50.00 | 50.00 |
| | 5 | 税金 | | 0.00 | 0.00 | 77.72 | 249.63 | 269.29 |
| | 5.1 | 房产税 | | 0.00 | 0.00 | 0.00 | 0.00 | 0.00 |
| | 5.2 | 所得税 | | 0.00 | 0.00 | 77.72 | 249.63 | 269.29 |
| 三 | | 净现金流 | −934.68 | −594.39 | −192.02 | 349.98 | 865.71 | 924.71 |
| 四 | | 累计现金流 | −934.68 | −1 529.08 | −1 721.10 | −1 371.12 | −505.41 | 419.31 |

备注：部分数据已做脱密处理。

（三）相关启示

1.精准洞察市场需求，定制化打造项目

养老产业投资项目启动初期，精准把握并深入分析市场需求是项目成功的先决条件。本案例中，A公司与B公司合作，针对老年群体的多元化、个性化需求，明确提出了引进具有品牌知名度、行业影响力和市场认可度的养老服务企业的要求，特别强调了该企业需具备医养、护理等全周期的综合化服务能力。这一合作模式凸显了市场需求分析的必要性，即不仅要关注老年人口的数量和结构，更要深入理解其经济状况、健康状况、消费习惯以及养老观念，从而定制化打造符合市场需求的养老项目。通过精准定位，可以有效避免市场同质化竞争，提升项目的市场竞争力。

2.精细测算投资成本，确保资金高效利用

投资成本的控制与资金的高效利用是项目可持续运营的关键。本案例中，A公司和B公司分别承担了物业改造和运营管理的投入工作，对改造费用、开办费用及运营成本进行了详尽的测算。这种精细化的财务管理不仅有助于项目初期的资金筹措与规划，还能在项目运营过程中有效控制成本，提高资金的使用效率。特别是B公司在开办费用中预留了经营准备金和不可预见费，体现了对潜在风险的充分预见与防范，确保了项目的稳健运营。

3.注重长期运营效益，实现可持续发展

养老产业的投资回报周期较长，因此，在项目评估与运营过程中，必须注重长期运营效益，以实现可持续发展。本案例中，虽然项目初期可能面临亏损，但B公司通过精细化运营和成本控制，以及不断提高服务质量，以期在入住率达到饱和状态时实现盈亏平衡。同时，双方还规划了项目的退出机制和可持续发展路径，如通过股权转让、资产证券化等方式实现资金回笼，以及不断拓展服务范围、提升服务质量、引入新技术等手段保持项目的竞争力和长期盈利能力。这种注重长期效益的战略思维，为项目的可持续发展奠定了坚实基础。

## 探讨我国养老产业的弱质性特征

产业的弱质性，是指在由众多行业、部门构成的产业体系中，如果一个产业的经济再生产能力处于相对弱势甚至绝对弱势的地位或状态，那么该产业就可以被称为"弱质产业"（weak industry）。从实践来看，一些产业所提供产品或服务虽然具有广泛、长远的社会需求特征，却具有先天的弱质特征，并且将继续长时间维持该产业的弱质特征。由于社会的基本需求存在，这种产业不会消亡，但相对于一些新兴产业，在整个产业体系中会长期处于弱势地位。

### 一、弱质性产业的一般特征

第一，产业为市场所提供的产品或服务的市场有效需求不足；第二，产业从业人员的人力资本素质普遍偏低；第三，产业的技术进步和产品效用变化缓慢；第四，产业的资金利润率低于社会平均利润率；第五，产业资本积累能力和扩大再生产能力不足。

### 二、我国养老产业弱质性特征的表现形式

（一）养老产业的服务对象人群实际购买力较低，在市场上有货币支付能力的有效需求相对不足

"未富先老"成为我国老龄化的明显特征。以城镇老人为例，退休后的主要收入是因工作期间工资性收入所派生的城镇职工基本养老保险金及其相关投资收益。当然，在大多数城镇老人的可支配收入中，还有来自儿女接济的收入、财产性收入（投资理财、房租收入等）以及政府或慈善组织等提供的转移性收入，客观来讲，这部分的占比很小。数据显示，我国基本养老金的替代率在40%左右，也就是说，相比退休前的月工资收入，退休后到手的钱要缩水差不多60%，意味着原先的生活品质要降低才能用现有的钱维持基本生活。日子过得紧巴巴，自然对养老需求的有效释放产生影响。

（二）养老产业的产品和服务在市场定价方面，多以生产成本为基础，产业投入的资金回收慢，盈利水平普遍偏低

在市场定价方面，由于消费者支付能力受限，市场有效需求不足，使得企业往往偏向于由成本决定，因此产品与服务的附加价值微薄，即体现为产业的微利性。实践逻辑层面，养老服务如果考虑满足广大困难老龄群体的需求，低价供应市场，往往需要政府减税、免税或给与生产性补贴，才能维持基本的盈利状况。有调研显示，专门为老年群体提供的旅游项目价格一般都要低于市场平均价格15%以上。

（三）养老产业的特殊产品和服务市场交易信息不对称，供需双方交易能力不对称，导致养老产品和服务专业化经营的困难较多

养老产业的市场机构存在天然的缺陷，即市场信息严重不对称。一方面，因为服务对象的特殊性，养老产品和服务的对象行动不便、活动半径受限是重要特征，其中70岁以上的中高龄人群缺乏有效的市场信息获取渠道和互联网等使用技能，信息获取的路径主要以间接获取为主；另一方面，由于老龄人口的分散性，供给端产品和服务的市场销售渠道相对较窄，专业化的市场网络和专业化的综合性老龄服务市场尚待

建立和完善。这些特征，使得养老产业受服务群体的特殊性需求制约，往往需要生产经营者进行更多的开发、宣传、销售等投入，这无疑会增加整个养老产业中市场主体的经营风险。

（四）养老产业中的老年护理服务业从业人员素质普遍较低、年龄偏大、工资报酬低，从业人员队伍不稳定

随着积极应对老龄化上升为国家战略和老年人对为老服务需求的不断增加，养老服务行业人才呈现出供不应求的局面。老龄护理服务业是当前养老产业发展的重点所在，但是当前我国的高中级职业教育系统缺乏老龄护理专业的设置，中高级职业人才的培养处于严重的供不应求状态。比如在江苏南通，全市300多家养老机构中，超过50岁的中老年护理员数量占到65%，为了推动护理服务人员专业化，每年养老机构都会从职业或大专院校"抢订"毕业生；山东、江苏、河南等多家职业院校的调研显示，今年养老护理相关专业的毕业生都是供不应求：山东省是全国养老专业招生规模最大的省份，今年有4 000多名毕业生，但远远不能满足市场需求，一些企业早早就到学校招人。

模块练习6-2

资料来源：公众号"李清思路". 探讨我国养老产业的弱质性特征［EB/OL］.［2023-07-16］. https：//weibo.com/ttarticle/p/show？id=2309634924734516363860.

## 模块三 金融科技在养老产业中的场景应用

### 任务一 金融科技与养老产业的融合路径

【任务情景】

华夏银行作为首批开办个人养老金业务的商业银行之一，积极参与个人养老金功能建设。该行推出了"颐养伴VCare"养老资产配置专业服务，通过专业的团队和完善的服务，为客户提供高品质的养老规划方案。个人养老金每年12 000元可能无法完全满足客户养老需求，尤其是未参加城镇职工基本养老保险或城乡居民基本养老保险的客户，无法享受个人养老金的政策红利。针对这部分客户需求，华夏银行正在开发智慧养老投资规划功能。该功能可根据客户年龄、性别、所在地区、个人收入、养老目标等智能化、个性化地进行养老资金缺口测算与分析，在此基础上有针对性地进行养老金融资产配置。而且考虑到每年经济波动、政策变化等因素，还将定期更新配置策略。

例如，一位年龄较大、收入稳定但没有参加城镇职工或城乡居民基本养老保险的客户，其养老目标是在退休后保持一定的生活质量。华夏银行的智慧养老投资规划功能会综合考虑他的具体情况，通过大数据分析和专业模型，测算出他的养老资金缺口。然后，根据其风险承受能力和投资偏好，为他配置包括存款、基金、保险等在内的多种养老金融产品组合。在经济环境或政策发生变化时，按照预设的规则定期调整配置策略，以更好地实现他的养老目标。这种个性化的服务满足了客户的特定需求，提升了客户在养老规划方面的体验和效果。

通过上述案例，试分析如何理解金融科技与养老产业融合发展的具体路径？还有哪些可持续探索的路径？

【知识平台】

金融科技助力养老产业发展，具有深远且重大的意义。它不仅能够有效提升养老服务的效率与质量，通过智能化、个性化的服务满足老年人多样化的养老需求；还能推动养老产业的转型升级，促进资源的优化配置与产业的创新发展。更重要的是，金融科技的应用能够强化老年人的金融安全与财产保障，提升他们的生活质量与幸福感。因此，金融科技在养老产业中的广泛应用，不仅是技术进步的必然结果，更是构建和谐社会、实现养老事业可持续发展的关键所在。

## 一、金融科技在养老产业中的应用潜力与优势

（一）养老金融产品创新：满足个性化需求，拓宽市场边界

在金融科技的推动下，养老金融产品正经历着前所未有的创新。通过深度挖掘老年人的养老需求，金融机构能够设计出更加贴合其个性化需求的金融产品。例如，利用大数据和人工智能技术，可以开发出反向抵押贷款产品，让老年人在保留房屋居住权的同时，将房屋未来的增值潜力转化为现金流，用于支付养老费用。此外，健康管理型保险、长期护理保险等新型养老金融产品也应运而生，为老年人提供了更为全面的保障。这些创新产品不仅丰富了养老金融市场的产品线，还拓宽了市场的边界，为金融机构带来了新的利润增长点。

（二）提升服务效率与质量：智能化服务，便捷高效

金融科技在养老产业中的应用，极大地提升了金融服务的效率与质量。智能投顾、智能客服等应用，使得老年人无需亲自前往金融机构，即可随时随地获取专业的金融服务。通过在线平台或移动应用，老年人可以轻松查询账户余额、交易记录等信息，甚至进行投资理财操作。同时，金融科技还实现了业务流程的自动化和智能化，降低了运营成本，提高了服务效率。此外，智能客服还能够根据老年人的需求，提供个性化的投资建议和风险管理方案，帮助他们更好地规划养老资金，实现财富的保值增值。

（三）加强风险管理：精准预警，保障资金安全

金融科技在养老产业中的另一大优势在于加强风险管理。通过大数据和人工智能技术，金融机构可以对养老企业进行全面、动态的信用评估。通过分析企业的经营数据、财务状况、社会信用记录等信息，金融机构能够准确判断其信用风险水平，提前预警潜在的违约风险。同时，金融科技还可以实时监测市场风险，包括利率波动、投资回报率变化等，为金融机构制定风险应对策略提供科学依据。这些措施有助于保障养老资金的安全与稳定，降低不良贷款率，提升养老产业的整体风险管理水平。

（四）促进智慧养老社区建设：科技赋能，提升生活质量

金融科技在养老产业中的应用，还体现在促进智慧养老社区的建设上。借助金融科技公司的技术研发能力，结合物联网和智能设备，可以打造集健康管理、安全监护、生活服务等功能于一体的智慧养老社区。在这个社区中，老年人可以通过智能设

备享受便捷的生活服务，如在线购物、家政服务等；同时，还可以实时监测自己的健康状况，及时获取医疗救助。此外，金融机构还可以为智慧养老社区提供金融支持，如智能支付、信用消费等金融服务，进一步提升老年人的生活质量和幸福感。

## 二、金融科技助力养老产业转型升级的机制

### （一）优化资源配置

从微观层面看，数字经济背景下的金融科技手段，凭借其先进的数据处理技术和深度分析能力，将成为养老产业资源优化配置的关键驱动力。通过对海量数据的挖掘与剖析，金融科技能够精准洞察养老产业中错综复杂的资金需求与供给关系。比如，智能匹配算法基于多维度数据考量，将分散的闲置资金高效引导至养老服务项目的拓展、养老设施的建设与完善以及各类养老相关业务的创新发展等最为急需资金支持的关键节点，从而实现资金使用效率的大幅提升。

实践中，以区块链技术为基石构建的养老产业供应链金融平台，是优化资源配置的重要手段。区块链技术的分布式账本架构确保了交易信息的高度透明、不可篡改以及可追溯性，使得养老产业供应链上下游企业间的资金流、信息流和物流得以实现深度融合与高效协同。在这个平台上，企业的资金状况、信用记录以及交易历史等关键信息一目了然，金融机构能够据此精准评估企业风险，从而降低融资门槛，减少中间环节的信息不对称与交易成本。中小企业因此能够更加便捷地获取资金支持，确保养老产品的生产供应得以稳定维系，满足日益增长的养老服务需求。

从宏观层面看，依托金融科技来优化养老资源配置，对于推动养老产业的整体布局与协调发展具有深远意义。不同地区、不同类型的养老项目能够依据自身实际需求精准获取适配资金，有效避免资源过度集聚或短缺现象，促进养老产业在全国范围内的均衡发展，为构建全方位、多层次、高品质的养老服务体系奠定坚实基础。

### （二）创新服务模式

#### 1.个性化金融产品与服务

依托金融科技，金融机构能够对老年人的消费模式、健康动态、资产结构等多维度信息进行深度挖掘与精细化分析。通过构建全面且精准的用户画像，金融机构得以深入洞察每位老年人的独特需求与风险偏好，进而量身定制个性化的养老金融产品。

对于风险承受能力较低、追求资金稳健增值的老年群体，金融机构可精心设计以固定收益类产品为主的养老金融产品体系。例如，将定期存款、国债、稳健型债券基金等进行合理组合，确保其养老资金在低风险环境下实现保值增值。这类产品组合既能提供稳定的收益回报，又能有效抵御市场波动风险，满足老年人对资金安全性的首要诉求。

对于风险偏好较高、具备一定投资经验且渴望通过投资获取更高收益以提升养老生活品质的老年人，金融机构可在充分评估其风险承受能力的基础上，适当配置权益类资产。例如，精选优质蓝筹股、股票型基金等，并配备专业的投资顾问团队，为其提供一对一的投资策略定制服务。投资顾问团队将根据市场动态、行业趋势以及老年人的个人财务状况和投资目标，为其制订动态调整的投资组合方案，助力老年人在合理控制风险的前提下实现资产的稳健增长。

　　针对有长期护理需求的老年人，专属的护理保险计划应运而生。这类保险产品不仅在经济上为老年人提供长期护理费用的补偿保障，还与专业护理机构建立深度合作联盟，为老人提供涵盖居家护理、社区护理、机构护理等多元化层级的个性化护理服务套餐选择。同时，保险计划还可附加康复服务、健康管理咨询等增值服务，全方位满足老年人在长期护理过程中的多样化需求，确保老人在需要时能够获得及时、专业且贴心的护理支持。

　　此外，随着社会经济的发展和老年人生活观念的转变，老年人对养老生活品质的追求日益多样化。金融机构顺应市场趋势，积极创新推出与养老生活方式紧密相关的金融产品。例如，针对热爱旅游的老年群体，精心设计养老旅游金融套餐。该套餐不仅涵盖旅游基金，为老年人的旅游梦想提供资金支持，还包括旅游保险，为其旅途安全保驾护航。同时，提供旅游消费信贷服务，满足老年人对高品质旅游体验的资金需求，减轻一次性支付的经济压力。

　　2.智能健康管理与金融服务联动

　　物联网技术是金融科技的重要技术工具，能够为智能健康管理与金融服务的深度融合提供坚实的技术支撑。比如，借助可穿戴设备和智能家居设备，老年人的健康数据能够实现实时、持续且精准采集与传输，涵盖心率、血压、血糖、睡眠质量等关键生理指标以及日常活动量、运动轨迹等行为数据。这些丰富多样的数据汇聚至云端智能平台，经过专业算法的深度分析与解读，能够及时且敏锐地发现老年人健康风险的早期迹象，为提前干预和精准医疗提供关键依据。

　　当老年人的健康数据出现异常波动时，智能系统将自动触发金融服务响应机制，实现健康管理与金融服务的无缝对接。在紧急医疗救助场景下，医疗保险服务将迅速启动快速理赔流程，利用先进的图像识别技术、电子病历共享平台以及智能审核系统，实现医疗费用的快速审核与赔付，确保老人能够及时获得足额的医疗费用支持，避免因资金问题延误宝贵的治疗时机。

　　同时，金融机构积极与医疗机构、健康管理机构建立紧密合作伙伴关系，基于老年人的健康状况和历史数据，为其提供全方位、个性化的健康管理建议和医疗资源推荐。例如，根据老人的疾病风险评估结果，为其预约权威专家门诊，安排个性化的体检套餐和康复治疗计划。此外，金融机构还可推出健康激励计划，对于积极参与健康管理、保持良好生活习惯的老年人给予一定的金融优惠或奖励，如降低保险费率、提供健康消费补贴等，鼓励老年人主动关注自身健康，形成健康管理与金融服务良性互动的生态循环。

### 三、提升风险管理能力

（一）评估与风险预警

　　产业的健康、可持续发展，离不开风险管理，而信用评估与风险预警正是风险管理的核心环节之一。实践中，金融科技深度融入信用评估体系，利用大数据与AI技术，对养老企业及个人实施全方位、高频次的信用监控。通过分析历史财务数据、税务记录、社会信誉评分及个人的养老金缴纳、消费习惯等数据，构建精细化的信用风险模型。此模型能敏锐捕捉信用波动，提前预警潜在违约风险，助力金融机构精准放贷，有效控制不良贷款比例，保障养老资金安全。

（二）市场风险监测与应对

金融科技赋予金融机构强大的实时数据处理能力。针对养老产业特有的市场风险，金融科技通过实时数据监控平台，紧密追踪利率变动、资本市场波动、政策导向等关键变量。借助金融科技手段，构建一套包含敏感度分析、压力测试在内的市场风险监测体系，精准评估这些因素对养老金融产品的潜在冲击，对养老金融市场的健康发展具有重要意义。基于此，灵活调整资产配置策略，如适时调整债券与股票比例、优化养老金产品收益率结构，确保养老投资在复杂市场环境中稳健增值，为老年人的晚年生活提供坚实保障。

启智增慧6-9

智慧养老，
如何实现从
"有"到"优"

## 任务二　金融科技在养老产业中的场景应用

### 【任务情景】

在内蒙古乌兰浩特市，社区幸福食堂借助银联商务的"如意养老助餐"解决方案，为老年人带来便捷就餐体验。食堂入口处，老人首次前来就餐时，刷脸终端迅速采集人脸及身份证信息，完成注册登记。此后，老人踏入食堂，只需站在指定区域，刷脸设备瞬间识别，完成支付，全程无需现金或手机操作，方便快捷。每张餐桌均设有点餐二维码牌，老人就座后，可使用手机扫码点餐并支付，有效减少排队等候时间。对于行动不便的老人，家属能通过手机远程为其充值账户，提前预订餐品，并确定配送时间。食堂工作人员依据订单信息，按时将热气腾腾的饭菜送到老人家中。

智能支付系统不仅提升了支付效率，还实现了老人就餐数据的精准统计与分析，帮助食堂优化菜品供应。这一模式在保障老年人享受便捷服务的同时，也为养老服务的智能化发展提供了有益借鉴，让更多老年人在科技助力下安享幸福晚年。

结合案例，试分析智能支付在养老服务场景中的应用前景？

### 【知识平台】

金融科技助力养老产业发展的场景应用可以分为基础服务场景、增值服务场景和创新服务场景三类，其中基础场景包括智能支付与结算、在线金融服务和身份认证与信息安全，增值场景包括智能健康管理、个性化金融服务和智慧养老社区建设，创新场景包括养老金融产品设计、老年群体财产托管与风险管理、跨界融合与产业创新等。

启智增慧6-10

【养老金融案
例秀】科技赋
能金融"五篇
大文章"
案例秀

#### 一、基础服务场景

（一）智能支付与结算

1.打造多元化应用场景

智能支付技术正以前所未有的速度改变着养老产业的支付生态。在养老机构内部，智能支付不仅限于餐饮、医疗、娱乐等基本服务的支付，更拓展到了健康管理、紧急救援、个性化护理等高端服务的结算。例如，通过智能手环或手表，老年人可以轻松完成日常消费的支付，同时，这些设备还能记录健康数据，为医疗机构提供及时的健康监测信息。此外，智能支付还能应用于老年人的居家养老服务中，如通过智能家居系统实现水电煤气费用的自动缴纳，或是通过在线平台预约家政、护理等服务并完成支付，极大地提升了生活的便捷性。

2.提升交易效率和透明度

智能支付的应用显著提升了养老产业的支付效率与透明度。一方面，它简化了支付流程，减少了人工操作，使得支付更加快速、便捷。另一方面，智能支付能够实时记录交易数据，为养老机构提供了精准的财务管理工具，有助于其更好地掌握经营状况，优化资源配置。更重要的是，智能支付系统能够自动生成详细的消费报告，让老年人及其家属能够清晰地了解每一笔消费的来源与去向，增强了养老服务的透明度与公信力。

3.强化安全风险与全面防控策略

智能支付在带来便利的同时，也面临着一定的安全风险。为了防范这些风险，养老机构需要采取全面而细致的防控策略。首先，应加强对智能支付系统的安全防护，采用先进的加密技术和防火墙，确保数据传输与存储的安全性。其次，应加强对老年人支付安全的教育和培训，提高他们的安全意识和防范能力，如定期举办支付安全讲座、发放安全手册等。最后，还应建立健全的风险应对机制，一旦发生安全事件，能够迅速响应并妥善处理，如启动应急预案、联系专业安全团队进行紧急处理。

（二）在线金融服务

1.升级金融服务创新方式

养老产业中，在线金融服务的实现方式日益丰富多样。一方面，养老机构可以与银行、保险公司等金融机构合作，推出针对老年人的专属金融产品和服务，如养老金管理、健康保险、投资理财等。这些产品和服务可以通过手机App、网页端等在线平台进行购买和管理，让老年人能够随时随地享受到便捷、高效的金融服务。另一方面，养老机构还可以利用大数据、人工智能等技术，为老年人提供个性化的金融顾问服务，帮助他们更好地规划和管理自己的财富。例如，通过智能投顾系统，老年人可以根据自己的风险偏好和投资目标，获得个性化的投资建议和资产配置方案。

2.升级金融服务触达效率

在线金融服务对养老产业金融服务的优化作用体现在多个方面。首先，它打破了传统金融服务的时空限制，使得老年人可以随时随地享受到便捷、高效的金融服务。其次，在线金融服务能够根据老年人的实际需求，提供个性化的金融产品和服务，满足他们多样化的金融需求。此外，在线金融服务还能够降低金融机构的运营成本，提高服务效率，为养老产业提供更加优质的金融支持。更重要的是，通过在线金融服务，老年人可以更加便捷地了解自己的财务状况，做出更加明智的金融决策。

当然，在推广在线金融服务时，养老机构需要制定科学的推广策略。首先，应加强对老年人的金融教育和培训，提高他们的金融素养和风险防范能力。其次，应加强与金融机构的合作，共同推出更加符合老年人需求的金融产品和服务。最后，还应利用社交媒体、广告等多种渠道进行宣传和推广，提高在线金融服务的知名度和影响力。然而，在推广过程中也面临着诸多挑战。一方面，老年人对新技术的不熟悉、对传统金融服务的依赖等因素限制了在线金融服务的普及率。另一方面，如何确保在线金融服务的安全性和可靠性也是一个亟待解决的问题。因此，养老机构需要不断创新和推广方式，同时加强技术研发和应用创新，以更好地应对这些挑战。

3.身份认证与信息安全

身份认证技术是保障养老产业信息安全的核心手段之一。通过采用先进的身份认证技术，如生物识别、密码学等，可以确保老年人的身份信息和交易数据不被泄露或篡改。这不仅能够保护老年人的合法权益，还能够维护养老机构的声誉和利益。同时，身份认证技术还能够提高养老服务的效率和便捷性，为老年人提供更加优质、安全的服务体验。例如，通过智能手环或手表进行身份验证和支付操作，老年人可以更加便捷地享受各项服务而无需携带现金或银行卡等物品。

从实践来看，身份认证技术在养老产业中的应用场景日益多样化。在养老机构内部，身份认证技术不仅用于门禁管理、医疗服务、支付结算等多个环节，还拓展到了智能家居系统的控制和管理中。例如，通过人脸识别技术，养老机构可以确保只有合法身份的人员才能进入或享受相关服务；通过指纹识别技术，老年人可以轻松地完成支付和身份验证等操作。此外，在老年人的居家养老服务中，身份认证技术还可以用于智能家居系统的远程控制和管理，确保老年人的隐私和安全。

当然，身份认证与信息安全在养老服务场景应用中也面临着诸多挑战。一方面，随着技术的发展和黑客攻击手段的不断升级，如何确保身份认证技术的安全性和可靠性是一个亟待解决的问题；另一方面，老年人对新技术的接受程度有限也是一个需要关注的问题。因此，养老机构需要不断加强技术研发和应用创新以应对这些挑战。同时，还应加强对老年人的技术培训和引导，帮助他们更好地适应和使用新技术。此外，还应建立健全的身份认证安全管理体系和应急预案以应对可能的安全事件和风险挑战。

（三）增值服务场景

1.个性化金融服务

个性化金融服务在养老产业中的实现主要依托大数据分析和金融科技手段。金融机构通过收集老年人的资产状况、收入来源、消费习惯、养老规划等多维度数据，运用数据挖掘和分析技术构建客户画像。基于客户画像，为老年人量身定制多样化的金融产品，如针对不同风险偏好和投资期限的养老理财产品、满足长期护理需求的护理保险、以房养老的反向抵押产品等。同时，利用人工智能客服和智能投顾系统，为老年人提供实时的金融咨询服务，根据其财务状况和养老目标提供个性化的投资组合建议，并动态调整优化。

从创新实践来看，金融机构与养老服务企业深度合作，推出"金融+养老服务"一体化套餐，如购买金融产品赠送养老服务时长或折扣优惠，以及开发针对特定老年群体的特色金融产品，如面向高龄、失独老人的专项救助金融产品。当然，个性化金融服务也面临风险防控挑战。因此，需要加强投资者教育，提高老年人的风险意识，同时要防范数据泄露和金融欺诈风险，建立严格的数据安全管理体系和风险预警机制，加强对金融机构销售行为的监管，确保老年人的合法权益不受侵害。

2.智慧养老社区建设

智慧养老社区建设模式融合了智能化技术与多元化服务，通常采用物联网、云计算、大数据等技术构建智能化基础设施,如智能门禁系统实现人员出入管理与安全监控,智能照明和环境控制系统根据老人需求自动调节室内环境。在资源整合方面,社区配备智能化养老服务平台,整合医疗、餐饮、家政、娱乐等各类服务资源,提供一站式服务解决方案;其特点在于以老年人需求为核心,注重科技与人文关怀的结合;在居住环境方面,智能化设施提高了居住的舒适性和安全性,如智能家电的便捷控制、紧急呼叫系统的及时响应等;在医疗健康服务方面,社区与医疗机构合作建立远程医疗诊断系统,老年人可享受定期健康检查、远程会诊等服务,实现疾病的早发现、早治疗。

从未来趋势看,智慧养老社区的发展趋势是更加智能化、生态化和可持续发展,人工智能、物联网、大数据等技术在社区服务和社区治理中的应用将更加广泛,而政策支持对于智慧养老社区发展至关重要。政府应加大财政投入,支持社区智能化基础设施建设和技术研发,同时持续优化税收优惠、土地供应、人才培养等政策鼓励社会资本参与建设,共同推动智慧养老社区持续健康发展。

(四)创新服务场景

1.财产托管与风险管理

对老年人财产安全而言,财产托管与风险管理起到了至关重要的保障作用。老年人财产托管与风险管理主要通过专业金融机构来实现。专业化的金融机构建立起完善的托管服务体系,为老年人提供资产托管、资金管理、投资监督等一站式服务,确保老年人的财产得到规范管理,避免因个人理财能力不足或信息不对称导致的财产损失。实践中,可利用风险评估模型对老年人的财产状况、风险承受能力等进行全面评估,制订个性化的托管方案。比如,对于风险偏好较低的老年人,主要配置稳健型资产如债券、大额定期存单等;对于风险承受能力较高且追求较高收益的老年人,在合理范围内配置一定比例的权益类资产。同时,金融机构运用先进的信息技术,如区块链技术实现财产信息的安全存储和透明化管理,实时监控投资组合风险,及时调整资产配置策略。

从趋势上看,依托金融科技手段,老年群体财产托管与风险管理将向专业化、智能化和综合化方向发展。智能化体现在利用人工智能和大数据技术提高风险评估的准确性和投资决策的科学性,为老年人提供更加精准的服务方面。综合化表现为提供包括财产托管、法律税务咨询、遗产规划等在内的全方位服务。然而,这一领域也面临着诸多挑战,比如老年人对财产托管的认知和接受程度有待提高,需要加强金融知识普及教育;监管政策需要进一步完善,以规范金融机构的托管行为,保障老年人合法权益;金融机构面临着如何平衡风险管理与收益追求的难题,以及如何应对人口老龄化带来的巨大服务需求压力等问题。

2.跨界融合与产业创新

跨界融合对养老产业创新发展具有强大推动作用。从服务创新角度看,应融合多种产业资源,为老年人提供更加多样化、个性化的服务体验。例如,在养老社区中引入文化娱乐活动和旅游项目,丰富老年人的精神文化生活。从产业协同角度看,可以促进不同产业之间的资源共享和优势互补,提高产业整体效率。比如,金融科技为养老产业提供资金支持和风险管理工具，对医疗产业提供健康服务保障，共同构建一个完整的养老产业生态系统。同时，跨界融合还能激发新的商业模式和业务增长点，推动养老产业向高端化、智能化、可持续发展方向迈进。

实践中，金融科技与其他产业在养老产业中的跨界融合模式多样。从微观主体看，某金融科技公司与养老社区合作，推出基于区块链技术的养老服务积分系统，老年人在社区内的消费、参与活动等行为可获得积分，积分可用于兑换金融产品或养老服务。从产业融合视角看，医疗、房地产、文旅等产业都是金融科技赋能养老产业跨界融合的重要载体。与医疗产业融合，打造"金融科技＋医疗＋养老"模式，既可以推出医疗费用支付与金融保险相结合的产品，也可以通过金融科技手段实现医疗费用的便捷支付和医保报销结算，同时开发与健康管理相关的金融服务，包括但不限于根据健康数据提供保险费率优惠或健康奖励计划。与房地产产业融合，形成"金融科技＋房地产＋养老"模式，创新养老地产金融服务，如开展以房养老业务，利用金融科技评估房产价值、设计合理的反向抵押产品，为老年人提供稳定的养老资金流，同时结合智能家居技术提升养老社区的居住品质。与文化旅游产业融合，构建"金融科技＋文化旅游＋养老"模式，开发养老旅游金融产品，如旅游消费信贷、旅游保险等，通过金融科技平台整合旅游资源，为老年人提供个性化的养老旅游服务套餐。

**【拓展阅读】** **广东工行科技赋能智慧养老，大行助力银发经济**

在惠州市惠城区的"九如轩"长者饭堂，中午11点半左右，许多住在附近的老人已在点餐柜台前排起了队，通过刷脸"嘀"的一声便可点餐支付，支付时可实时领取当地民政局发放的5元餐费补贴。老人家这么"潮"的点餐方式，源于工商银行广东省分行与当地民政局联合开发的长者智慧饭堂系统，该系统打通了广东省居民社保验证、餐厅点餐以及金融支付等场景。

长者智慧饭堂项目是广东工行构建开放式银行，繁荣银发场景数字生态的一个缩影。近年来，该行积极谋划"金融＋养老"新篇章，通过创新产品、优化服务、构建生态等方式，为老年人提供更加全面、便捷的金融服务。

一、数字赋能为老人办"食"事

"从2022年8月开设至今，长者饭堂一直受到老人家的好评。"惠州市长者服务之家惠民九如康养中心主任许欣介绍，尤其是2023年4月份之后，政府的老年助餐补贴上线，饭堂的客流量随之暴涨。

人流量一多排队的时间就变久了，饭堂也一直为运营效率的问题而苦恼。这也是当前各地长者饭堂遇到的普遍问题，有的饭堂甚至采用的还是手写登记的方式领取助餐补贴。

接入工商银行与民政局联合打造的"企慧宝"智慧长者饭堂系统后，作为长者饭堂实际管理方的许欣感受颇深："老人家凭借电子社保卡、身份证进行一次身份验证，往后就餐，在刷脸机器前一站，便能够完成身份识别，系统自动帮助老人家申领助餐补贴，大大提升了饭堂的运营效率。"据悉，目前该饭堂已有大约1 200位老人进行了认证，老人在饭堂里的用餐体验较此前大为改观。

"人脸识别的录入简单，识别速度也很快，饭堂这边点餐排队比以前更有秩序了。"作为长者饭堂的常客，邝阿姨表示喜欢长者饭堂的环境，两年的时间里，她在饭堂结识了不少朋友。普通的一餐饭，因为简单便利，让邝阿姨感觉吃出了"幸福的味道"。

在长者智慧饭堂，除了"刷脸吃饭"，还有亲友充值、送餐上门等便捷服务。从管理需求来看，长者智慧饭堂实现就餐补贴权益的精准落实，民政部门可查看支付明细、补贴明细等，确保补贴资金发放真实性、准确性。目前，该系统已在惠州、中山、阳江、梅州等城市长者饭堂落地。

### 二、适老化服务让老人共享数字经济发展的成果

为让老年客户共享金融信息化发展的成果，广东工行加大线上服务渠道适老化改造，打造手机银行"幸福生活"版，提供服务界面大字体、远程办、同屏辅导、亲情托管等多种适老服务，使用起来更简便，帮助老年人跨越"数字鸿沟"。同时，主动发挥防线和关口作用，自主研发了该行第三代个人反欺诈系统，借助分布式流平台、实时大数据分析等前沿技术，通过智能风控筑牢安全防线，升级迭代账户防控工具，率先在全省实现通过实时监测手段对涉诈交易进行"精准拦截"，守好客户钱袋子。

在线下，广东工行着力提升老年客户到行获取金融服务的便利性，持续推进网点智能设备的适老化改造。该行在全省超八成网点配备了社保卡即时制卡设备，为老年客户提供新办卡、补换卡的"立等可取"服务，率先支持社保卡业务跨省通办，为随迁老人等新市民客户提供便利；考虑到广东地区老年客户群体中普通话普及程度不一，为解决排队叫号过程中可能出现的过号情况，通过技术改造，在广州、梅州等地推出了粤语、客家话方言排队叫号服务；适应老年客群支付习惯，在全省440多家老年客户较多的网点配置了具备存折功能的自动柜员机，满足老年人使用存折办理现金存取的习惯。

此外，为助力打造更为丰富的数字化养老场景，作为广东省社会保障卡居民服务"一卡通"应用平台的承建单位，广东工行积极推动社保卡在养老资金发放、养老文旅消费、养老保障等场景的应用。例如，推出长者商超消费场景，与省内知名超市实现对接，通过"一卡通"惠民消费应用支持省内退休人员和部分困难人群使用社保卡在超市的消费优惠；推出长者文旅优惠场景，通过一卡通平台与主要景区线上服务平台对接，实现长者刷社保卡享受长者优惠折扣。

资料来源：羊城晚报. 广东工行科技赋能智慧养老 大行助力银发经济［EB/OL］.［2024-09-12］. https://ep.ycwb.com/epaper/ycwb/html/2024-09-12/content_7_666917.htm. 内容有删改。

模块练习6-3

# 项目七
# 养老金融的风险管理

## 学习目标

### 【知识目标】

✓ 掌握养老金融风险的概念

✓ 了解养老金融风险的三大核心要素

✓ 熟悉养老金融风险的类别

✓ 掌握养老金融资产增值风险的应对策略

✓ 掌握养老金融服务可及性风险的应对策略

✓ 掌握养老金融欺诈风险的应对策略

✓ 掌握养老金体系可持续风险的应对策略

### 【技能目标】

✓ 能正确甄别养老风险类别

✓ 能够进行宏观、微观经济环境的分析和政策解读

✓ 能根据不同养老金融风险，提出应对策略

✓ 具备选择养老金融产品的能力

### 【素养目标】

✓ 通过学习养老金融风险的四种类型，让学生了解如何系统地分析和处理各种潜在风险，培养学生的风险意识和管理能力

✓ 通过对养老金融风险的应对策略的学习，培养学生的逻辑分析能力和独立思考能力

### 【思政目标】

✓ 培养风险意识与责任感。结合案例，让学生认识风险，增强保障养老资金安全责任感

✓ 树立正确价值观与职业道德。剖析风险类型，引导学生树立诚信、负责的职业道德观

✓ 增强社会担当与服务意识。探讨应对策略，培养学生关注社会，服务老年群体的意识

## 知识结构

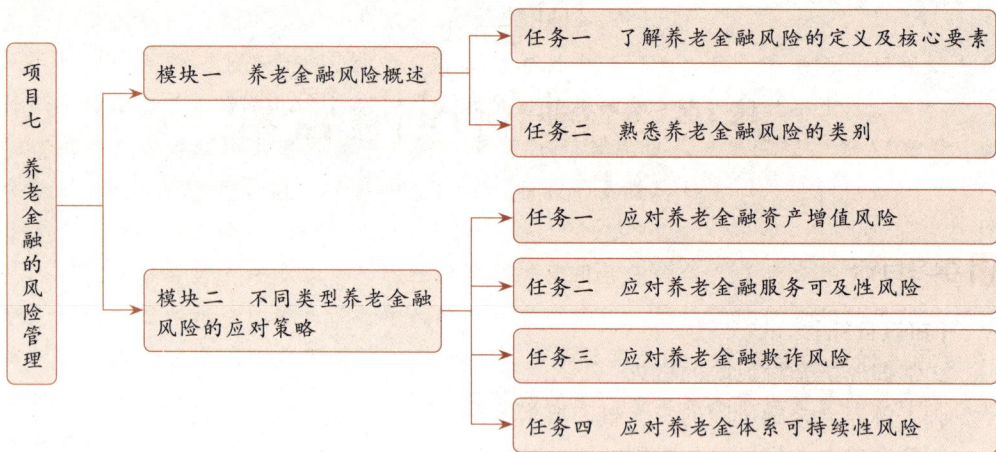

## 案例导读

随着我国人口老龄化进程加快，养老金融成为应对老龄化挑战的重要手段。然而，养老金融也面临着诸多风险。例如，某地曾发生过一起养老金融诈骗案，犯罪分子以高额回报为诱饵，诱导老年人投资所谓的"养老项目"，最终导致众多老年人的养老资金损失严重。这一案例凸显了养老金融领域存在的风险隐患，如市场风险、信用风险和操作风险等。

市场风险主要体现在养老金融产品的投资回报不稳定，受经济波动影响较大；

信用风险则源于金融机构或养老项目的信用状况不佳，可能导致资金无法按时收回；

操作风险涉及养老金融产品的设计、销售和管理过程中的失误。政策风险也是养老金融领域不可忽视的一个方面。养老金融的发展与国家政策密切相关，政策的变动往往会对养老金融市场产生重大影响。例如，某地曾出台了一项针对养老产业的税收优惠政策，吸引了大量投资者进入养老产业。然而，随着政策的调整，税收优惠力度逐渐减弱，甚至取消，导致一些养老产业项目资金链断裂，无法继续运营，投资者的养老资金因此受到损失。

此外，养老金融产品的复杂性和专业性也使得普通投资者难以准确评估风险，容易受到误导。投资者在参与养老金融投资时，必须提高风险意识，全面了解养老金融产品的特点和风险，谨慎选择投资渠道和产品，做好风险评估和分散投资，以保障自己的养老资金安全。同时，养老金融机构也应加强风险管理和内部控制，提高产品的适老性和透明度，为投资者提供更加安全、可靠、优质的养老金融服务。此外，加强养老金融风险教育，提高投资者的风险识别和防范能力，对于保障老年人的养老资金安全具有重要意义。

## ■ 项目概述

在养老金融活动中，因各类不确定因素的干扰，致使养老金融资产面临损失或无法达成预期收益的风险。它如同一把悬在养老金融头顶的达摩克利斯之剑，时刻威胁着老年人辛苦积攒的养老资金，关乎着他们晚年生活的安稳与质量。本项目聚焦于养老金融风险，旨在全方位剖析其内涵、类型，并为每一种风险量体裁衣，打造切实可行的应对之策，以期为养老金融的稳健发展保驾护航。通过本章节的学习，我们不仅可以明晰养老金融风险的定义与分类，还可以掌握针对各类风险的应对策略，为在养老金融领域稳健前行筑牢坚实根基。

# 模块一　养老金融风险概述

## 任务一　了解养老金融风险的定义及核心要素

### 【任务情景】

想象一下，老张满心欢喜地把养老金投进了一个"高大上"的养老项目，以为能在家数钱数到手抽筋。结果，项目方突然"跑路"，老张的钱也跟着"旅游"去了，只留下老张在风中凌乱，心里那个悔啊！这就是不识别养老金融风险的后果。但话说回来，如果老张当初能多留个心眼，查查项目方的资质，了解了解市场情况，或许就能避免这场"金融悲剧"了。

所以，识别养老金融风险，不仅是为了保住咱们的养老钱，更是为了咱们能安心享受晚年生活。

### 【知识平台】

养老金融风险特指影响老年人养老资金安全与生活质量的风险，与广义的金融风险相比，它更聚焦于养老领域，具有目标特定性和更直接的社会影响；而金融风险则涵盖所有金融活动中的不确定性。两者虽在不确定性及可能带来的财务损失上具有共性，但养老金融风险更关乎个体晚年福祉。识别养老金融风险至关重要，它不仅能保障老年人的资金安全，提升养老生活质量，还能有效维护社会稳定，减少因风险暴露引发的社会矛盾。

#### 一、养老金融风险的定义

养老金融风险是指为积极应对人口老龄化挑战，在围绕多元化养老需求开展的经济金融活动中，由于市场环境的不确定性、经营管理的复杂性以及参与主体的多样性等因素影响，导致养老金融资产遭受损失、养老金融服务无法有效供给、养老金融体系稳定性受到冲击，进而影响养老保障目标实现的可能性。养老金融风险涵盖了养老金融活动各个环节中可能出现的各类风险。

从养老金金融角度看，养老金融涉及养老金的筹集、投资运营和支付等环节，在这些过程中面临信用风险、市场风险、流动性风险等，可能造成养老资金的损失或无法按时足额支付养老金。例如，养老基金投资的债券发行方违约，导致基金资产受损；股票市场大幅下跌使养老基金投资收益锐减。

从养老服务金融视角看，适老化不足、欺诈风险等问题可能影响老年群体对金融服务的获取和使用，损害其利益。例如，金融机构网点减少且未充分考虑老年群体需求，导致老年人办理业务不便；养老金融产品设计复杂，信息披露不透明，使老年人难以理解和选择适合自己的产品，甚至遭受欺诈，造成经济损失。

从养老产业金融视角看，主要涉及融资风险、运营风险、市场风险和服务适配风险四大类。以融资风险为例，养老产业项目通常需要大量资金投入，而融资渠道有限、融资成本高昂，可能导致项目资金链断裂，影响项目的正常运营和老年人的服务质量。

此外，养老金融风险还体现在养老金融体系层面，如养老金体系可持续性风险，包括养老保险制度各支柱发展不平衡、人口结构变化导致缴费群体减少和领取人数增加等，可能使养老金制度面临财务困境，影响整个养老保障体系的稳定运行。

**二、养老金融风险的三大核心要素**

（一）人口老龄化背景与多元化养老需求

在积极应对人口老龄化的背景下，养老需求呈现多元化趋势，涵盖基本生活保障、医疗保健、长期护理及精神文化等多个方面。这一变化推动了养老金融的创新与发展，各类养老金融产品和多样化金融服务应运而生。然而，由于养老金融市场尚处发展完善阶段，新业务模式和产品可能因经验不足、市场适应性不强而面临风险。产品设计若未能精准匹配老年群体的风险承受能力和需求特点，将加剧风险暴露。同时，人口老龄化导致养老负担加重，对养老金融体系的可持续性提出更高要求，进一步增加了风险管理的复杂性和挑战性。

（二）经济金融活动与多重风险因素交织

养老金融风险存在于围绕养老需求开展的金融经济活动中，主要风险因素包括市场环境的不确定性、经营管理的复杂性和参与主体的多样性。市场环境的不确定性导致养老金融资产价值波动，如利率变动、通货膨胀和资产价格波动等，直接影响养老金的购买力和收益水平。经营管理复杂性可能引发金融机构在产品设计、销售、投资运营等环节的失误或违规操作，增加信用风险和操作风险。参与主体多样性导致利益诉求和行为差异显著，信息不对称问题突出，容易产生协调困难和道德风险。这些因素相互交织、共同作用，增加了养老金融活动的风险性和复杂性。

（三）养老金融风险承担与养老保障目标受阻

养老金融风险的后果表现为养老金融资产损失、养老金融服务供给不足、养老产业金融发展不充分以及养老金融体系稳定性受冲击，最终影响养老保障目标的实现。其中，资产损失直接减少养老金储备，降低养老金待遇水平，影响老年人的生活质量；服务供给不足导致老年人无法获得合适的金融产品和服务，削弱养老保障体系的有效性；养老产业发展滞后，弱化养老服务的有效供给；养老金融体系稳定性受冲击，则可能引发制度危机，使整个养老保障体系面临崩溃风险。

启智增慧 7-1

管理养老风险需要养老资产和养老金融服务

## 任务二 熟悉养老金融风险的类别

【任务情景】

随着个人养老金制度推进，截至2024年12月，我国公募基金产品扩容至284只，其中近半数产品自成立以来回报率为负，凸显养老金融领域市场风险。以某投资者为例，其选择了某养老FOF基金，然而该基金自成立以来表现不佳，收益率为负。与此同时，新纳入的85只指数基金表现亦呈现分化，部分增强指数型基金表现远落后于跟踪的基准指数。

此案例反映出个人养老金基金产品市场波动性大，投资者需谨慎选择。尽管公募基金正加快布局该领域，并与银行渠道对接，但银行方面更看重开户和缴存，对新增产品推荐兴趣较小。投资者在选择个人养老金产品时，应综合考虑费率、规模、业绩、年限和管理人等因素，以规避市场风险。

因此，养老金融领域市场风险不容忽视，投资者应提高风险意识，理性投资。

【知识平台】

识别不同养老风险类别，有助于个人、家庭、企业或政府全面了解养老过程中可能面临的各种挑战。从微观视角看，通过明确区分市场风险、长寿风险、健康风险等，可以更有针对性地制定养老规划，确保资金安全、增值，并应对潜在的医疗和生活成本上升。这种分类不仅增强了养老规划的全面性，还提高了其实用性和适应性，有助于实现更加稳健和可持续的养老生活。从宏观层面看，识别养老风险类别还有助于政府制定更精准的养老政策，优化养老资源配置，促进养老产业健康发展。同时，这也有助于社会稳定，减轻公共财政压力，确保社会养老体系的长期可持续性。

### 一、养老金融资产增值风险

养老资产的安全稳健是积累过程中的首要考量。在养老金融资产的保值增值过程中，面临多重风险挑战，需深入剖析并采取有效策略以应对。

（一）宏观经济与通胀风险

养老资产首先面临的是宏观经济环境变化带来的挑战。随着经济发展成熟，资金充裕导致平均资本收益率下降，加之宏观调控政策如降低存款利率以刺激消费，无风险利率中枢下行成为必然趋势，固定收益类养老金融资产的收益率逐渐走低。同时，通胀风险也不容忽视。货币贬值引发的物价上涨会削弱养老金的实际购买力，尽管近年来我国通胀率相对稳定，但经济发展环境的不确定性要求我们必须持续关注并治理通胀风险。

（二）长寿风险与投资风险

长寿风险是养老资产面临的另一大挑战。随着医疗条件改善、生活水平提高，人均寿命显著上升，这对养老体系构成了巨大支付压力。微观层面，个体死亡率的随机性导致老年储蓄可能不足；宏观层面，整体人均寿命上升加剧了养老体系的支付风险。此外，养老基金在投资与经营过程中还面临市场风险、信用风险、流动性风险和操作风险等多重挑战。其中，市场风险源于收益率的不确定性，信用风险则与养老金融产品发行机构的违约风险相关，流动性风险关乎短期内养老金支付或生活支出的满

启智增慧 7-2

基本养老金2035年耗尽？专家回应：误读，养老金可持续性有保障

足程度，而操作风险则源于信息不对称或委托代理问题导致的经营者行为不利于投资者。

## 二、养老金融服务可及性风险

### （一）金融产品普适性不足

金融产品的复杂性及其年龄限制，使得老年群体难以获取适合自身需求的养老金融产品。一方面，老年群体金融素养相对较低，难以理解复杂金融产品，容易购买超出风险承受能力的产品；另一方面，部分金融产品存在年龄限制，如个人养老金制度尚未覆盖已退休人群，导致这部分人群虽有旺盛的养老金融资产配置需求，却无法购买相应产品。这不仅限制了老年群体的金融选择，也可能引发潜在金融风险。

### （二）老年金融"数字鸿沟"

随着数字化技术的普及，老年群体在享受便捷金融服务的同时，也面临着"数字鸿沟"的挑战。由于认知能力下降、健康状况限制及技术应用能力不足等因素，老年群体对金融科技的安全性信任度低，对新兴事物的接受程度也较低。这导致他们难以充分认知和识别金融产品及服务，存在安全隐患。OECD的调查结果显示，金融"数字鸿沟"已成为造成老年群体金融排斥的最主要原因。

### （三）金融机构网点数字化转型导致的金融排斥现象

金融机构网点的数字化转型，在提高效率的同时，也加剧了老年群体的金融排斥现象。随着线上支付系统、手机银行等技术的普及，实体金融机构网点数量减少，老年群体办理金融业务的不便日益凸显。他们更倾向于线下面对面服务，以获取交易凭据和沟通机会。因此，金融机构在数字化转型过程中，应充分考虑老年群体的需求，提供线上线下相结合的金融服务模式。

## 三、养老金融欺诈风险

养老金融欺诈，作为针对老年群体的非法金融剥削行为，已成为一个不容忽视的社会问题。其不仅造成老年人财物损失，更对其心理健康和社会信任造成深远影响。

从表现形式看，养老金融欺诈主要呈现为两种：一是受信任者（如家庭成员、护理人员等）实施的欺诈，利用信息不对称或委托代理风险进行个人谋利；二是陌生人或欺诈团伙出于不当利益目的对老年人实施的欺诈，包括不知情情况下的欺诈性交易和知情但误信为合法交易的营销欺诈。《中国养老金融调查报告》（2022）的资料显示，尽管金融欺诈发生率有所下降，但随着老年人口规模增加，涉老金融欺诈风险管理仍至关重要。

从形成原因看，老年群体之所以更易成为金融欺诈的目标，主要源于个人和社会因素的共同作用。情绪选择动机导致老年人更关注潜在的积极回报，忽视欺诈信息；过度信任他人则使他们在决策时优先考虑熟悉对象，增加受骗风险；心理脆弱性与孤独感则使其社交需求满足度低，独居的老年人更易成为骗子的目标。这些心理因素不仅揭示了老年群体的脆弱性，也提示我们在预防金融欺诈时，需关注其心理健康和社会支持网络。

## 四、养老金体系可持续性风险

国际发展经验表明，多层次化、多支柱化是养老保险制度顶层设计的核心。然

而，目前我国多层次养老保险体系发展的效果与目标预期尚存在较大差距，存在第一支柱"一支独大"，第二、三支柱发展滞后的现象，这种各支柱发展显著不平衡现象直接制约了制度的可持续性。具体表现形式如下：

一是基本养老保险运行负担重。在城镇职工基本养老保险内部，存在支出压力加剧、制度"碎片化"程度高、区域发展不平衡、全国统筹效果不佳、缴费年限较短、基金市场化运行规模小等问题。一方面，人口结构、就业形势变化等因素导致城镇职工基本养老保险缴费群体减小；另一方面，随着"婴儿潮"一代步入退休年龄，养老金领取人数攀升，现收现付的制度设计不具备可持续性。在城乡居民基本养老保险内部，存在过度依赖财政补贴、参保积极性不足、缴费额偏低、待遇水平偏低、账户收益低等问题，导致其与城镇职工基本养老保险并轨困难度高，给政府带来的财政压力过大。

二是企业年金内生动力机制不健全。多年以来，企业年金制度定位偏差、制度门槛较高、就业形态变化等因素导致企业年金推广并未取得显著成效，仍呈现民营企业参保率低的现象。

三是第三支柱发展尚处于初级阶段，个人养老金制度虽已全面实施，但是目前的制度设计中缴费激励机制不完善，产品类别较少，市场接受程度有待提升。

**【拓展阅读】** 上海助力老年人跨越数字鸿沟的案例

随着科技的飞速发展，数字化生活已经渗透到我们生活的方方面面。然而，对于许多老年人来说，这些现代化的科技工具却成为了一道难以逾越的鸿沟。在上海市，这一问题尤为突出。作为老龄化程度较高的大型城市，上海市老年人口数量持续攀升，截至去年末，老年人口占比已达37.4%。为了帮助老年人更好地适应数字生活，上海市在多个领域进行了积极探索。

### 一、老年人在数字生活中的困境

操作困难：许多老年人对智能设备的操作并不熟悉，智能手机、平板电脑等对他们来说如同"黑盒子"。支付软件、出行导航等应用更是他们的使用盲区。

网络知识不足：连接Wi-Fi、使用搜索引擎、参与在线交流等基本技能，对年轻人来说轻而易举，但对老年人来说却是巨大的挑战。

安全意识薄弱：老年人在网络空间的安全意识相对薄弱，个人信息保护能力不足，容易成为网络诈骗分子的目标。

社会孤立感增加：不会使用电子产品，使老年人在社会上的孤立感增强，特别是在医疗健康领域，如在线预约挂号、远程医疗服务等，对老年人来说更是难上加难。

### 二、上海市的应对措施

数字技能培训：上海市委网信办联合各部门、各区、各级全民数字素养与技能培训基地，针对老年群体开展了形式多样的数字技能培训活动。这些活动不仅教授了老年人如何使用智能手机、电脑等设备，还提高了他们的信息安全意识。

"长者数字生活工作坊"：上海市黄浦区在2022年成立了全市首家"长者数字生活工作坊"，通过设置数字互动体验项目，让老年人逐步适应数字化场景。目前，全市已有33家工作坊，覆盖16个区。

"智暖银龄"大学生志愿者服务团队：上海组建了这支志愿者服务团队，并开设互动助老课程，为老年人提供更多的数字学习机会。

短视频大赛：上海市委网信办发起"老友数申活"第二届上海老年人短视频大赛活动，鼓励老年人积极学习数字技能，并通过短视频分享他们的数字生活。

老年大学课程：上海的老年大学推出了26门智能技术应用课程，如AI应用、数字旅游、数字购物等，激发了老年人对现代科技的热情与好奇心。

### 三、成效与启示

经过这些努力，许多老年人已经能够熟练使用智能设备，享受数字生活带来的便利。同时，这些措施也提高了老年人的信息安全意识，降低了他们受骗的风险。这一案例启示我们，要消除数字鸿沟，让老年人共享数字生活，需要全社会的共同努力。政府、企业、社区、学校等各方都应积极行动起来，为老年人提供更多的数字学习机会和资源。

资料来源：作者根据公开资料整理。

模块练习7-1

## 模块二　不同类型养老金融风险的应对策略

### 任务一　应对养老金融资产增值风险

#### 【任务情景】

老李辛苦一生，积攒了一笔养老金。他本指望这笔钱能在退休后带来稳定收益，安享晚年。然而，他选择的养老金融产品收益率持续低迷，远远低于通货膨胀率。几年下来，老李发现，尽管养老金数额看似没少，但实际购买力已大打折扣。面对日益增长的生活开支和医疗需求，老李的养老金出现了明显的收支缺口，生活质量大打折扣。

这一案例生动揭示了养老金资产增值的风险。在利率下行、养老金收益率偏低的环境下，养老金的实际购买力可能不断缩水，导致养老生活面临经济压力。因此，合理规划养老金投资，选择稳健且收益相对较高的投资渠道，对于保障晚年生活质量至关重要。

#### 【知识平台】

养老金是老年人生活的重要经济来源。随着人口老龄化进程加快，养老金的安全与增值直接关系到老年人的生活质量和社会稳定。面对市场波动、利率变化、通货膨胀等不确定因素，养老金融资产面临着贬值和损失的风险。若不能有效应对这些风险，老年人的经济状况可能陷入困境，甚至影响到基本生活需求。因此，积极应对养老金融资产增值风险，不仅关乎个人的养老保障，也是社会稳定和谐的重要保障。通过合理配置资产、选择稳健的投资方式、提高风险意识等措施，可以有效降低风险，保障养老金的安全与增值，为老年人创造更加稳定和舒适的生活环境。

启智增慧7-6

养老金第三支柱，如何立起？

### 一、推动养老金三支柱保障体系的均衡发展

推动养老金三支柱保障体系的均衡发展、实现养老金保值增值是一项复杂而长期的系统工程，这需要制度优化、市场参与、协同联动等多维度策略实施，才能逐步破解当前困境，构建起稳固、高效的养老金保障网络。

（一）制度优化

第一支柱建设方面，要完善养老金待遇调整机制，建立与物价指数、工资增长挂钩的动态调整公式，确保养老金实际购买力不下降。同时，拓宽投资渠道，在严控风险前提下，允许一定比例资金投向优质基础设施项目、产业基金等，提升资产长期回报率。例如，借鉴国外经验，通过公私合营模式参与交通、能源项目，分享项目运营收益。此外，要继续扩大养老金制度的覆盖面，将更多的劳动者纳入养老金保障体系。特别是要关注中小企业、灵活就业人员等群体的参保情况，确保他们也能享受到养老金制度的保障。

第二支柱建设方面，要加大对中小企业年金计划的扶持力度，设立专项补贴资金，降低企业参与门槛。同时，简化年金方案报备流程，提高审批效率。完善年金转移接续制度，解决员工流动顾虑，保障其年金权益连续性并加强对年金管理机构的监管，建立统一的绩效评估标准，促使其提升投资管理水平。

第三支柱建设方面，要通过优化税收激励政策、提升产品收益水平、提高服务可及性以及健全监督制度等方面持续完善个人养老金制度，不断提升制度参与率和群体覆盖面。同时，要加快个人商业养老保险立法进程，明确保险机构、投保人各方权利义务；设计多元化产品体系，推出具有长期稳健收益、兼顾风险保障功能的变额年金、万能险等产品。

（二）市场参与

从金融机构视角看，银行要发挥客户资源优势，为养老金客户提供一站式综合金融服务，包括账户管理、理财规划等。开发专属养老金理财产品，利用其稳健投资风格，为养老金资产保值增值助力。证券公司要拓展资产证券化业务，将养老金投资与资产支持证券相结合，盘活养老资产，提高流动性与收益性。保险公司要强化精算能力，精准定价个人商业养老保险产品，优化核保理赔流程，提升服务质量。基金公司要创新养老目标基金，运用量化投资、多资产配置策略，为不同风险偏好投资者提供个性化解决方案。

从金融市场视角看，要培育长期投资理念，完善上市公司分红制度，吸引养老金长期投资优质股票，分享企业成长红利。同时，要加强资本市场基础设施建设，提高市场透明度、降低交易成本，为养老金投资营造良好环境。例如，建立统一的养老金投资信息平台，实时披露资产配置、收益情况等信息，增强投资者信心。

（三）协同联动

一方面，建立养老金三支柱信息共享机制，实现数据互联互通，便于参保人统筹管理自身养老资产。推动不同支柱产品融合创新，如开发连接第一、三支柱的混合型养老产品，整合基本养老保险的稳定性与个人商业养老保险的灵活性。鼓励企业年金与个人商业养老保险协同发展，企业为员工购买补充商业养老保险提供补贴，形成叠

加效应。另一方面，进一步明晰政府、企业和居民三方面的角色定位，政府发挥主导作用，制定宏观政策引导养老金体系发展；企业承担社会责任，积极参与年金计划，为员工养老福利添砖加瓦；居民增强自我养老意识，主动规划个人养老资金，合理配置第三支柱产品。通过三方协同，形成全社会共同关注、推动养老金保值增值的良好氛围。

启智增慧 7-7

养老金资产如何配置和管理？这些配置策略有哪些风险和收益？

## 二、推动养老金资产多元化配置

推动养老金资产多元化配置，需要政策引导、市场参与与风险管理多管齐下。只有打破传统配置束缚，探索多元创新路径，构建全方位、多层次投资体系，才能有望在复杂多变的经济浪潮中保障养老金稳健增值，为社会养老事业提供坚实物质支撑。

### （一）资产类别多元化

一方面，要拓展另类资产领域。适度增加对基础设施项目的投资，如参与城市轨道交通、清洁能源发电等项目建设。这类项目通常具有稳定的现金流回报，与宏观经济周期相关性较低，能有效抵御经济衰退风险，为养老金带来长期稳定收益。例如，养老金投资于污水处理设施建设，通过收取污水处理费获得持续收益，且在环保产业政策扶持下，资产增值潜力可观。另一方面，深化金融衍生品运用，探索期权在养老金投资中的应用，同时布局新兴产业投资，尝试聚焦人工智能、生物医药、新能源汽车等前沿领域，通过风险投资基金、产业基金间接参股初创企业或直接投资上市科技公司。尽管这些领域风险较高，但成长潜力巨大，早期介入有望获取高额回报，为养老金资产注入创新活力，实现跨代际的价值增长。

### （二）地域布局多元化

一方面，要放眼全球资产配置，突破国内市场局限，将一定比例资金投向海外成熟资本市场，如欧洲、美国、日本等。这些地区汇聚全球顶尖企业，金融市场发达，资产类别丰富。同时，关注新兴经济体市场，如印度、东南亚等国家，其高速发展带来的投资机会可提升组合收益，利用不同国家经济周期差异平滑收益波动。另一方面，创新跨境投资模式，除传统 QDII（合格境内机构投资者）模式外，探索与国际知名投资机构合作设立联合投资基金，借助对方专业优势、本土资源深入挖掘海外优质项目，参与跨境并购基金，投资具有全球竞争力的企业整合项目，提升养老金国际影响力与资产增值空间。

### （三）投资主体多元化

要强化金融机构协同，充分发挥银行、证券、保险、基金等金融机构的差异化优势。银行凭借庞大客户基础、稳健资金管理优势，可为养老金提供定制化现金管理服务；证券公司发挥专业投研能力，挖掘优质资产，设计创新投资策略；保险公司利用精算技术优化资产负债匹配，开发兼具保障与投资功能产品；基金公司运用多资产配置模型打造养老目标基金。构建金融机构协同生态，实现资源共享、优势互补，为养老金多元化配置赋能。此外，要积极引入社会资本合作，鼓励养老金与企业、私募股权投资机构等合作。一方面，企业在产业领域深耕，了解行业动态，与养老金合作可精准投资上下游产业链项目；另一方面，私募股权投资机构擅长发现未上市企业潜力，联合投资能拓展养老金投资边界，挖掘高成长投资机会，加速资产增值进程。

（四）风险管理专业化

要构建动态风险评估体系，在传统静态风险指标监测的优势下，采用实时跟踪资产价格、波动率、相关性等动态数据的评估系统。结合宏观经济指标、政策动向预测市场变化，提前调整资产配置。例如，当监测到货币政策转向紧缩，及时降低债券久期、增加现金储备，防范利率上升风险。此外，要积极谋划应急处置预案，针对极端市场事件，如全球性金融危机、重大疫情冲击，制定详细应急处置预案：明确在市场暴跌时的止损策略、流动性管理方案以及资产再平衡时机，确保养老金资产在危机中平稳过渡，守住保值增值底线。

### 三、加强风险管理意识和知识学习

加强风险管理意识和知识学习，对于养老金保值增值至关重要。通过构建全方位教育普及体系、联动实践深化与案例教学、借助技术赋能、塑造风险文化，有望全面提升养老金参与者的风险管理能力。

（一）风险意识的分层培养

面向广大普通养老金投资者，社区与金融机构应紧密协作，构建起扎实的金融知识普及网络。比如，社区凭借其贴近群众生活的地缘优势，定期举办深入浅出的金融知识讲座，生动形象地讲解常见的通货膨胀风险、市场波动风险以及它们对养老金购买力和资产价值的深远影响。同时，传授实用的基本投资原则，如分散投资的必要性、长期投资的价值等。金融机构则应在营业网点设立专门的养老金融咨询服务台，配备专业人员，为前来咨询的投资者提供一对一的贴心服务，解答他们在养老金投资过程中遇到的困惑，助力他们迈出风险管理的第一步。

针对养老金融领域的专业管理人员，高校和行业协会肩负重任。高校应开设系统全面的高级研修课程，涵盖复杂投资模型的深度解析、国际前沿风险管理经验的分享以及实战案例的精细剖析，邀请国内外顶尖学者、资深行业专家授课，从理论高度到实践操作全方位提升学员的专业素养。行业协会要组织定期的专业培训研讨会，聚焦最新行业动态、监管政策解读以及实战技巧分享，为专业人员提供持续学习、交流的平台，促使他们紧跟时代步伐，不断优化风险管理策略。

（二）风险事件的多维宣传

一方面，借助大数据、人工智能技术的力量，构建养老金风险预警系统。通过实时监测海量的宏观经济数据，如 GDP 增长率、通货膨胀率、货币政策走向；金融市场指标，如股票指数涨跌、债券收益率曲线变化、汇率波动；行业动态，如行业竞争格局调整、新技术突破对产业的影响等信息，运用先进的机器学习算法进行深度分析，预测未来风险趋势。

另一方面，广泛收集整理国内外养老金融风险管理的经典案例，精心编写成案例集并向社会公开。正面案例如挪威政府养老基金全球的卓越成就，它凭借科学的多元化资产配置策略，涉足全球股票、债券、房地产、新兴产业等多个领域，在长期发展中不仅成功抵御各种市场风险，还实现了资产的稳健增值，向投资者展示了长期战略与多元化投资的无穷魅力；反面案例则聚焦如 2008 年金融危机中部分养老金因过度冒险、资产配置失衡而遭受重创的惨痛教训，深入分析其决策失误的根源，从盲目跟风投资次级债券到忽视风险预警信号等各个环节，让学习者从他人的失败中汲取深刻教训，时刻警醒自己，强化风险防范意识。

## 任务二　应对养老金融服务可及性风险

### 【任务情景】

李奶奶退休后，想用自己多年的积蓄购买一些理财产品来增加收入。然而，当她走进银行时，发现大部分理财产品都是针对年轻人的，投资门槛高、风险也大，对于追求稳健收益的老年人来说并不合适。她尝试咨询是否有专门针对老年人的理财产品，但得到的答复却是这类产品很少，且收益并不高。李奶奶的遭遇并非个例，许多老年人在金融市场上都面临着同样的困境。金融机构往往忽视了老年群体的特殊需求，缺乏针对他们的理财产品。这不仅限制了老年人的投资选择，也让他们在金融市场上感到被边缘化。

此案例启示我们，金融机构应更加关注老年客群的需求，推出更多适合他们的理财产品，让老年人也能在金融市场上找到属于自己的位置。

### 【知识平台】

应对养老金融服务可及性风险至关重要，因为它直接关系到老年群体的生活质量与福祉。从金融服务的适应性角度看，要确保服务能够贴合老年人的实际需求，如提供简单易懂的金融产品和便捷的操作流程，提升老年人金融参与度。在竞争力方面，优化养老金融服务能够增强金融机构对老年客群的吸引力，促进市场竞争，推动金融创新与服务的持续改进。而普惠性则强调金融服务应广泛覆盖所有老年人，无论其地域、经济状况如何，都能平等、便捷地获取必要的养老金融服务，这对于缩小数字鸿沟、促进社会和谐具有重要意义。因此，应对养老金融服务可及性风险，不仅是对老年人权益的保障，也是推动金融服务全面升级、实现金融包容性增长的重要途径。

### 一、丰富产品供给，契合多元需求

考虑到老年人生活场景复杂多样，单一功能金融产品难以满足需求，因此金融创新应聚焦多元化需求，设计集多种功能于一体的产品。比如，推出养老与长期护理险联动计划，年轻时按一定周期缴费，养老金账户稳步积累；年老后若遭遇失能、半失能状况，自动触发长期护理险赔付，护理金按时到账，实现经济保障与健康护理无缝对接，一站式化解养老后顾之忧。

由于不同老人家庭经济状况、健康水平、人生规划各异，提升聚焦银发客群金融产品供给的精准性是提升金融服务竞争力和适应性的重要路径。对于高收入且身体康健的老人，推出高端养老社区投资份额，让他们提前锁定优质养老资源，享受品质晚年；面向普通家庭老人，开发收益稳健、流动性适中的理财产品，兼顾日常开销与财富增值；针对子女有留学、移民需求的家庭，量身定制外币养老储蓄、海外投资顾问服务，满足跨境养老资金规划，全方位覆盖不同层次养老梦想。

此外，拓宽养老居住资金解决方案，同样是养老金融产品创新的重要突破口。相关数据显示，房屋等有形资产占家庭资产配置的比例在60%以上，在当前我国未富先老、未备先老的大背景下，立足老年权益保护和风险管理，推动住房资产向金融资产转换，进而提升银发客群的养老储备和支付能力，具有广阔的市场空间。

### 二、优化区域布局，弥合城乡差距

农村地区养老金融服务滞后，根源在于基础金融设施薄弱。应加大政策扶持力度，通过财政补贴、税收优惠等手段，激励金融机构深入偏远农村增设金融服务站，为农村养老金融服务搭建起基础网络，让金融服务扎根基层，惠及更广阔的农村老年群体。与此同时，随着农村网络普及加速，推广适老化移动金融应用正当其时。金融机构要精准洞察老年人的视觉、操作特性，量身定制手机银行 App。比如，界面字体字号变大、精简操作流程，让老人仅凭简单的触摸、滑动就能完成转账、缴费等常规业务。针对部分村镇金融机构，要借助农村熟人社会的特性，利用集市、庙会、村委会集会等热闹场景，组织现场培训活动，积极宣传并展示手机银行等线上金融服务的便捷性，助力打破城乡数字壁垒，打通养老金融服务城乡区域的"最后一公里"。

此外，针对经济欠发达地区养老金融服务短板，构建区域协同帮扶机制尤为关键。发达地区金融机构凭借先进的产品研发经验、成熟的服务管理模式，与欠发达地区同行结对共建。可以通过定期互派人员交流学习、共享优质金融产品设计方案等方式，带动欠发达地区养老金融服务水平提升。例如，东部地区金融机构协助西部某县优化养老金理财产品结构，使其更贴合当地老人风险承受能力与收益预期，逐步缩小区域差距，让各地老人沐浴同等温暖的金融阳光。

### 三、聚焦弱势群体，保障公平获取

由于失能半失能老人外出困难，金融服务需求极易被忽视，因此金融机构要主动作为，建立常态化上门服务机制。比如，定期安排专业人员携带便携移动设备，走进养老院、老人家中，为他们办理账户激活、密码重置、业务咨询等服务。同时，与养老护理机构深度合作，在院内设立金融服务站，配备专人值守，让老人足不出户就能一站式解决金融需求，确保身体不便不再成为享受金融服务的阻碍。同时，考虑到部分老年人文化程度不高、金融素养欠缺，面对复杂金融产品望洋兴叹等问题，社区、金融机构、公益组织应携手共进，送教上门。比如，开展金融知识讲座，用生活中柴米油盐的开销、物价涨跌的实例，深入浅出地讲解储蓄、保险、投资的基本原理与利弊；制作图文并茂的漫画、生动有趣的短视频，借助社区公告栏、老年活动中心、社交媒体等多渠道反复传播，逐步提升老人金融认知水平，为他们参与养老金融服务注入信心与底气。

## 任务三　应对养老金融欺诈风险

### 【任务情景】

张大爷是一位退休教师，辛苦了大半辈子，终于攒下了一笔不小的积蓄。为了能让自己的晚年生活更加舒适，他开始关注各种养老金融产品。某天，他偶然接触到一款号称"高额回报、零风险"的养老金融产品，销售人员热情洋溢的介绍，让他心动不已。起初，张大爷还有些犹豫，但看到每月都能收到可观的利息，他逐渐放松了警惕。然而，好景不长，这家公司突然宣布倒闭，张大爷的本金也血本无归。他这才意识到，自己可能陷入了非法集资的陷阱。

面对养老金融风险，张大爷的教训深刻。首先，选择养老金融产品时，应优先选择信誉良好的银行和保险公司，避免盲目追求高收益。其次，详细阅读合同条款，了解产品特性和风险等级。而且，投资前要进行充分的市场调研，多方了解产品信息和公司背景，避免陷入非法集资的陷阱。

张大爷的故事告诉我们，养老金融风险管理需谨慎。通过正规渠道投资，增强风险意识，才能确保养老资金的安全，享受安稳的晚年生活。

【知识平台】

应对养老金融欺诈风险至关重要，它不仅关乎金融体系的稳定与安全，而且能防止大量老年人辛苦积累的养老资金被不法分子非法侵占。信任危机和系统性金融风险的累积深刻影响着社会的和谐与稳定，因为养老金融欺诈直接侵害了老年人的权益，容易引发社会不满情绪，破坏社会公平正义，影响代际信任与社会凝聚力。因此，有效防范和应对此类风险，是维护金融市场秩序、保障民生福祉、促进社会长期稳定发展的必然要求。

## 一、强化金融监管，加大惩戒力度

科技赋能精准监管。随着养老金融产品与服务不断创新，传统监管手段渐显乏力，因此需要引入金融监管科技来强化金融监管的时效性、精准性。一方面，通过大数据对海量金融交易数据深度挖掘，实时监测资金流向，精准捕捉异常波动。例如，若发现某养老账户短期内频繁向多个陌生账户转出大额资金，且涉及高风险投资领域，系统立即发出预警，监管部门及时介入核查。另一方面，利用人工智能算法对养老金融产品宣传文案、销售话术进行智能筛查，精准识别夸大收益、虚假承诺等误导性表述，将欺诈隐患扼杀于萌芽状态。

跨部门协同监管。由于养老金融涉及银行、证券、保险等多元领域，单一监管部门难免顾此失彼，因此迫切需要构建多部门联动协同监管机制。央行、金融监管总局、证监会等应打破部门壁垒，定期召开联席会议，共享监管信息，统一执法尺度。在查处复杂跨领域养老金融欺诈案件时，各部门依据职责分工紧密配合，迅速冻结涉案资金，防止资金外流；吊销违规金融机构从业资质，斩断欺诈链条；联合发布风险提示，警示公众防范风险，形成强大监管合力。

完善法律惩戒机制。考虑到当前养老金融欺诈相关法律存在部分模糊地带，应加快立法完善进程，明确欺诈行为界定标准，区分不同程度欺诈量刑尺度。比如，根据涉案金额、欺诈手段恶劣程度细化刑罚，使法律更具操作性，精准打击各类欺诈行径。此外，要加大惩戒力度。针对养老金融欺诈犯罪，应提高违法成本。可探索公开审判典型案例，通过媒体广泛报道，发挥警示震慑作用。

## 二、优化金融机构服务流程

动态升级身份核验。金融机构作为养老金融服务的直接提供者，在客户身份识别环节必须筑牢身份核验的第一道防线。在为老人办理业务时，除严格查验身份证件等常规操作外，要加大生物识别技术应用力度，如人脸识别、指纹识别，确保业务办理人员确为本人。同时，深入了解老人资金来源、理财目标与风险承受能力，构建客户画像。对于大额资金异常变动、投资产品与风险偏好严重不符的情况，及时主动联系老人及其家属核实确认，杜绝欺诈分子冒名顶替、误导操作。

规范销售全流程。严谨规范的销售流程是保障老人合法权益的关键。金融机构应制定详细、清晰的养老金融产品销售规范，要求销售人员如实、全面揭示产品风险与收益特征，摒弃模糊表述与误导性话术。同时，在销售过程中全程录音录像，确保每一个环节可追溯，为后续纠纷处理提供有力证据。定期对销售人员进行专业培训与职业道德教育，提升服务水平与诚信意识。

### 三、推动社会共治

全民举报动员。公众监督是打击养老金融欺诈的有力武器。可以设立养老金融欺诈举报奖励专项基金，激发社会公众参与热情。无论是普通市民、金融从业者还是社区志愿者，只要发现可疑养老金融欺诈线索，均可通过电话、网络平台、手机 App 等便捷渠道举报。一经查实，给予举报人相应物质奖励。同时，加强对举报人的保护，确保信息安全，营造全民反诈、人人参与的浓厚社会氛围。

强化行业自律。养老金融领域的相关行业协会应发挥引领示范作用，制定严格自律公约。约束会员单位依法合规经营，杜绝不正当竞争与欺诈行为。定期组织会员单位开展自查自纠活动，对违规单位内部通报批评、责令整改，情节严重的取消行业评优资格。通过行业内部自我约束、自我净化，推动养老金融行业健康有序发展。

### 四、提升老人防范意识

老人由于认知特点与信息获取渠道有限，易成为诈骗分子的目标。社区、老年大学等应联合金融机构，为老人量身定制反诈课程。深入挖掘本地真实发生的养老金融欺诈案例，以故事讲述、情景再现等通俗易懂的方式，剖析"保健品投资骗局""以房养老陷阱"等常见作案手法。现场设置互动环节，手把手教老人如何查看金融机构资质、核实销售人员从业资格，以及如何通过官方渠道查询产品信息，切实增强老人防骗实战技能。

**【拓展阅读】 荔浦农商银行成功拦截多起针对老年群体的电信诈骗**

面对当前新型网络诈骗案件高发态势，荔浦农商银行充分发挥银行网点"第一道防线"作用，加强员工内部培训，提升厅堂员工反诈意识，为守住客户的财产安全贡献力量。近日，荔浦农商银行成功拦截多起针对老年群体的电信诈骗，有效保障了客户的资金安全。

日前，两位老人急匆匆地来到荔桂支行，要求提前支取定期存款6万元，并要带走3万元现金，其余的钱存入活期存折。柜员在查看客户资料后严格执行"三必问"工作机制，耐心询问客户取款用途，客户回答要给女儿治病用。柜员继续询问其女儿病情及住院情况，客户告知其女儿已经住院两年多了，现在在鹿寨县人民医院治疗，目前病情刚有好转，所以想取钱继续给她治病。柜员在了解情况后并没有放松警惕，请老人提供家人联系电话核实情况，客户随后提供了其孙女婿的电话号码，柜员询问其孙女婿是否知道他们取钱为女儿治病的事，老人表示取钱是为了在网上买药为女儿进行治疗，其孙女婿并不知情。

听到"在网上买药"这句话，主管会计马上意识到客户可能陷入诈骗陷阱，当即示意柜员联系客户孙女婿，自己则去跟老人继续核实情况。主管会计经老人同意，查看了其近期的微信聊天记录，发现老人加入了一个名为"康养学习群"的微信群，群里的聊天记录多是"病友"分享的"成功案例"及学习视频，老人深信群里推荐的产品是值得信赖的国药准字号药品，并已在群里预购下单，需要立即取29 800元现金到快递公司付款取货。

会计意识到老人肯定是为女儿治病心切被洗脑了，于是以帮其把关核实为由请他们到一旁休息，并马上为其在网上搜索相关药品的记录信息，发现该药品并没有在国药准字号里，在各大网站也没有在售的记录。将查询情况告知两位老人，会计向其列举近来老年人受骗的事例进行反诈宣传，老爷爷这才意识到自己受骗了，但是老奶奶还是想尝试一下，会计继续做老奶奶的思想工作。此时，老人孙女打来电话，告知银行工作人员不要给老人取款，她们已经在赶来的路上了。14：53分，其孙女和孙女婿赶到网点，合力对老奶奶进行劝说，最终老奶奶放弃取款，打电话给物流拒绝收件，并跟随其家人离开，银行成功为老人挽回29 800元损失。这样成功的案例近日还先后在该行青山支行和青山街分理处上演过，并为老百姓挽回5 000元和20 000元的损失。

一直以来，荔浦农商银行深入规范柜面操作，不断提高全员风险防范意识和服务意识，积极打击治理电信诈骗，针对不同人群开展反电诈知识宣传，特别是针对"一老一小一新"等重点人群加强柜面防线，多次成功堵截各类电信诈骗案件，严厉打击了电信诈骗活动，切实为百姓筑牢"防火墙"，守好"钱袋子"。

资料来源：桂林市银行业协会. 荔浦农商银行成功拦截多起针对老年群体的电信诈骗［EB/OL］. ［2024-12-04］. https://mp.weixin.qq.com/s?　_biz=MzIwNjU4NDM5Mw==&mid=2247536697&idx=3&sn=119ace24eb0aeb9b14d16560a3f15900&chksm=9694daf51fafcdb41d6923f5c90c4b377f679dad378dab3d6ff4d4e1cbda78eb840c9d5e20e5&scene=27.

## 任务四　应对养老金体系可持续性风险

### 【任务情景】

李明是一名刚入职场不久的年轻人，在得知一位工龄37年的职工每月退休金为5 527元后，他开始担心自己未来的养老金不足。李明意识到，随着经济下行、物价上涨、工资停滞，未来能够拥有37年工龄的人可能会越来越少，而养老金的计算方式和发放标准也在不断变化。他开始思考，自己辛苦缴纳的养老保险是否能够得到足够的回报。

李明参加了一个关于养老金制度的讨论会，了解到养老金制度是一个动态调整的过程，随着经济社会的发展，养老金的计算方式和发放标准也在不断完善。他意识到，养老金问题不仅关系到个人的晚年生活，也折射出一个国家的经济发展水平和社会保障体系的完善程度。李明决定更加珍惜自己的工作，努力提升自己的技能，并学习更多关于理财和保险的知识，为自己的未来做好准备。

【知识平台】

养老金体系可持续性风险的重要性不容忽视，它直接关系到金融稳定与社会和谐。一旦养老金体系出现支付危机，不仅会引发金融市场动荡，影响投资者信心，还可能因养老金待遇无法满足退休人员基本生活需求而引发广泛社会不满，加剧社会矛盾。此外，养老金体系的可持续性也是保障劳动力市场健康运行的关键因素，它影响年轻一代对社会保障制度的信任度和参保积极性，进而影响整个社会的经济发展潜力与稳定。因此，确保养老金体系的长期可持续性，是维护金融稳定、促进社会和谐、保障民生福祉的重要基石。

## 一、强化三支柱体系建设

稳固第一支柱基本养老保险。基本养老保险作为养老金体系稳健运行的"压舱石"，需要持续强化其保障功能。一方面，在缴费机制上精心优化，充分考量不同收入群体的实际承受能力，量身定制弹性缴费档次。另一方面，对待遇计发方式展开科学调整，将物价波动、工资增长态势以及人口预期寿命等关键因素统筹纳入考量范畴。通过这种方式，确保养老金待遇既能稳稳兜住老年人的基本生活底线，又能巧妙兼顾基金长期的收支平衡大局。

壮大第二支柱年金保险。政府应当巧妙运用税收优惠、财政补贴等政策杠杆，充分撬动企业参与年金计划的热情。一方面，降低企业设立年金计划的门槛，同时将手续流程化繁为简，针对中小企业面临的困境给予专项扶持，积极鼓励它们联合建立年金计划，全方位扩大覆盖范围；另一方面，精准引导年金管理机构持续提升专业水准，勇于创新投资策略。在严守风险防控底线的前提下，全力提高资产增值效率，为职工退休后的美好生活增添保障防线。

提高第三支柱个人养老金制度的覆盖面和参与率。一方面，强化政策宣传引导，利用线上新媒体、线下社区宣传等多种渠道，普及个人养老金重要性，提升民众认知。另一方面，简化参保流程，减少烦琐手续。加速推动产品创新进程，设计多元化、个性化兼具的个人养老金金融产品，不仅推出收益稳健的储蓄型产品，满足保守投资者；还应开发与新兴产业挂钩的成长型产品，为风险偏好者提供选择，吸引不同群体参与。

## 二、推动经济协同，激发内生动力

助力老年产业崛起：政府要充分发挥引导者角色，出台一系列扶持政策，为老年产业发展一路"开绿灯"。在财政层面，慷慨给予老年护理、康复医疗、老年文娱等重点领域的项目充足补贴，切实降低企业运营成本；在税收政策方面，积极实施减免税优惠举措，强力吸引社会资本如潮水般涌入。随着老年产业蓬勃兴起，大量就业岗位应运而生，不仅能够吸纳老年劳动力发挥余热，还能汇聚专业人才施展才华，进而持续扩大养老金缴费池；与此同时，老年产业这片广阔蓝海也为养老金投资开辟了全新方向，最终实现产业与养老金协同共进、互利共赢的美好局面。

促进区域经济协调：坚定不移地加大对经济落后地区的扶持力度，以产业转移为关键纽带，巧妙引导东部发达地区的劳动密集型产业有序向中西部地区转移，带动当地就业规模稳步增长与经济快速发展；同步大力推进基础设施建设投资，持续改善当地投资环境。区域经济实现均衡发展后，劳动力将得以合理流动，各地养老金收支格局得到显著优化。更为重要的是，这样就为养老金跨区域多元化投资创造了肥沃土壤，使之能够充分分享区域发展红利，全面提升整体抗风险韧性。

### 三、提升公众参与意识

要普及养老金融知识。社区、学校、金融机构应协同打造养老金融知识普及网络。在线上，全力打造集视频课程、模拟交易、在线答疑等多功能于一体的养老金融学习智慧平台，让公众能够随时随地开启便捷学习之旅；在线下，广泛开展社区讲座、校园公开课等活动，用通俗易懂、贴近生活的案例深入浅出地讲解养老金规划、投资理财等核心要点。通过这种方式，着力培养民众"未雨绸缪"的前瞻意识，引导个人尽早规划养老资金，合理分配收入用于养老缴费与自主投资，逐步摆脱过度依赖公共养老金的被动局面。

要激发企业与个人参与热情。政府需进一步完善激励政策体系，对建立年金制度的企业给予税收优惠、荣誉表彰等多重激励，充分激发企业担当精神；对购买个人商业养老保险的投保人，除落实税收递延政策外，还配套给予一定财政补贴，切实提高公众参与积极性。积极鼓励企业与员工携手共担养老责任，引导个人将养老视为一项长期个人事业，主动储备资金，汇聚成社会养老的磅礴合力，共同托举老年人幸福安康的晚年生活。

**【拓展阅读】 国家金融监督管理总局发布《养老保险公司监督管理暂行办法》**

为贯彻落实中央金融工作会议精神，金融监管总局近日印发了《养老保险公司监督管理暂行办法》（以下简称《办法》），弥补了养老保险公司缺乏专门监管规定的制度短板。《办法》的发布，有利于增强养老保险公司监管针对性、有效性，进一步推动养老保险机构聚焦主业，更好参与和服务我国多层次、多支柱养老保险体系建设。

《办法》分为总则、机构管理、公司治理、经营规则、监督管理、附则等六章。总则强调了养老保险公司聚焦养老金融主业的发展定位和总体要求。在机构管理方面，主要规定了养老保险公司及其分支机构设立、业务范围、资本分级管理等要求。在公司治理方面，明确建立独立董事制度，强化关联交易和投资集中度等要求。在经营规则方面，强调养老保险公司要公平对待不同类型业务，加强风险隔离，并对保险业务、养老基金管理业务分别作了规定。在风险管理方面，对风险控制、风险处置、内外部审计等提出具体要求。在监督管理方面，明确了信息披露、重大风险报告和投资集中度报告等要求，并对行政强制措施和处罚作了原则性规定。附则明确了养老金管理公司参照适用《办法》。

金融监管总局将以《办法》发布为契机，进一步加强养老保险公司监管，着力推动专业养老金融机构持续健康发展，不断优化商业养老金融产品和服务供给，努力做好养老金融这篇大文章。

资料来源：国家金融监管总局. 国家金融监督管理总局发布《养老保险公司监督管理暂行办法》［EB/OL］.［2023-12-15］. https://www.gov.cn/lianbo/bumen/202312/content_6920567.htm.

模块练习7-2

# 参考文献

**A. 普通图书**

［1］巴曙松，周岭，李成林．2023年度中国老龄金融发展蓝皮书［M］．北京：中国商务出版社，2024．

［2］巴曙松，周冠南，禹路，等．2022年中国资产管理行业发展报告［M］．北京：北京联合出版公司，2022．

［3］巴曙松，周冠南，禹路，等．2023年中国资产管理行业发展报告［M］．北京：中国财政经济出版社，2023．

［4］巴曙松，周冠南，禹路，等．2024年中国资产管理行业发展报告［M］．北京：中国财政经济出版社，2024．

［5］姚余栋，董克用．中国金融养老之路的战略研究［M］．北京：企业管理出版社，2019．

［6］张博辉．中国养老金投资者洞察报告［M］．北京：新华出版社，2024．

［7］胡继晔．全生命周期养老金融［M］．北京：中国政法大学出版社，2023．

［8］张耀军．养老·财之道——从规划到运营实战［M］．北京：中国财政经济出版社，2024．

［9］布莱克．养老金金融学［M］．尹隆，王蒙，译．北京：机械工业出版社，2014．

［10］贾筱珊．养老人说养老［M］．北京：华龄出版社，2019．

［11］任凌云．富国策［M］．北京：经济日报出版社，2016．

［12］古德哈特，普拉丹．人口大逆转［M］．廖岷，缪延亮，译．北京：中信出版集团，2021．

［13］殷剑峰．成事在人：人口、金融与资本通论［M］．北京：社会科学文献出版社，2023．

［14］顾严．驯服"灰犀牛"——养老服务全产业链研究［M］．上海：同济大学出版社，2023．

［15］陈俊华．金融养老［M］．北京：华龄出版社，2022．

**B. 中文期刊**

［1］李成林，汪子杰，魏源，等．我国养老目标基金的发展现状、经验借鉴及对

策探析［J］．杭州金融研修学院学报，2023（7）．

　　［2］巴曙松，王淼，李成林．人口老龄化对家庭金融资产配置的影响：一个文献综述［J］．新金融，2023（3）．

　　［3］何青峰，罗泳涛，李成林．我国老龄金融发展的可持续性分析及展望［J］．现代金融导刊，2022（10）．

　　［4］巴曙松，黄开怀．中国居民退休准备与延迟退休影响的评估［J］．人口与经济，2025.（1）．

　　［5］巴曙松，李妮娜，龚书豪，等．养老产业发展"拐点"研判——基于多案例研究的典型事实［J］．西南金融，2024（4）．

　　［6］于晓媛，巴曙松，张威，等．人口老龄化与货币政策有效性——基于商业银行海外资产配置的视角［J］．财经论丛，2024（4）．

　　［7］吴玉韶，李昊臻．银发经济发展对养老金融的需求［J］．中国金融，2024（12）．

　　［8］朱文佩，林义．养老金融创新与个人养老金制度优化研究［J］．云南财经大学学报，2024，40（5）．

　　［9］朱文佩，林义．老年数字鸿沟抑制了家庭养老金融资产配置吗？［J］．消费经济，2024，40（3）．

　　［10］吴玉锋，张苗．金融知识、风险态度与个人养老金参与行为［J］．西北大学学报（哲学社会科学版），2024，54（3）．

　　［11］李红梅，张子棋，郭金龙．金融素养、风险偏好与我国老年家庭金融资产配置效率关系研究［J］．价格理论与实践，2023，（11）．

　　［12］董克用．做好养老金融这篇大文章——《全生命周期养老金融》书评［J］．新金融，2024（1）．

　　［13］施文凯，董克用．人口老龄化背景下建设中国特色养老金融体系研究［J］．中国高校社会科学，2024（1）．

　　［14］汪璐蒙，曾泉海．中国农村养老保障：制度变迁、供需失衡与完善进路［J］．南方金融，2023（9）．

　　［15］张琳，董克用，张栋．中国老年人养老财富储备：现状、问题与优化路径［J］．新金融，2023（9）．

　　［16］朱文佩，林义．人口老龄化背景下养老金融风险的识别、防范与治理［J］．当代经济管理，2023，45（9）．

　　［17］林佳钰，董克用．德国个人养老金发展的经验与启示［J］．中国金融，2023（12）．

　　［18］张永奇，庄天慧．数字经济赋能养老金融：内在机理、现实挑战与路径选择［J］．当代经济管理，2023，45（6）．

　　［19］夏华龙．商业银行养老金融高质量发展的思考［J］．新金融，2023，（1）．

　　［20］董克用．个人养老金：积极应对人口老龄化的战略举措［J］．人民论坛，2022（24）．

［21］连平，刘涛，张秉文．共富时代：财富管理行业如何守正创新［J］．新金融，2022（12）．

［22］施文凯，董克用．中国多支柱养老金体系结构改革问题研究［J］．宏观经济研究，2022（11）．

［23］党雪，完颜素娟，周振国．老龄化背景下商业银行养老服务金融发展及其效率提升策略［J］．西南金融，2022（11）．

［24］王波，郑联盛，郭安．养老金融：中国实践、国际经验与发展对策［J］．西南金融，2022（8）．

［25］唐金成，李莹莹．长期护理保险赋能农村养老问题研究［J］．南方金融，2022（3）．

［26］朱文佩，林义．金融素养、金融普惠性与养老金融资产配置［J］．山西财经大学学报，2022，44（3）．

［27］马振涛．人口老龄化背景下商业保险参与三支柱养老体系建设进展、问题及发展建议［J］．西南金融，2022（2）．

［28］郭金龙，李红梅．养老金融产品国际比较研究［J］．价格理论与实践，2022（1）．

［29］董克用，孙博，张栋．从养老金到养老金融：中国特色的概念体系与逻辑框架［J］．公共管理与政策评论，2021，10（6）．

［30］董捷．我国商业养老保险参与养老产业发展：价值、路径与再思考［J］．西南民族大学学报（人文社会科学版），2021，42（10）．

［31］胡芳，何道遥，曹传碧．人口老龄化视域下寿险企业参与养老产业的模式、困境与对策［J］．西南金融，2021（8）．

［32］郑路，徐旻霞．传统家庭观念抑制了城镇居民商业养老保险参与吗？——基于金融信任与金融素养视角的实证分析［J］．金融研究，2021（6）．

［33］江世银．国外典型国家金融服务养老实践及其启示［J］．四川轻化工大学学报（社会科学版），2021，36（3）．

［34］党雪．金融科技在养老金融发展中的赋能作用与路径［J］．西南金融，2021（2）．

［35］周言．人口老龄化背景下我国养老金融产品发展研究［J］．新金融，2020（8）．

［36］张中锦．养老金融：理论溯源、分析框架与发展战略［J］．现代经济探讨，2020（5）．

［37］陈曦，江世银．我国居民养老金融资产配置的影响因素研究［J］．金融发展研究，2020（3）．

［38］董克用，施文凯．加快建设中国特色第三支柱个人养老金制度：理论探讨与政策选择［J］．社会保障研究，2020（2）．

［39］娄飞鹏．我国养老金三支柱体系建设的历程、问题与建议［J］．金融发展研究，2020（2）．

[40] 赵周华，张春璐. 老龄化与养老普惠金融：国际经验、中国实践及对策建议 [J]. 征信，2020，38（1）.

[41] 娄飞鹏. 发展养老金融的国际实践与启示 [J]. 西南金融，2019（8）.

[42] 张文超，杨华磊. 我国"时间银行"互助养老的发展现状、存在问题及对策建议 [J]. 南方金融，2019（3）.

[43] 董克用，张栋. 中国养老金融：现实困境、国际经验与应对策略 [J]. 行政管理改革，2017（8）.

[44] 侯明，熊庆丽. 我国养老金融发展问题研究 [J]. 新金融，2017（2）.

[45] 姚余栋，王赓宇. 发展养老金融与落实供给侧结构性改革 [J]. 金融论坛，2016，21（5）.

[46] 张佩，毛茜. 中国养老金融创新发展：现实障碍、经验借鉴与应对策略 [J]. 西南金融，2014（7）.

[47] 陈游. 中国社会老龄化背景下商业银行养老金融业务创新的机遇——借鉴美国经验 [J]. 现代经济探讨，2014（6）.

[48] 徐丹. 商业银行发展养老金融策略分析 [J]. 新金融，2013（11）.

[49] 胡继晔. 养老金融：理论界定及若干实践问题探讨 [J]. 财贸经济，2013（6）.

[50] 张栋，张琳. 中国特色养老金融：基本内涵、现实挑战与推进路径 [J]. 西安财经大学学报，2024，37（5）.

[51] 吕鹏，白刚. 建设金融强国：理论解构、实践问题与破局路径 [J]. 中州学刊，2024（6）.

[52] 阳义南. 积极应对人口老龄化中的养老金融研究 [J]. 中国高校社会科学，2024（3）.

[53] 汪伟，李骏. 养老金融高质量发展赋能金融强国建设的内在机理与政策选择 [J]. 湖南科技大学学报（社会科学版），2024，27（2）.

[54] 施文凯，董克用. 人口老龄化背景下建设中国特色养老金融体系研究 [J]. 中国高校社会科学，2024（1）.

[55] 袁志刚，张冰莹. 养老金融与中国金融体系改革 [J]. 新金融，2023（1）.

[56] 本刊编辑部. "推进第三支柱建设打造养老金融上海样板"研讨会专家观点荟萃（上）[J]. 新金融，2022（12）.

[57] 董克用，孙博，张栋. 从养老金到养老金融：中国特色的概念体系与逻辑框架 [J]. 公共管理与政策评论，2021，10（6）.

[58] 胡继晔，陈金东，董亚威. 新时代呼唤养老金融理论创新——基于收入再分配视角 [J]. 新疆社会科学，2019（3）.

[59] 樊鑫淼，魏雁飞，李丽丽. 我国养老金融发展研究 [J]. 西南金融，2018（8）.

[60] 姚余栋，王赓宇. 发展养老金融与落实供给侧结构性改革 [J]. 金融论坛，2016，21（5）.

［61］陈倩，吴玉韶．县域多元主体协同治理养老服务体系构建研究［J］．中国特色社会主义研究，2024（1）．

［62］胡宏伟，王佳怡．个人养老金发展：制度定位与现实路径［J］．农村金融研究，2024（8）．

［63］吴玉韶，张钰婕．中国式现代化与养老服务发展新趋势［J］．社会保障评论，2023，7（6）．

［64］赵恒，周延．养老金三支柱体系缴费率影响劳动供给的经济机制［J］．保险研究，2023（7）．

［65］吴玉韶，李晶．积极老龄观的理念与建构［J］．行政管理改革，2022（11）．

［66］吴玉韶，赵新阳．推动新时代老龄工作高质量发展的纲领性文件——《中共中央 国务院关于加强新时代老龄工作的意见》解读［J］．行政管理改革，2022（4）．

［67］吴玉韶，李昊臻．银发经济发展对养老金融的需求［J］．中国金融，2024（12）．

［68］吴玉韶，李晶．我国居家养老服务发展中的问题及其应对［J］．行政管理改革，2024（3）．

［69］庄汝龙．我国养老事业与养老产业协同发展路径研究［J］．理论视野，2024（11）．

［70］房连泉，郭娟．养老基金助推金融高质量发展：基于金融五篇大文章的协同视角分析［J］．华中科技大学学报（社会科学版），2025，39（1）．

［71］林熙，成欢．家庭人口结构对居民养老储蓄的影响及制度优化［J］．财经科学，2025（2）．

［72］白维军，曲锋．效率与公平的均衡：个人养老金制度高质量发展研究［J］．理论探讨，2025（1）．

［73］巴曙松，曾好，孙维嘉，等．长期护理保险筹资政策有效性研究——基于49个试点城市的实证分析［J］．西北人口，2024，45（1）．

［74］陈功，冉晓醒，刘丰睿，等．发展银发经济应对人口老龄化的思考与建议［J］．中国工程科学，2024，26（6）．

［75］陈功．积极应对人口老龄化背景下社会保障的战略思考［J］．社会保障评论，2024，8（5）．

［76］张栋，张琳．中国特色养老金融：基本内涵、现实挑战与推进路径［J］．西安财经大学学报，2024，37（5）．

［77］欧阳日辉，李晓壮．金融新质生产力促进金融高质量发展：动能—业态—生态分析框架与实现路径［J］．西安交通大学学报（社会科学版），2024，44（5）．

［78］朱春华，史晓丹．商业银行助力银发经济高质量发展路径探析——基于养老产业发展视角［J］．西南金融，2024（7）．

［79］张颖，邹国昊，杨楚风．金融服务新质生产力发展的多维认知与创新路径

［J］．江苏社会科学，2024（4）．

［80］巴曙松，热万，齐雪莹，等．个人养老金制度参与意愿的影响因素分析——基于结构方程模型［J］．社会保障研究，2024（3）．

## C. 英文期刊

［1］LIU L，JU Z.Digital finance and retirement planning：The role of information cost reduction and trust enhancement channels［J］．Economic Modelling，2025．

［2］LUO D.A study of the impact of population aging on the effectiveness of household financial asset allocation［J］．Risk and Financial Management，2024，5（1）．

［3］LI L，ZHANG X，YANG N.Analysis of the impact of pension finance on household financial asset allocation in Chengdu［J］．Frontiers in Economics and Management，2024，5（12）．

［4］CHEN Y，DING F，WU J，et al.Research on the integration path of time bank and pension finance［J］．Financial Engineering and Risk Management，2024，7（6）．

［5］ZENG Y Y，WANG J.Analysis of optimizing the allocation of Chinese family pension financial assets［J］．Asian Journal of Economics，Business and Accounting，2024，24（8）．

［6］YANG D.China's pension finance under the background of digital transformation：Research on promoting high-quality economic development［J］．Journal of Social Science Development Research，2024，1（2）．

［7］JIAN X Q.Analysis of the development of pension finance under the aging state in China［J］．Financial Engineering and Risk Management，2023，6（11）．

［8］RAUH J.Introduction to the 20th anniversary special issue of the Journal of Pension Economics and Finance［J］．Journal of Pension Economics & Finance，2024（4）．

［9］HEE W J，OH B K，RIN J R.Ultra-low fertility in Korea and social investment by national pension fund：Focusing on demographic change，social investment，and the national pension finance［J］．Korea Journal of Population Studies，2018，41（2）．

［10］JOO，EUN-SUN，LEE，et al.Two paradigms of the public pension financial stability and policy alternatives：A comparison of the public pension finance paradigm foused on contribution-benefit balances and the paradigm focused on social stabilities［J］．Journal of Critical Social Policy，2016（50）．